antropología

traducción de
ELSA CECILIA FROST

CAMBIO Y CONTINUIDAD ENTRE LOS MAYAS DE MEXICO

contribución al estudio de la situación colonialista en América Latina

por
HENRI FAVRE

siglo veintiuno editores, sa
GABRIEL MANCERA 65, MÉXICO 12, D.F.

siglo veintiuno de españa editores, sa
EMILIO RUBÍN 7, MADRID 33 , ESPAÑA

siglo veintiuno argentina editores, sa
Av CÓRDOBA 2064 , BUENOS AIRES ,ARGENTINA

primera edición en español, 1973
© siglo xxi editores, s. a.

primera edición en francés, 1971
© éditions anthropos, parís
título original: changement et continuité chez les mayas du mexique

derechos reservados conforme a la ley
impreso y hecho en méxico
printed and made in mexico

ÍNDICE

ADVERTENCIA PRELIMINAR 2
Transcripción, 2

INTRODUCCIÓN 3

PRIMERA PARTE: EL MARCO HISTÓRICO Y EL MEDIO SOCIAL

I. EL PRIMER SISTEMA COLONIAL 25
El establecimiento y la consolidación del sistema: 1527-1712, 26; El hundimiento del sistema: 1712-1821, 39

II. EL SEGUNDO SISTEMA COLONIAL 50
La restauración del sistema: 1821-1910, 50; El efecto de la Revolución, 68

III. LAS RELACIONES SOCIALES ACTUALES 80
"Indígenas" y "ladinos", 80; ¿Estructura de castas o estructura de clases?, 91; Estructura y dinámica coloniales, 102

SEGUNDA PARTE: LA ORGANIZACIÓN SOCIAL DE LOS TZOTZIL-TZELTALES

I. LA COMUNIDAD 119
Los grupos tzotzil-tzeltales, 119; Definición de la comunidad, 124; El ciclo de desarrollo comunitario, 132; Aceleración y bloqueo del ciclo de desarrollo comunitario, 140

II. LAS SECCIONES 146
La organización de la sección, 146; El juego de las secciones, 152; El origen de las secciones, 160; Las tendencias actuales de las secciones, 169

III. LOS GRUPOS DE ASCENDENCIA COMÚN 174
Clanes y linajes, 174; La familia extensa, 184; La familia nuclear, 192

[V]

IV. EL PARENTESCO 201
La terminología de parentesco, 201; Las relaciones de parentesco, 222

V. LA AUTORIDAD 241
La teoría de la autoridad y los mecanismos del control social, 241; La jerarquía política y religiosa, 260

TERCERA PARTE: LOS MOVIMIENTOS DE REACCIÓN Y DE REORGANIZACIÓN

I. EL CHALIKISMO 287
La insurrección de 1869, 288; Análisis, comparación e interpretación, 301

III. EL INDIGENISMO 330
El pensamiento indigenista, 330; La acción indigenista: el INI, 339; Valoración de la obra del INI, 349

CONCLUSIÓN: INDIANIDAD Y COLONIALISMO 357

VOCABULARIO 373

BIBLIOGRAFÍA 378

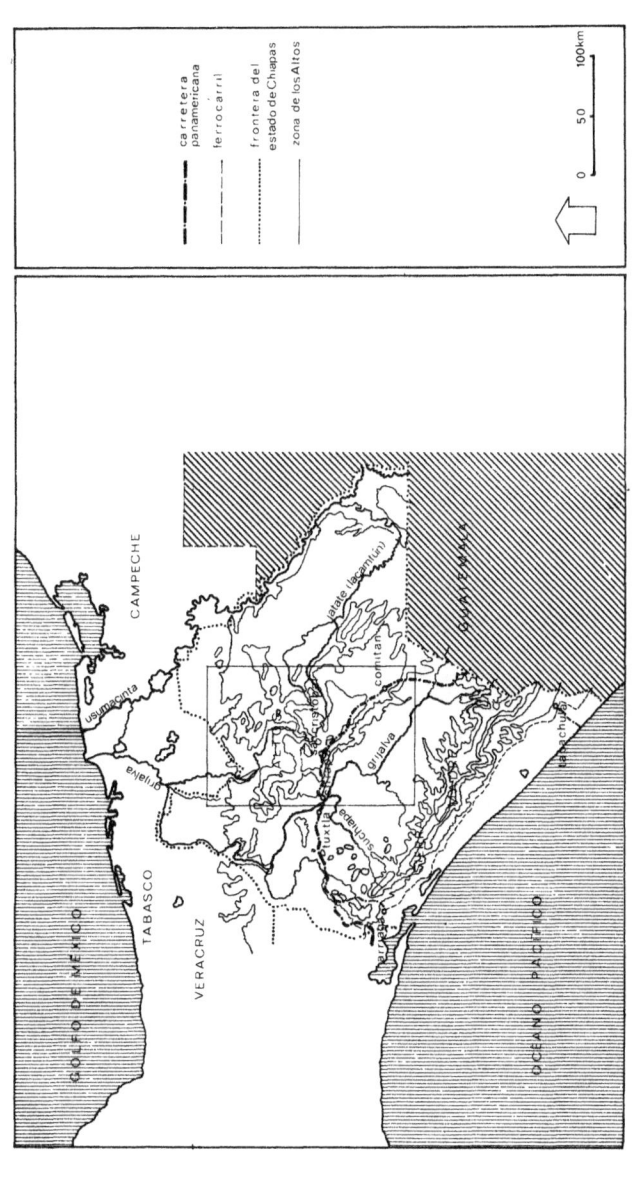

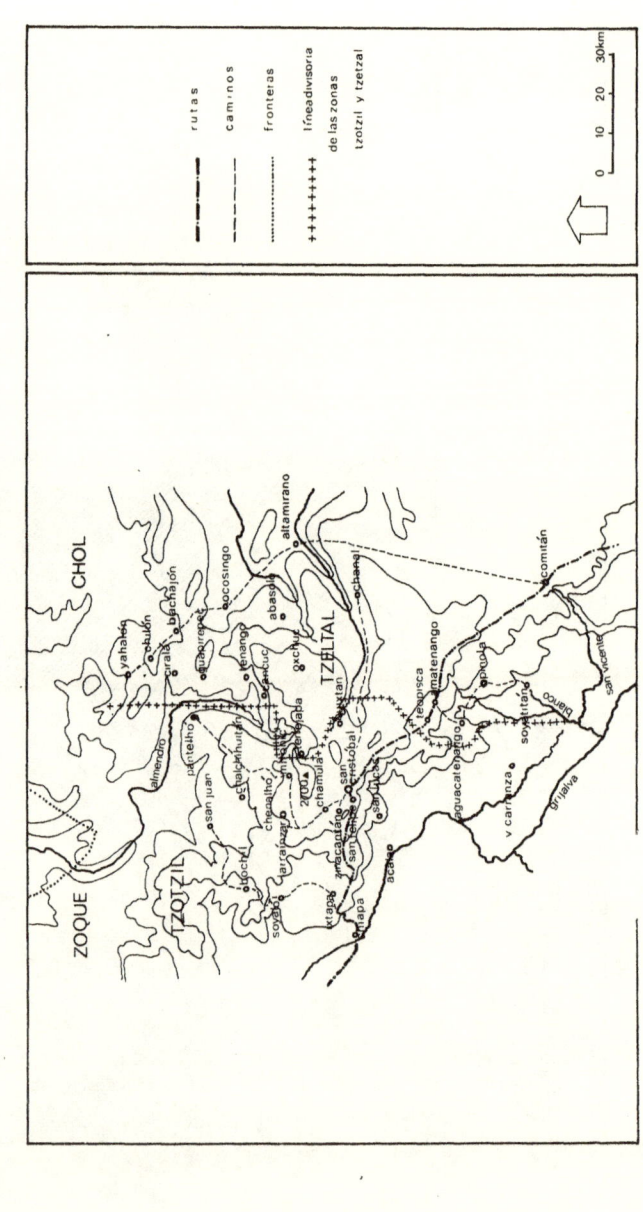

Desgraciadamente hasta hoy, la antropología mexicana, que por muchos conceptos nos ha permitido conocer la realidad de nuestro país, y que ha tenido un sentido humanista del problema indígena, nunca tuvo un sentido anticolonialista, ni en las épocas más revolucionarias del país. Influida por la metodología de una ciencia que precisamente surgió en los países metropolitanos para el estudio y control de los habitantes de sus colonias, no pudo proponerse como tema central de estudio el problema del indígena como un problema colonial y como un problema eminentemente político. Los datos dispersos que a lo largo de su obra se encuentran, tienen el carácter de denuncia u obedecen a simples registros y descripciones. La distancia que hay entre estos estudios y los que pueden surgir en el futuro es la misma de la que surgió entre dos famosos antropólogos: Malinowski y Keniatta, aquél inglés, éste negro que se convirtió en líder de su pueblo y advirtió la necesidad de estudiar en forma sistemática el problema de la explotación y la política.

PABLO GONZÁLEZ CASANOVA, *La democracia en México*, México, 1965, pp. 88-9.

ADVERTENCIA PRELIMINAR

Trabajamos entre los tzotzil-tzeltales en 1960 y 1961. Después, en 1965, les hicimos una corta visita de tres meses a fin de verificar algunas hipótesis y de completar algunas encuestas. Tales encuestas se hicieron principalmente entre las comunidades tzotziles de Chamula y de Chenalhó, como también entre las comunidades tzeltales de Tenejapa y de Aguacatenango. Otras, más breves, se hicieron en Oxchuc, lo mismo que en diversas comunidades de la región.

Queremos expresar nuestra gratitud a Gertrude Duby y su esposo, el lamentado Frans Blom, que gustosos nos permitieron trabajar en su magnífica biblioteca mayista en San Cristóbal; a Alfonso Villa Rojas y Raúl Rodríguez Ramos, directores sucesivos del Centro Coordinador de San Cristóbal, quienes nos recibieron muy bien y nos aportaron el beneficio de su experiencia; y a todos los tzotziles y tzeltales que soportaron con tanta paciencia y buena voluntad a un huésped curioso y a veces quizá indiscreto. Sin embargo, este trabajo no habría podido ser llevado a cabo si no hubiéramos contado con la ayuda y el apoyo de Alfonso Caso, fundador y director del Instituto Nacional Indigenista, cuyo reciente fallecimiento enluta a toda la antropología americanista.

TRANSCRIPCIÓN

Excepto aquellas palabras indígenas que han pasado al idioma español local y cuya ortografía comúnmente aceptada ha sido respetada, los vocablos indígenas aparecen en el texto en transcripción fonética. La š corresponde al sonido *sh;* la č al *ch*, la *h* es siempre aspirada; la *w* es una semivocal; la *j* equivale a la *jota* castellana atenuada, tal como se la pronuncia, por ejemplo, en Bolivia; por último el signo ' señala el "golpe gutural".

INTRODUCCIÓN

Los tzotziles y los tzeltales son dos grupos mayas estrechamente emparentados. Habitan en el centro del Estado de Chiapas, en el México meridional, cerca de la frontera guatemalteca. Ocupan un macizo montañoso de accidentado relieve, que se extiende por 17 500 km^2 y cuya altitud varía entre 1 500 y 2 500 m sobre el nivel del mar. A falta de un término más adecuado, se da a este macizo el nombre de Altos o altiplano, quizá porque en ciertos lugares prevalecen las mesetas modeladas por la erosión.

Los altiplanos formados por rocas eruptivas y metamórficas recubiertas de calcáreas cretáceas se distribuyen de acuerdo con un eje norte-oeste sur-este del que surgen dos viejos volcanes: el Hueitepec (2 717 m) y el Tzontéhuitz (2 892 m). Hacia el oeste descienden abruptamente arriba de la pequeña ciudad de Chiapa de Corzo, en la amplia depresión del Grijalva. Por el sur, descienden a los valles alto y mediano de este poderoso río, a través de una sucesión de terrazas calcáreas. Por el este, bajan lentamente, detrás de Altamirano, hacia la cuenca de desagüe del Usumacinta. Por fin, hacia el norte, se ramifican en pequeñas cordilleras que van a desvanecerse más allá de Simojovel, bajo los aluviones cuaternarios de la vasta planicie atlántica de Tabasco. Sin duda alguna, la más importante de estas cordilleras es la de Oxchuc, que se junta en Tumbala describiendo un gran semicírculo y que delimita las dos redes hidrológicas de la región: la del Grijalva y' la del Lacamtún y del Usumacinta.

En la actualidad se estima que los tzotzil-tzeltales son unos 200 000. Esta población se concentra esencialmente en la zona de las crestas, es decir, en las tierras más altas y más "frías" de los altiplanos. Esta zona, que es la más pobre en recursos naturales, es también la más poblada. La densidad se eleva a 115,6 en Tenejapa, llega a 128,8 en Oxchuc y sobrepasa 259 en Chamula. La vida se organiza en los valles y las depresiones interiores debidas a la acción conjugada de la erosión y de los movimientos tectónicos. Las comunidades allí establecidas han desbrozado la abundante maleza silvestre, favorecida por el clima tropical, templado por la altura, a fin de practicar una agricultura de subsistencia a base de maíz, frijol y diversas variedades de cucurbitáceas. Estas comunidades, que llegan al número de cuarenta y cuatro, gravitan en torno a la vieja metrópoli colonial de San Cristóbal, cuyas funciones económicas, administrativas y religiosas tienden a disminuir, sobre todo después de que la carretera Panamericana, abierta en 1950, comunicó los Altos con el resto de Chiapas y de México.

Los tzotziles y los tzeltales no son del todo desconocidos a los franceses. En 1889, los visitantes de la exposición universal tuvieron ocasión de ver, en el interior del pabellón de México, un maniquí que representaba a un tzotzil de la comunidad de Chamula, vestido con ropas vistosas y rodeado por treinta y cuatro piezas de artesanía local. Sin duda alguna, quedaron más impresionados por el encanto exótico que evocaba este maniquí, que por el símbolo utilitario que el expositor había querido darle: símbolo de una mano de obra laboriosa y gratuita, en busca de empresarios que la disciplinaran y la hicieran producir. Más adelante, el gobernador de Chiapas se quejaría ante el Congreso del Estado al comprobar que "a pesar de este esfuerzo publicitario, ningún francés de recursos ha invertido aún en la región".[1]

Al igual que los colonos y capitalistas, los etnólogos y los antropólogos sólo se han interesado tardíamente en las poblaciones de los Altos de Chiapas. Desde hace mucho tiempo, los mexicanistas detuvieron sus investigaciones en los confines meridionales de Oaxaca y no sin razón, ya que la configuración geográfica y sociológica de Chiapas emparienta esta región con Guatemala y América central, más que con México propiamente dicho. Por lo que a los mayistas se refiere, han orientado sus trabajos hacia las regiones en que la documentación arqueológica e histórica era más abundan-

1. *Memoria sobre el Estado de Chiapas, presentada por el gobernador del Estado*, San Cristóbal, 1890.

INTRODUCCIÓN 5

te, o bien a las zonas en que había grupos aislados en vías de rápida desaparición.

Con excepción de los estudios de Starr,[2] realizados a principios de siglo en Chamula y Tenejapa en especial, la primera investigación científica hecha entre los tzotzil-tzeltales se remonta a 1925. En este año, la Universidad de Tulane en Nueva Orleans subvencionó una expedición cuyo fin era el reconocimiento de los altiplanos del norte maya. Dicha expedición, dirigida conjuntamente por Frans Blom y Oliver LaFarge, atravesó en algunos meses los Altos de Chiapas, desde Tabasco hasta los montes Cuchumatanes. Se estudiaron diversos lugares arqueológicos, como el de Tonina cerca de Ocosingo, ya mencionados en la *Isagoje histórica apologética* y conocidos por las litografías que el arquitecto inglés Catherwood hizo durante el siglo pasado. Los materiales etnográficos recogidos aportaron muchos y útiles testimonios sobre la vida de los tzeltales del norte y del oriente. Pero, si hacemos a un lado algunas informaciones sumarias y generalmente de segunda mano, no se recogió ningún dato entre los tzotziles, cuyas comunidades no fueron visitadas por los exploradores.[3]

Entre 1941 y 1944, la Universidad de Chicago y la Escuela Nacional de Antropología de México realizaron una misión de mayor envergadura. Dirigida por Sol Tax, comprendía una media docena de estudiantes, mexicanos en su mayoría, cuyo trabajo fue supervisado por los etnólogos norteamericanos. Durante varias semanas, los investigadores vivieron en diversas comunidades de los Altos: Ricardo Pozas en Chamula, Alfonso Villa en Oxchuc, Calixta Guiteras en Chenalhó, Fernando Cámara en Mitontic, etc. Con excepción de los de Pozas, que dieron origen a dos publicaciones,[4] los materiales recogidos no han sido publicados. Por

2. Starr, Frederick, *Notes upon the ethnography of Southern Mexico*, Davenport, 1902, 2 vols.
3. Blom, Frans, y Oliver LaFarge, *Tribes and temples*, Tulane University, Nueva Orleans, 1927, 2 vols.
4. Pozas, Ricardo, *Juan Pérez Jolote, biografía de un tzotzil*, México, 1952; *Chamula, un pueblo indio de Chiapas*, INI, México, 1959.

lo demás, con frecuencia, las entrevistas resultaron fragmentarias y superficiales.[5]

Por último, de 1958 a 1962, el departamento de antropología de la Universidad de Chicago mantuvo una misión permanente en San Cristóbal. Esta misión que sirve de escuela de campo a muchos estudiantes avanzados, trabaja intensamente con los tzeltales meridionales de las comunidades situadas alrededor de San Bartolomé (Venustiano Carranza). Los resultados obtenidos son muy importantes. Es conveniente señalar en particular aquellos a los que ha llegado el grupo de glotocronólogos y de lexicoestadígrafos dirigido por Norman McQuown, y el grupo de arqueólogos dirigido por Robert Adams. Los otros resultados, aunque de menor importancia, son de cualquier manera interesantes, aunque se coloquen en un nivel inferior de elaboración.[6]

Ya antes de que la Universidad de Chicago terminara sus investigaciones en la región, las Universidades de Stanford y Harvard instalaron equipos de investigadores en los Altos, equipos que han trabajado con una regularidad mayor o menor hasta una fecha reciente. Uno de estos equipos trabajó sobre la lengua de los tzeltales de Tenejapa. Otro, dirigido por Evon Z. Vogt, ha estudiado los modelos de establecimiento y organización del poder político y económico en relación con el sistema religioso, en la comunidad tzotzil de Zinacantán.[7]

Entre los investigadores independientes, conviene citar a la etnóloga cubana Calixta Guiteras Holmes quien regresó, en 1956, a Chenalhó a fin de estudiar la cosmogonía tzotzil bajo la dirección de Redfield. Su obra no evita todos los escollos de género, pero tiene el mérito de entregar, en

---

5. Estos materiales fueron microfilmados y pueden ser consultados en esta forma en la biblioteca de la Universidad de Chicago. Forman parte de las *Middle American Cultural Anthropology Series.*
6. *Report on the man in nature project,* mimeog. departamento de antropología, Universidad de Chicago, 1962.
7. Además de numerosos artículos y comunicaciones, el equipo de Harvard ha publicado una obra debida a Cancian, Frank, *Economics and prestige in a Maya community,* Stanford, 1965.

INTRODUCCIÓN 7

bruto, ciertos materiales de gran interés.[8] El lamentado William Holland realizó, en el curso de varias estadías consecutivas en la comunidad tzotzil de San Andrés (Larraínzar), un importante trabajo sobre la medicina y la magia, que desemboca felizmente en el tema tratado por Calixta Guiteras.[9] El etnólogo noruego Henning Siverts, que residió en Oxchuc durante 1954, realizó también un estudio sobre la organización social, el sistema de autoridad y los cambios provocados por el movimiento evangelista en el interior de esta comunidad tzeltal.[10]

Por último, es imposible dejar de señalar, en un terreno que prolonga la investigación etnológica y en el cual encuentra ésta con frecuencia su cumplimiento más perfecto, la obra novelada de Bruno Traven[11] y de Rosario Castellanos,[12] quienes abordan, con inteligencia y sensibilidad, el problema de las condiciones pasadas y presentes de los tzotzil-tzeltales.

Con raras excepciones, todos los trabajos que acabamos de mencionar están inscritos, a pesar de su aparente diversidad, en una misma perspectiva de la investigación etnológica. La hipótesis en la que se fundan y la problemática que plantean han sido resumidas en estos términos por Vogt:

Es probable que las tres zonas contiguas del Petén, los Cuchumatanes y los Altos de Chiapas estén históricamente en una estrecha relación y que constituyan, tal vez, una región crucial para comprender la cultura maya en su forma relativamente inalterada en diversos niveles temporales.[13]

8. Guiteras Holmes, Calixta, *Los peligros del alma*, México, 1965.
9. Holland, William, *Medicina maya en los Altos de Chiapas*, INI, colección de antropología social, núm. 2, México, 1963.
10. Siverts, Henning, *Oxchujk'*, *en Maya-Stamme i Mexico*, Oslo, 1965.
11. Véase, en particular, *La carreta* y *La rebelión de los colgados*, de las que hay numerosas ediciones en español.
12. Véase, en particular, *Oficio de tinieblas*, México, 1962, y *Balún Canán*, México, 1957.
13. Vogt, Evon Z., "Some aspects of Zinacantan settlement patterns and ceremonial organization", *Estudios de Cultura Maya*, vol. 1, 1961.

Robert Adams precisa que

... la persistencia, en los Altos de Chiapas, de comunidades indígenas que han mantenido hasta nuestros días su propia lengua y su propia herencia cultural, ofrece una ocasión única para elaborar una síntesis prehistórica a partir de investigaciones paralelas y complementarias.[14]

Estos trabajos quieren hacer que el presente rinda cuentas del pasado. A través del análisis de las comunidades tzotzil-tzeltales actuales, se dirigen a la sociedad maya antigua que pretenden revelarnos. La etnología acudiría así en socorro de la arqueología y la epigrafía desfallecientes, a fin de proporcionar por una extrapolación controlada las "piezas faltantes" de esta marquetería mal unida que siguen siendo los horizontes mayas clásicos y posclásicos.

Hace ya mucho tiempo que los etnólogos buscan un grupo maya "puro" o cuando menos poco aculturizado, para estudiar *in vivo* esta cultura prehispánica que sólo conocen a través de las crónicas muy parciales y con frecuencia también "parciales" en el otro sentido, o de documentos a los que a veces es difícil dar una significación precisa. A principios de siglo, Alfred Tozzer creyó haber encontrado tal grupo en los lacandones, y con ello la "clave del enigma maya".[15] ¿Acaso no ignoraban los lacandones por completo el español? ¿No practicaban cultos que al parecer nada habían tomado de la religión de los europeos? ¿No vivían de una agricultura itinerante de rastrojo, basada en una técnica instrumental aún de piedra? ¿No era el espeso bosque pluvial que los aislaba en el interior de la cuenca de Usumacinta una garantía de su fijación en la historia, de su fosilización, a partir del momento en que se encontraron cortados de los grandes centros de civilización maya?

Tozzer se dio cuenta muy pronto de que los lacandones

14. Adams, Robert, "Changing pattern of territorial organization in the Central Highlands of Chiapas, Mexico", *American Antiquity*, vol. 26, núm. 3, 1961.
15. Tozzer, Alfred M., *A comparative study of the Mayas and the Lacandones*, Nueva York, 1907.

INTRODUCCIÓN 9

no iban a proporcionarle los materiales que les pedía. La muy débil importancia numérica de este grupo no permitía hacer un paralelo ni mucho menos una ecuación entre los lacandones y los grupos mayas prehispánicos, cuya organización debía haber sido más elaborada y de estructura más compleja. Entre el frágil *caribal* contemporáneo en el Usumacinta y las grandes unidades socio políticas del antiguo Yucatán había, entre otras cosas, una diferencia de escala que hacía difícil la comparación. Tozzer pudo estudiar el sistema de clanes, de linajes y de parentesco entre los lacandones, pero no pudo enlazar este sistema con la organización de las comunidades, las jefaturas y los conjuntos paraestatales de los mayas de la época posclásica, más o menos bien descrita por los cronistas. Los datos recogidos por el etnólogo no ofrecían ningún punto de articulación con los materiales presentados por el historiador. El puente lanzado más allá de cuatro siglos, resultó inútil en la práctica.

Sin embargo, el fracaso de Tozzer tiene otro origen. Esos lacandones en los que veía "primitivos absolutos", no eran los vestigios congelados de una civilización desaparecida. Este pueblo sin escritura tenía una historia —y una historia muy movida. Se sabe en la actualidad que en el siglo XVI se unieron al grupo original de la selva del Usumacinta contingentes yucatecos que huían del invasor español, en los siglos XVII y XVIII, un gran número de choles y de itzáes desalojados del Petén, y en los siglos XIX y XX, numerosos elementos tzotziles y tzeltales escapados de las monterías a donde habían sido llevados por la fuerza. Estas sucesivas aportaciones de poblaciones de tradición cultural diferente provocaron, sin duda alguna, cambios profundos en la sociedad lacandona.

¿Pueden sustituir los tzotzil-tzeltales actualmente a los lacandones y sugerir los modelos de la antigua sociedad maya? Su importancia numérica les asegura una representatividad cierta. Su historia, si bien incompleta, se conoce a grandes rasgos. Las múltiples comunidades en las que se reparten y que manifiestan variaciones significativas de una a otra, pueden ser objeto de estudios comparativos. En muchos aspectos, los Altos de Chiapas constituyen ese laboratorio de etnología maya por tanto tiempo buscado. Pero el traer el pasado al presente sigue siendo una empresa materialmente delicada, aun cuando fuera metodológicamente aceptable. Así, Vogt, tras de haber establecido una correlación estrecha entre el modelo de establecimiento y de organización ceremonial en Zinacantán, concluyó que las colectividades mayas de la antigüedad eran dirigidas por una jerarquía política y religiosa nombrada de manera rotativa y temporal, y reclutada entre el campesinado.[16] Tal conclusión, perfecta en cuanto a la lógica, resulta sin embargo contradicha por los hechos arqueológicos precisos, evocados por Ruz Lhuillier,[17] y que tienden a probar que, en la sociedad maya clásica y posclásica, el poder político y religioso era detentado por una *élite* muy diferenciada de la masa campesina en cuanto a *status*, riqueza e ideología.

Estas querellas de especialistas no nos conciernen aquí en forma directa. Sin embargo, plantean un problema que no podemos eludir: el saber en qué medida puede lograrse un cortocircuito en la historia. Es verdad, por ejemplo, que Vogt no ignora la dimensión temporal. Sitúa los fenómenos que relaciona y confronta en la diacronía. Toma en cuenta los cambios eventuales, que elimina en su propósito de despejar dos momentos entre los que considera un modelo único —precaución que Tozzer no tomó. Pero ¿acaso puede tenerse la conquista española, que tiene lugar entre estos dos momentos considerados, por una peripecia complementaria de una historia maya continua y lineal? ¿Que no representa un punto de bifurcación en la línea evolutiva de la sociedad maya? ¿No se traduce más bien por una ruptura que por un simple cambio? ¿No desnaturaliza la cultura maya al introducirla en una situación totalmente nueva, la situación colonial?

Tales son, pues, las objeciones que podrían presentarse a los trabajos de la mayor parte de los investigadores que han trabajado entre los tzotzil-tzeltales. Con todo, estos trabajos

16. Vogt, Evon Z., *op. cit.*
17. Ruz Lhuillier, Alberto, "Aristocracia o democracia entre los antiguos mayas", *Anales de Antropología*, vol. I, 1964.

INTRODUCCIÓN 11

han contribuido mucho a reimpulsar las investigaciones mayistas que parecían ir al paso desde hacía mucho tiempo. El coloquio organizado en 1962 por la Wenner Gren Foundation mostró hasta qué punto el estudio de la población de los Altos de Chiapas ha permitido no sólo profundizar sino aun renovar una parte importante de los conocimientos que teníamos sobre la civilización maya.[18]

Si hemos mencionado estos trabajos ha sido sólo a fin de destacar el interés excepcional que los tzotzil-tzeltales tienen actualmente para los etnólogos mayistas. Pero de hecho, nuestras preocupaciones propias tienen el marco de una perspectiva muy distinta. No pretendemos atar de nuevo los dos cabos de la historia maya por encima de la época colonial. Lo que queremos destacar es el fenómeno colonial. No intentamos señalar los cambios a fin de abstraerlos mejor y a fin de descubrir, tras la impronta de los acontecimientos, los modelos originales o pretendidamente tales. Deseamos dar cuenta de estos cambios por sus causas y sus efectos sobre los modelos de organización tradicional. En breve, nuestro trabajo se presenta como un estudio de la transformación de la sociedad tzotzil-tzeltal y de los diferentes procesos por los que estas transformaciones se han llevado y se llevan a cabo hasta en nuestros días.

Las investigaciones hechas sobre este tema son todavía muy escasas. Sin embargo, se retrotraen a una gran tradición —la tradición redfieldiana. En efecto, a partir de 1930, Robert Redfield formuló expresamente el problema de los cambios e hizo de él el objeto de investigaciones sistemáticas. En 1936, en la memoria que firmó en compañía de Linton y de Herskovits,[19] defendió con gran vigor la legitimidad de tales estudios, cuya naturaleza era por entonces tema de grandes controversias en el seno de la American

18. Las actas de este coloquio han sido publicadas gracias a Alberto Ruz Lhuillier y Evon Z. Vogt, con el título de *El desarrollo cultural de los mayas*, México, 1964.
19. Redfield, Robert, Ralph Linton y Melville Herskovits, "Memorandum on the study of acculturation", *American Anthropologist*, vol. 38, núm. 2, 1936.

Anthropological Association. Toda la posterior obra de Redfield había de seguir esta vía que no dejó de profundizar a medida que la realizaba.

Si bien Redfield no hizo escuela, fue sin embargo, el inspirador —criticado con frecuencia, maltratado en ocasiones— de una generación de etnólogos que siguen apelando a él de diversas maneras. En la actualidad sigue siendo ese punto de referencia del que puede uno alejarse o acercarse, pero en relación con el cual está uno obligado aún a situarse. La teoría de los cambios propuesta por Redfield se basa en una concepción singular de los grupos indios. Se niega a considerar las colectividades yucatecas o guatemaltecas que estudió como casos específicos. En cierto sentido, les quita lo exótico, para colocarlas en una categoría más amplia de grupos sociales que califica alternativamente de *little, traditional* o aun de *folk* y que, de hecho, son grupos "campesinos". En efecto, según Redfield, los indios constituyen una variante de un tipo humano universal, el tipo campesino, que se caracteriza por una cierta cualidad en las relaciones entre el hombre y la tierra, relaciones que representan más bien un modo de vida que una fuente de provecho.[20]

Para Redfield —y es sin duda el aspecto más positivo de la teoría que propone—, estas colectividades indias no son unidades sociales independientes. Porque son campesinas, no existen sino en función de una estructura que las engloba y de la cual forman uno de los dos sectores o polos. No forman más que una "sociedad parcial" portadora de una "media cultura", cuya otra mitad corresponde a un sector no indio, "moderno" o "urbano". En efecto, a partir del momento en que una sociedad se hace campesina, a partir del momento en que su dominio sobre el medio le permite producir un excedente, engendra una especie de contrasociedad a la que se subordina para definir con ella un conjunto social más amplio y más complejo. El desarrollo de la agricultura provoca la diferenciación de un sector que consume los excedentes (el sector urbano) del sector que

---

20. Redfield, Robert, *Peasant society and culture*, Ithaca, 1956, cap. 1.

INTRODUCCIÓN 13

los produce (el sector rural). La agricultura plenamente formada no sólo implica la distinción entre lo urbano y lo rural: fundamenta también el orden de sus relaciones. Así, pues, lo rural no puede ser aprehendido más que con referencia a lo urbano, en el interior del sistema social total que estas relaciones instituyen. Visto en esta perspectiva, el indio deja de ser individuo residual cuyo aislamiento y marginalidad los etnólogos gustaban de mostrar. No está ya situado en un medio abstracto e intemporal, sino en el presente vivido, en el seno de una sociedad que lo engloba y en la que está obligado a participar —lo quiera o no, lo sepa o no.[21]

A fin de abordar el estudio de los cambios, Redfield ha recurrido a dos métodos distintos. El primero de ellos es sincrónico y comparativo. Consiste en sacar en limpio los cambios que afectan el medio tradicional o *folk*, poniendo en relación varios grupos que pertenecen a la misma cultura, pero que evolucionan a diferente ritmo. Así, en su obra *The folk culture of Yucatan*,[22] Redfield compara cuatro conglomerados (un paraje: Tusik; una aldea: Chan Kom; un pueblo: Dzitas; y una ciudad: Mérida), que clasifica en una escala que va de "primitivismo" a "modernismo", y que representan "la" cultura yucateca en cuatro temporalidades distintas. En hipótesis, Chan Kom equivale a Dzitas "treinta años antes", en tanto que Tusik y Mérida representan respectivamente los puntos de salida y de llegada de esta cultura en proceso de transformación.

El segundo método de análisis de los cambios es decididamente diacrónico. En *A village that chose progress*,[23] Redfield estudia las transformaciones sufridas por Chan Kom en el curso de un período de dieciocho años, entre sus dos estancias en esta aldea en 1930 y en 1948. Aquí, lo que se compara es el grupo mismo a través de su propia historia.

21. Redfield, Robert, *op. cit.*, cap. 2.
22. Redfield, Robert, *The folk culture of Yucatan*, Chicago, 1941.
23. Redfield, Robert, *A village that chose progress*, Chicago, 1950.

Redfield establece por lo demás esta costumbre de las "revisitas" o visitas sucesivas a una misma comunidad en momentos diferentes, sea por el mismo etnólogo, sea por etnólogos diferentes, visitas cuya fecundidad no tiene ya que demostrarse en la actualidad.

Sea cual fuere el método que se considere, hay que lamentar la alergia que Redfield muestra hacia las técnicas de la investigación histórica, alergia que lo lleva sea a adoptar un artificio tan rudimentario como el que consiste en crear, por comparación, un "pasado etnológico", haciendo abstracción del tiempo real, sea limitando el tiempo en cuyo interior se aprehenden los cambios a períodos tan reducidos como los que un solo observador puede apresar en una vida o en una carrera universitaria. Los cambios más fundamentales se enraizan profundamente en el espesor del pasado, y no es una infidelidad a la etnología el irlos a buscar donde están, aun cuando sea atravesando los dominios del historiador. No hay que sorprenderse de la miopía de la que Redfield da pruebas en muchas ocasiones. Incapaz de desbrozar los lejanos orígenes de los cambios que discierne, se ve naturalmente conducido a verlos bajo la forma de acciones interindividuales y a atribuirlos a la obra de los líderes. Serían ellos —los líderes—, persuasivos sin ser demagogos, voluntariosos sin ser autoritarios, innovadores dentro de la tradición y revestidos del supuesto prestigio que confiere el *knowhow* a quienes lo tienen, los que definirían los objetivos hacia los que debería dirigirse Chan Kom y los que habrían de llevar a la población de esta aldea a lograrlos.

Pero ¿cómo provoca el líder los cambios, y cuál es la naturaleza de éstos? Para Redfield, el líder es un individuo en situación de contacto. A este título, es portador de una doble experiencia cultural, una indígena y la otra alógena, tomada la primera de su medio social original y adquirida la segunda en su medio social de adopción. Esta situación de privilegio que ocupa en el eje de dos culturas permite al líder introducir en la cultura de la que participa los elementos de la cultura de la que se impregnó en el exterior. Estos elementos culturales alógenos se propagarían en la cultura indígena a lo largo de las redes de relaciones personales y directas (clientelas, grupos de parientes, descendientes, etc.)

INTRODUCCIÓN. 15

que se traman entre el líder y los seguidores. Así, pues, el número de elementos transmitidos por el líder dependería en primer lugar de la receptividad de los seguidores, es decir, de la capacidad de absorción o del grado de plasticidad de la red relacional entre el líder y los seguidores. Si la red no se satura jamás, la cantidad de elementos que puedan tomarse de ella será ilimitada; a la inversa, si la red se satura rápidamente, la cantidad será reducida. La saturación de la red marcará el punto a partir del cual los elementos dejarán de circular, porque las relaciones entre el líder y los seguidores se interrumpen y esta interrupción pone en duda el liderato de quien lo ejercía. El sistema poseería un equilibrio autorregulador que determinaría el ritmo al que debería efectuarse el paso de los elementos de una cultura a otra, es decir, los cambios.[24]

La teoría de Redfield sobre los cambios, tal como aparece sobre todo en *A village that chose progress,* se reduce pues a una simple teoría de las comunicaciones en la que los elementos culturales tomarían el lugar de los elementos semánticos y desempeñarían el papel de mensajes. En efecto, el cambio sólo es concebido como "cultura agregada" por transferencia mecánica. Esta transferencia se efectúa de acuerdo con un proceso de evolución lineal y de difusión con un sentido único, del sector "urbano" al sector *"folk".* Según Redfield, en Yucatán, la ciudad de Mérida sería el polo emisor de cultura, la aldea de Chan Kom uno de los polos receptores, y entre Mérida y Chan Kom estarían las familias "aculturadas" —los Pat, los Ceme, los Tamay—, en breve, los líderes que, a la manera de relevos, asegurarían la transmisión. La cultura receptora está reducida implícitamente a un papel pasivo de absorción en el que no puede dar muestras ni de originalidad, ni de poder creador. Está llamada a moldearse sobre la cultura emisora. De acuerdo con la intensidad de la emisión y el grado de la recepción, se transformará más o menos, y a partir del número de ele-

24. Véase en particular la manera en que Redfield da cuenta de la conversión al protestantismo de los habitantes de Chan Kom, *A village that chose progress,* cap. 5.

mentos tomados o recibidos, será posible colocarla en tal o cual nivel en una escala de aculturación,[25] por medio de una simple operación matemática. Esta transformación se realizará progresivamente pero en forma ineludible, y desembocará en una asimilación pura y simple. Entre Tusik y Mérida, el paraje y la ciudad, no hay solución de continuidad: la ciudad prefigura lo que el paraje será mañana. Por lo demás, ¿acaso ofrece Redfield otra alternativa a Chan Kom que no sea la de elegir entre el "estancamiento" en la tradición y el "progreso" en la aculturación, progreso como el que propone la vida urbana, nacional y, de hecho, occidental?

Esta teoría, muy etnocéntrica, de los cambios o, más bien, de los agregados culturales, se nutre de una corriente de pensamiento evolucionista que tiene aún una gran influencia en los Estados Unidos. Sin embargo, en Redfield, se inserta en una visión global del desarrollo cultural de la humanidad, lo que le proporciona una profunda coherencia, aunque también limita singularmente su alcance. En su obra, *The primitive world and its transformation*,[26] en la que casi en cada página se percibe la influencia de Toynbee y de Childe,[27] Redfield expone el modelo de evolución que propone con respecto a la cultura. Este modelo se basa en la distinción entre la ciudad y el campo. La ciudad es portadora de una cultura particular *(urban culture)*, que continuamente se ve puesta en duda y que se recompone por medio de la invención y la innovación. En cambio, el campo es portador de una cultura *(folk culture)* que se perpetúa siempre igual a sí misma. La cultura urbana se orienta hacia un progreso ilimitado. Su desarrollo se inscribe en una temporalidad lineal. La cultura *folk* está modelada por una tradición cícli-

---

25. Más que de "escala", Redfield habla de "grada". "Imaginemos Yucatán como una grada que va de la civilización moderna a los modos de vida característicos del pasado", "The Second Epilogue to Maya History", *The Hispanic-American Historical Review*, vol. 17, núm. 2, 1937, p. 171.
26. Redfield, Robert, *The primitive world and its transformation*, Ithaca, 1953.
27. Pero de un Childe interpretado de manera idealista.

INTRODUCCIÓN 17

ca y recurrente. Evoluciona en un tiempo vuelto sobre sí mismo. Sin embargo, ciudad y campo tienen relaciones estrechas. Sus temporalidades sociales se telescopían. El campo gravita en torno a la ciudad y ésta, al desarrollarse, atrae al campo hacia su órbita. La cultura urbana está llamada a irradiarse sobre la cultura *folk* y a modificarla hasta el momento en que deje de ser *folk* para convertirse, a su vez, en urbana. Esta marcha hacia la urbanización se emprendió desde fines del neolítico en los países de Oriente. Pero la siguen aún las poblaciones "retrasadas". Estas poblaciones siguen la misma vía que las que las precedieron y aventajaron en el curso de la historia, vía única e irreversible de toda la humanidad, que designa la expresión *folk-urban continuum*. Al progresar en esta vía y al franquear las etapas sucesivas, son llevadas a disolver lo que de específico tenían en esta cultura urbana con pretensión de universal, que está situada al término de la evolución cultural. Es de temerse que dentro del marco de esta hipótesis ontofilogenética del desarrollo cultural, sólo se reconozcan como cambios las transformaciones más superficiales y en particular aquellas que parecen alinear la cultura "etnologizada" con la cultura del etnólogo. En este respecto, el ideal megapolitano de Redfield evoca malhadadamente el de los etnólogos victorianos del siglo pasado, quienes veían en la cultura burguesa el desarrollo pleno, al fin alcanzado, de la cultura humana.

Nuestro propio camino con respecto al estudio de los cambios se basará en una triple decisión: diacrónica, sociológica y holística.

1. Si bien nos veremos llevados a reconocer al líder un papel en el proceso de los cambios, no podemos conceder a este personaje el lugar que le atribuye Redfield. Para que el líder tenga la posibilidad de actuar sobre su sociedad, es necesario de antemano, que haya surgido de ella. Ahora bien, el surgimiento de líderes en las sociedades elementales, basadas en el parentesco, la filiación y la alianza, en las que la autoridad es detendada tradicionalmente por los jefes de clanes o de linajes y por las jerarquías comunitarias,

supone un arreglo previo de las estructuras, es decir, un cambio anterior.

A fin de evitar el caer en esta petición de principios en la que Redfield se ha encerrado, necesitamos abrir más ampliamente que él la perspectiva diacrónica en la que estudiaremos los cambios. Abrirla, en verdad, pero ¿hasta dónde? En cierto sentido, todo corte de la historia en trozos o períodos es arbitrario. Tanto por razones metodológicas, como por razones prácticas evidentes, no podemos aceptar la solución fácil que han adoptado durante mucho tiempo numerosos africanistas, y que consiste en separar los cambios por una comparación entre la situación de la sociedad indígena antes de la llegada de los europeos y la situación en la que el etnólogo encuentra esta sociedad en el momento de la investigación. Por nuestra parte, sólo conocemos pocas cosas acerca de la sociedad tzotzil-tzeltal antes de la dominación española. Además, no sabríamos remontar sin riesgo toda la historia de los contactos.

Consideramos, sin embargo, que la mayor parte de los cambios actuales que afectan a las sociedades indias de Mesoamérica, tienen su origen en el siglo XIX. Esto es particularmente verdadero por lo que se refiere a México, donde el advenimiento de un régimen política y después económicamente liberal —la Reforma y el Porfiriato— a partir de 1850, proporcionó a la sociedad dominante medios técnicos nuevos para aumentar su presión y reforzar sus empresas sobre los grupos indios. El desarrollo de la plantación con carácter agroindustrial y orientada por completo hacia el mercado exterior, el crecimiento de centros manufactureros fundados por compañías extranjeras con vocación internacional, en suma, la expansión del capitalismo que señala, en todos los dominios, la época de Juárez y sobre todo la de Díaz, son responsables en gran parte de la crisis de las sociedades tradicionales cuyos efectos llegan hasta nosotros.

En el caso preciso de Chiapas, en ese momento en que bajo los efectos de las expoliaciones de tierras de las que fueron víctimas, los tzotzil-tzeltales acaparan a título individual y definitivo las tenencias de las que no eran más que usufructuarios y que pertenecían colectivamente a los lina-

INTRODUCCIÓN   19

jes o a los clanes; los clanes y linajes, vacíos de su contenido económico, se reorganizan recomponiendo las relaciones de parentesco y de alianza; estas recomponendas entrañan a su vez una redistribución de la autoridad. Los cambios sobrevenidos al sistema de tenencia de las tierras, al tipo de organización del parentesco y al modo de concesión de la autoridad, puntos sobre los que insistiremos de modo muy especial en esta obra, se iniciaron el siglo pasado. Además, este siglo, muy curiosamente "olvidado" por los etnólogos y aun por los historiadores americanistas, nos servirá muy frecuentemente de referencia todo a lo largo del camino. Pero es evidente, por lo demás, que no podríamos ignorar ni descuidar los tres siglos anteriores de dominación española, cuyo estudio sigue siendo no menos capital.

2. ¿En qué nivel debemos aprehender estos cambios?

Como ya hemos visto, Redfield apresa los cambios al nivel de la cultura y, sin duda alguna, toda la debilidad de la teoría que él propone reside en la elección de este nivel de investigación.

Es difícil reconocer al concepto de cultura un valor operacional cualquiera. En efecto, sólo puede tratarse científicamente la cultura descomponiéndola en sus partes integrantes, clasificando sus elementos constitutivos en órdenes o series lógicas. Todo estudio de los cambios al nivel puramente cultural se reduce, pues, a una matemática de préstamos y aprovechamientos y a una estadística de aculturación. Tal estudio tiende a limitarse a un análisis descriptivo y superficial, ya que no posee los instrumentos conceptuales que le permitirán dar cuenta de su objeto por una explicación causal.

Pero aún hay más. Al hacer del volumen de los aprovechamientos la medida de los cambios, y al confundir por ello cambios con aculturación, el estudio cultural concede un gran peso a los factores externos del fenómeno al que se dirige, al grado de ignorar muy frecuentemente los otros factores —los factores internos. En el caso límite de las regiones mayas en las que se enfrentan dos culturas y donde una —la "retrasada"— recibe más de lo que da, en tanto que la otra —la "moderna"— da más de lo que recibe, el estudio concluirá a favor de una evolución unilineal en la que los cambios serán los jalones, y verá en esos cambios un lento proceso de absorción de la cultura "atrasada" por parte de la cultura "moderna", de la cultura india por parte de la cultura no india.[28]

Así, el estudio cultural pasa con frecuencia por alto los fenómenos de tensión, de conflicto o de crisis, engendrados por la confrontación de grupos opuestos. A veces, hasta llega a negar la existencia de tales fenómenos en la medida en que postula implícita o explícitamente la incapacidad de la sociedad india para responder de un modo que no sea automático e imitativo a las solicitudes de una sociedad no india. Para él, los "contactos culturales" no pueden establecerse "sin choque" y las "relaciones raciales" no pueden tramarse "sin conflictos".[29] De la misma manera y por la misma razón, el estudio cultural ignora los fenómenos de reinterpretación, de reorganización y de reacción por parte de la sociedad india, más espontánea, más activa, más capaz de innovación de lo que se pretende. Como tendremos ocasión de mostrar, es imposible ver en el chalikismo de los chamulas, por ejemplo, un rasgo auténticamente indio y puramente tradicional, de la misma manera que no es posible considerar el evangelismo de los okchuqueros como un rasgo de importación exclusivamente. El chalikismo y el evangelismo han sido repensados en función de las condiciones externas de la comunidad de Chamula por lo que se refiere al primero de estos movimientos y en función de las

28. Es la conclusión a la que llegan —con algunas variantes— los trabajos sobre los cambios culturales efectuados en América Latina. Véase, en particular, Adams, Richard N., *Encuesta sobre los ladinos de Guatemala*, Seminario de Integración Social de Guatemala, Guatemala, 1956. La mayor parte de los etnólogos americanistas parecen haber levantado con anticipación un acta de fallecimiento de la cultura india, cuyas manifestaciones interpretan como reacciones de agonizante.
29. Véase Redfield, Robert, "The relations between Indians and Ladinos in Agua Escondida, Guatemala", *América Indígena*, vol. 16, núm. 4, 1956; y Gillin, John, "Race relations without conflict: a Guatemalan town", *American Journal of Sociology*, núm. 53, 1948.

INTRODUCCIÓN 21

condiciones internas de la comunidad de Oxchuc por lo que se refiere al segundo. De hecho, todos los cambios son producto del juego de dos factores o, mejor dicho, de dos dinámicas, una externa y otra interna.

A fin de hacer evidentes esas dinámicas generadoras de los cambios, tendremos que situar nuestra investigación en un nivel funcional y estructural, es decir, sociológico. Sin dejar a un lado las modificaciones culturales, sólo les daremos un valor de señales de referencia superficiales de transformaciones de estructura más profundas que constituyen el tema mismo de nuestro trabajo.

3. Redfield ha insistido muy vivamente en el aspecto "parcial" de los grupos que clasifica como campesinos, así como también en las relaciones que estos grupos mantienen con la sociedad llamada "urbana". Ha mostrado con mucha perspicacia que indios y no indios no viven en manera alguna aislados en dos universos incomunicables y que no pueden ser disociados de la sociedad global que los incluye. Denunció, aun antes de que se la hubiera formulado explícitamente, la teoría falaz del dualismo, al revelar que indios y no indios se insertan en una y la misma estructura que los jerarquiza y que define el orden de sus relaciones.

Sin embargo, esta contribución capital de Redfield al entendimiento de la situación en que están actualmente comprendidas las poblaciones indígenas de Mesoamérica, parece haber escapado a la mayor parte de sus sucesores. Así, Sol Tax en su obra, *A Penny Capitalism*, se dedica exclusivamennte a describir la economía del grupo indígena de Panajachel, ignorando de manera deliberada que más de la tercera parte de los habitantes de esta aldea guatemalteca es no india y que estos no indios producen, consumen, compran y venden también en estrecha asociación con los indios. Tax califica de "relaciones extranjeras", las relaciones entre indios y no indios que se establecen inevitablemente en Panajachel, aunque sólo sea por la imbricación geográfica de los dos grupos.[30] Siverts comete el mismo

---

30. Tax, Sol, *A penny capitalism: a Guatemalan Indian economy*, CIW, Washington, 1953.

error al hablar de "comercio exterior" a propósito de los cambios monetarizados de los tzeltales de Oxchuc con los mercados urbanos.[31]

Las comunidades tzotzil-tzeltales de Chiapas, lo mismo que las otras colectividades indígenas de Mesoamérica, no constituyen grupos sociales independientes. Primero, se arreglan entre sí; después se articulan en la sociedad regional formando con ella un conjunto estructurado. Por último, entran en las instituciones nacionales en el seno de las cuales participan de relaciones de poder político y económico. Es, pues, metodológicamente incorrecto considerarlas como entidades en sí. El hecho de que dependan de un sistema más vasto, explica por lo demás cómo y por qué se modifican estas comunidades y adquieren nuevos caracteres. Pero, al modificarse, modifican las relaciones que mantienen en el interior de ese sistema y con ello todo el sistema. Las comunidades indias y la sociedad global que las contiene, interactúan de tal manera que todo cambio que afecta a las primeras afecta también a la segunda y a la inversa.

Es esto lo que nos llevará a estudiar también la sociedad global y las relaciones de esta sociedad con las comunidades indias, lo mismo que los cambios de la sociedad global y los cambios de sus relaciones con las comunidades indígenas. Sólo dentro de esta perspectiva holística podremos rendir cuentas del conjunto de cambios sobrevenidos a los tzotziltzeltales y dar a estos cambios su verdadero significado.

A partir de estas bases metodológicas sumariamente esbozadas, definiremos en la primera parte el marco histórico y el medio social de los grupos tzotzil-tzeltales. En la segunda parte mostraremos de qué manera se adaptan esos grupos a las modificaciones aportadas al medio y cuáles son los límites de esta adaptación. Finalmente, en la última parte, veremos por qué, cuándo y cómo retoman la iniciativa, reactúan y se reorganizan y en qué medida son susceptibles de ponerse o de ser puestos en duda en cuanto "indios".

31. Siverts, Henning, "Social and cultural changes in a Tzeltal (Mayan) Municipio, Chiapas, México", *Proceedings of the 32nd International Congress of Americanists*, Copenhague, 1958.

PRIMERA PARTE
EL MARCO HISTÓRICO Y EL MEDIO SOCIAL

CAPÍTULO I

EL PRIMER SISTEMA COLONIAL

A fines del año 1523, la retaguardia de los conquistadores, abandonada cuando el reparto del imperio de Moctezuma en la aldea atlántica de Coatzacoalcos, decidió apoderarse de esas tierras de los confines que Cortés le había prometido. En febrero del año siguiente, esos "antiguos combatientes" de la Nueva España dejaron la costa del Golfo y se metieron en el país zoque, hacia el centro de Chiapas, región entonces desconocida. La expedición que hicieron a su costa estaba dirigida por Luis Marín. Constaba de veintisiete de a caballo, quince ballesteros, ocho escopeteros, sesenta soldados armados con una espada y un artillero muy cobarde desde que había sido herido en Italia, a los que se añadieron ochenta suplentes mexicanos. Los seguía una bombarda arrastrada por cinco caballos inútiles para el combate.[1]

Aprovechando el despedazamiento de la región en grupos celosamente independientes y ferozmente antagonistas, Luis Marín logró conciliar a los zoques para dar combate a los chiapas, después aliarse a los chiapas para someter a los zinacantecos y, por último, apoyarse en los zinacantecos para asediar Chamula y tomar Huixtán. Sin embargo, a la hora de la victoria y del reparto del botín, surgieron conflictos entre los españoles que decidieron, de común acuerdo, llevar sus diferencias ante las instancias de México. Así, la expedición volvió, en desorden, hacia las bases de las que había partido.[2] Los tzotzil-tzeltales debían disfrutar de un aplazamiento de tres años.

1. Díaz del Castillo, Bernal, *Historia verdadera de la conquista de la Nueva España*, México, 1960, p. 388. Bernal Díaz tomó parte en la expedición de Luis Marín.
2. Remesal no menciona la tentativa de Luis Marín, cuya mejor relación sigue siendo la de Bernal Díaz.

Una segunda expedición, bajo el patronato de Cortés y organizada con ayuda de las autoridades de México, se lanzó sobre los Altos en 1527. Su jefe, Diego de Mazariegos, a la cabeza de tropas más numerosas y mejor disciplinadas que las que dirigió su infortunado predecesor, logró, aunque no sin descalabros, tomar por la retaguardia a los chiapas y acorralarlos en la cima de un abismo, al que prefirieron lanzarse antes que rendirse. Así quedó pacificado el Grijalva medio y abierta la vía hacia los Altos. Sin ofrecer gran resistencia, los cacicazgos tzotzil-tzeltales cayeron uno tras otro bajo el dominio español. Al año siguiente se fundó Ciudad Real —la actual San Cristóbal— en el corazón mismo de la región, dentro del amplio valle pantanoso conocido por los indios con el nombre de Jovel. La conquista se había logrado. Empezaba la colonización.[3]

EL ESTABLECIMIENTO Y LA CONSOLIDACIÓN DEL SISTEMA: 1527-1712

El establecimiento del sistema colonial en los Altos fue lento y en última instancia tardío. Es verdad que puede explicarse esta lentitud por las incertidumbres políticas y administrativas de los conquistadores, aunque el poder español y sus representantes en México se hubieran recobrado ya, cuando en 1527 se añadió Chiapas al dominio de la Corona. ¿Habría que ver en ella, como quiere Wolf,[4] el resultado de ese conflicto entre utopías que dividió y paralizó a los conquistadores convertidos en colonos, por toda la América Central? Quizá, pero a condición de destacar, tras estas utopías y profundamente enraizados en ellas, los intereses divergentes que las subtendían.

---

3. Sobre la expedición de Diego de Mazariegos, véase Remesal, Antonio de, *Historia general de las Indias occidentales y particular de la gobernación de Chiapa y Guatemala*, Madrid, 1620, pp. 5-15.
4. Wolf, Eric R., *The sons of the shaking earth*, Chicago, 1959, cap. 8.

Utopía de los conquistadores militares primero, quienes después de haber conocido los peligros de la vida caballeresca, querían gozar ahora sus placeres. "Pretenden ser tan hidalgos, tan caballeros, tan nobles —escribe Remesal al hablar de los españoles de Chiapas— que sólo desean vivir de sus rentas".[5] Y su pretensión y su deseo son tanto más imperiosos de este lado del océano, cuanto más modesta había sido su situación en la península y más oscuro su nacimiento.

Ahora bien, ¿cómo vivir como un caballero medieval —o según la imagen de ese caballero— a no ser movilizando y haciendo producir la única riqueza de esa edad acabada en Europa: el hombre? Domesticar la energía de los tzotziltzeltales, canalizarla en provecho propio, tales son las necesidades del conquistador que ha dejado el servicio, para ser fiel a su personaje en una región sin infraestructura económica, en la que había que crear de punta a cabo los instrumentos de producción y con frecuencia tuvo que reinventarse la tecnología.

Pero también utopía de los conquistadores espirituales, de esos frailes predicadores que vinieron a Chiapas desde el convento de San Esteban, llamados por Bartolomé de las Casas y en busca de una pureza evangélica perdida. Escapados de un cristianismo que se hundía bajo los cismas y herejías provocados por su propia corrupción, quisieron encontrar entre los tzotzil-tzeltales ese cristianismo auténtico y fraternal cuyo fracaso en Europa era patente a sus ojos. Para ello, es necesario aislar a los nuevos hijos de Dios, protegerlos de los ejemplos corruptores de los cristianos de España, a fin de mantener su candor natural y su fe primitiva. Entre la vieja España y la Nueva Jerusalén chiapaneca, sólo unos cuantos hombres elegidos, los dominicos, estarían autorizados a establecer una frágil pasarela.[6]

5. Remesal, Antonio de, *op. cit.*, pp. 410-11.
6. No pretendemos tomar partido en la "cuestión Las Casas" que Ramón Menéndez Pidal, Manuel Giménez Fernández y Lewis Hanke han hecho renacer recientemente. Fuera cual fuera el pensamiento del obispo de Chiapas, éste nunca puso en duda el sistema

¿Política de control directo en contra de política de control indirecto? Desde luego que no. ¿Política de asimilación en contra de política de segregación? Esos términos traducen mal el significado del conflicto. El colonizador militar vuelto a la vida civil se ve llevado a mantener, aunque sea artificialmente, la cultura del colonizado para perpetuar y justificar la explotación a la que reduce a los tzotzil-tzeltales. Por lo que se refiere al colonizador religioso, defiende la cultura indígena en contra de ciertos aspectos de la cultura hispánica, pero también contra sus tendencias profundas a fin de moldearla mejor de acuerdo con la imagen ideal que se ha hecho de ella y que es, se piense lo que se quiera, una imagen todavía europea. Por su naturaleza misma, el sistema colonial no puede elegir entre esas dos políticas que lo niegan, y nunca lo ha hecho hasta la fecha.

Dos instituciones resumen ese conflicto nacido en el interior del sistema colonial: la encomienda y la reducción. Ya antes de ser conquistados, los Altos habían sido repartidos en encomiendas.[7] Una de las causas del fracaso de la expedición de Marín estriba en el hecho de que, tras la caída de Chamula, cierto Alonso de Grado mostró una carta de Cortés por la que éste le otorgaba en encomienda la mitad de la región conquistada. Bernal Díaz, que había obtenido la encomienda de los chamulas, y Luis Marín, que tenía la de los zoques, reaccionaron en tal forma que las decisiones de Cortés fueron revocadas y los títulos anulados.[8] Poco después de 1527, siguieron los conflictos de

colonial en cuanto tal, sino más bien ciertos de sus procedimientos. Es esto lo que importa y es esto lo que los historiadores lascasistas se niegan a admitir al parecer.

7. Deliberadamente hacemos aquí abstracción de la esclavitud de los indios. Esta institución se desarrolló en el curso de la primera mitad del siglo XVI, sobre todo en las regiones mineras de la Nueva España, donde adquiere caracteres específicos. En los Altos de Chiapas, el *status* de los tzotzil-tzeltales encomendados no era, si hemos de creer a Remesal, muy diferente del de los indios esclavos.

8. Díaz del Castillo, Bernal, *op. cit.*, p. 395; véase también su "Probanza de méritos y servicios... promovida en 7 de septiembre de 1539", que figura como apéndice en la edición mexicana de 1960.

EL PRIMER SISTEMA COLONIAL

atribución de encomiendas, dado que muchas de ellas habían sido otorgadas a dos o tres personas diferentes.[9] Así, Diego de Mazariegos vio en pleitos su encomienda de los chiapas, ya que Pedro Portocarrero era portador de títulos idénticos a los suyos. Finalmente fue Portocarrero quien la obtuvo, después de que Mazariegos fue llamado a la ciudad de México. En suma, había en Ciudad Real más derechohabientes que encomiendas por repartir. Chamula cayó al fin a Pedro de Solórzano, Pinola al hijo de Mazariegos, don Luis, Usolotepeque a Luz Torres, Tenango, Ocosingo y Teguantepeque, "situado en la extremidad de Ciudad Real", a Antonio Sánchez, Ostuta a Pedro Moreno, Zinacantán a Pedro de Estrada, hermano uterino de Mazariegos.[10]

A partir de 1541, fecha de la llegada de Las Casas a Ciudad Real, los dominicos comenzaron a penetrar en las encomiendas, para concentrar a los tzotzil-tzeltales en pueblos.[11] Los encomenderos vieron con muy malos ojos que los religiosos se inmiscuyeran así en sus circunscripciones y se interesaran en "sus" indios. Veían sin ningún entusiasmo el empadronamiento de la población que debían administrar, que resultaba más fácil de hacer para los funcionarios reales en uno o varios pueblos que en una multitud de parajes dispersos en la montaña; resultaba más difícil sustraer a los controles de la administración central y del fisco la mano de obra indígena y el monto de los tributos percibidos; también era más difícil de disimular qué obligaciones y constricciones se habían impuesto a esta mano de obra, que contravenían las disposiciones legales. Los dominicos podrían acumular pruebas concluyentes en contra de los encomenderos, si éstos autorizaban su acceso a sus encomiendas.

En 1545, cuando dos dominicos se presentaron en Zinacantán para organizar allí una reducción, el encomendero

---

9. Remesal, Antonio de, *op. cit.,* p. 265.
10. *Ibid.,* p. 410.
11. Sobre la política de reducción elaborada por Las Casas entre los caribes y luego aplicada en los Altos de Chiapas, véase Remesal, Antonio de, *op. cit.,* p. 508.

del lugar los hizo sitiar en la casa en la que habían encontrado refugio; los religiosos tuvieron que ser abastecidos de víveres clandestinamente.[12] Sin embargo, al año siguiente, se inauguró la primera "casa comunal" entre los zinacantecos. En 1547, se hizo una concentración inicial de chamulas, en tanto que una cédula real ordenaba a los encomenderos el facilitar la acción de los religiosos en sus jurisdicciones. A partir de esta fecha, los dominicos empezaron a fusionar los parajes en pueblos y a organizar a los tzotzil-tzeltales en "repúblicas sociales".[13] Cuatro años después, la Corona hizo una donación cuantiosa a la Orden de Frailes Predicadores, a fin de que prosiguieran e intensificaran su acción. Sin embargo, Bartolomé de las Casas había abandonado ya el obispado de Chiapas, embarcándose para España, y el dinamismo que había inspirado en sus colaboradores se resintió por ello. Sin duda, durante los años que siguieron a su partida, se crearon los pueblos de Ostutla, Ixtapa, Texpatlán y Copanaguastla.[14] Con todo, la política de reducción se fue abandonando poco a poco hasta que en 1577 un informe señala que los tzotzil-tzeltales huían de sus nuevos pueblos para refugiarse, en pequeños grupos, en la selva.[15]

Reducidos y encomendados, los tzotzil-tzeltales estaban ligados a sus conquistadores por una serie de obligaciones y de prestaciones en naturaleza, en especie o en trabajo. A la cabeza de esta lista figuraba el tributo. El encomendero lo recogía dos veces por año y entregaba una parte a las cajas reales. El tributo debía estar muy mal repartido ya que, en 1546, la Audiencia de los Confines envió a uno de sus miembros, el licenciado Juan Rogel, a Ciudad Real a fin de investigar el sistema de impuestos en vigor. El auditor Rogel llegó a un acuerdo con los encomenderos, según el cual los dos conglomerados indígenas más importantes de los Altos, Zinacantán y Copanaguastla, pagarían 1 000 castellanos de

---

12. *Ibid.*, p. 390.
13. *Ibid.*, p. 508.
14. *Ibid.*, p. 509.
15. *Ibid.*, p. 510.

oro en vez de 1 500, y todos los demás pueblos 500 castellanos.[16]
Venían enseguida los servicios públicos y privados. Estos servicios, exigidos a los tzotzil-tzeltales desde 1527, habían sido autorizados legalmente por Marroquín y Montejo, cuando ocuparon la alcaldía mayor de Chiapas. En 1542, Montejo, al trasmitir la encomienda de Pedro de Estrada, difunto, a su viuda Ana Torres, vuelta a casar con Gonzalo de Ovalle, y a su hijo Pedro Luis de Estrada, precisa a este último que los zinacantecos le han sido confiados

para que vos sirváis de ellos en vuestra casa y haciendas y granjerías con cargo que tengáis de los industriar y adoctrinar en las cosas de nuestra santa fe católica.[17]

El auditor Rogel, en el curso de su misión en Chiapas, trató de modificar las licencias tan generosamente otorgadas por Montejo. Prohibió, en especial, que los encomenderos emplearan a los tzotzil-tzeltales en minas, molinos, propiedades y casas particulares.[18] Jamás se respetó esta prohibición. Sin embargo, Rogel fue al parecer más afortunado en su reglamentación de los servicios de utilidad pública a fin de limitar los abusos a los que daban lugar. Pero como en el pasado, los pueblos indios siguieron teniendo que mantener a los contingentes de tlamemes o cargadores indios que, sin requisición por parte de las autoridades españolas, estaban encargados del acarreo del correo y de las mercancías y cuyo mantenimiento corría a cargo de la comunidad.

Por último, después de la salida de Las Casas, se añadieron a las obligaciones "civiles" de los tzotzil-tzeltales las rentas eclesiásticas que iban agravándose. Al principio de la colonización, se prohibió a los religiosos que recibieran di-

16. *Ibid.*, p. 414.
17. Citado por Chamberlain, Robert, "The governorship of Adelantado Montejo in Chiapas", *CIW*, publ. núm. 46, 1948, pp. 180, 205.
18. Ximénez, Francisco, *Historia de la provincia de San Vicente de Chiapa y Guatemala*, Guatemala, 1929, vol. 1, p. 402.

nero de los indios, si bien el uso establecía que éstos mantuvieran a su párroco.[19] Pero poco a poco, el óbolo ofrecido al sacerdote al recibir los sacramentos se convirtió en derecho o arancel, y el homenaje en especies o en naturaleza en diezmos y primicias anuales. He allí el signo de esta "retirada de la utopía" que iniciaron precozmente los dominicos y el conjunto de la clerecía de los Altos, bajo la presión de los intereses seculares y, en especial, de los encomenderos. Éstos, por otra parte, habían de despertar también muy pronto de sus sueños caballerescos y adaptarse a una nueva condición, la de propietario de tierras, hacendado o finquero.

En efecto, muy pronto intentó la Corona recuperar las encomiendas que sus representantes locales habían distribuido con tanta liberalidad como falta de coherencia. En 1542, las Leyes de Barcelona prohibieron la concesión de nuevas encomiendas y limitaron el usufructo de las que existían a cinco y después a dos vidas. Además, esta legislación reforzó el control de los funcionarios reales sobre los encomenderos, a tal grado que las Audiencias pudieron desposeer a aquellos cuyo comportamiento hacia los indios no correspondía a las normas humanitarias legisladas. En virtud de esas leyes, diecisiete encomenderos fueron desposeídos en 1549 y sus encomiendas pasaron al dominio de la corona.[20] Parecería que a fines del siglo XVI la mayor parte de los tzotzil-tzeltales hubiera estado ya colocada en encomienda real, ya que la región de los Altos era designada con el nombre de partido de la Real Corona. Había sin duda algunas excepciones. En 1659, los pueblos de Aguacatenango, Socoltenango, Ocosingo y Tenango fueron aún transmitidos en encomienda privada a Isabel Xáuregui, hija de la bisnieta de Diego de Mazariegos, y mujer de Pedro Bermudo.[21]

---

19. Remesal, Antonio de, *op. cit.*, p. 302.
20. Remesal, Antonio de, *op. cit.*, p. 488; y Ximénez, Francisco, *op. cit.*, vol. 1, p. 481.
21. Según la tasación hecha ese mismo año, sólo el pueblo de Aguacatenango debía pagar anualmente a su encomendero: "41 mantas y una pierna y media, de tres piernas cada manta; 47 fanegas

No se debería exagerar la importancia de esta legislación real sobre la transformación del sistema colonial en Chiapas durante la segunda mitad del siglo XVI. Se sabe que en esta época, los colonos locales disponían de apoyo en la burocracia de México y de Guatemala, y que las disposiciones tomadas en Madrid podrían ser muy fácilmente evitadas o simplemente ignoradas cuando lesionaban intereses demasiado importantes. El paso de la encomienda a la hacienda y los cambios sociales que provocó se explica en Chiapas por factores puramente locales que dan a este fenómeno, general en América, un carácter original y singular. Los continuos arreglos que habían afectado la distribución de las encomiendas en los Altos, y la precariedad de la posesión de esas encomiendas que de ello resulta, llevaron a los encomenderos a asegurarse en firme ciertas extensiones de tierra que pudieran transmitir a sus descendientes en caso de que la encomienda cambiara de mano. A petición de los colonos de Chiapas, la Corona sancionó mediante una cédula, en 1538, la adquisición legal de tierras de manos de los indios. Merced a esta cédula, se desarrollaron muy rápidamente en el seno de las encomiendas, aunque de ningún modo ligadas a ellas, dominios poseídos a título puramente individual y privado por los encomenderos —embrión de un sistema señorial.

Hacia fines del año 1530, Pedro de Estrada, encomendero de Zinacantán, había adquirido ya en su jurisdicción muchas fanegas de tierra que consagró al cultivo de la caña de azúcar. Había invertido en esta empresa más de 2 000 castellanos.[22] No todas esas adquisiciones se hicieron en los términos mismos de la cédula que las autorizaba y

de maíz; 36 gallinas de Castilla; 1 fanega y 11 almudes y medio de frejoles; 11 almudes y tres cuartillos de chile; y tasadas y avaluadas cada manta de tres piernas a 4 tostones y 2 reales; cada fanega de maíz a 6 reales; cada gallina de Castilla a 2 reales; y los frejoles y chile a razón de 12 reales fanega; montan los tributos de dicho pueblo en cada año 142 pesos de a ocho reales". Archivos Generales del Gobierno de Guatemala, sección "Mercedes y nombramientos", vol. 1.
22. Chamberlain, Robert, *op. cit.*, apéndice.

que prohibía no obstante la capitalización de tierras a expensas de los tzotzil-tzeltales, que no deberían ser despojados de las tierras que les eran necesarias y de las que tradicionalmente eran poseedores. Ximénez cuenta a este propósito la siguiente anécdota:

> Unos se quejaron que para hacer un ingenio junto a un pueblo en que habían todos de acabarse, les tomaban por fuerza sus tierras y hacíanles por fuerza tomar el precio de ellas y que se vinieron a quejar y como lo supieron luego en la ciudad, los echaron luego presos.[23]

Las zonas afectadas particularmente por el desarrollo de los dominios fueron, a buen seguro, las más fértiles: las terrazas del sureste, alrededor de San Bartolomé, fueron muy pronto adquiridas por los encomenderos de Ciudad Real y dedicadas al cultivo del algodón; los valles del noreste que dominan la Lacandonia, fueron ocupados por los españoles de Comitán y pasaron enseguida al control de la Orden de los Dominicos que las destinó al cultivo de la caña; las cuencas interiores de los Altos se destinaron sobre todo a la ganadería. Al desaparecer, a fines del siglo XVI, la mayor parte de las encomiendas, la nueva estructura agraria y el nuevo sistema de explotacion estaban ya en su puesto desde hacía mucho. François Chevalier ha demostrado que, en el centro de México, la formación de los dominios respondió al desplome de los mercados a principios del siglo XVII.[24] Si bien es aún muy difícil valorar exactamente el efecto de la crisis económica sobre este fenómeno en Chiapas, conviene señalar que la formación de los grandes dominios en esta región precedió, con mucho, el principio del "siglo de la depresión".

En este nuevo sistema, se sitúa, frente a la hacienda heredera de la encomienda, la comunidad heredera de la reducción. Las reducciones arrebatadas por la Corona a los

---

23. Ximénez, Francisco, *op. cit.*, vol. 1, p. 352.
24. Chevalier, François, *La formation des grands domaines au Mexique*, Institut d' Ethnologie, París, 1952.

EL PRIMER SISTEMA COLONIAL 35

encomenderos fueron legalmente dotadas de tierras: tierras de labor colectiva o ejidos, distribuidos en usufructo a cada familia; tierras trabajadas colectivamente para cubrir los gastos comunales; tierras de pastura indivisas para los animales —el conjunto debería disfrutar de bosques y de agua en cantidad suficiente.[25] Las antiguas reducciones recibieron además un estatuto jurídico que les permitía promover acción en justicia. Provistas de autoridades representativas elegidas por la colectividad de sus miembros, se convirtieron en comunidades libres. Con todo, esta libertad era relativa. Las nuevas comunidades no pagaban tributo al encomendero sino al funcionario real. No daban ya servicio al encomendero sino al terrateniente. Simplemente cambiaron de dueño, en tanto que éste no se limitó a cambiar de nombre.

La explotación de los grandes dominios exigía, en efecto, una mano de obra importante que no podía ser reclutada más que en las comunidades. A fin de movilizar los trabajadores necesarios para esta explotación se instituyó el repartimiento. Cada semana, las autoridades comunales deberían proporcionar un cierto contingente de tzotziltzeltales a los terratenientes que se los repartían a prorrata de la extensión de sus dominios. Durante la semana que duraba su trabajo forzado, sólo se pagaba a los indios de manera simbólica. Thomas Gage señala que

...es el tal salario que se les da [a los indios] que apenas se pueden sustentar con él, porque no llegan a cinco sueldos por día lo que les corresponde, no teniendo más que veinticinco sueldos por semana en todo.[26]

El autor concluye su descripción del repartimiento con esta frase, sin duda demasiado lapidaria: "De esta manera se venden los indios cada semana como esclavos".[27]

25. *Recopilación de las leyes de las Indias*, Sevilla, 1680, libro 13, título 7, cap. 4.
26. Gage, Thomas, *Nouvelle relation contenant les voyages de Thomas Gage dans la Nouvelle Espagne*..., Amsterdam, 1720, vol. 2, p. 85. [Trad. esp., *Nueva relación que contiene los viajes de Tomás Gage a la Nueva España*..., México, 1947, p. 327.]
27. *Ibid.*, p. 84. [P. 326.]

Se explotaba a las comunidades no sólo como fuente de mano de obra, sino también como unidades de producción y de consumo. Se les imponían algunas actividades económicas, como la cría de la cochinilla y el cultivo del añil. También tenían obligación de comprar algunos bienes de consumo. Estas compras a las que se constreñía a las comunidades se referían con mucha frecuencia a productos cuyo valor de uso era mínimo en relación con su valor de mercado. Sin embargo, la dependencia de las comunidades tzotzil-tzeltales de la sociedad colonial cobra un relieve particular por el hecho de que ésta detentaba el monopolio de las técnicas de elaboración del producto. El trapiche, el ingenio, el obraje, el molino eran patrimonio exclusivo de los españoles. Se prohibió a los tzotzil-tzeltales construir y poseer tales industrias, aunque los indios debían pasar por los españoles a fin de transformar sus granos en harina, su algodón en vestido, su caña en alcohol.

La obra de Thomas Gage nos ayuda a comprender mejor la situación de las dos sociedades de los Altos y el funcionamiento del sistema colonial en esta región, durante la primera parte del siglo XVII. Este monje espía, este religioso mercenario que será más adelante consejero de Cromwell y el inspirador del *Western Design,* residió durante varios meses en Ciudad Real, donde enseñó latín y hasta teología, antes de pasar a Guatemala. Más interesado en el movimiento de los intercambios, en la importancia de las guarniciones y el espesor de las fortificaciones que en los problemas de la evangelización, nos ha dejado un sabroso testimonio que, a pesar de su parcialidad, constituye una mina abundante de valiosos informes.

Lo que sorprende desde el principio a este truculento dominico, es la pobreza general de Chiapas en comparación con las otras provincias que ha atravesado desde la ciudad de México. "La provincia de Chiapas [es] una de las más pobres de América";[28] su capital —Ciudad Real— "es una de las menores de América; porque su vecindario se reduce

---

28. *Ibid.,* p. 354. [P. 247.]

EL PRIMER SISTEMA COLONIAL 37

a unas cuatrocientas familias españolas y como cien casas de naturales...Los jesuitas no se han establecido en Chiapas la Real, y como no viven sino en las ciudades ricas y opulentas... se ha inferido que la ciudad era pobre".[29] Los instrumentos de cambio son raros, aun en los conglomerados urbanos. En tanto que en las ciudades México y Oaxaca "se cuenta por patacas o pesos de a ocho, en Chiapas sólo se cuenta por tostones que valen la mitad de una pataca".[30] Esta escasez monetaria da cuenta en parte del débil desarrollo económico y comercial que Gage observa al señalar que "los mercaderes son apretados y los caballeros guardadores y económicos... Los mercaderes más acaudalados van a Tabasco o envían a comprar mercancías a España... pero no se atreven a emplear mucho en esas cosas, porque hay pocos españoles en el país, y la mayor parte de los que hay se contentan con lo necesario y pasan la vida sin regalo ni lujo".[31]

Gage considera ridícula la sociedad colonial al medir sus pretensiones con sus capacidades. "Los caballeros de Chiapas son el refrán y hazmerreír de todas aquellas tierras, cuando se quiere representar a uno de esos mentecatos que se dan en aparentar grandezas o saber profundo por más pobres y majaderos que sean; y en efecto, los tales hidalgos se jactan siempre de venir en línea recta de casas de duques de España o de los primeros conquistadores, si bien en sus modales y conversación parecen rudos y groseros como patanes, y no manifiestan ni aun asomos de sentido común ni entendimiento por la mayor parte".[32] Por lo que se refiere a las mujeres, "son dadas a los placeres mundanos, y el demonio les inspira diversos modos de seducción y atractivo para que las almas piquen en el anzuelo de la tentación y se precipiten en el infierno".[33]

29. *Ibid.*, pp. 358-9. [P. 249.]
30. *Ibid.*, p. 359. [P. 249.]
31. *Ibid.*, p. 359. [Pp. 249-50.]
32. *Ibid.*, p. 360. [P. 251.]
33. *Ibid.*, pp. 369-70. [P. 258.]

Pero lo que el autor destaca con la mayor nitidez es la íntima asociación entre los clérigos, la administración y los terratenientes que —a pesar de sus disensiones, sobre las que Gage se extiende con complacencia— constituyen, frente a la sociedad tzotzil-tzeltal, los tres pilares del sistema colonial. En su camino a Guatemala, Gage es llevado a visitar una comunidad y se sorprende del respeto con el que los indios lo rodean. El párroco le explica que todas las personas que visten sotana son consideradas como santos y añade que "hay que recibir todos los honores que los indios nos hacen, ya que mientras podamos pasar por santos a sus ojos, estaremos capacitados para gobernarlos y para disponer de sus personas y de sus bienes".[34] En otro pasaje, otro sacerdote afirma que ha bajado la edad canónica para contraer matrimonio en su parroquia: "A fin de que el tributo vaya siempre en aumento es necesario que se casen todos los que han llegado a la edad de quince años... Algunas veces los obligan [a los indios] también a casarse a la edad de doce o trece años, si ven que son bien proporcionados y vigorosos".[35] Así, el funcionario gana tributarios y el cura contribuyentes, ya que el tributo real y las contribuciones eclesiásticas se imponen por cabezas de familia.

El poder espiritual y el poder temporal se sostienen mutuamente. Los colonos se benefician con el trabajo de los indios que son repartidos por los funcionarios, quienes, a su vez, están interesados en el reparto. "El oficial o juez repartidor... distribuye a cada uno de los españoles los indios que debe tener hasta que no queda uno. Concluida esta distribución... dan al oficial que ha hecho el reparto, por sus derechos, medio real de a cinco sueldos por cada indio, lo que les vale mucho al año, porque hay oficiales de éstos que tendrán tres o cuatrocientos indios para distribuir cada semana".[36] Al lado del cura y del funcionario, el terrateniente es de hecho la figura central de esta trinidad

---

34. *Ibid.*, p. 420. [La edición en español omite esta parte.]
35. *Ibid.*, vol. 2, pp. 142-3. [P. 362.]
36. *Ibid.*, p. 84. [P. 326.]

colonial. Gage conoció a uno que "mató a dos indios en el camino del Golfo, y compuso el asunto con más facilidad con su dinero que si hubiera muerto a un perro... No era casado ni tenía ningún deseo de hacerlo, porque sus esclavas le servían de mujeres, y ninguna vecina osaba resistírsele, de suerte que ha llenado todo el valle de bastardos de todos colores".[37] Estas palabras resumen las desmesuradas prerrogativas de que gozaban los colonos sobre los tzotziltzeltales.

Gage concentra en estas breves frases su impresión del sistema colonial, tal como lo vio funcionar en Chiapas:

En lo general todos los españoles que estando la mayor parte de ellos ociosos, perezosos y desafectos al trabajo, se enriquecen con el de estas pobres gentes, forzándolos a hacer todos sus trabajos... los trasquilan como ovejas y los cargan todavía con una multitud de ocupaciones inútiles, a fin de tener siempre pretexto de especular sobre ellos y pillarles lo poco que han adquirido con tanta pena y trabajo.[38]

EL HUNDIMIENTO DEL SISTEMA: 1712-1821

En 1711, se apareció la Virgen en la comunidad de Santa Marta; también se manifestó en Chenalhó, Yajalón, Cancuc y muchos otros pueblos. Y al año siguiente, cuando el obispo Álvarez de Toledo emprende su visita pastoral, la Virgen, por medio de sus oráculos, ordena el levantamiento general de los tzotzil-tzeltales contra el régimen colonial y a fin de "restaurar el antiguo orden".[39] El sistema colonial experimentó su primera gran crisis.

Sofocada no sin dificultades con ayuda de tropas llevadas de Tabasco y de Guatemala, la insurrección tzotziltzeltal significó un golpe muy duro para la sociedad

37. *Ibid.*, p. 49. [P. 304.]
38. *Ibid.*, pp. 140-1. [P. 361.]
39. Ximénez, Francisco, *op. cit.*, vol. 3, p. 271.

colonial. Muchas propiedades fueron destruidas. Numerosos conglomerados españoles tuvieron que ser evacuados. Por último, la autoridad colonial quedó resquebrajada un poco por doquier. En la mayor parte de las comunidades, se expulsó o se mató a los curas, funcionarios y terratenientes. Jamás pudieron restaurar del todo sus derechos y privilegios anteriores.

Si la represión fue cruel, la Corona logró sin embargo, limitar los efectos de la venganza de los colonos locales. Tomando en cuenta el aviso que se le acababa de hacer, ordenó una serie de medidas que abrían una brecha en ciertas prerrogativas antiguas de españoles y criollos. Tales medidas —por ejemplo, la revisión de los tributos, el control de los impuestos eclesiásticos, la supresión de compras obligatorias, el abandono del repartimiento, el aumento de los poderes de las autoridades indias locales— se multiplicaron bajo el gobierno de los Borbones ilustrados y acabaron por imponerse en todo Chiapas. Después de la transformación de las alcaldías mayores en intendencias, en 1790, acabaron por dar una autonomía real a las comunidades. Sin poner en tela de juicio el sistema colonial, estas disposiciones reales provocaron un reacomodo profundo de las relaciones entre la sociedad colonial y la sociedad colonizada.

La situación creada en los grupos tzotzil-tzeltales por el sistema colonial en los siglos XVI y XVII había sido desastrosa. En vísperas de la insurrección de 1712, las colectividades indias de los Altos se encontraban al borde del hundimiento económico y demográfico. El fenómeno del despoblamiento empezó a manifestarse desde la segunda mitad del siglo XVI. En 1605, la aldea de San Bartolomé de los Plátanos se une a la de Amaytepec a pedido de los indios mismos, ya que los dos conglomerados no tenían población suficiente. En 1640, se abandona el pueblo de Teculuta; en 1665, Citala, seguido muy pronto por Secualpa en 1680 y por Chalchitán en 1698. A fines del siglo XVII, Ostutla sólo está habitado por algunas familias, en tanto que los últimos habitantes de Santa Lucía se repliegan sobre Soyatitán. Pinola, Comalapa y Huixtatlán están, por la misma época, en completa decadencia.

EL PRIMER SISTEMA COLONIAL 41

Las enfermedades importadas de Europa afectaron enormemente a las poblaciones tzotzil-tzeltales, más receptivas o menos resistentes a sus agentes. Esto explica en parte este fenómeno de despoblamiento, como lo subraya el autor de la *Isagoje:*

Por aquellos mismos años de 545 y 576 y los siguientes hasta el año de 1600... hubo grandísimas pestes y mortandades de indios por todas las provincias de Guatemala, Chiapa, Comayagua y Nicaragua. Muchísimos pueblos de los más numerosos y famosos se han destruido totalmente, como Copanaguastla.[40]

Este gran conglomerado de Copanaguastla, construido sobre los cimientos de un centro ceremonial prehispánico por la Orden de Frailes Predicadores y situado en una terraza meridional de los Altos, se había convertido hacia fines del siglo XVI en "el más importante de los veinticinco pueblos indios de la provincia de los quelenes".[41] Ximénez nos dice que también es el más próspero, ya que "toda la comarca es maravillosa en todo, primeramente en temple; porque ni hace frío ninguno ni demasiado calor. Hay gran abundancia de toda la comida de los indios, así maíz como ají y todo lo demás que ellos comen, es la madre del algodón y de allí se visten todas estas provincias".[42] En 1617, se declaró una epidemia en Copanaguastla que se llevó a la mayoría de sus habitantes. Tres años después, en 1620, los últimos sobrevivientes abandonaron el pueblo para refugiarse en Socoltenango, un pueblo a algunas leguas de distancia. Los magníficos edificios construidos por los dominicos que-

---

40. *Isagoje histórica apologética*..., Guatemala, 1935, p. 290. También Remesal escribe que en 1565 "se declaró una gran peste en Cinacantlán [Zinacantán] que se desarrolló rápidamente y se llevó a la mitad de los habitantes", *op. cit.*, p. 647.
41. Vázquez de Espinoza, Antonio, *Compendio y descripción de las Indias occidentales*, Smithsonian Institution, colección miscelánea, vol. 108, Washington, 1948, p. 193.
42. Ximénez, Francisco, *op. cit.*, vol. 1, p. 361.

daron abandonados a la selva, bajo la cual están enterrados actualmente.[43]

Entre las causas del despoblamiento de los Altos, deben añadirse, al efecto de las enfermedades, los abusos de los colonizadores que, directa o indirectamente, tuvieron una gran incidencia sobre la mortalidad de los tzotzil-tzeltales: abusos que consistían en asignar tareas a los indios en las que éstos agotaban sus fuerzas físicas; abusos que consistían también en acaparar las tierras de los indios, reduciendo así a los tzotzil-tzeltales a la servidumbre o al hambre. No cabe duda alguna de que los abusos de este tipo tuvieron una influencia muy grande sobre el fenómeno que mencionamos. Ya Ximénez advertía la correlación que existía entre las zonas más despobladas y las zonas más calientes y más fértiles, es decir, aquellas que tenían más interés para los españoles y donde éstos ejercían la más fuerte presión sobre las tierras:

Los pueblos que se hallan en los lugares más altos y secos no sólo no se han destruido ni disminuido, antes se han aumentado mucho... todos los que se han destruido han sido los que se hallaban en la parte baja de aquella provincia.[44]

El evocar estos hechos no es suscribir la leyenda negra. Tampoco es caer en la leyenda dorada el recordar que el abandono de los pueblos citados por Ximénez no significa necesariamente la extinción total de su población. Con mucha frecuencia, las epidemias y los despojos de tierras sólo desempeñan un papel de catalizador en el proceso de desintegración de los conglomerados indios. Provocaron salidas en masa hacia las zonas más altas y más frías, hacia los lugares menos favorecidos, donde la presión de la sociedad colonial se ejercía con menos fuerza. Es concebible que una

---

43. Sobre la arquitectura de Copanaguastla, véase Olvera, J., "El convento de Copanaguastla: otra joya de la arquitectura plateresca", *Tlatoani*, núm. 11, 1957.
44. Ximénez, Francisco, *op. cit.*, vol. 2, p. 199.

buena parte de la población tzotzil-tzeltal, frente al avance del frente pionero de los dominios en los siglos XVI y XVII, se haya trasladado a las tierras altas y a los valles septentrionales aún poco ocupados, con la intención de sustraerse a la empresa del sistema colonial.[45] Ahora bien, conviene considerar, por encima del despoblamiento aparente de los Altos, el despoblamiento real de esta región teniendo en cuenta los movimientos migratorios internos. No cabe duda de que la variación entre el despoblamiento aparente y el real es grande. Pero es difícil valorar esa variación que permitiría juzgar el volumen de la mortalidad india por una parte, y la importancia del reflujo de la población de una zona a otra, por la otra, pues lejos de instalarse en las comunidades ya existentes, la mayor parte de los emigrantes se establecieron por grupos familiares en los bosques y en las montañas, lejos del alcance de los empadronadores, los recaudadores de impuestos y los encargados de los registros parroquiales. Estos movimientos migratorios se prolongaron mucho más allá de la insurrección de 1712, a pesar de las medidas liberales dictadas por la Corona a favor de los indios. En 1761, el alcalde mayor de Ciudad Real, Joaquín Prieto Isla y Bustamante, señala que en su circunscripción, "los pueblos que llevan este nombre no lo son, ya que algunos no tienen más de cinco habitantes o jefes de familia".[46] Otro informe administrativo de la misma época señala que muchas familias tzeltales dejan sus pueblos para dirigirse hacia el norte o para establecerse entre Ocosingo y Palenque, entre los lacandones.[47] En 1778, como conclusión del nuevo censo que acababa de realizar en su diócesis, el obispo de Ciudad Real, Francisco Polanco, escribe:

---

45. El tributo impuesto a la comunidad seguía inalterado aunque ésta se despoblase, de modo que la población restante pagaba por la población desaparecida o muerta desde el momento de la última tasación. Los sobrevivientes de una epidemia eran, pue's, incitados a huir de su comunidad para escapar a la sobreimposición.
46. Archivos del Estado de Chiapas, Tuxtla Gutiérrez, s. r.
47. Ibid.

Tengo fundamento para creer que falta una sexta parte de almas, porque los indios se pasan a vivir en los montes con mucha distancia de sus pueblos, huyendo de repartimientos y otros cargos con que los espantan o empobrecen.[48]

El censo de Polanco otorga a Chiapas una población india total de 81 118 —o sea 94 637, teniendo en cuenta el coeficiente de corrección que sugiere el obispo. Si se relaciona esta cifra con la estimación de 1611 que otorgaba a la región unos 105 258 habitantes indios, y a las de 1761 y de 1814 cuyos resultados respectivos establecen 66 119 y 130 298, puede afirmarse que tras un largo período de descenso, la población indígena inició hacia fines del siglo XVIII una progresión clara y esto a pesar del gran número de los emigrantes que escapaban a los censos. En breve, en los últimos decenios del régimen español, la natalidad de las comunidades empadronadas nivelaba la mortalidad y la emigración y hasta dejaba excedentes, a pesar de las epidemias —como la de viruela en 1795.

En el curso del siglo XVIII, se manifiesta también una recuperación muy marcada de las economías indígenas de los Altos. Esta recuperación tiene un doble origen. Primero, la hace posible la estabilización del frente pionero de los grandes dominios. Desde el término de la insurrección de 1712 hasta el momento de la Independencia, el número de dominios registrados en todo Chiapas no tiene variación: 34, de los que 12 están en los Altos. Se trata de "Cacaté" y de "Burrero", en la parroquia de Zinacantán; de "Bochil", en la parroquia de Jitotol; de "Santo Domingo", en la parroquia de Ocosingo y de otras ocho propiedades que se encuentran en la parroquia de San Bartolomé.[49]

El centro y el norte de la región siguen en manos de los tzotzil-tzeltales por completo. Esto no quiere decir que en el siglo XVIII hubieran desaparecido los litigios entre las comunidades y las haciendas, ni que las tentativas de expansión de la gran propiedad señorial hubieran quedado todas liquidadas por los fracasos. Pero se puso coto a la progre-

48. *Ibid.*
49. *Ibid.*

sión maciza de los dominios por medio del despojo de grandes fondos comunales, progresión que a fines del siglo XVII parecía amenazar por el sur y el este a las colectividades de la zona montañosa. Esta estabilización de la estructura agraria permite discernir dos conjuntos distintos en los Altos: el de las tierras calientes y templadas, situado en los umbrales de altitud inferior a 1 500 m, donde predomina el latifundio colonial; y el de las tierras frías, superior al nivel de los 1 500 m, donde predomina el minifundio indígena en el interior de posesiones colectivas de un clan o un linaje.

La recuperación de las economías indígenas se debe también a la decadencia de la economía colonial que se manifiesta todo a lo largo del siglo XVIII. Las economías indígenas y la economía colonial funcionan en oposición radical. Las primeras producen materias primas y bienes semielaborados; la segunda produce bienes acabados. Cuando la economía colonial está en expansión, ofrece a los grupos indígenas productos en los que se ha invertido trabajo, es decir, productos caros, que deterioran los términos de cambio en detrimento de los indios. Por el contrario, cuando entra en una fase de recesión no sólo no puede ofrecer tales productos a los indios, sino que los demanda a las comunidades indígenas, lo que tiende a invertir el sentido de la deteriorización de los términos de cambio. La crisis de la economía colonial local en el siglo XVIII fue provocada, en un primer tiempo, por la caída del curso de los productos de exportación y por la clausura del mercado español a algunos de esos productos. Las más afectadas son las tinturas de añil y de cochinilla. Por el momento, el tabaco y el cacao escapan a esta tendencia; pero en los Altos, el tabaco sólo se cultiva en los alrededores de Simojovel, y el cacao sólo en los valles del extremo norte, vecinos al país zoque, en tanto que el resto de la región cultiva el añil y cría la cochinilla. Además, los negociantes españoles dejan de proporcionar semillas de cultivos de exportación a los tzotziltzeltales. Se niegan a comprar por anticipado las cosechas, como lo hacían antes.[50] A su vez, los tzotzil-tzeltales se ven

50. *Ibid.*

obligados a reducir las superficies dedicadas a los cultivos coloniales y utilizan las tierras recuperadas para cultivos de subsistencia.

La crisis de la economía colonial local se acelera en un segundo tiempo, a partir de 1790, cuando los intendentes sustituyen a los alcaldes mayores. Estos tenían poderes tanto políticos como económicos. En cierta forma, eran los "empresarios" de la circunscripción a cuya cabeza se encontraban. Entre otras cosas, tenían que organizar las economías indígenas dentro del marco del sistema colonial. Los intendentes que los suceden, no reciben más que atribuciones de orden administrativo, que no les permiten controlar la producción de las comunidades, ni orientar esta producción en una dirección determinada. Es más, deben asegurar el libre juego de las fuerzas económicas. Uno de ellos, Carlos Castañón, definirá en estos términos la política que le sirve de inspiración:

Que a expensas de su sudor los indios hagan labranzas propias ... que no se les tenga ocupados en su servicio la mayor parte del año o en el que los hacendados y vecinos pudientes, reduciéndolos a la desgraciada suerte de operarios o jornaleros, cuando si por el contrario a cada pueblo se repartiese o habilitase con el numerario proporcionado a sus brazos en tantos ramos de beneficio público, elevando a los moradores de Chiapas a la esfera de acomodados y felices.[51]

La aplicación de esta doctrina, muy impregnada de liberalismo europeo, favoreció a las comunidades que pudieron producir de nuevo para ellas mismas, en función de sus propias necesidades. La recuperación de las economías indígenas fue tal que los pueblos pudieron absorber el excedente demográfico ya señalado, como también asegurar al conjunto de su población un relativo bienestar. Es verdad que existen aún períodos de soldadura difícil que degeneran a veces en escasez característica, como en 1770, 1793 o

---

51. *Ibid.*

1803. Pero el hecho mismo de que conozcamos actualmente estas épocas de hambre de los indios, gracias a voluminosos expedientes recogidos por la administración española, es muestra de que ya no eran aceptadas por las autoridades coloniales del siglo XVIII como fenómenos normales y naturales.

Por una parte progresión demográfica y, por la otra, recuperación económica: habría que añadir a este cuadro de la sociedad tzotzil-tzeltal de esa época un último toque importante, pero difícil de colocar: el sincretismo cultural. En su historia de la aculturación en México, Ralph Beals pretende que tras un largo período de hispanización forzada, los indios tuvieron la posibilidad de volver a ligarse con sus tradiciones y su pasado en el curso del siglo XVIII. De acuerdo con este autor, una fase de aculturación violenta habría sido seguida por una fase de contra aculturación no menos violenta, durante la cual las colectividades indígenas habrían intentado eliminar la cultura colonial que les había sido impuesta, pero que no las había marcado profundamente.[52]

Este esquema de movimientos alternantes de aculturación y contra aculturación propuesto por Beals, exigiría que se lo matizara y quizá revisara en función de las particularidades de los Altos de Chiapas. En efecto, la influencia cultural de la sociedad colonial sobre la sociedad colonizada fue relativamente limitada en los siglos XVI y XVII. Los encomenderos, de acuerdo con los términos del acta de cesión de sus encomiendas, se comprometían a enseñar español a los indígenas. Todo indica que esta cláusula nunca se respetó en Chiapas. A fines del siglo XVII el número de tzotzil-tzeltales castellanizados era tan bajo, que las autoridades pasaban apuros para llenar los puestos de escribano. Por otra parte, el indio "que intelige la lengua de Castilla" ¿no era acaso un peligro potencial para el colonizador? ¿No estaría tentado a usar sus conocimientos en un

---

52. Beals, Ralph, "The history of acculturation in Mexico", *Homenaje al Dr. Alfonso Caso*, México, 1951.

sentido contrario a los intereses de la sociedad colonial? Era, pues, necesario reservar el instrumento lingüístico, lo mismo que el instrumento económico —el trapiche, el ingenio, etc.— a los solos españoles y hacer entrar al indio aculturado en el juego del colonizador, separándolo de su comunidad e integrándolo, por medio de un rodeo cualquiera, al grupo dominante. Esta política se ha seguido con notable continuidad hasta nuestros días.

Por lo que se refiere a los religiosos, esos otros vectores de la cultura hispánica, hemos visto que quedaron paralizados por mucho tiempo en sus tentativas de penetración evangélica por los conflictos que los enfrentaban a los encomenderos y que, después, se adhirieron a la política de estos últimos. La implantación religiosa que, lo mismo que la implantación lingüística, es un punto de referencia bastante seguro sobre el grado de aculturación, era algo más que precaria a fines del siglo XVII, si hemos de juzgar por los informes episcopales que denuncian las "idolatrías".[53] En 1684, el obispo de Chiapas sólo disponía de veinticinco sacerdotes, trece de los cuales estaban permanentemente adscritos a la catedral. La mayor parte de las comunidades tzotzil-tzeltales sólo era visitada periódicamente, con ocasión de las fiestas, y la práctica de los ritos y la enseñanza de la doctrina se habían abandonado en manos de fiscales indios escasamente instruidos.

La secularización de la colonización y la liberalización del régimen no tuvieron en Chiapas el efecto que les atribuye Beals. No aislaron más a los indios de las fuentes de la

---

53. Véase en especial la *Relación que hace el obispo de Chiapas, fray Pedro de Feria, sobre la reincidencia en sus idolatrías de los indios de aquel país después de treinta años de cristianos*, British Museum (copia fotostática en la Biblioteca San Bartolomé, San Cristóbal). A fines del siglo XVII, el obispo de Chiapas, Núñez de la Vega, realizó una visita pastoral durante la cual quedó "horrorizado" por el abandono material y espiritual de los tzotzil-tzeltales. Algunos años después, en 1692, promulgó sus célebres *Constituciones diocesanas* a fin de reabsorber las manifestaciones del culto indígena, particularmente activo, si ha de creerse al obispo, en torno a la comunidad de Oxchuc. Señalemos que en la región de Oxchuc nacerá la insurrección de carácter mesiánico de 1712.

cultura hispánica. No provocaron un retorno a la tradición. Por el contrario, parece que la relajación del sistema colonial haya permitido que los tzotzil-tzeltales tomaran libremente grandes préstamos ideológicos y tecnológicos en el seno de la sociedad colonial, asimilaran estos empréstitos a su acervo cultural tradicional y elaboraran a fin de cuentas una cultura nueva, ni maya, ni española, aunque formada a partir de estos dos horizontes americano y europeo. Recordemos que fue en esta época cuando los tzotzil-tzeltales comenzaron a criar ovejas y a sembrar trigo; cuando dejaron de ocultar a sus ídolos bajo el manto de los santos de las iglesias y confundieron santos e ídolos en las mismas representaciones; cuando descartaron finalmente la tradición prehispánica para tratar de entrar en la tradición importada de Europa y de hacer con ella síntesis audaces. Como señala con justicia LaFarge, el siglo XVIII no se señala por "un retorno a la cultura antigua, sino por una readaptación de las culturas combinadas, de manera más satisfactoria".[54]

---

54. LaFarge, Oliver, "Maya ethnology: a secuence of culture", *The Mayas and their neighbors*, Nueva York, 1940.

CAPÍTULO II

EL SEGUNDO SISTEMA COLONIAL

LA RESTAURACIÓN DEL SISTEMA: 1821-1910

En vísperas de la Independencia, la sociedad colonial de los Altos de Chiapas había caído en un marasmo cuya amplitud no dejaron de denunciar las *élites* locales. Este marasmo —ya lo hemos visto— no es algo nuevo. Ya en 1790, el primer intendente de Chiapas, Cuentas y Sayas, escribía:

En el mes de septiembre del año pasado tomé posesión de ese gobierno e intendencia, y muy pronto me di cuenta de la decadencia en que se encuentran estas provincias golpeadas por la pobreza, sin industria ni comercio, con las iglesias en ruinas, sin ornamentos ni oficios decentes, con pueblos sin posadas para recibir a los viajeros, con prisiones sin puerta ni barrotes, con ríos y riachuelos sin puente para facilitar el tránsito.[1]

Por lo que se refiere a Ciudad Real, la capital de la intendencia, no era más que una "aldea con un obispo, cuyos aledaños se inundan periódicamente por el curso de agua que los atraviesa". Ya no contaba más que con seis mil habitantes, de los cuales 671 eran españoles o criollos.[2]

La crisis se agravó aún más a fines de siglo, de modo que la administración local se vio llevada a abrir una investigación sobre la situación económica de la región. En noviembre de 1807, se invitó a los notables de Ciudad Real a declarar. "Nadie puede desconocer el actual estado de Chiapas, su notoria decadencia, su limitadísimo comercio; sus

---

1. Archivos del Estado de Chiapas, Tuxtla Gutiérrez, s. f.
2. De acuerdo con el censo de 1814. En 1778 había 492 españoles.

habitantes han olvidado la agricultura y [*sic*] la industria", declaró en esa ocasión Nicolás Ignacio Coello, habitante de la ciudad, quien resumió en esos términos la opinión unánime de las personas a las que se hizo comparecer.[3]

La investigación no parece haber sido seguida por medidas lo bastante eficaces para frenar esta tendencia tan preocupadora, ya que en el curso del decenio siguiente se multiplican las recriminaciones de esta índole. En abril de 1819, la situación seguía degradándose y los elementos más dinámicos de Ciudad Real fundaron una *Sociedad económica de amantes del país,* que se proponía asegurar la promoción "económica y demográfica de la región". Esta Sociedad, muy semejante por sus fines y su organización a la que había visto la luz algunos años antes en Guatemala, inició una nueva investigación sobre el tema: "Ventajas e inconvenientes del sistema de intendencia". Este tema, tan académico en apariencia, permitió a la Sociedad plantear el problema económico en el nivel político. Una vez más, las respuestas son unánimes. "El estado de decadencia de la provincia en comparación con el de hace treinta años se origina en el sistema de intendencia".[4] Los intendentes no tienen ninguna responsabilidad económica. Son pagados por la Corona, y no están materialmente interesados en la prosperidad de la región que administran, en contra de los alcaldes mayores a los que vinieron a sustituir. Lo que es más, protegen a las comunidades indígenas e incitan a los tzotziltzeltales a la pereza, oponiéndose así a toda "organización racional de la economía". Para superar este estado de crisis, es necesario y suficiente el volver al antiguo sistema de alcaldías y restaurar el trabajo forzado de los indios. Lo que se instruye en las respuestas a esta investigación es el proceso al liberalismo de los Borbones.

Se ha dicho que los movimientos de emancipación en México y en la América Central fueron alentados por una naciente burguesía, cuyo dinamismo era obstaculizado por la legislación colonial española. Esta burguesía habría teni-

3. Archivos del Estado de Chiapas, Tuxtla Gutiérrez, s. f.
4. *Ibid.*

do que alzarse contra el poder de Madrid a fin de abolir los últimos obstáculos a su libertad de producir, de vender y de comprar. Pero, de hecho, si Chiapas se declaró a favor de la Independencia parece claro que fue, sobre todo, a fin de restablecer el direccionismo y el proteccionismo antiguos, y no por acabar con sus vestigios o por tomar el camino del liberalismo preparado por los déspotas ilustrados de España y, tras ellos, por la Junta de Cádiz.

Otra causa de la decadencia en Chiapas, sobre la que insisten las personas que se sometieron a la investigación de la *Sociedad económica,* y que parece haber tenido una mayor repercusión, mal que bien percibida o mal traducida en las respuestas, reside en la reorganización de las corrientes tradicionales de intercambio tras la creación y desarrollo rápido de las instalaciones portuarias de Villahermosa. Esta nueva plaza comercial del Golfo, abierta a Europa, comenzaba a difundir en efecto un volumen creciente de bienes manufacturados sobre el mercado chiapaneco, y a drenar las disponibilidades monetarias, siempre reducidas, de los Altos. "Todo el comercio se hace con Tabasco... Los comerciantes traen abundancia de efectos buenísimos a la vista, pero por lo común de mala duración, llevándose por ellos el dinero".[5]

Las controversias de las que tomaría cuerpo la Independencia gravitaban en torno a este problema creado por la hemorragia de bienes de la que era responsable el comercio con Tabasco. En sus principios, la Independencia era admitida por todos los grupos sociales importantes de Chiapas. Pero aún hacía falta que se pusieran de acuerdo sobre la suerte futura de la región, una vez proclamada la Independencia. Al parecer, la *Sociedad económica* se inclinaba por la anexión a México. La mayor parte de sus miembros no ignoraba los peligros que habría de correr la economía local por la integración de Chiapas y Tabasco en el seno de una misma entidad política. Pero algunos de ellos pensaban que estas dos regiones podían llegar a un equilibrio, sobre todo si Chiapas lograba crear nuevas riquezas cuya desembocadu-

5. *Ibid.*

ra natural sería el puerto de Villahermosa. En previsión del futuro, la *Sociedad económica* abrió en 1821 el primer trozo de un camino que debía unir Ocosingo con Palenque y prolongarse más allá hasta alcanzar el Golfo. Algunos años después, organizó una expedición por la cuenca del Usumacinta, cuyo fin era hacer un primer inventario de los recursos de la región lacandona.[6]

Pero la *Sociedad económica* no logró que la mayoría, mucho más conservadora, de los grupos dirigentes de la antigua Ciudad Real, rebautizada ahora con el nombre de San Cristóbal, aceptara sus puntos de vista. Obsesionados por el temor que les inspiraba la competencia con economías regionales más dinámicas, esos grupos, dominados por los terratenientes, se pronunciaron decididamente a favor de la fundación de una república chiapaneca independiente o unida por lazos federativos o confederativos a la república centroamericana y por el establecimiento de altas barreras aduanales en la frontera entre Chiapas y Tabasco.

Después de tres años de incertidumbres, durante los cuales sólo constituyó un mosaico de municipalidades autónomas, Chiapas fue militarmente anexada a México en 1824. Esta anexión, si bien combinada con disposiciones que tendían a salvaguardar los intereses fundamentales de los grupos dirigentes locales, no parece haber tenido el efecto desastroso que temían los conservadores chiapanecos. Pero no contribuyó a solucionar la crisis y eso fue suficiente para que alimentara un rencor duradero en los habitantes de San Cristóbal y que incitara, hasta 1837, a ciertos chiapanecos refugiados en Guatemala a intentar revueltas en la región a fin de "liberarla de la ocupación depredadora del extranjero".[7] En su memoria, fechada en 1831, el gobernador del

6. Paniagua, Antonio Flavio, *Catecismo elemental de historia y estadística de Chiapas,* San Cristóbal, 1876, p. 21.
7. En 1837, Joaquín Miguel Gutiérrez realizó, a la cabeza de unos cuantos hombres, la última incursión sobre los Altos. Gutiérrez estaba sostenido por el gobierno guatemalteco que intentaba presionar de este modo a las autoridades de San Cristóbal, para que le endosaran la parte correspondiente de la deuda de la antigua Capitanía general de Guatemala, heredada del régimen español. Para la

Estado reconoce que "las fuentes de la riqueza pública se encuentran en la más triste situación. En su mayor parte, el comercio consiste en telas introducidas clandestinamente de Tabasco y de la república centroamericana, a pesar de todas las vigilancias".[8] Algunos años más tarde, el viajero alemán Eduard Muhlenpford señala que "en Chiapas la agricultura se reduce a la producción de maíz, de trigo, de cacao, de caña de azúcar y de las verduras necesarias para el consumo doméstico... La industria es insignificante; la principal es la ganadería. Pero los métodos son arcaicos y la manera de preparar la leche, la mantequilla y el queso es desconocida".[9] En cuanto al viajero francés, Désiré Charnay, observa con asombro que "el mercado de San Cristóbal es uno de los pocos de México que ofrecen aún la particularidad que consiste en hacer circular los granos de cacao como moneda fraccionaria".[10]

En tal coyuntura, caracterizada por el desplome de los mercados y la escasez de bienes, la vida económica se restructura al nivel del dominio, en tanto que el sistema señorial tiende a reconstituirse. Como a principios del siglo XVII, por las mismas razones, la tierra se presenta como el único bien seguro. La capitalización de tierras se desarrolla de nuevo, favorecida esta vez por el voluminoso aparato legislativo elaborado bajo la influencia liberal de las autoridades federales, pero reinterpretado de continuo a escala local de acuerdo con un sentido estrechamente conservador. El sistema neoseñorial, reforzado sin cesar por esta tendencia al acaparamiento privado de tierras, se mantendrá en los Altos hasta principios del siguiente siglo, a pesar de la clara

---

historia de los sucesos en Chiapas durante esta primera parte del siglo XIX, se remite al lector a la obra de Trens, Manuel, *Historia de Chiapas*, México, 1942.

8. *Memoria sobre el Estado de Chiapas, presentada por el gobernador del Estado*, San Cristóbal, 1831.

9. Muhlenpford, Eduard, *Versuch einer getreuen Schilderung der Republik von Mexiko*, Hannover, 1841, citado por Trens, Manuel, *op. cit.*

10. Charnay, Désiré, *Le Méxique, souvenirs et impressions de voyages*, París, 1863, p. 380.

vuelta que se inicia bajo la Reforma y que introduce el largo período de expansión del Porfiriato.

La expansión del latifundio se realiza en Chiapas al ritmo de las tres series de leyes agrarias que marcan la historia económica y social del México republicano. Entre 1824 y 1856, el gobierno de México toma un cierto número de medidas, por lo demás frecuentemente contradictorias, destinadas a asegurar la venta de las tierras supuestamente baldías a fin de superar el déficit crónico del presupuesto federal. Esas ventas aprovechan en primer lugar a familias con frecuencia modestas del Grijalva medio y en especial a los Corzo y a sus aliados, que vivían en el pueblo que hoy lleva su nombre —Chiapa de Corzo. Desde 1840, esta familia se apoderó legalmente de todo un valle, el actual Valle de los Corzos, cuya extensión se cuenta en decenas de miles de hectáreas. La formación de los latifundios en el Grijalva medio debería hacer de Chiapa y del conglomerado vecino de Tuxtla, "paraje de mala suerte" hasta mediados del siglo, un centro de poder de tendencia liberal y promexicana, que no tardaría en desafiar la autoridad tradicional de San Cristóbal, y el monopolio político, económico y social de que gozaba la vieja metrópolis colonial.

Nuevas disposiciones agrarias entraron en vigor bajo la Reforma. Entre 1856 y 1875, el gobierno federal nacionalizó y reintrodujo en el circuito comercial los latifundios de la Iglesia, que representaban entonces en Chiapas el 30 por ciento de la superficie acaparada. La supresión y venta de estos bienes eclesiásticos de manos muertas benefició principalmente a las familias de Comitán, entre ellas los Castellanos y los Domínguez,[11] si bien algunas personas de San

11. La familia Castellanos había de adquirir aún, bajo el Porfiriato, el dominio de "El Zapote" (109 hectáreas, en el departamento de Chilón), "Santa Rita" (755 hectáreas, también en el departamento de Chilón) y el "Zapotal" (1 814 hectáreas, en el departamento de Comitán). Por lo que se refiere a la familia Domínguez, que proporcionó al Estado un gobernador "reformista", había comprado hacia fines de la década de 1860, los dominios de "Montaña Cruz" y de "Ochevahuitz", de 898 y 236 hectáreas respectivamente, situados

Cristóbal (en especial los Pineda y los Paniagua) lograron adquirir también ciertos dominios de la región de La Frailesca y de Ocosingo que, desde el siglo XVIII, pertenecían a la orden de los frailes predicadores. Comenzó entonces la expansión de Comitán. Animada por el grupo que acababa de hacerse de los grandes latifundios y que se identificaba con el régimen liberal promotor de la ascensión, la ciudad se convirtió muy pronto, con Chiapa y Tuxtla, en otro centro de poder en abierta competencia con San Cristóbal. La influencia de la vieja Ciudad Real, conservadora y clerical, limitada tanto al oeste como al este, no se extenderá más allá de los Altos. Tras el desplome del imperio de Maximiliano, al que se había adherido la mayor parte de sus *élites*, San Cristóbal se encerrará en una oposición estéril a los cambios e innovaciones que sobrevendrán en el curso de los últimos decenios del siglo.

El modo de producción de los latifundios constituidos entre 1824 y 1875 en torno de Chiapa, Tuxtla y Comitán, no se distingue del de las propiedades que rodeaban San Cristóbal. De la Independencia al Porfiriato, el sistema neoseñorial característicos de los Altos se extiende al pie de las montañas sin cambiar empero de naturaleza. Pero los latifundios creados después de 1875 no entran ya en este sistema. Durante los años 1880 y tantos, bajo la presión de los cafetaleros alemanes de Guatemala, cuyas tierras corrían el peligro de agotarse, el gobierno federal confío a la *Compañía mexicana de terrenos y colonización* la tarea de medir, adjudicar y vender las tierras federales de la Sierra Madre del Sur.[12] El conflicto fronterizo con Guatemala había

---

ambos en el departamento de Comitán (*Memoria sobre el Estado de Chiapas, presentada por el gobernador del Estado*, San Cristóbal, 1889).

12. La CMTC formó dominios de 2 500 hectáreas y los vendió a personas físicas de nacionalidad mexicana. Guardó, a título de indemnización, la tercera parte del precio de las tierras adjudicadas y vendidas por ella. La cláusula de la nacionalidad del comprador jamás se respetó y se estima en un ochenta por ciento la proporción de las tierras que la CMTC vendió en Soconusco a cafetaleros extranjeros, alemanes en su mayoría.

quedado definitivamente arreglado en 1882[13] e importantes capitales fueron invertidos en esta región, favorable al cultivo del café. En 1893, las plantaciones de café pasaron el río Cahotán. En 1894, llegaron al río Huehuetán. Dos años más tarde alcanzaban el Tepuzapa. En 1908, las plantaciones continuaron su progreso hacia el norte, a lo largo de los flancos de la Sierra, desbordaron el río Huixtla y se remontaron en dirección del Vado Ancho.[14]

Por esta misma época, el gobierno federal otorgó a madereros norteamericanos, ingleses y españoles vastas concesiones en la cuenca del Usumacinta, donde muy pronto se abrieron zonas de explotación de maderas finas y de tinte (monterías). El desarrollo de estas explotaciones agrícolas, agroindustriales o industriales de tipo capitalista, muy productivas y orientadas por entero hacia el mercado exterior, acabó de arruinar la posición de San Cristóbal, ya muy amenazada desde hacía tiempo. La transferencia del poder público del Estado hacia Tuxtla, en 1892, que no es del todo explicable por razones de orden político, sancionó la marginalización de los Altos en relación con el conjunto de Chiapas. Desde luego, debe entenderse que fue una marginalización relativa, ya que el sistema capitalista que surge en la periferia de Chiapas, no eliminó el sistema señorial establecido en el centro del Estado. Entre el latifundio tradicional y la plantación o la montería moderna se establecen relaciones estrechas que están lejos de ser tan conflictivas como se ha pretendido.

13. Por el tratado de México. Una comisión mixta debería limitar el trazo de la frontera once años más tarde, en 1893. Acerca del litigio fronterizo entre México y Guatemala y los derechos invocados por México sobre Soconusco, véase Larraínzar, Manuel, *Noticia histórica de Soconusco y su incorporación a la República mexicana*, México, 1843, en la que el autor intenta demostrar, por medio de la historia, el carácter mexicano de esta región.
14. Acerca de la expansión de las plantaciones de café en Soconusco por esta época, véase la obra, actualmente clásica, de Weibel, Leo, *La Sierra Madre de Chiapas*, México, 1936, como también el libro más reciente de Helbig, Karl M., *El Soconusco y su zona cafetalera en Chiapas*, Tuxtla Gutiérrez, 1964.

En teoría, los Altos no deberían ser afectados por la legislación agraria federal. Sin embargo, los grupos dirigentes de San Cristóbal lograron dar un rodeo a esta legislación, adaptarla a sus intereses particulares y basarse en ella para extender sus dominios o para crear otros nuevos. Por otra parte, estaban más interesados en consolidar su poder latifundista, mientras más amenazados se sentían por las nuevas capas en expansión en las ciudades vecinas por lo que respecta a su papel de *élite* regional. Así, la ley federal del 1o. de septiembre de 1826, complementada por numerosas actas legislativas y reglamentos posteriores, autorizaba a cualquier persona física a comprar a precio fijo las tierras baldías de la nación. Desde luego, hacía falta que el comprador presentara las pruebas de que la extensión que pretendía comprar estaba baldía. Esta disposición tendía a proteger las pequeñas propiedades y las comunidades indígenas en contra de cualquier intento de despojo arbitrario. Pero el 19 de enero de 1844, el gobernador del Estado modificó estos textos por medio de un decreto que reducía las formalidades de venta y simplificaba al máximo la presentación de pruebas de que las extensiones denunciadas estaban baldías. Este decreto fue interpretado en su sentido más amplio por las autoridades judiciales locales. De hecho, todas las tierras cuyos detentadores, usufructuarios o poseedores por diversos títulos no pudieran comprobar su posesión, resultaron susceptibles de ser legalmente vendidas como tierras baldías. Las tierras comunales indígenas fueron las primeras en ser afectadas. También muchas tierras de clanes y de linajes pasaron a manos de blancos y de mestizos. Las largas épocas de reposo a las que estaban sometidas y que eran necesarias por la calidad del suelo, las condiciones del clima y el sistema de cultivo, podían hacerlas pasar fácilmente a los ojos de jueces complacientes por terrenos abandonados. A fin de poder conservar sus campos, los tzotzil-tzeltales tuvieron que fijar sus casas en ellos, ocuparlos permanentemente, para presentar la prueba de su "posesión efectiva". Pero tres años más tarde, el Congreso del Estado aprobó una ley que obligaba a los indígenas a concentrarse en los poblados, es decir, a abandonar a la codicia de los latifundistas las tierras en las que se habían establecido para protegerlas mejor. ¡Ya no podía presentarse la prueba de la "posesión efectiva"!

Los latifundios invadieron rápidamente el refugio tradicional de los tzotzil-tzeltales. En 1856, los representantes de las comunidades de Mitontic, Chenalhó, Cancuc y Tenejapa presentaron una denuncia por despojo en contra de Prudencio Larraínzar, Salvador Trujillo, Alejandro Cabrera y José Armendáriz, miembros todos ellos de familias muy conocidas de San Cristóbal.[15] Sin embargo, el tribunal encontró que los títulos de propiedad presentados por los indios eran insuficientes y las demandas de las comunidades fueron rechazadas. A Cancuc y Tenejapa se les amputaron varios miles de hectáreas y a Mitontic una cuarta parte de su superficie. Por lo que se refiere a Chenalhó, sólo conservó la tercera parte de su extensión original.

Los despojos de tierra a expensas de las comunidades indígenas se multiplicaron y agravaron en los Altos durante los últimos años del siglo. El 26 de mayo de 1878, el gobierno federal decretó la supresión de las tierras colectivas. Los ejidos indios debían ser aparcelados y adjudicados en plena propiedad a sus antiguos usufructuarios. Pero los grupos latifundistas de San Cristóbal acudieron a las autoridades del Estado. Bajo su presión, el Congreso votó la ley del 11 de agosto de 1892, completada por el decreto del 9 de abril de 1893, de acuerdo con la cual los ejidos no serían distribuidos a los derechohabientes indígenas, sino adjudicados y vendidos al mejor postor en subasta pública.[16] Es difícil traducir a cifras la amplitud del fenómeno cuyos caracteres generales acabamos de esbozar, en primer lugar porque se han conservado muy pocos documentos públicos o privados, y después porque los muy raros textos que han llegado hasta nosotros nunca indican la superficie de las tierras aca-

---

15. Archivos del Estado de Chiapas, Tuxtla Gutiérrez, s. f. La familia Larraínzar debía dar a la República mexicana un político y diplomático de talento, que representó a su país ante la Santa Sede.

16. Legislación comentada por Pineda, Manuel, en su *Estudio sobre ejidos*, San Cristóbal, 1910.

paradas. No obstante, sobre la base de las memorias que los gobernadores tienen la obligación de presentar cada año como balance de su gestión ante el Congreso puede señalarse que en todo el Estado de Chiapas había, en 1889, 3 159 latifundios, frente a 853 en 1837. En los cinco departamentos de la época, que corresponden aproximadamente a la región de los Altos, había, en 1889, 950 latifundios, frente a 310 en 1837, 363 en 1879 y 419 en 1887. Sólo en el departamento del Centro, que comprendía la parte central de los Altos (la zona de las cimas) había, siempre en la misma fecha, 213 latifundios frente a 53 en 1837, 80 en 1879 y 91 en 1887. Dado que los Altos no podían ser afectados por la legislación agraria federal, puede considerarse que los latifundios que se constituyeron durante el curso del siglo XIX, en especial durante los años de 1880 y tantos, fueron adquiridos ilegalmente o por el rodeo de disposiciones legislativas locales, a expensas de las comunidades tzotzil-tzeltales.

EVOLUCIÓN DE LOS LATIFUNDIOS EN LOS ALTOS
DE CHIAPAS DURANTE EL SIGLO XIX

Departamentos	Número de latifundios en			
	1837	*1879*	*1887*	*1889*
Centro	53	80	90	213
Comitán	120	125	129	183
Chilón	56	60	80	224
La Libertad	40	49	63	167
Total	*310*	*363*	*419*	*950*

Fuente: Memorias de los gobernadores del Estado de Chiapas.

Por lo que respecta al año 1887, disponemos de una serie estadística más precisa en la que se clasifican los latifundios de los Altos por municipios.[17] Si se compara esta serie con

17. Tomado de Velasco, Alfonso Luis, *Geografía y estadística de la República mexicana*, México, 1889, vol. 20: *Chiapas.*

la hecha en 1778 y en la cual los latifundios existentes en esa época están distribuidos por parroquias, se logran destacar las zonas en las que la presión latifundista se ejerció con más fuerza. Sin embargo, conviene señalar que los límites de las parroquias de 1778 no coinciden siempre con los de los municipios de 1887.

COMPARACIÓN DEL NÚMERO DE LATIFUNDIOS EXISTENTES EN LOS ALTOS DE CHIAPAS EN 1778 Y EN 1887, POR CIRCUNSCRIPCIONES ADMINISTRATIVAS

Parroquias o municipios	Número de latifundios en	
	1778	1887
Amatenango	0	6
Cancuc	0	3
Cibaca	0	5
Citala	0	10
Chenalhó	0	6
Chilón	0	31
Guaquitepec	0	9
Huixtán	0	19
Ixtapa[a]	2	28
Ocosingo	1	63
Oxchuc	0	2
Pinola	0	5
San Bartolomé (V. Carranza)[b]	8	62
San Carlos	0	35
San Cristóbal[c]	0	46
Soyaló	0	2
Tenango	0	4
Tenejapa	0	4
Total	11	342

[a] Comprendido Zinacantán.
[b] Comprendido Socoltenango y Soyatitán.
[c] Comprendido Chamula.

No se conoce la extensión de la mayor parte de estos latifundios y, por lo tanto, no se puede estimar en su justa medida el progreso de la capitalización latifundista en los Altos. Sin embargo, en su memoria con fecha de 1889 el gobernador de Chiapas declara que el valor de las fincas rústicas se ha más que cuadruplicado desde 1837, pasando de 1 271 000 a 5 124 000 pesos.[18] Estas cifras probarían, si aún hubiese necesidad de hacerlo, que la multiplicación de los latifundios durante este período corresponde a una extensión de las superficies acaparadas y no a un parcelamiento de las propiedades existentes. Por otra parte el mismo gobernador señala un poco más adelante que "la propiedad rural es la que más se ha desarrollado durante los últimos años".[19]

En la región sobrepoblada de los Altos y en particular en las zonas de San Cristóbal-Chamula, de Ixtapa-Zinacantán y de Huixtán, el acaparamiento privado de las tierras provocó profundos cambios en la organización social de las comunidades indígenas. ¿Cómo reaccionaron los tzotzil-tzeltales ante estos cambios? Intentaremos dar respuesta a esta pregunta en la segunda parte de esta obra. Pero señalemos ya aquí que durante los años 1860 y tantos el malestar de la sociedad indígena es tan grande que ésta intenta reorganizarse renovando algunas de sus estructuras tradicionales y emprendiendo un reagrupamiento intercomunitario sobre una base religiosa. Este movimiento de reacción y de reorganización muy semejante en sus formas al de 1712 desembocó en una insurrección armada que fue vivamente reprimida. Vencidos, los tzotzil-tzeltales volvieron a caer bajo el control de la sociedad colonial.

La legislación agraria federal perseguía, entre otros fines reconocidos, la transformación del usufructuario indígena en pequeño propietario independiente. Pero, reinterpretada por los grupos latifundistas de San Cristóbal, terminó por reducir de hecho a los tzotzil-tzeltales a una servidumbre que nunca antes habían conocido y por establecer una nueva fórmula de explotación dentro del marco colonial. En 1846, un gobernador de tendencias liberales señaló que los arreglos latifundistas vigentes "tendían a hundir a la clase

---

18. *Memoria sobre el Estado de Chiapas, presentada por el gobernador del Estado*, San Cristóbal, 1889.
19. *Ibid.*

indígena en la miseria".[20] Despojados de sus tierras, los tzotzil-tzeltales no tenían ya tampoco la posibilidad de huir e instalarse en otra parte. Los Altos estaban ahora cercados por todas partes. Los indios quedaron aprisionados en los latifundios como en trampas para ciervos.

Los tzotzil-tzeltales cuyas tierras habían sido anexadas a los dominios se convirtieron en "baldíos". Con esta denominación quedaban autorizados a continuar cultivando una parcela para satisfacer sus necesidades y a utilizar condicionalmente los pastos, los bosques y las aguas del latifundio, mediante una retribución en trabajo. En general, debían tres o cuatro, a veces cinco, jornadas de trabajo por semana al propietario. Además, tenían que servir en la casa de este último como "semaneros", durante ocho días seguidos, según un turno que seguía cierta periodicidad. Sin embargo, el propietario podía movilizar en cualquier momento a sus "baldíos" y meterlos para su provecho en cualquier actividad lucrativa. Los "baldíos" estaban obligados a obedecer bajo pena de que se les retirase su concesión y de perder así su único medio de subsistencia. El sistema de "baldiaje" introdujo abusos tan graves que Ramón Larraínzar, gobernador de Chiapas en 1849, intentó reglamentarlo. Pero esta reglamentación, por lo demás muy tímida, fue derogada dos años más tarde por el Congreso del Estado bajo la presión de los terratenientes de San Cristóbal, representados por cierto Gabriel Esquinea.[21]

Por lo que respecta a los tzotzil-tzeltales que pudieron escapar al "baldiaje", no todos lograron conservar una cantidad suficiente de tierra para evitar el alquilar por temporadas su fuerza de trabajo como "mozos" en los latifundios vecinos. Al contrario de los "baldíos", cuyo *status* de aparceros precarios los emparentaba con los siervos, los "mozos" eran "trabajadores libres". Pero rápidamente se vieron ligados a los terratenientes que los empleaban por un juego de prestaciones, de obligaciones y, sobre todo, de préstamos

---

20. *Memoria sobre el Estado de Chiapas, presentada por el gobernador del Estado,* San Cristóbal, 1846.
21. Archivos del Estado de Chiapas, Tuxtla Gutiérrez, s. f.

y deudas "legalmente contraídas". El endeudamiento sistemático de los "mozos", ya clandestinamente en uso a fines del régimen español, había sido legalizado y constituía el medio principal para asegurar que los latifundios tuvieran la mano de obra no permanente que necesitaban en temporadas de intensa actividad agrícola. Muhlenpford escribe al respecto que, para sustituir al antiguo repartimiento, "los terratenientes supieron establecer el trabajo por obligación judicial al dar a crédito a los indios bebidas alcoholizadas y todo tipo de objetos inútiles; como los indios no tienen medio alguno de pagar, les descuentan el precio de su trabajo".[22] Charnay señala por su parte que todo el problema del terrateniente era "endeudar al indio, cosa fácil para todos los hombres y en toda la tierra".

Además de un adelanto en efectivo que pone desde luego al servidor bajo la dependencia del amo, cada propietario posee una tienda donde el indio imprevisor puede encontrar a crédito todo lo que puede halagar su prodigalidad. La cuenta crece, se la mantiene de acuerdo con las necesidades del momento y he aquí al servidor convertido en esclavo a perpetuidad. Si cambia de amo, es porque el segundo rembolsa al primero los adelantos que éste había hecho...
Pero hay además otra explotación más hábil. Sea cual fuere la cantidad pagada por un trabajo, por duro que fuera, la suma desembolsada por el amo queda muy reducida por la obligación que se impone al servidor de comprar todas sus cosas en la tienda de la hacienda. Así, sumas considerables penden sobre la cabeza de los trabajadores.[23]

Más que la prisión o el "trozo" que era su símbolo, la tienda de raya que había en cada latifundio era el verdadero instrumento de opresión para los "mozos". A las deudas que éstos contraían en la tienda al comprar allí mercancías a un precio exorbitante, se añadían las que surgían de las "fallas" o enmiendas impuestas por los capataces a la menor

---

22. Muhlenpford, Eduard, *op. cit.*, citado por Trens, Manuel, *op. cit.*, p. 401.
23. Charnay, Désiré, *op. cit.*, p. 288.

falta. Estas deudas nunca se extinguían. A la muerte de quien las había contraído, caían sobre sus descendientes y, si no los había, sobre los parientes colaterales, de tal modo que un solo individuo endeudado podía llevar a la servidumbre a toda su familia o a todo su linaje.

Hasta los primeros años del Porfiriato, la capitalización de la mano de obra, sin la cual la capitalización de la tierra no tendría ningún sentido, se llevó a cabo en exclusivo provecho de la economía señorial de los Altos. No fue ya así cuando comenzaron a desarrollarse en Soconusco y Lacandonia las grandes explotaciones capitalistas. Las plantaciones y las monterías exigían un volumen cada vez mayor de trabajadores permanentes y de temporada que no podían encontrar en el lugar. A fin de resolver el problema de la mano de obra, el único que limitaba la expansión de sus empresas, los cafetaleros y los madereros se aliaron a individuos influyentes de San Cristóbal. Éstos se comprometían a enviarles cada año un contingente determinado de tzotziltzeltales. A guisa de remuneración, percibían una comisión por trabajador reclutado y una prima adicional a las jornadas de trabajo realizadas por sus reclutados. Estos "enganchadores" usaban a su vez de otras personas que les servían de intermediarios. Se trataba principalmente de vendedores de aguardiente, de comerciantes ambulantes, de negociantes de todo tipo que mantenían relaciones regulares con la población indígena por su misma actividad. Los secretarios de los municipios indígenas y los maestros de las comunidades, cuyo escaso sueldo de funcionarios no les bastaba para vivir, ofrecían también sus servicios a los "enganchadores". Tales servicios eran tanto más apreciados por cuanto provenían de representantes oficiales de la autoridad. He aquí, según el relato de un chamula, cómo funcionaba el "enganche":

Con motivo de las fiestas, la población de la comunidad va al pueblo. Las ceremonias civiles y religiosas van acompañadas de abundantes libaciones y no es raro ver al anochecer a los indios caerse al suelo bajo los efectos del alcohol. Es el momento que elijen los enganchadores para cumplir su cometido. Ayudados por su familia, levantan a los chamulas borrachos y los encierran en un cuarto de su casa especialmente arreglado para este efecto, al que llaman "cocina". La "cocina" es una habitación sin ventanas y con una pesada puerta de madera que se cierra desde afuera. A la mañana siguiente, los indios salen de su estupor y se encuentran encerrados sin saber dónde. Entonces aparece el enganchador, les pregunta oficiosamente por su salud y fija el lugar y la fecha de la cita.

—Saldrán para Soconusco dentro de tres semanas. En tres semanas estarán aquí con sus machetes.

—Pero no queremos ir al Soconusco, exclaman los desdichados.

El ladino pone cara de enojo.

—¿Cómo? ¿Que no quieren ir? Entonces entréguenme los cincuenta pesos que les di ayer en la tarde cuando vinieron a engancharse.

—Pero si no venimos a engancharnos y no hemos recibido dinero.

—¿Que no han recibido dinero? Mira tu pañuelo...

Y los chamulas despliegan el pañuelo en el que acostumbran guardar sus monedas. Encuentran en él no cincuenta sino cinco pesos que el enganchador ha puesto allí durante la noche.

—Se gastaron el resto en sus borracheras, les dice el ladino filosóficamente. Pero ello no impide que estén legalmente enganchados y que si no están aquí dentro de tres semanas con sus machetes, haré que vengan los soldados y los metan a la cárcel.

En la fecha convenida, los "mozos" se reunían en torno a la casa del "enganchador". Cada uno de ellos recibía un pantalón, una camisa y un par de huaraches, cuyo exagerado precio debía descontarse del salario. Bajo escolta armada, eran conducidos ya fuera a las "monterías" por Ocosingo o Sapaluta, ya fuera a las plantaciones de café por Motosintla. El viaje duraba entre ocho días y un mes. Algunas monterías se encontraban a más de seis semanas de camino de San Cristóbal. Una vez llegados a su destino, los "mozos" no sólo sufrían los rigores del trabajo extenuante que se les imponía, sino también la agresión de un clima cálido y húmedo, la ofensiva de las enfermedades tropicales como la oncocercosis y el paludismo, las exacciones de los capataces y los administradores. La estancia en las plantaciones del Soconusco no duraba más que algunos meses. Una vez terminada la recolección del café, los tzotzil-tzeltales volvían a tomar el camino hacia los Altos hasta el año siguiente. Sin embargo, la estancia en las "monterías" era definitiva para la mayor parte de los "mozos". Muy pocos sobrevivían la prueba de algunos meses de trabajo en la profundidad de la selva del Usumacinta.[24]

A los terratenientes de los Altos les resultaba, con frecuencia, más provechoso prestar la fuerza de trabajo de sus "mozos" y sus "baldíos" a los cafetaleros y madereros que explotarla ellos mismos en su lugar. Se dedicaron a criar indios como antes criaban borregos o ganado mayor. A fines de siglo, muchos dominios de la región de San Cristóbal no eran más que reservas de mano de obra destinada a la exportación y estaban desprovistos de cualquier otro significado económico. Su actividad se limitaba a enviar anualmente cierto número de trabajadores de los que había "producido", hacia los polos de desarrollo, situados en la periferia del Estado.

En 1896, el gobernador, Francisco León, intentó, sin mucha convicción por lo demás, reglamentar con un sentido restrictivo el sistema de enganche de los tzotzil-tzeltales. Declaró ante el Congreso: "El trabajo libre es el más productivo y es urgente que Chiapas conozca sus beneficios". Se le respondió que los indios, libres, no podían formar más que "falanges de mendigos o de ladrones",[25] y que valía más hacerlos útiles al progreso y a la civilización. Algunos años más tarde, otro gobernador, Ramón Rabasa, abordó de nuevo el tema. En su informe al Congreso del Estado en 1908, dijo: "Al enterarse el ejecutivo de que algunos hacendados pagaban a sus jornaleros con bonos, recomendó a los

---

24. Bruno Traven ha retratado muy bien las espantosas condiciones de vida y de trabajo en las "monterías" de la Lacandonia, en su célebre novela *La rebelión de los colgados,* cuya acción está situada a principios de la Revolución.
25. Archivos del Estado de Chiapas, Tuxtla Gutiérrez, s. f.

jefes políticos que velaran porque tales abusos fueran reprimidos de ese momento en adelante".[26] ¿Ignoraba, acaso, que la práctica que denunciaba no era más que uno de los abusos menores que padecían los tzotzil-tzeltales? ¿No sabía que las autoridades locales a las que confiaba la represión de este abuso eran precisamente los "enganchadores" titulares de los cafetaleros y madereros?

De fuente oficial, en 1896 habría en todo Chiapas 34 093 "baldíos" o "mozos".[27] Se ignora de qué modo se llegó a esta cifra. Sin embargo, se la aceptará sin discusión. En la medida en que "mozos" o "baldíos" eran en su mayoría indios originarios de los Altos, se ve uno llevado a pensar que cerca de dos tercios de la población activa masculina tzotzil-tzeltal estaba reducida a la servidumbre a fines del siglo pasado. Sin duda alguna, esta proporción era aún mayor en vísperas de la Revolución.

EL EFECTO DE LA REVOLUCIÓN

El Porfiriato se señala en Chiapas no sólo por el aumento de la presión del grupo blanco sobre las comunidades tzotzil-tzeltales, sino también por el refuerzo de la influencia de la sociedad mexicana global sobre la sociedad regional chiapaneca. De 1891 a 1910, el Estado había sido gobernado, sea directamente sea por interpósitas personas, por Ramón Rabasa, valioso novelista pero político duro, enviado a Tuxtla por Porfirio Díaz, cuyo amigo y confidente era. Rabasa se dedicó a reducir las libertades locales, a limitar la competencia de las autoridades regionales y a hacer, por encima de ellas, la política definida en la capital federal. Durante los diecinueve años de su proconsulado, fue el decidido agente de la centralización y de la concentración del poder. La evolución económica había seguido la misma dirección que

---

26. *Memoria sobre el Estado de Chiapas, presentada por el gobernador del Estado,* Tuxtla Gutiérrez, 1908.
27. Archivos del Estado de Chiapas, Tuxtla Gutiérrez, s. f.

la evolución política. El desarrollo de las comunicaciones y, en particular, de los caminos, los ferrocarriles y el telégrafo,[28] así como también la multiplicación de las redes de intercambio, comenzaron a sacar a Chiapas de su aislamiento y a hacerlo cada vez más dependiente del centro donde se organizaba la prosperidad: México.

Al abrirse al resto de México, los chiapanecos dejaron de ser dueños de su destino. Sin embargo, en vísperas de la Revolución, la integración de Chiapas a la nación mexicana estaba aún lejos de haberse logrado, y no se presentaba con el mismo grado por todas partes. Por ejemplo, en San Cristóbal el peso mexicano casi no tenía curso; la principal moneda de cambio seguía siendo el "cachuco" centroamericano,[29] en tanto que en las comunidades de los Altos el grano de cacao continuaba sirviendo de tipo de cambio en las transacciones comerciales.[30] La corriente autonomista era más fuerte que nunca. El descontento y el temor que inspiraba a los grupos terratenientes locales el progreso del capitalismo en la periferia del Estado lo exacerbaban. A pesar del equilibrio al que habían llegado dominio y plantación, el desarrollo del Soconusco y la Lacandonia acusaban cada vez más el subdesarrollo de los Altos. El vuelo sostenido de esas regiones parecía hacer imposible todo ajuste duradero con ellas y comprometía a plazo fijo la economía señorial y el orden colonial.

---

28. En 1907, el ferrocarril de Veracruz llegó a Tapachula y permitió sacar la producción cafetalera del Soconusco por el puerto de Salina Cruz, en el Pacífico, y por las instalaciones portuarias del Atlántico. Entre 1875 y 1910, la red de caminos de Chiapas quintuplicó su extensión, y la red telegráfica, creada por razones de orden político y militar, llegó a los más pequeños poblados del Estado.

29. Paz, Eduardo, *La cuestión económica y política local en Chiapas*, México, 1912, p. 4. En la página siguiente el autor añade que "para la Federación mexicana, Chiapas es un Estado casi desconocido".

30. En 1925, Blom señalará aún el uso del grano de cacao como moneda fraccionaria en la región de Ocosingo. Véase Blom, Frans, y Oliver LaFarge, *Tribes and temples*, Tulane University, Nueva Orleans, 1927, vol. 1, p. 226.

Los propietarios latifundistas de San Cristóbal se habían opuesto a Rabasa, a su "Mano negra",[31] al régimen que él representaba y que había organizado la expansión económica de la que se consideraban víctimas, desde hacía mucho tiempo. Así, cuando en 1910 este régimen resintió los primeros efectos de la crisis que finalmente debía acabar con él, se declararon a favor de Madero. En 1911, suscribieron el Plan de San Luis, y organizaron un ataque a la porfirista Tuxtla. Los chamulas a los que habían armado y a los que el obispo de San Cristóbal había entregado una bandera de la Virgen de Guadalupe, se esparcieron durante varias semanas por el Grijalva medio, donde saquearon los poblados. Pero no lograron apoderarse de la capital.[32]

De hecho, los terratenientes de San Cristóbal no sentían más que desprecio por los aspectos liberales del programa político de Madero, en quien veían, no sin razón, un idealista vago e indeciso. Pero en este programa encontraban la promesa de una vuelta al federalismo efectivo y a una desconcentración real del poder, gracias a lo cual pensaban salvaguardar los particularismos de los Altos chiapanecos y sus propios intereses, disimulados por aquéllos. En 1821,

---

31. Nombre dado por los habitantes de San Cristóbal al aparato político levantado en Chiapas por Rabasa y formado, en su mayor parte, por "científicos" (ahora diríamos tecnócratas) extraños a la región. Los resultados de las elecciones gubernamentales del 5 de noviembre de 1911, en las que se enfrentó un candidato porfirista, Gordillo, a un candidato antiporfirista, Rivera, permiten esbozar una geografía de focos de oposición al régimen. En el departamento de San Cristóbal, Rivera y Gordillo obtuvieron respectivamente 110 y 0 votos; en el departamento de Chilón, 55 y 1; en el departamento de Chiapa, 47 y 0; en el departamento de Pichucalco, 34 y 4; en el departamento de Palenque, 23 y 6; en el departamento de Tonalá, 21 y 10; en el departamento de Simojovel, 16 y 24; en el departamento de Motosintla, 8 y 31; en el departamento de Comitán, 8 y 82; en el departamento de Soconusco, 7 y 37; en el departamento de La Libertad, 3 y 26; en el departamento de Tuxtla, 0 y 71. Los departamentos a favor de Rivera eran los más subdesarrollados del Estado; en cambio, aquellos en los que Gordillo obtuvo el triunfo eran los más prósperos y dinámicos.

32. Véase Espinosa, Luis, *Rastros de sangre: historia de la revolución en Chiapas*, México, 1944.

habíanse adherido al movimiento de Independencia a fin de defender el sistema colonial amenazado por la expansión del mercantilismo liberal; ahora se unían al movimiento revolucionario a fin de defender ese mismo sistema amenazado por el progreso del capitalismo. Al radicalizarse la Revolución, estos conservadores pronto se convirtieron en villistas bajo Carranza y después en callistas bajo Cárdenas.[33]

En efecto, tras la caída de Huerta, el movimiento revolucionario que Venustiano Carranza intentó canalizar, adquirió, bajo la presión de los elementos zapatistas de Morelos, una coloración económica y social de la que hasta entonces había estado desprovisto. San Cristóbal denunció la traición. Se habló en la ciudad de establecer contacto con Pancho Villa, dueño de los Estados del norte de México, a fin de lanzar una acción conjunta contra Carranza. Éste temía tener que luchar en dos frentes, en el norte contra los ultrarrevolucionarios villistas, y en el sur contra los ultrarreaccionarios chiapanecos y yucatecos, y se apresuró a enviar a Chiapas a los 1 200 hombres de la "División 21". El 14 de septiembre de 1914, el general Jesús Agustín Castro, comandante de la división, entró en Tuxtla para asumir el poder ejecutivo. Nueve días más tarde estaba en San Cristóbal. En ese momento se rebelaron los terratenientes.

En vista de los actos vandálicos de los que la familia chiapaneca acaba de ser víctima por parte del odioso grupo armado que ha invadido el suelo de Chiapas... hemos decidido rebelarnos para defender la sociedad por medio de las armas,

---

33. Bruno Traven ha descrito justamente en *La carreta*, a propósito de las reacciones de los terratenientes de San Cristóbal ante la política social del gobierno federal: "...el 'finquero' se oponía a ella y la obstaculizaba. Se convertía en monárquico o bolchevique... todo, antes que permitir esa peligrosa política hacia sus peones". En 1936, cuando Cárdenas intentó, en la paz civil, volver a lanzar a la Revolución hacia sus objetivos, el consejo municipal de San Cristóbal inauguró una calle, muy curiosamente llamada "Plutarco Elías Calles".

según señalaba el Acta de Canguí que firmaron los insurgentes el 2 de diciembre de 1914.[34]

Los terratenientes pusieron a la cabeza de sus tropas —la "Brigada Las Casas"— al joven Alberto Pineda, cuya familia, muy conocida en la ciudad, poseía varias grandes fincas, en especial las de Nuestra Señora, Agua de León, La Naranja y Guadalupe, estas dos últimas en la región de Ocosingo. Pineda, hábil estratega, con un conocimiento perfecto del terreno y ayudado por innumerables complicidades locales, obtuvo varios triunfos fáciles a expensas de Castro, a quien arrebató San Cristóbal. Pero tenía conciencia de que no podría obtener la victoria decisiva. Así, pues, trató de contemporizar en espera de mejores días, limitándose a proteger la región bajo su control de la inundación revolucionaria. Por su parte, Castro no había recibido la misión de revolucionar los Altos, sino de establecer alrededor de Chiapas una especie de cordón sanitario, a fin de que la Revolución pudiera triunfar sin problemas en el centro de México donde se jugaba su suerte. Los encuentros entre pinedistas y carrancistas fueron finalmente, por ello, poco numerosos. La lucha tomó el aspecto de un juego de ajedrez y de persecuciones en el que cada uno de los adversarios aprovechaba los movimientos del enemigo para ocupar las posiciones que éste acababa de abandonar.[35]

La Revolución triunfante se mostró generosa hacia los insurrectos chiapanecos. ¿Habría podido hacer otra cosa? Después de diez años de lucha, México aspiraba a la paz y

---

34. Archivos privados de San Cristóbal. Estamos muy agradecidos al general Alberto Pineda por haber querido proporcionarnos muchas y valiosas informaciones sobre este período confuso.

35. Véase Moscoso Pastrana, Prudencio, *El pinedismo en Chiapas*, México, 1960. La obra es claramente pinedista y su estilo es de epopeya. Tiene, sin embargo, el mérito de exponer en detalle el desarrollo de la insurrección contrarrevolucionaria en los Altos, basándose en declaraciones de testigos oculares y en los documentos originales. Señalemos también sobre este tema, Serrano, Santiago, *Chiapas revolucionario*, México, 1923, y Casahonda Castillo, José, *Cincuenta años de revolución en Chiapas*, Tuxtla Gutiérrez, 1963, más sintético que el precedente, si bien algunas de sus interpretaciones son dudosas.

los revolucionarios que habían llegado al poder federal empezaban a perder, si no su dinamismo, cuando menos su intransigencia. Pensaban más en consolidar las posiciones que habían adquirido que en apoderarse de otras nuevas. Al término de una larga negociación, el presidente Obregón nombró a Pineda general del ejército nacional a fines de 1920 y aceptó endosar las deudas que éste había contraído para financiar la lucha contrarrevolucionaria. Otro jefe rebelde, Tiburcio Fernández Ruiz, también gran terrateniente del Grijalva medio, se convirtió en gobernador de Chiapas. La Revolución mexicana tuvo su Brest-Litovsk.

Tras este acuerdo, las reformas sociales y económicas puestas en vigor por el gobierno federal no habrían de llegar a los Altos sino en una forma muy atenuada. Sin embargo, contribuyeron a mejorar en algo la suerte de los tzotziltzeltales. El 30 de octubre de 1914, Jesús Agustín Castro promulgó una ley llamada "Ley de obreros", que fijaba un salario mínimo, abolía las deudas de los "mozos" y prohibía a los patrones abrir a sus trabajadores un crédito superior al monto de la remuneración. Esta ley, muy avanzada para su tiempo,[36] jamás fue totalmente aplicada, si bien la huelga general de los "mozos" del Soconusco en 1918, llevó a poner en práctica algunas de sus disposiciones: reducción de las normas de trabajo, supresión de las cárceles privadas, mejoramiento de las condiciones de vida en las plantaciones, etc. Pero el antiguo sistema de "enganche" siguió en vigor hasta 1934.

Las principales disposiciones de la ley de 1914 se incorporaron al código federal del trabajo elaborado por Cárdenas por los años de 1930 y tantos. De acuerdo con este código, las relaciones obrero-patronales debían estar regidas por un contrato, de preferencia colectivo, cuyas cláusulas eran establecidas por el gobierno, quien definía también las

---

36. Establecía además: la jornada de ocho horas; el número de días feriados y de asueto; la prohibición de trabajo para los menores de edad escolar; como también un sistema de seguro de enfermedad y accidente. Fue sin duda la ley social más completa que existía en el mundo.

obligaciones y derechos de las dos partes. Los conflictos laborales estaban sometidos al arbitraje de tribunales especiales. Si fijaba un salario mínimo para cada región, cada actividad, cada categoría profesional. Los tzotzil-tzeltales se convirtieron en objeto de una doble protección jurídica. En cuanto trabajadores, gozaban de las garantías otorgadas por el código. Pero una legislación especial vino a completar la ley general, adaptándola a las situaciones particulares en las que podían encontrarse en cuanto indios. El decreto federal del 9 de abril de 1934 ordenaba la creación de un Departamento de Acción Social y Cultural y de Protección al Indígena. El artículo 3 de este decreto estipulaba que el departamento se encargaría de "promover la organización obrera y campesina" de las poblaciones indígenas. El artículo 7 especificaba que el departamento debería "desarrollar su acción entre los sindicatos y el patrón, a fin de que los contratos colectivos de trabajo fueran sustituyendo progresivamente al ajuste individual". En 1935, el departamento abrió una agencia en San Cristóbal. Su director vigilaba la legalidad de los contratos celebrados ante él, en tanto que los inspectores iban a las plantaciones para asegurar su aplicación efectiva. La intervención del gobierno federal señaló el fin del "enganche" libre.[37]

Pero esta política social amenazaba la economía chiapaneca. Los tzotzil-tzeltales, libres de sus deudas y de las obligaciones que los mantenían en servidumbre, se fugaban por miles de las fincas, las plantaciones y las monterías. Las explotaciones cafetaleras del Soconusco resultaron muy afectadas por la escasez de mano de obra en el momento mismo en que, subdivididas por la reforma agraria, intentaban recuperar en productividad lo que habían perdido en extensión. Por lo que se refiere a las explotaciones madereras fueron muriendo unas tras otras —menos por falta de brazos, que a causa del hundimiento de los mercados de

---

37. El Departamento de Acción Social y Cultural y de Protección al Indígena fue sustituido en 1953 por una Dirección General de Asuntos Indígenas con las mismas atribuciones.

maderas preciosas, de gomas y de resinas.[38] Habría hecho falta volver atrás, recoger con una mano lo que se había dado generosamente con la otra. Los representantes de los finqueros y del gobierno se reunieron, con este espíritu, en San Cristóbal a fines de 1936. Después de esta reunión, el gobernador de Chiapas decidió la creación de un sindicato de trabajadores indígenas. La función de este nuevo organismo era velar por la observación estricta de las leyes sociales por parte de los patrones, por un lado, y por el otro, proporcionar los trabajadores que éstos necesitaran. El Estado restauró el trabajo forzado asalariado, que controlaba y garantizaba. En otras palabras, obligó a los indios a beneficiarse con sus excelentes leyes sociales.

El sindicato dependía jurídica y financieramente del Departamento de Acción Social, cuyo anexo era. Su secretario general, funcionario nombrado por Tuxtla, hacía llegar cada año a las autoridades de las comunidades tzotzil-tzeltales cierto número de "boletas de trabajo". Tales boletas se distribuían a los indios según diversos criterios. En Chamula, por ejemplo, los delincuentes podían escoger entre la prisión y una boleta de trabajo. Tal boleta llevaba la fecha en la que su portador debía presentarse al Departamento de Acción Social para firmar allí su contrato de trabajo. Por carta se pedía a las autoridades comunales "usar su influencia moral para que los trabajadores de los poblados de su dependencia respeten sus obligaciones legalmente contraídas". Tales cartas terminaban siempre con esta fórmula consagrada: "La raza indígena unida por sus derechos".[39]

Si al principio, las boletas de trabajo eran inconfesables y poco numerosas, empezaron a circular más abundantemente cuando el Estado, tras de haberse hecho "enganchador", se hizo finquero. En 1942, el gobierno del general Manuel Ávila Camacho, que acababa de declarar la guerra al Eje,

---

38. No quedaron más que algunos campamentos de chicleros que fueron abandonados en 1945, tras la invención del chicle sintético.

39. Archivos del Sindicato de Trabajadores Indígenas del Estado de Chiapas, San Cristóbal.

incautó los bienes alemanes o supuestamente tales. En virtud de la ley sobre las propiedades y negocios del enemigo, promulgada el 2 de junio, setenta y dos plantaciones del Soconusco fueron incautadas y su gestión fue confiada a una Comisión de Administración y Vigilancia. Pero al terminar la guerra, las boletas de trabajo desaparecieron progresivamente. En 1950, al levantarse la incautación de las plantaciones, ya no existía el trabajo forzado asalariado. Sin embargo los tzotzil-tzeltales siguieron yendo cada año, voluntariamente, al Soconusco para recoger la cosecha de café y obtener algo de dinero.

El principio de los años 50 significó un cambio importante en la acción a favor de los tzotzil-tzeltales. En efecto, en 1950, el Instituto Nacional Indigenista, agencia federal creada poco tiempo antes en México, abrió un centro coordinador en San Cristóbal. Animado por hombres nuevos, el Centro se impuso la tarea de lograr el "desarrollo integral" de las comunidades de los Altos. Su interés no era tanto proteger al indio cuanto proporcionarle los medios para integrarse a la vida nacional y entrar en competencia con los no indios, emparejándose con éstos, a fin de difuminar y hacer desaparecer finalmente toda diferencia de orden social, económico y cultural. La obra que este Centro prosigue hasta nuestros días y sobre la cual habremos de volver, ha tropezado con la oposición tenaz de la sociedad colonial local. Pues la estructura de esta sociedad no se ha modificado en forma fundamental desde principios del siglo. Aunque cada vez más desplazado por los funcionarios federales, cuya competencia y poderes eran relativamente extensos, y que gozaban además de sueldos fijos relativamente altos, los "finqueros" seguían siendo el grupo dirigente de los Altos, bastante coherente, para el cual la explotación de los tzotzil-tzeltales es el principal medio de existencia, si no el único.

El acuerdo Pineda-Obregón contribuyó bastante a sustraer a este grupo terrateniente de los efectos de la reforma agraria, mucho más tardía y menos drástica en Chiapas que en el resto de México. El 6 de enero de 1915, Venustiano Carranza había expedido un decreto que anulaba todas las concesiones de tierras hechas después de la Reforma. Este decreto, que se convirtió después en el artículo 27 de la Constitución federal de 1917, preveía también la atribución de tierras a colectividades cuyos fondos fueran insuficientes. El 19 de enero de 1915, se creó una Comisión Agraria en Chiapas, cuyo objeto era poner en práctica las medidas dictadas por el gobierno revolucionario. De 1915 a 1920, esta Comisión debía distribuir 17 295 hectáreas; 20 274 de 1921 a 1927; y 161 889 de 1928 a 1932. Estas tierras se otorgaron no con propiedad plena, sino en usufructo transmisible. No podían ser vendidas, ni hipotecadas. Seguían siendo propiedad de las colectividades y estaban protegidas por una legislación particular. Constituían nuevos ejidos.

Estas concesiones de tierras se realizaron exclusivamente con propiedades nacionales, cuyo suelo era con frecuencia de calidad muy mediocre. A los tzotzil-tzeltales en nada los benefició, ya que en los Altos no había propiedades nacionales. Sin embargo, a partir de 1934, la reforma agraria empezó a afectar los latifundios, ya que el gobierno federal decidió limitar la extensión de la propiedad agrícola y adoptar el principio de la expropiación por razones de utilidad pública. En el Soconusco, las plantaciones de café de más de 300 hectáreas fueron divididas y las tierras excedentes se transformaron en ejidos para la mano de obra. En el Grijalva medio, también se subdividieron algunos latifundios. Pero en los Altos, sólo algunas fincas o ranchos aislados fueron adjudicados y entregados a las comunidades. Las cifras presentadas por Moisés de la Peña[40] dan una idea de la débil incidencia de la reforma agraria en Chiapas, entre 1930 y 1940, es decir, en el momento en que se la aplicaba con el mayor vigor en el resto de México. Las propiedades de más de 5 000 hectáreas, que representaban el veintinueve por ciento de la superficie de propiedad privada en el Estado en 1930, seguían representando el veintisiete por ciento en 1940. En 1930, había en Chiapas 9 402 propietarios de menos de seis hectáreas que poseían 20 110 hectáreas; en

40. De la Peña, Moisés, *op. cit.*; estas cifras excluyen las propiedades indígenas.

1940, había 14 620 de ellos y poseían 18 911 hectáreas. De nuevo, en 1930, había 1 987 propietarios que tenían entre seis y veinticinco hectáreas, y poseían 16 005 hectáreas; en 1940, había 4 524 que poseían 63 693 hectáreas. Así, la reforma agraria no sólo fue menos rápida en Chiapas que en otras partes durante los años 1930 y tantos, sino que además parece haber beneficiado principalmente a los pequeños propietarios más que a los minifundistas indígenas de los Altos.

Sólo durante el curso de la siguiente decena, es posible hablar de reforma agraria en esta región, reforma que no tuvo la misma intensidad en las diversas zonas como lo indican los censos de 1940 y de 1950. En el territorio que recubre los Altos y una parte de sus laderas oriental y meridional, había, en 1887, 342 propiedades, 268 en 1940 y sólo 62 en 1950. Pero las propiedades situadas en la zona de las cimas siguieron siendo proporcionalmente más numerosas que las situadas en las laderas. En las amplias zonas bajas de débil densidad demográfica, en Ocosingo, Altamirano, Socoltenango, Venustiano Carranza, sólo quedaban, de las 189 propiedades censadas en 1887, 42 en 1950 o sea la quinta parte. En cambio, en las zonas altas, mucho más exiguas y muy densamente pobladas por los tzotzil-tzeltales, como Huixtán, Chenalhó, Amatenango, Pinola, por ejemplo, de las 36 propiedades censadas en 1887, quedaban aún 12 en 1950, o sea, la tercera parte. En la misma fecha, la comunidad de Pinola seguía estando parcialmente ocupada por dos propiedades, la de Chenalhó por tres, la de Amatenango también por tres, y la Huixtán por cuatro. Así, pues, los tzotzil-tzeltales sólo recibieron los beneficios de la reforma agraria tardía y parcialmente.

Por lo demás, este beneficio es difícil de valorar con precisión. Si ha de creerse a las fuentes oficiales, en 1948, las comunidades de los Altos tenían como ejidos 109 823 hectáreas. Después, algunas comunidades han visto aumentar sustancialmente sus superficies ejidales. En 1960, Pantelhó tenía 6 ejidos de 4 002 hectáreas que representaban el 19.63 por ciento de la superficie cultivable de la comunidad; Huixtán, 12 ejidos de 12 856 hectáreas (35.50 por ciento);

Zinacantán, 2 ejidos de 18 143 hectáreas (68 por ciento); Chenalhó, 9 ejidos de 10 601 hectáreas (71.50 por ciento); y Chamula, 5 ejidos de 37 754 hectáreas (99.64 por ciento). Sin embargo, para obtener el monto exacto de las extensiones efectivamente distribuidas a los tzotzil-tzeltales por la reforma agraria, sería necesario rebajar de estas cifras las tierras voluntariamente puestas por sus poseedores bajo el régimen ejidal, sin haberlas hecho por ello objeto de transferencia. En efecto, la mayor parte de las comunidades, en particular las de Chanal y de Chamula, han transformado en ejidos una gran parte de sus propiedades —tanto las que deben a la reforma agraria, como las que tenían desde tiempo atrás.

Sin ser despreciable, el balance agrario de una revolución que desde el principio fue demasiado respetuosa del orden colonial de los Altos, es pues definitivamente limitado. No llegamos a creer que, más radical, la reforma agraria hubiera podido dar a las comunidades tzotzil-tzeltales medios de vida suficientes en su lugar. La presión demográfica es tal, que semejante hipótesis no puede tomarse en serio. El reparto de los 62 latifundios que quedan en la región no permitiría solucionar el problema agrario de las comunidades. En términos estrictamente económicos y técnicos, fue razonable hacer que la reforma agraria recayera esencialmente en los latifundios de las regiones periféricas, de modo que se suscitaran corrientes migratorias capaces de descongestionar los Altos hacia el Grijalva y los valles cálidos orientales. Pero al hacer esta elección, los técnicos de la reforma agraria evitaron la sede del poder de las grandes familias señoriales de San Cristóbal. El sostenimiento —por precario que sea— de una fracción importante de la antigua aristocracia terrateniente en sus derechos y privilegios tradicionales, ha obstaculizado el surgimiento de nuevas *élites*, la restructuración de la sociedad de los Altos de Chiapas y, por último, el reajuste de las relaciones sociales entre indios y no indios en la región.

CAPITULO III

LAS RELACIONES SOCIALES ACTUALES

"INDÍGENAS" Y "LADINOS"

Los habitantes de los Altos se clasifican a sí mismos en "ladinos" e "indígenas". Esta clasificación es general, inmediata y automática, en el sentido de que quien no es ladino es necesariamente indígena, y quien no es indígena es necesariamente ladino. Todo individuo se identifica con una u otra de estas categorías y sólo con una u otra. Esta clasificación se funda en el consenso general. En la casi totalidad de los casos, la persona a quien un indio clasifica como ladina se reconoce como ladina y es reconocida como tal por el conjunto de latinos y de indios —y el caso inverso no es menos cierto. La línea de separación entre estas dos categorías se presta, pues, rara vez a ser puesta en duda.

Bajo el régimen español y hasta los primeros decenios del régimen republicano, el esclavo de origen africano constituía una tercera categoría sociocultural en los Altos. Pero dicha categoría nunca fue importante. La representatividad de los afroamericanos, que no fueron muy numerosos en la región,[1] estaba limitada. La proximidad geográfica y sociológica en la que estaban situados los afroamericanos en relación con la sociedad colonial, les impidió desarrollar plenamente su especificidad. En efecto, los afroamericanos estaban dispersos individualmente o por pequeños grupos en las propiedades eclesiásticas o en las propiedades y casas particulares. Vivían en estrecho contacto con los españoles y criollos que descargaban con frecuencia sobre ellos una parte importante de sus responsabilidades. Capataces, mayordomos, intendentes, a veces hasta confidentes, siempre fue-

---

1. En 1778, había 723, según el censo levantado en esa fecha.

ron hombres de confianza más que hombres de trabajo, y esto los llevó a identificar sus intereses con los de sus amos, de los que recibían a cambio un trato privilegiado. Thomas Gage señala que en San Cristóbal el acceso a los lugares prohibidos a los tzotzil-tzeltales estaba permitido a los esclavos africanos.[2] Los afroamericanos podían también llevar puñal y vestirse a la europea.[3]

La presencia de los afroamericanos en los Altos todo a lo largo del régimen español merece ser evocada, ya que ha dejado una huella profunda en el ambiente indio. Muchas leyendas tzotzil-tzeltales incorporan el personaje del Negro, sea en el papel del genio malo interesado en la perdición de la humanidad, sea en el del fustigador encargado de infligir penas corporales a quienes contravienen la costumbre o a los infractores de la tradición. En Chamula, durante el carnaval, algunos indios designados por el mayordomo de la fiesta se ponen máscaras negras de nariz achatada y labios abultados. Estos "negritos" recorren el pueblo en busca de las personas a quienes el rumor público acusa de delitos sexuales. Tales personas se exponen a ser azotadas con bastones y fuetes, azotes tanto más generosos por cuanto los "negritos" están protegidos por el anonimato del disfraz. El afroamericano se ha convertido en un elemento importante de la teoría y de la práctica de control social. Quizá se trate de reminiscencias de las exacciones cometidas en otro tiempo por los negros cimarrones,[4] o más probablemente de los castigos corporales infligidos por los intendentes negros de los latifundios a los indios que estaban bajo sus órdenes, que se expresan en esas manifestaciones culturales contem-

---

2. Gage, Thomas, *Nouvelle relation contenant les voyages de Thomas Gage dans la Nouvelle Espagne...*, Amsterdam, 1720, vol. 1, p. 405. [La edición en español suprime este texto.]
3. Sin embargo, les estaba prohibido el uso de la seda y del terciopelo, lo mismo que llevar alhajas de piedras o metales preciosos o semipreciosos.
4. Durante los siglos XVII y XVIII, se formaron en Chiapas varias bandas de negros cimarrones, en particular en la región de Ginesta que era la principal vía de comunicación entre Chiapas y Oaxaca.

poráneas de las que, sin embargo, la tradición maya está lejos de estar ausente.[5]

5. En sus *Constituciones diocesanas*, Roma, 1702, p. 9, Núñez de la Vega nos dice que "En muchos pueblos... de este obispado, tienen pintados en sus repertorios, o calendarios, siete negritos para hacer adivinaciones y pronósticos correspondientes a los siete días de la semana comenzándola por el viernes a contar, como por los siete planetas de los gentiles, y al que llaman Coxlahuntox (que es el demonio, y según los indios dicen con trece potestades) le tienen pintado en silla y con astas en la cabeza, como carnero. Tienen los indios gran miedo al negro, porque les dura la memoria de uno de sus primitivos ascendientes de color etiópico, que fue gran guerreador, y cruelísimo, según consta por un cuadernillo antiquísimo, que en su idioma escrito para en nuestro poder. Los de Oxchuc, y de otros pueblos de los llanos veneran mucho al que llaman cYalahuu, que quiere decir negro principal, o Señor de negros: lo cual parece que alude al culto de Chus primogénito de Cham." Al parecer el carácter funesto del negro tiene fuertes raíces prehispánicas. El dios de la guerra de los antiguos mayas, Ek Chuah, está representado en negro en los códices Tro-Cortesiano y de Dresde. Ek Chuah estaba asociado al dios de la muerte, Ah Puch. Presidía los sacrificios humanos y los días nefastos del calendario, los días manik.

Sin duda por influencia de los misioneros católicos, el negro pasó del plan teológico al plan demonológico en la cultura espiritual de los tzotzil-tzeltales. Ximénez escribe a propósito de un caso de brujería: "Por último supieron los PP. por otros indios que aquella señal se la había hecho el demonio y convencido el mismo indio de la variedad de sus respuestas, hubo de confesar que el demonio se le había aparecido en forma de un terrible negro y le había dicho que era amigo y que se lo había de llevar al infierno y en señal de eso le puso la mano sobre el hombro sumiéndole la carne y los huesos y dejándole aquella señal que allí se veía", *Historia de la provincia de San Vicente de Chiapa y Guatemala*, Guatemala, 1929, vol. I, p. 230.

Los tzotzil-tzeltales actuales creen en la existencia de ik'al (ik, "negro") o "Negro sombrerón". Ik'al, que se caracteriza por sus rasgos negroides, su tamaño gigantesco y la facultad que posee para desplazarse por los aires, ataca de noche a los indios retrasados pero nunca a los ladinos. Viola a las mujeres y se apodera de los hombres a los que encierra en una cueva para devorarlos. Conserva las cabezas de sus víctimas y las vende a las autoridades ladinas de Tuxtla Gutiérrez, por cuya cuenta trabaja. Estas cabezas, enterradas en las cuatro esquinas de los cimientos, sirven para consolidar los edificios y los puentes construidos por el gobierno. Pozas relata que durante los trabajos en la carretera panamericana que abrió la región de los Altos, los chamulas creían que numerosos ik'al recorrían la región

Durante el siglo XIX, los descendientes de los esclavos africanos confluyeron hacia las regiones costeras tropicales, a tal grado que en la actualidad sólo subsisten en los Altos ladinos e indígenas. El término ladino designaba antes al indio alfabetizado o cuando menos al que tenía un conocimiento suficiente del español para cumplir con la función de "fiscal" o de "escribano" en su comunidad y para servir, si el caso se presentaba, como intérprete a los funcionarios coloniales. Este término ha sufrido un desplazamiento neto de sentido, ya que actualmente se aplica a toda persona no india. Se ha convertido en equivalente de *kaslan* (deformación de "castellano") que utilizan los tzotzil-tzeltales para designar a toda persona que no pertenece a su grupo. Por lo que se réfiere al término "indígena" sólo es empleado por los ladinos. "Ladino", "kaslan" e "indígena" no tienen en sí ningún contenido emocional o afectivo.

Pero ¿qué es un ladino? ¿Qué es un indio? ¿Cuáles son los criterios que permiten identificar a un individuo como tal? ¿Cuáles son las señales de esta línea que los habitantes de los Altos están de acuerdo en señalar con tanta precisión y certeza entre "indianidad" y "ladinidad? Reconozcamos desde ahora que si bien esta línea no se presta a ninguna confusión y parece evidente para todos, su trazo es difícil-

raptando a los indios, cuya grasa vendían a los patrones ladinos que se servían de ella para lubricar sus máquinas. Éstas, *bulldozers, scrapers,* etc., adquirían así la fuerza necesaria para realizar el trabajo que se les exigía. (Pozas, Ricardo, *Chamula, un pueblo indio de los Altos de Chiapas,* México, 1959, p. 193.) En estos últimos casos, el negro aparece claramente ligado al contexto colonial en el que representa al agente depredador de los ladinos. El negro parece desempeñar un papel análogo en las comunidades mayas de las tierras altas de Guatemala. (Véase Correa, Gustavo, *El espíritu del mal en Guatemala,* MARI, Nueva Orleans, 1965.)

En la comunidad tzotzil de Larraínzar vecina a Chamula, se celebraron hasta fecha reciente ceremonias propiciatorias en honor de ik'al (véase Castro, Carlo Antonio, *Los hombres verdaderos,* Jalapa, 1959, p. 40). Sobre ik'al y su posición en la demonología tzotziltzeltal, véase De la Fuente, Julio, "El folklore de los Altos de Chiapas", *Educación, antropología y desarrollo de la comunidad,* Colección de Antropología Social, no. 4, INI, México, 1964, cap. 14.

mente perceptible para el observador extranjero. La separación entre ladinos e indígenas es imposible de hacer desde el exterior, ya que no responde exactamente a ninguno de los criterios fenomenológicos sobre los que se la ha querido fundar.[6]
Puede intentarse esta separación sobre el criterio de la raza. El ladino acusaría teóricamente los caracteres somáticos caucásicos, en tanto que el indígena presentaría un conjunto de rasgos más bien mongoloides. Pero los intercambios sexuales entre españoles y tzotzil-tzeltales fueron muy numerosos o, por mejor decir, la explotación sexual de la mujer indígena por parte del colonizador español fue muy intensa, por lo que esta oposición racial se redujo de modo considerable al cabo de siglos de contacto. No existe el "indio puro" y la heterogeneidad biológica que presenta en la actualidad la población considerada indígena da testimonio de la amplitud de ese movimiento de miscenagación. Al igual, no todos los ladinos se retrotraen al *stock* genético europeo, y es posible encontrar entre ellos quienes tienen más marcados que los tzotzil-tzeltales ese plegamiento epicántrico de los ojos, los pómulos salientes, la estrecha frente bajo una masa lacia de cabellos y esa mancha cutánea de la región lumbar que se consideran como características de las poblaciones mongoloides. El ladino reconocerá con mucha más facilidad las "roturas" de su árbol genealógico cuando el monto de sus bienes y de sus entradas monetarias le asegura una situación de prestigio y autoridad indudable. Es decir, la adquisición de una posición social equilibra bien la herencia racial y el éxito hace olvidar un nacimiento bajo. En ese sentido, no hay y no puede haber "racismo" en las relaciones entre indios y no indios, ya que el criterio racial no ofrece asidero alguno a los prejuicios.
¿Será la cultura un criterio mejor que la raza? A primera vista, la oposición cultural entre ladino y tzotzil-tzeltal es

---

6. Tal es la conclusión que se desprende del artículo de Caso, Alfonso, "Definición del indio y lo indio", *América indígena*, vol. VIII, no. 5, 1948.

evidente. Este último parece participar de costumbres y tradiciones que lo ligan a un pasado prehispánico y que son diferentes a las costumbres y tradiciones que los españoles trajeron de Europa en 1527 e implantaron en los Altos. Así, quien utilizara los elementos culturales de origen autóctono, quien adoptara ciertas normas, ciertos valores, cierto comportamiento extraño a la cultura hispánica, sería indio.

Sin embargo, la cultura de los tzotzil-tzeltales actuales ha asimilado, trasmutándolos, o ha adoptado, interpretándolos, un elevado número de elementos antiguos o modernos de la cultura de sus colonizadores, desde la época de la Conquista. A la inversa, la cultura hispánica, por el hecho de un aislamiento relativo y de su permanente confrontación con la cultura tzotzil-tzeltal durante cuatro siglos, ha absorbido también numerosos elementos locales no europeos. En suma, cada una de las dos culturas presentes ha tomado de la otra lo que le hacía falta y podía utilizar, a tal grado que es difícil, con frecuencia, determinar ahora qué es autóctono y qué importado. La coa que sirve para abrir la tierra en el momento de la siembra es un instrumento indígena, pero en tanto que antes del establecimiento del régimen español su extremidad estaba endurecida sencillamente por el fuego, en la actualidad tiene ensamblada una punta de hierro o de acero templado. La coa actual no es ni autóctona ni hispánica: es el resultado de un desarrollo específico en una situación de contacto.

Tomado en un sentido estricto y convencional, el criterio de la cultura puede tener un valor operacional en la medida en que ciertos elementos culturales, sean del origen que fuere, son propios de los ladinos o de los tzotzil-tzeltales. Por ejemplo, la vestimenta permite señalar al indio en cuanto tal no sólo de modo inmediato, sino aun como habitante de tal o cual pueblo y en cuanto miembro de tal o cual comunidad. En efecto, cada comunidad posee su propio vestido que parece derivarse de la vestimenta que usaban los campesinos peninsulares del siglo XVI. Pero no habría que llevar este análisis del vestuario demasiado lejos. El "chamarro", abrigo sin mangas que se pone por la cabeza y llega hasta las rodillas, fue llevado indistintamente por ladinos e indios y sigue siendo utilizado por los finqueros de la región que lo encuentran más práctico para montar a caballo que una vestimenta ajustada. Queda finalmente el calzado para servir como base objetiva para la distinción que nos esforzamos por establecer. En tanto que los ladinos van calzados, los tzotzil-tzeltales andan descalzos o llevan unos huaraches hechos de una suela de madera (o de llantas viejas de automóvil) que se atan a la pantorrilla por cintas de piel. Esta separación es sin duda alguna irrecusable y desde 1940 fue adoptada por los servicios nacionales de estadística. Pero ¿qué valor etnológico puede otorgarse a una definición del indio que parte de los pies?

En cambio, el idioma ofrece un criterio más seguro. El ladino habla español, el indio una lengua vernácula. Pero hay muchos individuos bilingües: el censo de 1950 considera entre 5 y 7 el porcentaje de tzotzil-tzeltales que hablan la "lengua de Castilla" (*kastiya k'op*). Si bien ninguna cifra es precisa, el porcentaje de ladinos que hablan una u otra lengua indígena —y a veces dos— es muy superior. El conocimiento de estas lenguas es indispensable para los finqueros que emplean mano de obra indígena, para los comerciantes que están en relaciones de intercambio con las comunidades y para los funcionarios que tienen a su cargo el control político y administrativo de los poblados tzotzil-tzeltales. En ciertas grandes familias de Comitán y de San Cristóbal que tienen a su servicio nodrizas indias, llega a suceder que los niños aprendan a hablar el tzotzil o el tzeltal antes de conocer el español. Así también, algunos indios "aladinados" aprenden español ya de mayores; y son considerados como ladinos aunque hayan sido educados en una lengua vernácula. De hecho, ladinos e indios no se distinguen más que por el idioma que hablan en su vida familiar y social.

Tocamos aquí esa dificultad que subrayamos desde el principio de apresar objetivamente la ladinidad y la indianidad. A medida que la trama de la lógica va cerrándose sobre ellas, estas nociones que parecen tan claramente distintas, pierden toda coherencia. Sin embargo, ladinos e indios se expresan como tales en sus interrelaciones, por su comportamiento, sus actitudes, la conducta que definen papeles muy estereotipados. La naturaleza de esos papeles da a las relaciones entre ladinos e indios un carácter profundamente asimétrico y desequilibrado a partir del cual podría intentarse hacer la definición de la ladinidad y de la indianidad. En todo caso, es lo que piensan al parecer Nicolas Colby y Pierre van den Berghe[7] en el artículo en el que resumen los resultados de una encuesta cuantitativa realizada en la ciudad de San Cristóbal. De los 84 ladinos interrogados en esta ciudad sobre su comportamiento hacia los tzotzil-tzeltales, 47 respondieron de manera que los investigadores califican de "autoritaria", 37 de manera "igualitaria", pero ninguno de manera de "competencia". Es decir, que aun cuando el indio sea tratado "como" un igual (menos del 45 por ciento de los casos), la distancia que lo separa aún del ladino es tal que éste no puede concebir el medirse con él en ningún campo de actividad social. Por una u otra razón, que siempre es una racionalización *a posteriori*, el ladino se considera implícita o explícitamente superior al indio.

El ladino puede reconocer una especie de jerarquía entre los tzotzil-tzeltales. Por lo común, la sociedad de San Cristóbal admite que los zinacantecos y los amatenangueros son "mejores" que los huixtecos y los chamulas, y que éstos son "peores" que los tenejapanecos y los pedranos. Pero esta clasificación de "mejores" a "peores", que se funda en la pertenencia a una comunidad, no afecta para nada la conducta básica del ladino hacia el indio, sea el que fuere. El ladino tratará al indio de "indiecito", "muchacho" o "mozo" en sus buenos días y de "indio", "indio bruto" o "indio perro" cuando está de malas.[8] Pero nunca lo llamará por su nombre, pretendiendo creer que no tiene o que todos los tzotzil-tzeltales tienen el mismo. Se dirigirá a él

---

7. Colby, Nicolas y Pierre van den Berghe, "Ethnic relations in Chiapas", RMNP; y "Ethnic relations in Southeastern Mexico", *American Anthropologist*, vol. 53, no. 4, 1961.

8. El término "indio" tiene una connotación claramente peyorativa: significa "rústico", "grosero", "bárbaro". En cambio, el término "indígena" es perfectamente neutro.

tuteándolo o hablandole de "vos", forma arcaizante aun familiar. En cambio, esperará que el indio le dé testimonio de todo el respeto que conlleva el "usted" y que le llame *ahwal* ("amo") o "señor", "jefe" o "patrón", o también —pero sólo después de una larga frecuentación— por su nombre precedido del título "don" ("doña" en la mujeres).

Ya se trate de las iglesias, las administraciones o las tiendas de San Cristóbal, en breve, en todos los lugares donde los ladinos y los tzotzil-tzeltales se codean permanentemente, los indios son siempre recibidos y atendidos al final. El encargado se ocupará primero del ladino; el indio esperará acuclillado, con el sombrero entre las manos, en un rincón del tenducho o de la oficina, a que se le quiera preguntar, con un aire falsamente desinteresado, bajo el que se asoma una ligera sospecha maliciosa, el motivo de su intrusión en un mundo que no le pertenece. Por lo demás, es normal y de buen gusto no reparar de inmediato en el indio y hacerlo esperar deliberadamente.

Estos modelos de conducta, que Colby y van den Bergher revelan y cuyos ejemplos multiplican, muestran lo rígido del código que rige las relaciones entre ladinos y tzotzil-tzeltales. Ilustran sobre todo ciertos aspectos esenciales del papel autoritario que se atribuye el ladino y que condiciona el papel dependiente del indio. No hay mejor testimonio de la interiorización de que se hace objeto esta dependencia, que el "juramento" de las autoridades de Chamula. Los miembros de la jerarquía política y religiosa que, en esta comunidad, entran en funciones a principios de año, reciben la siguiente instrucción de sus predecesores: "Obedecerás siempre al *kaslan*, porque es el hijo de Dios; Dios nos lo ha dado para gobernarnos". A este respeto, es sorprendente comprobar hasta qué grado ha logrado imponer el ladino a los tzotzil-tzeltales su propia imagen y la imagen que él se ha hecho de ellos. El indio no sólo se siente diferente del ladino, sino también inferior. Y está muy dispuesto a reconocer, como origen de su condición, esa inferioridad que el ladino le atribuye. ¿Acaso no se ha oído responder a los indios ante las medidas destinadas a asegurar su progreso con este argumento: "Eso es bueno para los ladinos, pero no para nosotros; no somos lo bastante inteligentes para aprovecharlo"?

Convencido de su inferioridad, el indio investirá al ladino de los poderes que él no se atreve a ejercer, si bien con la esperanza de que el ladino los ejerza a su favor. Intentará conciliar a este ser al que ha contribuido a dotar de un carácter omnipotente, revistiéndose frente a él de una sumisión ostentosa. Expondrá su miseria, exhibirá su degradación, a fin de incitarlo a la piedad. Al mismo tiempo, hará valer su capacidad de trabajo, su utilidad material, su fuerza bruta. Así, convirtiéndose en una especie de instrumento, cimentará su seguridad. Desde el momento en que pertenece a don Fulano o a don Zutano, puede abrigar la esperanza de ser protegido y defendido como cualquier otro objeto de propiedad privada. Así, pues, tratará de hacerse "poseer" para quedar liberado de sus responsabilidades y de que alguien se haga cargo de él en sus relaciones con un mundo que se representa y que se le ha presentado bajo una apariencia extraña y hostil.

Pero, por otra parte, el indio intentará, si no escapar, cuando menos reaccionar indirectamente de manera disimulada a esta dependencia que señala toda su conducta hacia el ladino. Se defenderá de éste por la mentira, se vengará por la pereza, se retribuirá por el robo. Estas falsas audacias se volverán contra él, porque en definitiva servirán para apuntalar la justificación presentada por el ladino ante la asimetría de las relaciones que sostiene con el indio. ¿No es éste ladrón, perezoso, mentiroso? Hay pruebas de que debe ser dirigido, corregido, civilizado, es decir, domesticado, pues no es un "cristiano", un "hombre de razón".

Esta dinámica de la enajenación se traduce al nivel de las representaciones mentales en términos muy sexualizados. La sumisión de que da pruebas el indio y su emotividad, que con frecuencia no es más que el producto de una inadaptación a las condiciones que se le presentan, se interpretan como otros tantos indicios de afeminamiento. Esto es lo que explica la reputación de homosexualidad de los tzotzil-tzeltales, que al parecer nada justifica. Frente al "macho" ladino, el indio aparece como un individuo débilmente sexualizado (y por ello será tratado de "muchacho") o como un individuo del sexo opuesto (y entonces será tratado como "hembra"). En ambos casos, se le identifica sexualmente con menores de la sociedad ladina, la mujer y el niño, cuyo *status* tiene una situación homóloga al suyo.

Esta transposición psicosexual de la asimetría de las relaciones entre ladinos e indios resalta de modo muy singular por el análisis del repertorio de imprecaciones al que recurren los primeros al referirse a los tzotzil-tzeltales y los "chistes" locales que difunden las cantinas en los niveles inferiores de la sociedad de San Cristóbal. Estos chistes se refieren con frecuencia a ladinos e indios comprometidos en el acto sexual, en el que los primeros tienen siempre el papel activo y los segundos siempre el pasivo. Algunos temas sexuales en torno a los cuales se hacen tales chistes presentan a veces mucha ambigüedad. Por ejemplo, se dice que el indio es incapaz de satisfacer a una mujer y se supone que las mujeres tzotzil-tzeltales prefieren al ladino como compañero sexual. Pero, al mismo tiempo, se advierte al indio como una amenaza permanente sobre la mujer ladina. En efecto, la violación de una mujer ladina por un indio es un temor latente profundamente enraizado en el inconsciente colectivo de los no indios.

Sin embargo, las relaciones entre ladinos e indios no son independientes y sería del todo arbitrario el aislarlas. Se encuentran en el interior de una red dentro de la cual se inscriben también las relaciones entre ladinos de diferentes estratos sociales y entre indios de diferentes comunidades. Pues las relaciones ladinos-indios, ladinos-ladinos, indios-indios están íntimamente entretejidas y este entretejimiento define un campo continuo de interacción constante. Vistas en cuanto elementos de una red relacional que es superior a ellas, las relaciones ladinos-indios se distinguen de otros tipos de relación menos por el carácter y las formas que puedan presentar, que por la intensidad de que están cargadas y el sentido en el que juegan. Pierden así una gran parte de la especificidad que parecían tener al principio. ¿Quiere esto decir que las relaciones ladinos-indios sean comparables a las relaciones entre ladinos de estratos sociales diferentes?

En la medida en que no se las aprehende sino en cuanto fenómenos interindividuales de orden psicológico y cultural, como lo hemos hecho hasta ahora, se siente uno tentado a responder a esta pregunta afirmativamente.

En efecto, frente al ladino rico del centro de San Cristóbal, el ladino pobre de los barrios bajos de la ciudad reacciona de un modo que no carece de analogía con la reacción del indio ante el ladino en general. Los papeles pueden estar más o menos estereotipados, las conductas ser más o menos asimétricas, las representaciones más o menos ricas de contenido emocional, pero lo cierto es que las relaciones que las ponen en juego están situadas en el mismo y único registro formal. No hay un modelo de relación propio del ladino hacia el indio, sino un modelo general y polivalente que puede convertirse en más autoritario y paternalista o, por el contrario, en más democrático e igualitario, según que el ladino se encuentre frente a un indio o a otro ladino de un estrato inferior al suyo. Asimismo, no hay un modelo de relación propio del indio frente al ladino, sino un modelo —también general y polivalente— de dependencia que se acentúa o se reduce en función de la distancia social que separa a las personas presentes, más que en función de la etnia o de la cultura a la que esas personas pertenecen. Así, pues, ¿es siempre legítimo hablar de ladinos y de indios? ¿En qué fundar objetivamente esa separación entre unos y otros? ¿Existe el indio?

¿ESTRUCTURA DE CASTAS O ESTRUCTURA DE CLASES?

El análisis cultural no alcanza a definir al ladino y el indio en sus relaciones mutuas sino sacándolos arbitrariamente del contexto en el que se sitúa el juego de su interacción. Desde el momento en que se les devuelve a ese contexto, que lógicamente deberá revelar su significación profunda, ladino e indio parecen perder toda consistencia, aun toda realidad. Así, se ha podido sostener que alternativamente ladino e indio estarían situados en el interior de un mismo *continuum* cultural[9] o bien que pertenecerían a dos universos culturalmente incomunicables.

Sin embargo, ese ladino y ese indio que hemos intentado definir, se insertan en grupos que les confieren una representatividad; en esa medida podemos considerarlos siempre como "tipos". Sus relaciones interindividuales, que hemos tratado de caracterizar, se inscriben en las analogías de grupo a grupo que están por encima de ellas; sobre esta base podemos reducirlas a "modelos". Ladino e indio en cuanto tales y en sus relaciones mutuas sólo existen en función de sus grupos respectivos y de las analogías que estos grupos tienen entre sí, es decir, de la estructura creada por la disposición de los conjuntos sociales de los que participan. Si estos grupos se reorganizaran, si las analogías de estos grupos cambiaran, en breve, si esta estructura se invirtiera, ladino e indio volverían a distribuirse papeles que destacarían o reducirían sus disparidades y afectarían —transformándola o negándola— la significación de la ladinidad y de la indianidad.

Es evidente que no es posible comprender esta estructura sin evocar, como lo hicimos en los capítulos precedentes, las bases históricas sobre las que se edifica. La estructura de conjunto de los grupos de los Altos chiapanecos procede en efecto de la organización social elaborada a partir de la situación de contacto entre españoles y tzotzil-tzeltales en el siglo XVI. Desde esa época, el gobierno de Madrid quiso mantener separados a los diversos componentes étnicos de las colonias americanas. Dos siglos más tarde, llegó a establecer un complejo sistema de "castas" jerarquizadas, dentro del cual los súbditos de Su Católica Majestad habrían de colocarse de acuerdo con sus relaciones de sangre.[10]

---

9. Como pretende Goldkind en su respuesta a Colby y van den Berghe, "Ethnic relations in Southeastern Mexico: a methodological note", *American Anthropologist*, vol. 65, no. 2, 1963.
10. Conocemos este sistema muy elaborado de castas sobre todo por las dos series de cuadros que lo ilustran. La primera se encuentra en el Museo de Bellas Artes de Viena y la segunda en el Museo de Etnología de Madrid.

¿Podría definirse la estructura de los grupos actuales de Chiapas como una estructura de castas o cuando menos como una estructura derivada de un sistema de castas? Rodolfo Stavenhagen parece tentado a creerlo así, ya que separa las relaciones entre ladinos e indios, cuya originalidad profunda muestra, como una estructura de transición entre un sistema de castas decadente y un sistema de clases naciente.[11] La hipótesis del difícil parto de una clase india por una sociedad histórica fundada en castas que presenta brillantemente el sociólogo mexicano, constituye el primer acercamiento estructural a las relaciones ladinos-indios que se haya intentado y, por ello, merece un examen serio.

Las castas que Madrid intentó establecer durante el siglo XVIII en América —con una perseverancia que estuvo lejos de ser continua, y una lógica no carente de fallas— presentan tres caracteres esenciales. Primero, se definieron en función de la raza y la cultura. Después, se repartieron en zonas geográficas y en esferas ocupacionales distintas. Por último, son endógamas, pues los hijos de las relaciones exogámicas eran expulsados de la casta superior e integrados en la inferior o en una intermedia. Sin embargo, no se trata de seudocastas, sino de castas auténticas que responden punto por punto a la definición que proponen, por ejemplo, un Dollard o un Davis.[12]

Sin embargo, el problema no es juzgar la autenticidad del sistema de castas imaginado en la corte de España, sino determinar hasta qué punto se implantó este sistema en los Altos y en qué medida funcionó. Ya hemos aportado elementos de respuesta a esta pregunta. Hemos mostrado que españoles y tzotzil-tzeltales vivieron siempre en estrecho contacto a pesar de las barreras jurídicas que debían aislar a unos de otros. En 1778, siete de las dieciocho comunidades

---

11. Stavenhagen, Rodolfo, "Clases, colonialismo y aculturación", *America Latina*, no. 4, 1963.
12. Dollard, John, *Caste and class in a Southern town*, Nueva York, 1937; Davis, A., B. Gardner y M. Gardner, *Deep South*, Chicago, 1941.

de los Altos sobre las cuales tenemos informaciones demográficas, comprendían grupos de españoles, de mestizos y de negros que residían allí permanentemente. Por la misma fecha, se censaron 1 628 mestizos en la región, cifra que da la medida de los intercambios sexuales entre castas supuestamente endógamas. Durante todo el siglo XVIII, esta política de separación de la Corona no encontró ningún eco favorable a no ser entre algunos religiosos que, como Cortés y Larraz, suscribían aún la tradición lascasiana. Fue vigorosamente combatida por la gran mayoría de una sociedad chiapaneca ocupada por entero en reconstruir el edificio colonial que la insurrección de 1712 había resquebrajado hasta los cimientos. De hecho, la presencia española en los Altos no tenía más sentido que la medida en que el colonizador podía disponer del colonizado para su provecho. La separación institucional de españoles y tzotzil-tzeltales iba directamente en contra de los intereses coloniales locales.[13]

Si bien hasta 1937 la presencia de los tzotzil-tzeltales en la ciudad de San Cristóbal seguía siendo objeto de restricciones legales y los indios tenían prohibido usar las aceras, montar a caballo y circular por las calles después de las siete de la noche, bajo pena de multa o prisión, la imbricación geográfica y la integración económica de los grupos sociales de los Altos chiapanecos no dejó de afirmarse. Los ladinos siguieron fluyendo en gran cantidad a todas las comunidades, salvo quizá a Chamula, donde no podían detenerse más de dos o tres días consecutivos sin autorización expresa de las autoridades comunales. Por ejemplo, Simojovel, donde no había blancos ni mestizos en 1778, tiene actualmente

---

13. Acerca de la política "segregacionista" de los Borbones ilustrados de España y las reacciones que suscitó en la Audiencia de Guatemala (Chiapas incluida), véase Mörner, Magnus, "La política de segregación y el mestizaje en la Audiencia de Guatemala", *Revista de Indias*, no. 95-96, 1964; y del mismo autor, "¿Separación o integración? En torno al debate dieciochesco sobre los principios de la política indigenista en Hispanoamérica", *Journal de la Societé des Americanistes*, LIV-1, 1965, en el que se estudia esta política según sus formulaciones teóricas.

una mayoría de ladinos. Lo mismo sucede en Teopisca que actualmente está poblada casi por no indios.

Por lo que se refiere al movimiento de miscegenación, si no ha tomado un volumen mayor, tampoco parece haberse calmado. Las relaciones sexuales entre ladinos e indios, en especial entre hombres ladinos y mujeres indias, siguen siendo muy frecuentes. Por lo común, los hijos nacidos de esas relaciones son criados por sus madres, es decir, en un medio indígena y, por este hecho, son indios. Pero en caso de que fueran criados por sus padres, en la sociedad ladina, se convertirían de modo no menos automático en ladinos, sin que estuvieran particularmente "marcados" frente a su grupo paterno. Algunas uniones entre ladinos e indios se sancionan a veces por lazos matrimoniales o paramatrimoniales. El indio tiene la posibilidad de casarse con una ladina de condición social inferior, tal como el ladino de la misma condición puede casarse con una india. El cónyuge indígena y sus descendientes se integran de modo automático al grupo ladino. Esas alianzas hipergámicas que constituyen uno de los principales medios de ladinización para los tzotzil-tzeltales, son admitidas por otra parte menos gustosamente por el grupo indígena que por el grupo ladino, aunque ambos las reconozcan. La unión matrimonial o paramatrimonial no exige la paridad "étnica", "racial" o "cultural" de los dos participantes: la provoca. En este sentido puede decirse que no existen los matrimonios mixtos.

Resulta, pues, difícil discernir en los Altos vestigios significativos de un sistema de castas, a suponer que tal sistema haya existido jamás fuera del espíritu de los Borbones españoles. Tampoco es más fácil encontrar en la región los primeros indicios que anunciarían un sistema de clases que tendería a polarizar las masas tzotzil-tzeltales en el interior del proceso de producción, y a colocarlas al servicio de los bienes productivos que monopolizarían los ladinos.

El principal bien de producción, y podría decirse que el único, de los Altos es la tierra. Si se excluyen algunos talleres artesanales que por lo común ocupan una mano de obra familiar y no asalariada, no hay industria en la región. Ahora bien, aunque desde el siglo XVI haya estado constantemente disputada, el grupo ladino jamás ha logrado acaparar por completo la tierra. Durante los siglos XVII y XIX ese grupo ejerció fuertes presiones sobre las propiedades indígenas. Pero los tzotzil-tzeltales, sea reaccionando ante esas presiones por la violencia, sea recurriendo a procedimientos institucionales para limitarlas, han podido conservar una parte de sus tierras y hasta recuperar posteriormente algunas de las extensiones de las que habían sido despojados. En la actualidad, el conflicto de intereses de la tierra ha disminuido considerablemente en intensidad. Es verdad que los ladinos tienen la ventaja de reconocer a los indios el derecho de acceso a la propiedad de la tierra y de preservar —haciendo pesar sobre ellos cierta constricción— las propiedades que éstos tienen. Al actuar así, los ladinos permiten a los tzotzil-tzeltales asegurar su propia subsistencia, lo bastante para sostener su fuerza de trabajo e insuficientemente para que esta fuerza de trabajo esté obligada a alquilarse.

Frente a la propiedad ladina, las propiedades indígenas parecen en efecto más que marginales: casi residuales. El indio tiene por lo general una serie de campitos desperdigados por una vasta extensión, desde que las comunidades adoptaron un sistema de herencia igualitario y en algunos casos bilateral. Esos campitos van disminuyendo y dispersándose aún más al ritmo de las sucesiones y no tienen algunas veces más que algunas áreas o metros cuadrados. Rara vez pasa la superficie total que posee una familia más allá de cuatro o cinco hectáreas por término medio. Además, esos campos están situados en la zona fría, en lugares donde las condiciones climatológicas y pedológicas son las menos apropiadas para la actividad agrícola. Por el contrario, el propietario ladino posee tierras cuya extensión se mide en cientos y a veces miles de hectáreas. Estas propiedades no pueden consolidarse en la actualidad dada la legislación agraria que limita la cantidad de tierras susceptibles de ser acaparadas a título individual, aunque conservan sin embargo su integridad al hilo de las generaciones gracias a la institución testamentaria. Se localizan en la zona templada o cálida, donde el suelo no corre el riesgo de ser arrastrado por las lluvias torrenciales del verano tropical y donde el clima permite cultivos ricos y diversificados.

La dimensión y la calidad de las explotaciones de ladinos y tzotzil-tzeltales respectivamente introducen una segunda oposición. El ladino, latifundista, tiene la posibilidad de realizar sobre las vastas extensiones de su propiedad inversiones que aumentarán el rendimiento de la explotación y que serán fácilmente amortizadas. En cambio el indio, minifundista, no podrá hacer tales inversiones, no sólo porque su costo es muy elevado para él, sino también porque los campos que posee resultan demasiado pequeños para que tales inversiones sean costeables. Así, mientras que el ladino empleará abonos químicos, utilizará arados o tractores y adoptará todas las innovaciones técnicas, el indio seguirá trabajando su campo de acuerdo con los métodos tradicionales, rompiendo el suelo con su coa y cosechando su cultivo con el machete. La distancia entre la productividad de la propiedad ladina y la del campo indio se irá acentuando.

Por el hecho de su baja productividad debida a lo exiguo de sus propiedades, el indio sólo podrá comercializar una parte ínfima del producto que saca de su explotación. Lo esencial de su cosecha será absorbido por el consumo doméstico en el interior del marco familiar. En cambio, y por la razón inversa, el ladino entregará casi la totalidad de su producto a los circuitos de intercambio regionales, nacionales y aun internacionales, reteniendo sólo una pequeña porción para satisfacer sus necesidades. El ladino dominará los mercados, fijará los precios que el indio estará obligado a aceptar para dar salida a su escaso excedente. Así, pues, no es posible colocar en una misma categoría al propietario ladino y al indígena. Los ladinos no tienen el monopolio de la propiedad rural. No son los únicos poseedores del único bien de producción de los Altos. Pero la parte que poseen de ese bien les asegura una preeminencia sin discusión en el proceso de producción en todos los niveles de tal proceso.

La marginalidad de las propiedades indígenas obliga a un número importante de tzotzil-tzeltales a alquilar su fuerza de trabajo fuera de la comunidad durante una parte del año, a fin de asegurarse un ingreso complementario. Esta mano de obra temporal o de estación se dirige actualmente hacia las plantaciones de café del Soconusco y de la vertiente septentrional de los Altos, regiones que constituyen los principales polos de actividad de Chiapas. La investigación que realizamos en 1961 sobre el trabajo asalariado de los tzotzil-tzeltales fuera de su medio, permite precisar que el número de salidas anuales para las plantaciones cafetaleras oscila entre 12 000 y 18 000 durante el período 1953-1960.[14] Sólo en la comunidad de Chamula se registraron 5 745 salidas en promedio anual durante esos mismos años. Esa cifra representa el 40 por ciento del total de la mano de obra indígena reclutada cada año en los Altos. En términos absolutos, Chamula proporciona más trabajadores que cualquier otra comunidad de la región, mucho más que Tenejapa que sólo contribuye con el 16 por ciento de la fuerza de trabajo exportada, Mitontic (11 por ciento), Oxchuc (7 por ciento), Huixtán (6 por ciento) y Chenalhó (5 por ciento). Ese movimiento de trabajadores indios de los Altos hacia las plantaciones afecta al 13.4 por ciento del conjunto de la población tzotzil-tzeltal. Proporcionalmente, la comunidad de Mitontic es la que proporciona el mayor número de trabajadores (43 por ciento), seguida por la de Tenejapa (31 por ciento), la de Chamula (26 por ciento), la de Oxchuc (19.5 por ciento), la de Huixtán (19 por ciento) y la de Chenalhó (9.5 por ciento).

Sin embargo, estos porcentajes no tienen más que un valor comparativo. En sí mismos no son significativos, en la medida en que se los ha establecido según el número de salidas y no según el número de trabajadores reales, lo que no es evidentemente lo mismo, ya que un trabajador puede salir más de una vez por año a las plantaciones. Si se acepta la hipótesis de que los trabajadores tzotzil-tzeltales realizan un promedio de dos estadías anuales en las plantaciones, el porcentaje de mano de obra exportada cada año por las comunidades es de 6.2 por ciento. Este porcentaje corres-

---

14. Favre, Henri, "Le travail saisonnier des Chamula", *Cahiers de l'Institut des Hautes Etudes de l'Amérique Latine*, no. 7, 1965.

ponde de modo aproximado a la quinta parte de la población indígena masculina activa.

Por grande que sea el número de los que todos los años se encaminan en lamentables filas hacia el Soconusco o la frontera con Tabasco, no todos los tzotzil-tzeltales viven de salarios. El dinero que traen de las plantaciones llega, entre años buenos y malos, de 5 a 8 millones de pesos, es decir, a la tercera o cuarta parte de la entrada global de las comunidades expresada en términos monetarios. Pero aun para aquellos que trabajan regularmente como obreros agrícolas y que reciben un salario regular, la posición de asalariado no se transforma nunca en un modo de vida, aunque el arrendamiento de la fuerza de trabajo pueda convertirse en la fuente principal de ingreso individual o familiar. El trabajador indígena continuará cultivando su campito, aunque sólo sea de manera simbólica ya que éste es submarginal, a fin de satisfacer la obligación de naturaleza casi mística que su grupo le impone. Sigue siendo en primer lugar y ante todo un campesino libre. El trabajo de las plantaciones se integra bastante armoniosamente al ciclo de las actividades rituales y agrarias tradicionales. Estriba esencialmente en recolectar el café que madura entre enero y mayo según la altitud. Ahora bien, en los Altos, la mayoría de los campos está ya sembrada para enero y no exige más cuidados antes de la primera binación de junio. Unida a la gran libertad de que gozan los trabajadores para ir y venir a Soconusco (a pesar del contrato, de acuerdo con el cual deben permanecer allí tres meses completos), la imbricación de esta actividad moderna con las actividades tradicionales de la comunidad entre las cuales sólo ocupa el tiempo muerto, permite que los tzotzil-tzeltales esquiven la elección entre su campo y la plantación y, con tal elección, la proletarización.

Pero el indio no presta siempre su fuerza de trabajo al ladino, y éste no se beneficia tan sólo con la fuerza de trabajo del indio. Los cafetaleros del Soconusco y del norte de Chiapas contratan, además de tzotzil-tzeltales, ladinos que pertenecen a los estratos inferiores de los conglomerados urbanos. El número de estos obreros agrícolas ladinos representa en término medio anual entre el 5 y el 15 por ciento del total de la mano de obra de las plantaciones, porcentaje bastante bajo pero que, si se tiene en cuenta la poca población ladina de los Altos, representa una cifra relativamente elevada. A la inversa, ciertos zinacantecos que poseen amplios campos en la depresión del Grijalva, alrededor de Acala y de San Lucas, contratan como jornaleros a otros tzotzil-tzeltales de las comunidades vecinas, en particular, chamulas y huixtecos, a los que remuneran en especie, sea por jornada, sea por "tarea", a tasas semejantes a las empleadas por los patrones ladinos. Dentro del marco comunitario, las relaciones entre patrón y jornalero no pueden organizarse. El trabajo se intercambia por un juego de prestaciones y contraprestaciones, pero no se compra ni se vende —aunque el "don" en naturaleza o en especie tiende a ser sustituido un poco en todas partes por la antigua obligación de reciprocidad y a seguir cada vez más la tasa oficial de salarios. Pero entre los tzotzil-tzeltales de comunidades diferentes, el trabajo es negociable y pagable y se lo paga efectivamente no sólo en la zona de Zinacantán donde este fenómeno es más notable, sino también en los alrededores de Teopisca, Pinola, Venustiano Carranza, Soyatitán y Socoltenango.

Podría considerarse que estas relaciones de trabajo entre ladinos e indios son secundarias y que no afectan de manera significativa la fisura entre patrones ladinos y jornaleros indígenas. Pero no haría menos difícil reducir el grupo ladino a una "clase capitalista" y explotadora, y el grupo indio a una "clase proletaria" y explotada. ¡No que los ladinos no sean explotadores, ni los indios explotados! Pero esta explotación no siempre y sólo se sitúa en el interior de las relaciones de producción. El indio no es explotado únicamente como trabajador; también lo es como productor y consumidor.

Además de sus ocupaciones agrícolas, los tzotzil-tzeltales se entregan a diversas actividades artesanales de carácter familiar, cuya significación económica está lejos de ser despreciable, aunque la cultura indígena la valore en poco. A veces, esas actividades dan lugar a especializaciones por pareje o por comunidad. Los zinacantecos tejen fibras vegetales y extraen sal, los amatenangueros hacen trastos de barro, los chamulas tejen lana y fabrican carbón vegetal, etc. Pero los bienes artesanales producidos por las comunidades rara vez son comercializados por los propios indios, cuya iniciativa en este terreno está estrictamente limitada por el monopolio comercial de los ladinos.

Todas las comunidades de los Altos están insertadas en redes comerciales muy apretadas. Los ladinos que animan tales redes, controlan los mercados locales, interrumpen las transacciones intercomunitarias y, por último, encaminan hacia los fuertes comerciantes de San Cristóbal lo esencial de la producción indígena. Todos los días, esos ladinos se apostan en los ejes de comunicación que toman los tzotziltzeltales para ir de una comunidad a otra, de un mercado a un mercado vecino y acechan el paso de los indios. En cuanto un indígena se presenta es rápidamente aligerado de la mercancía que pensaba vender en otra parte a cambio de algunas monedas que se le arrojan al suelo. Si rechaza tal operación, en la que siempre sale perdiendo, será despojado por la fuerza, apaleado y denunciado a la policía con cualquier pretexto falaz. Sólo en la zona de San Cristóbal existen varios cientos de tales "agentes comerciales" a los que se da el nombre de "esperadores" o "atajadores" por sus métodos de intercambio por asalto. Pero, de hecho, la mayor parte de los ladinos que viven en las comunidades se entrega a este comercio de tráfico y rapiña con los tzotziltzeltales, comercio que les proporciona su principal ingreso. En San Cristóbal, la producción de las comunidades recibe una plusvalía mínima de los artesanos ladinos de la ciudad y después se la vende, por las mismas redes y los mismos agentes, a quienes fueron despojados de ella. El indio recompra así a precio alto, en forma de huaraches, de ropa, de trastos barnizados, las pieles y cueros, las lanas tejidas o hiladas, la cerámica cruda que tuvo que ceder a un precio ínfimo algunas semanas o algunos meses antes.

El desarrollo reciente de las relaciones entre Chiapas y el resto de México, lejos de romper este sistema de tráfico, ha agravado sus efectos al parecer. Los objetos manufacturados importados de los grandes centros industriales del país y comercializados en los Altos, sea por esos mismos "atajadores" dispuestos a obligar al indio tanto a la compra como a la venta, sea por otros agentes que pertenecen a circuitos de distribución más modernos, tienen en general un valor de uso muy escaso en relación con su valor de venta. El costo de los transportes, los beneficios de los múltiples intermediarios repercuten en definitiva sobre el consumidor indio. La ciudad de San Cristóbal y los otros conglomerados ladinos de los Altos sólo viven de su función parasitaria de centros de tráfico, de drenaje de los recursos monetarios de que disponen las comunidades tzotzil-tzeltales y de la esterilización permanente de su trasfondo indígena.

Los tzotzil-tzeltales, ya sea que trabajen, produzcan o consuman contribuyen de cualquier manera a apuntalar la posición dominante de los ladinos. Stavenhagen no niega que esta situación sea todavía "colonial" en muchos aspectos. Pero al considerarla como algo transitorio y aprehenderla sólo con referencia a una situación de casta, por una parte, y, por la otra, a una situación de clase, a la que sería reducible en última instancia, ¿no se rehusa acaso a reconocerle su auténtica significación? El hecho de que el grupo indio esté a la vez económicamente integrado al grupo ladino y social y culturalmente separado de él, no se explica por un retraso histórico fortuito y recuperable. Más bien se justifica por la inclusión de esos grupos en una misma estructura que las jerarquiza y las obliga a colaborar a partir de sus posiciones respectivas, preservando siempre el carácter societal de cada una de ellas. Esta estructura colonial, taxonómicamente diferente a una estructura de clases tanto como a una estructura de castas, posee su propia lógica y su propia dinámica que resalta claramente al analizarse los grupos que la forman.

ESTRUCTURA Y DINÁMICA COLONIALES

Desde el umbral de este análisis, sorprende, en efecto, que el grupo ladino y el grupo indio tengan a la vez una pretensión de autonomía y una vocación de interdependencia. Cada grupo se presenta como una "sociedad". Poco importa aquí que uno sea dominante y el otro dominado y que ambos participen en una sola y la misma sociedad global que determina el orden de sus relaciones. Indios y ladinos se organizan de acuerdo con modelos sociales diferentes que ponen en juego valores con frecuencia opuestos.

La sociedad ladina es una sociedad estratificada. Se divide en capas o estratos superpuestos que se definen en función del ingreso y del nivel de vida, de la ocupación y del modo de vida, de las actitudes y los comportamientos frente a las otras capas. Esta estratificación se expresa ya en la morfología a la vez cuadrangular y concéntrica de la metrópolis regional. En la plaza principal de San Cristóbal, el "zócalo", se levantan los edificios públicos: la catedral, el palacio de justicia, el palacio municipal, la comisaría. En las cercanías inmediatas a la plaza, en calles bien asfaltadas y alumbradas, que se cortan en ángulo recto, se alínean las fachadas de las antiguas residencias señoriales y las casas modernas de aspecto costoso. Pero mientras más se aleje uno de este núcleo central, más se va esfumando el carácter urbano de la ciudad, hasta desaparecer en los barrios bajos. Las calles se encajonan; los adoquines y la tierra apisonada sustituyen al asfalto; la luz es más escasa y llega a ser deficiente; las casas son más bajas y están más espaciadas. Progresivamente, la geometría del plan sucumbe bajo la yuxtaposición de construcciones de adobe, rodeadas ya por algunos campos, que forman la transición entre la ciudad y el campo.

El estrato superior ocupa el centro del espacio ladino. Sin embargo, este estrato no es homogéneo. Se compone cuando menos de tres grupos de contornos bastante precisos: 1) los finqueros que han logrado conservar algunos de los privilegios de la antigua aristocracia terrateniente y que ejercen aún un control social muy fuerte, sobre todo a través de la Iglesia y de las congregaciones religiosas que animan; 2) los miembros de las profesiones liberales (médicos, abogados) y comerciales (negociantes y directores de agencias) que por lo común han salido de la aristocracia terrateniente, si bien un número apreciable de ellos es de origen modesto y surgió después de la Revolución durante los años treinta y tantos; por último 3) los jóvenes tecnócratas, funcionarios federales, en su mayoría extraños a la región y enviados a San Cristóbal por el gobierno de México para dirigir la administración: Instituto Indigenista, servicios sanitarios y hospitalarios, seguridad social, etc.

En el nivel inmediatamente inferior al de este estrato dirigente y poseedor de bienes, se encuentra un conjunto de estratos intermedios más o menos diferenciados, que a falta de otro término llameremos "medios". Artesanos, empleados públicos o privados, pequeños y medianos comerciantes, pequeños y medianos agricultores, camioneros, choferes, en suma, todos aquellos que obtienen con su ocupación un ingreso modesto, pero regular, pertenecen a esta categoría Los estratos medios no están totalmente desorganizados, si bien su modo de organización tiende a fragmentarlos y a encerrarlos. Se reparten en la ciudad por "barrios" y sus miembros se identifican primero con tales divisiones. Por tradición familiar, cada individuo pertenece a un barrio. Éstos no son endógamos, pero el individuo tiene numerosas oportunidades de casarse en el barrio en el que vive y en el que se inscriben la mayor parte de sus relaciones sociales. El barrio posee su propia iglesia y su propio ciclo ritual; se distingue, además, por ciertas especialidades económicas. Sin embargo, el reciente desarrollo de categorías ocupacionales nuevas, como la de camionero, tiende a trastornar en una medida cada vez mayor la autonomía de los barrios y a hacer aparecer por encima de ellos estratos conscientes de su singularidad.

Apenas en el último nivel de la jerarquía social ladina se manifiesta cierta fluidez. Este estrato inferior se compone de individuos que con frecuencia no tienen ninguna ocupación determinada y que no disponen de ingresos regulares. Se trata de obreros no especializados que prestan su trabajo por día cuando se presenta la ocasión. A veces se contratan como albañiles o terraceros en la ciudad; a veces en las plantaciones y fincas durante los períodos de gran actividad agrícola. El resto del tiempo, trafican con los tzotzil-tzeltales. Quizá ladinizados recientes, apenas participan de la vida de San Cristóbal. Viven socialmente al margen de la ciudad. Sin embargo, hace falta señalar que estos individuos se relacionan con los estratos medios, y, más allá de estos, con el estrato superior por medio de clientelas que cortan verticalmente los estratos de la sociedad ladina. Estas clientelas se basan por lo general en lazos de naturaleza espiritual, como el "compadrazgo". Sirven de marco a los intercambios de bienes y de servicios que descansan en las obligaciones y privilegios que se reconocen mutuamente entre clientes y patrones, padrinos y ahijados y compadres. Constituyen otros tantos puentes entre los estratos que contribuyen a soldar.

Las relaciones de clientela facilitan con frecuencia las promociones individuales. El individuo que se inserta en ellas puede orientar las fidelidades que da y que recibe de manera que favorezcan su ascenso social. Puede hacer que los lazos de parentesco espiritual que lo unen con personas de un estrato superior le abran un camino hacia ese estrato y agregarse eventualmente a él acumulando la suficiente riqueza. Pues, en última instancia, el individuo toma su puesto en tal o cual estrato de la sociedad en función de la riqueza que posee. La permanencia de los estratos no implica la herencia, ni aun la estabilidad del *status* de los individuos; no excluye la movilidad. Cualquiera que tenga riquezas, las transforme en capital, comprometa este capital a fin de crear nuevas riquezas, en suma, cualquiera que sea "emprendedor", se filtra progresivamente hacia lo alto de la jerarquía social a través de los estratos que la constituyen.

En sus inicios, el regimen revolucionario provocó ascensos rápidos, pero en general el paso del estrato inferior al superior se extiende por varias generaciones. Exige cierta adaptación cultural del individuo a cada etapa de su ascenso. Pero una vez que se ha realizado esta adaptación, se reconoce de modo automático al individuo como miembro del estrato en el que lo sitúa su capacidad de producir bienes, y su origen social es rápidamente olvidado. Es posible discernir los valores que sustentan tal sistema −autoritarismo e individualismo, sentido de iniciativa y voluntad de autoafirmación–, lo mismo que las tensiones que estos valores son capaces de engendrar en el interior de las relaciones sociales. Todas estas relaciones tienden a poner en juicio de manera continua la posición y el *status* de otro, pues se inscriben en un curso colectivo de acumulación individual de capital. Sea cual fuere el estrato que se considere, en ninguno aparece ese "fatalismo" y esa "pasividad" que se han considerado como causas de una pretendida rigidez social. Si esta rigidez existe en cierto grado –y, en comparación la sociedad ladina de los Altos de Chiapas es sin duda alguna más rígida y menos móvil que la de la región de México, por ejemplo– sólo se debe a la rareza relativa del capital en un medio aún arcaico técnicamente.

En relación con la sociedad ladina, la sociedad tzotziltzeltal aparece como algo radicalmente diferente. Su elemento básico es la comunidad. Ésta descansa, a su vez, en lazos de parentesco y de alianza que prevalecen aquí netamente sobre las relaciones secundarias, impersonales y mediatizadas, y que aseguran al grupo una cohesión tanto más fuerte cuanto que estos lazos se establecen y se renuevan siempre de acuerdo con la regla endogámica. Así, la comunidad parece estar replegada sobre sí misma y cerrada al exterior. Está constituida por grupos de descendencia, encajonados unos en otros, en perpetuo proceso de destructuración y restructuración. Cada comunidad comprende secciones; cada sección varios clanes; cada clan varios linajes; cada linaje varias familias que se segmentan y se reconstituyen al ritmo de las generaciones. Cada una de estas instituciones cumple un papel específico, pero que completa el de la institución que lo engloba y que ella desmultiplica. En tanto que la sociedad ladina está estratificada en capas horizontales que se distinguen unas de otras por su capacidad de producir riqueza, la sociedad tzotzil-tzeltal está dividida en grupos piramidales que se recubren, se organizan y se perpetúan en función de los intercambios matrimoniales, es decir, de su capacidad de producir hombres. Hay entre las dos sociedades una diferencia fundamental que conviene señalar desde ahora.

La organización comunitaria excluye toda posibilidad de

movilidad social individual. En el seno de la comunidad, el individuo se define por los lazos que lo unen al grupo. Es hijo de..., padre de..., hermano de... Está situado en una familia, en un linaje, en un clan y, en el interior de ese clan, de ese linaje, de esa familia, a una generación mayor o menor. Al trasponer el cabo de la adolescencia, al tener acceso a las mujeres, al engendrar una descendencia, el individuo pasará de una generación inferior a otra superior. Progresivamente se verá llevado hacia la punta de la pirámide familiar, lineal y clánica, sin que pueda hacer nada para impedir esta ascensión. A medida que avanza en años, controlará un número cada vez mayor de descendientes. Mejorará así su *status*, aumentará su prestigio, acrecentará su autoridad. Primero, jefe de familia, después cabeza de linaje y de clan, llegará a la posición de anciano en su comunidad. Subirá las gradas de la sociedad automáticamente por un largo camino hacia la vejez. Es ésta la segunda diferencia que opone la sociedad tzotzil-tzeltal a la ladina.

Pero las relaciones de parentesco y de alianza, las referencias de clan, de linaje y de familia se traman en beneficio del conjunto comunitario. Cada individuo, a través del grupo de ascendencia común al que pertenece, debe a la comunidad ciertos períodos de servicio, sobre todo en la jerarquía política y religiosa. Esta jerarquía, que forma el gobierno comunitario, se compone de diferentes cargos superpuestos, de importancia desigual, que se cumplen por cooptación de manera temporal y rotativa. Por ejemplo, a los dieciséis años, el individuo cumplirá con un cargo político inferior de la jerarquía durante un año. A los veinte años deberá tomar el cargo religioso inmediatamente superior al anterior. Algunos años después, tendrá que ocupar un nuevo cargo político aún más elevado y así sucesivamente hasta que haya cumplido de modo alternativo todos los cargos políticos y todos los cargos religiosos con que cuenta la jerarquía comunitaria.

Tales cargos resultan por lo general muy caros para quienes los asumen, ya que los titulares deben financiar a su costa las fiestas que jalonan el calendario agroritual de la comunidad durante el año de su mandato. Para ejercer dignamente sus cargos, deben movilizar los recursos de sus grupos de ascendencia común y éstos se los ofrecerán tanto más generosamente cuanto que el prestigio que resulta del éxito de las fiestas organizadas por uno de sus miembros recaerá sobre ellos. Así, para afirmar o conquistar una preeminencia temporal, los grupos de ascendencia común se ven llevados a destruir en forma periódica su excedente o cuando menos a comprometer su riqueza de manera económicamente improductiva. El funcionamiento de la jerarquía política y religiosa impide toda acumulación en el seno de la comunidad. La jerarquía representa uno de esos "mecanismos niveladores" que mantienen la economía comunitaria en un nivel próximo al de la subsistencia y que fundan ese valor esencial de la sociedad tzotzil-tzeltal: el igualitarismo.[15]

La tendencia igualitaria se ve reforzada además por un sistema particular de herencia que ya se ha mencionado. En todas las comunidades de los Altos, los bienes, y en especial, las tierras se reparten entre todos los sucesores masculinos sin ninguna discriminación, y en algunas de ellas, hombres y mujeres tienen derecho a la propiedad territorial y capacidad para transmitir sus campos a sus hijos de uno u otro sexo. Cuando la herencia está formada por tierras de calidad comparable, no se plantea ningún problema. Cada derechohabiente, con el consentimiento de los otros, escoge la parcela que le parece más conveniente, la más próxima a su lugar de residencia. Pero cuando existe disparidad en las parcelas que hay por repartir, cada una de ellas se reparte entre todos los derechohabientes. La división se hace de acuerdo con la línea de pendiente, de tal modo que todos los campitos delimitados reciban el mismo sol y la misma cantidad de precipitación. Así, no es raro ver en la mayoría de las comunidades campos de un metro por tres y encon-

---

15. La noción de "mecanismo nivelador" fue definida por Manning Nash en su obra, *Machine Age Maya*, American Anthropological Association, memoria no. 87, 1958. Lo hemos usado en nuestro artículo, "Quelques obstacles sociaux au développement de l'économie traditionelle", *Cahiers de Sociologie Economique*, no. 9, 1963.

trar propietarios de veinte a veinticinco minúsculos campos dispersos en un radio de varias decenas de kilómetros.

La reunificación de las posesiones atomizadas por este sistema de herencia tropieza con dificultades insuperables ya que, aunque se la individualice, la tierra no es un bien comercializable ni transferible fuera de la línea de sucesión mientras ésta no se extinga. La tierra representa el lazo físico que une las generaciones difuntas con las vivas del grupo de ascendencia común. Cada año, el heredero de un campo debe ofrecer las primicias de la cosecha al alma de quien es sucesor y, si nada es más peligroso que dejar sin tierras a los descendientes, es justo porque en tal caso no se puede estar seguro de recibir esas ofrendas y oraciones que garantizan la supervivencia en el más allá. El sistema de herencia con las ideas religiosas que le están asociadas, previene cualquier tentativa de capitalización territorial individual. Impide cualquier separación de una sobreproducción abundante, al limitar el nivel de la productividad. Contribuye a reforzar la igualdad en la penuria. En ese sentido, puede considerársela como un segundo mecanismo nivelador de efectos económicamente inhibidores al que están expuestas las comunidades tzotzil-tzeltales.

El estricto igualitarismo que reina en estas comunidades tiene como corolario los "celos institucionalizados". Quienquiera que no se conforme con las normas económicas tradicionales es objeto de rumores malintencionados por parte de sus parientes y vecinos. Quienquiera que goce de un relativo bienestar es considerado por el medio ambiente como un individuo peligroso y antisocial. A fin de neutralizar su sobreproducción que amenaza la cohesión del grupo, se dará al rico un cargo en la jerarquía comunitaria: gastará su excedente en provecho de la comunidad entera y reingresará así a lo normal. Pero también puede acusársele de robo o de hechicería, en tal medida es verdad para los tzotzil-tzeltales que la acumulación individual sólo puede lograrse a expensas de otro o por medio de un pacto con las fuerzas ocultas y los poderes sobrenaturales. La acusación de hechicería es particularmente grave, ya que puede llevar hasta la muerte del acusado. A los ojos de los tzotzil-tzeltales, la riqueza siempre es sospechosa, al grado que el adjetivo *jk'ulej*, "rico", posee una connotación muy clara de agresividad. Si las sociedades occidentales son "democracias de abundancia", la sociedad tzotzil-tzeltal en la que el equilibrio socioeconómico se restablece de continuo por una nivelación en la base, podría ser calificada, sin abusar del lenguaje, como una "democracia de pobreza".

Así, pues, la sociedad indígena y la sociedad ladina persiguen objetivos opuesto. En tanto que la sociedad indígena no permite ni la acumulación, ni la formación de capital, la sociedad ladina tiende por entero hacia ese fin. La primera canaliza todas las actividades económicas hacia metas sociales; la segunda orienta todas las actividades sociales hacia metas económicas. Por su modo de organización, las comunidades tzotzil-tzeltales están destinadas al estancamiento a fin de mantener su cohesión interna, en tanto que la sociedad ladina está condenada a un crecimiento y a una expansión teóricamente indefinidas. Así, la sociedad ladina será llevada a proyectarse sobre las comunidades indígenas y a establecer con ellas relaciones generadoras de riqueza. Pero las comunidades intentarán sustraerse a esta proyección y rechazarán tales relaciones, ya que toda creación de nueva riqueza es para ellas no sólo inútil, sino aun peligrosa. En la medida en que tales relaciones logran establecerse, son algo obligado y forzado, desequilibrado y desigual, fuentes de dominación y de dependencia. El sistema colonial en el que están implicadas la sociedad ladina y la tzotzil-tzeltal no es sólo resultado del hecho de que estas últimas no sean "contemporáneas" y de que una esté técnicamente más avanzada que la otra. Se funda en un nivel más profundo, en la dinámica interna de cada una de las sociedades presentes.

Esta conclusión permite trazar ya una línea de separación mucho más precisa entre ladinos e indios. No se explota al indio por ser indio, ni el explotado es indio por ser explotado. El indio pertenece a una comunidad. Esta pertenencia podrá traducirse por el uso de cierta ropa, de cierta lengua, por la adopción de ciertos rasgos culturales, por la manifestación de ciertos caracteres somáticos. Pero lo fundamental, es que al pertenecer a una comunidad, el indio no puede acumular riquezas, ni transformar esta riqueza en capital productor de nuevas riquezas y, en consecuencia, no tiene la posibilidad de entrar en competencia con el ladino. Su indianidad reside en la marginalidad económica a la que le reduce su pertenencia a una comunidad y que lo instrumentaliza frente al no indio. En cambio, el ladino, al estar más allá de cualquier lazo comunitario, puede y debe acaparar riquezas. Su ladinidad procede de actitudes económicas eminentemente competitivas, que están condicionadas por cierta forma de organización social y que lo obligan a "ser emprendedor" y lo llevan a considerar a quienquiera que carezca de espíritu de competencia —el indio— como un medio o un instrumento de capitalización.

De acuerdo con la hipótesis generalmente admitida, el mantenimiento de la organización tradicional de la comunidad con sus mecanismos niveladores que colocan a los tzotzil-tzeltales en situación de dependencia estructural en relación a los ladinos, sólo podrán explicarse por el aislamiento en el que hasta ahora se habría mantenido a los indios. Una vez roto tal aislamiento, las comunidades se verían indefectiblemente llevadas a modelarse de acuerdo con la sociedad ladina, a transformarse en colectividades rurales abiertas y a eliminar en el curso de su transformación los mecanismos internos que son el origen de su explotación y de su colonización por los ladinos. Por tentadora que sea, esta hipótesis apenas resiste el análisis. En primer lugar, el aislamiento de las comunidades tzotzil-tzeltales es más que relativo, ya que éstas tienen, desde hace cuatro siglos, relaciones intensas y continuas con la sociedad ladina, sin que por ello se haya operado entre las primeras y la segunda esa ósmosis postulada *a priori.* Por otra parte, al parecer son las comunidades menos aisladas y más cercanas a San Cristóbal, es decir, las más expuestas a los contactos y, por ello, las mejor integradas al sistema colonial, justo las que son más tradicionales, en tanto que las comunidades más aisladas o en todo caso más alejadas de los conglomerados ladinos y, por ello, más débilmente integradas al sistema colonial, son las que parecen más "modernas". En Chamula y Tenejapa, en Zinacantán y Huixtán, comunidades situadas a menos de veinte kilómetros de San Cristóbal, no sólo subsisten los mecanismos niveladores, sino que la fuerte presión ladina los refuerza. En cambio, en Soyatitán, Simojovel, Ixtapa, que se encuentran a más de cincuenta kilómetros de la metrópoli regional, los mecanismos niveladores están en vías de desaparición. Esas comunidades, por estar débilmente sometidas a la presión ladina, evolucionan más o menos rápidamente hacia formas de colectividades rurales abiertas. Las relaciones entre tzotzil-tzeltales y ladinos, lejos de ser generadoras de transformación o de aculturación, son otros tantos factores de conservadurismo.

La paradoja sólo es aparente. La explotación de que son objeto las comunidades por parte de la sociedad ladina, amenaza su cohesión. Para responder a esta amenaza y preservar su integridad, las comunidades apelan a su tradición propia que, desde luego, tienen tendencia a sobrevalorar. Aumentan el control que ejercen sobre sus miembros. Exigen a éstos señales complementarias de fidelidad y de conformidad. Tienden a reducir las disparidades que existen entre los individuos y las familias que las componen, reforzando sus mecanismos niveladores. Se entregan así a la destrucción de mayor riqueza y prohiben de modo aún más riguroso acumularla, por miedo a que esos excedentes, repartidos de manera desigual, susciten en su seno conflictos y que tales conflictos debiliten la resistencia que deben ofrecer frente al exterior. Pero si de tal forma logran conservar su cohesión, acrecientan también su dependencia y favorecen su dominación por parte de la sociedad ladina. Mientras más se explota a las comunidades, más se colocan en posición de serlo aún más. La relación entre colonialismo y tradicionalismo es, pues, mucho más estable de lo que se ha dicho. Los términos de esa relación que con frecuencia han sido juzgados como incompatibles no se contradicen necesariamente. Hasta se pueden combinar, sostenerse uno a otro y definir un proceso acumulativo de causas y efectos.

A fin de ilustrar ese proceso, se evocará la correlación estrecha que existe en Chamula entre el trabajo asalariado efectuado fuera de la comunidad y las fiestas comunitarias tradicionales. Ya hemos visto que cada año la comunidad de

Chamula proporciona a las plantaciones de café un importante contingente de trabajadores temporales y que estos trabajadores, lejos de romper con su ambiente de origen, siguen participando en todas las actividades económicas, sociales y religiosas comunitarias. En efecto, con motivo de las fiestas, la comunidad de Chamula recupera la totalidad de sus efectivos. Todos los chamulas regresan del lugar en el que estén para tomar parte en las ceremonias que tales fiestas comprenden. Desde luego, estas fiestas sólo han tomado tal solemnidad y tal fastuosidad desde que los chamulas trabajan fuera de la comunidad. Su suntuosidad depende, en primer lugar, del número de chamulas que lograron contratarse el año precedente, y las fluctuaciones registradas de año en año en el terreno del empleo tienen una influencia directa sobre la elaboración del ritual. En 1961, la fiesta de San Juan, patrón de la comunidad, no pudo tener la amplitud de los años precedentes porque los responsables de las ceremonias y sus familias no habían podido trabajar en las plantaciones para prepararlas de modo conveniente, debido al hecho de la contracción del mercado de empleos causado por la crisis de sobreproducción de café. Los ingresos obtenidos en las plantaciones nunca son invertidos ni convertidos en capital. Sirven en parte para comprar bienes de consumo alimenticio que el trabajador no puede producir en su lugar. Lo que queda se canaliza por entero por las vías tradicionales e improductivas, en cuyo primer lugar figura el financiamiento de las fiestas.

Al salir a trabajar fuera durante varios meses del año, los chamulas ponen en peligro los lazos comunitarios que tienden a relajarse y a disolverse. La comunidad intenta conservar su cohesión ampliando las manifestaciones de solidaridad colectiva y, en particular, las fiestas, que son la expresión privilegiada de esta solidaridad. Pero los gastos suntuarios que ocasionan las fiestas, llevan a un número cada vez mayor de chamulas a contratarse fuera. El movimiento se mantiene por sí mismo, sin afectar más que la consolidación de la organización comunitaria. Más que minar el orden antiguo, contribuye a reanimarlo y a mantenerlo artificialmente en vigor. Tiene sobre la comunidad el mismo efecto que el tanque de oxígeno sobre el enfermo. El hecho de que la sección más conservadora —San Juan— de la comunidad más tradicional —Chamula— proporcione el mayor número de trabajadores temporales es muy revelador. Este ejemplo de actividad moderna desviada hacia fines conservadores por la comunidad, arroja una nueva luz sobre uno de los aspectos esenciales del círculo vicioso del colonialismo y del tradicionalismo en el que están encerrados los tzotzil-tzeltales, y que forma la base del sistema social de los Altos de Chiapas.

Con frecuencia se han registrado los efectos destructuradores de la sociedad colonial sobre la sociedad colonizada. Con menos frecuencia se ha tenido ocasión de mostrar cómo, por una parte, la sociedad colonizada puede apoyarse en la sociedad colonial para mantenerse como es y, por la otra, cómo la sociedad colonial, al mantener en dependencia a la sociedad colonizada, introduce en ella elementos de bloqueo que reducen o suprimen toda posibilidad de evolución. Este equilibrio dinámico al que llegan la sociedad colonial y la sociedad colonizada, por medio del juego de sus relaciones y que una y otra apuntalan de modo acumulativo, fija el límite de los cambios sociales y, en especial, de la aculturación, susceptibles de intervenir en el interior del sistema colonial.

SEGUNDA PARTE

LA ORGANIZACIÓN SOCIAL DE LOS TZOTZIL-TZELTALES

Ha sido necesario evocar el marco histórico y el contexto en el que se entablan actualmente las relaciones sociales a fin de situar, con cierta precisión, los cambios que han sobrevenido en el interior de la sociedad tzotzil-tzeltal. Pero ¿cuáles son esos cambios?

En primer lugar, señalemos que las fuentes históricas de las que nos hemos servido, en nada nos ayudan a descubrirlos. En efecto, son muy raros los textos que se refieran a la organización social de las comunidades, a los clanes, a los linajes, al parentesco, por ejemplo, y que sean lo bastante precisos para permitir así hacer un paralelo entre la situación que puede observarse actualmente y la realidad de ayer. Las crónicas españolas, los relatos de los viajeros y de los folkloristas locales del siglo pasado, los documentos administrativos más recientes, son en su mayor parte inutilizables en este nivel analítico. Cuando mucho, algunos ofrecerían datos de carácter etnológico que necesitarían ser seriamente criticados antes de aceptarse. Ahora bien, lo que falta son justo los elementos para esta crítica.

Sin embargo, si no podemos reconstruir el pasado, tenemos en cambio la posibilidad de reconstituirlo en parte y de hacerlo de dos maneras. Primero, la multiplicidad y la diversidad de las comunidades abren un campo muy vasto a comparaciones fructíferas que, dentro de los estrechos límites que nos hemos señalado, pueden hacer aparecer los grandes ejes de los cambios. El estudio de las distorsiones y las contradicciones de la estructura interior de cada una de esas comunidades es, empero, lo que nos permitirá aislar y definir los cambios mismos. Toda sociedad comporta elementos estructurales que, si bien pueden formar conjuntos funcionales, son contradictorios o cuando menos lógicamente incompatibles y cuya heterogeneidad da testimonio del suceso. Al confrontar esos elementos no contemporáneos que revelan modelos o sistemas diferentes, al clasificarlos en los niveles temporales que les corresponden, en suma, al establecer el orden de su secuencia, podemos esbozar una perspectiva diacrónica fuera de la cual los cambios corren el riesgo de parecer modificaciones superficiales surgidas de "contactos" y orientadas hacia la "aculturación".

En el curso de los capítulos siguientes, tendremos la ocasión de mostrar de qué manera se arregla la sociedad tzotziltzeltal de acuerdo con las presiones exteriores a las que está expuesta; cómo se ajusta de continuo a la sociedad ladina que la inviste y la domina; cómo responde al sistema colonial y a las modificaciones de ese sistema, *en función de sus propios recursos y de su propia dinámica.* Nos referiremos en especial a cinco comunidades: Chamula, Chenalhó, Oxchuc, Aguacatenango y Tenejapa. Pero se sobrentiende que no nos limitaremos al estudio de esos ejemplos y que siempre que sea posible apelaremos a los datos recogidos por los investigadores que nos precedieron o acompañaron en este campo.

CAPÍTULO I

LA COMUNIDAD

LOS GRUPOS TZOTZIL-TZELTALES

Durante mucho tiempo, los colonizadores confundieron a los tzotziles y a los tzeltales bajo el nombre genérico de queremes, quelenes o quelemes. Este término es una castellanización del vocablo tzotzil *k'elem* que se aplica a los adolescentes y, en general, a todos los individuos de sexo masculino todavía célibes, es decir, "menores". Es un equivalente aproximado de "muchacho" o de "mozo", y los españoles lo adoptaron para designar la mano de obra servil y, por una extensión fácilmente comprensible, el conjunto de la población indígena de los Altos. Así, Antonio de Ciudad Real califica de "quelemes" a los conglomerados tzeltales de Amatenango y de Teopisca y las villas tzotziles de Zinacantán y de Ixtapa.[1] El cronista real, Antonio de Herrera, quien, por lo demás, se inspira en la relación de Antonio de Ciudad Real, caerá en la misma confusión al escribir que Comitán es una ciudad queleme.[2] Sin embargo, desde mediados del siglo XVII, se perciben con mayor claridad las diferencias lingüísticas que separan a tzotziles y tzeltales, ya que se las empieza a traducir por nombres distintos para uno y otro grupo. El término queleme tiende a aplicarse exclusivamente a los tzotziles. A este respecto, Ximénez

---

1. Ciudad Real, Antonio de, "Relación breve y verdadera de algunas cosas de las muchas que sucedieron al Padre Fray Alonso Ponce de León en las provincias de la Nueva España...", *Colección de documentos inéditos para la historia de la Nueva España*, Madrid, 1872, vol. LVII-LVIII.

2. Herrera, Antonio de, *Historia general de los hechos de los castellanos en las islas y tierra firme del mar océano*, dec. 4, libro 10, cap. 12.

escribe que "los españoles llaman a todos los de esta nación *quelenes* ... pero ellos mismos se nombran ... en su lengua *sotsil vinic*", por oposición a los centales, celtales, tzendales o tzeltales.³

El origen de estos nombres ha sido siempre objeto de especulaciones. Por lo que se refiere al término tzotzil, parece que, en contra de lo que afirma Ximénez, nunca fue utilizado por los indios más que para referirse a los miembros de la comunidad de Zinacantán (traducción nahua de tzotz'il, "murciélago"), todavía hoy llamados *tzotz'il winik*, "hombres del murciélago". Es posible que, dada la importancia de esta comunidad, los españoles hayan dado el nombre de zinacantecos o tzotziles a todos los indios que hablaban la lengua de Zinacantán.⁴

En la actualidad se presencia un fenómeno análogo, ya que los viajeros de paso a San Cristóbal dan sistemáticamente el nombre de chamulas a los indios, sean de la comunidad que sean, dado que hoy en día los chamulas son los más numerosos o, en todo caso, los más visibles y los más fácilmente reconocibles en la ciudad.

Por lo que se refiere al término tzeltal, no hay dato alguno que permita precisar su significación. Algunos folkloristas locales han querido traducirlo por "los que llegaron por un lado" o "los que llegaron más tarde",⁵ lo que los lleva a distinguir entre los tzotzil indígenas y los tzeltal alógenos y a oponer radicalmente los primeros a los segundos. Esta oposición, cuyo carácter arbitrario han mostrado los recientes estudios lexicoestadísticos, permitió a Basauri postular la existencia de una tribu "tzotzil" y una tribu "tzeltal".⁶ El término tribu, cuya definición nunca se

---

3. Ximénez, Francisco, *Historia de la provincia de San Vicente de Chiapa y Guatemala*, Guatemala, 1929, vol. I, p. 360.
4. Como lo sugiere también el título de un manuscrito depositado en la Biblioteca nacional de París, *Arte de la lengua tzotzlem o tzinacanteca*, manuscritos mexicanos, no. 411.
5. Pineda, Vicente, *Historia de las sublevaciones de indígenas habidas en el Estado de Chiapas*, San Cristóbal, 1888, p. 11.
6. Basauri, Carlos, *La población indígena de México*, México, 1940, vol. II, p. 76.

ha precisado, designa tanto un conjunto funcional de clanes y de linajes, como un grupo étnico singularizado, esté o no estructurado, pero que posee una cierta conciencia de sí mismo. Aun tomándolo en esta última acepción, que es la más amplia, ¿podría aplicarse legítimamente el término tribu a las áreas lingüísticas tzotzil y tzeltal? En otras palabras, ¿se traduce la frontera que separa actualmente esas áreas a niveles más profundos de la realidad social y cultural?

Señalemos en primer lugar que esta frontera no está fija y que no opone ningún obstáculo a la comunicación. Por ejemplo, el tzotzil de Chamula está muy cercano al tzeltal de Tenejapa, y el tzeltal de Aguacatenango muy cercano al tzotzil de San Bartolomé. El paso de un área lingüística a otra es progresivo, por escalones sucesivos, hasta el momento en que las dos lenguas sólo están separadas por permutaciones de orden fonético. Los dialectos tzotzil y tzeltal, por distantes que estén, son mutuamente inteligibles y toda persona que se exprese en cualquiera de ellos está segura de ser comprendida en toda la región.

El análisis de los caracteres somáticos realizado en las áreas tzotzil y tzeltal no hizo surgir ni una divergencia significativa entre una y otra, ni una cohesión notable en la primera o la segunda. A principios de siglo, Frederick Starr realizó una serie de medidas en una muestra compuesta de 125 tzotziles de Chamula y 125 tzeltales de Tenejapa. Los resultados de esta investigación relativa a la estatura y al índice encefálico fueron resumidos por Starr en estos términos: "Los tzeltales son un poco más pequeños que los tzotziles y más oscuros de piel; su cabeza, aunque más pequeña que la de los tzotziles, sigue siendo muy grande; la dimensión máxima del cráneo y del rostro es idéntica".[7] El estudio realizado treinta años después por Stella Leche parece con-

---

7. Starr, Frederick, *Notes upon the ethnography of Southern Mexico*, Davenport, 1902, vol. II, pp. 68 ss. Véase también del mismo autor, *Physical characters of the Indians of Southern Mexico*, Chicago, 1902.

firmar a grandes rasgos las conclusiones a las que llegó Starr.[8]

Pero —y esas dos investigaciones en muestras restringidas y poco representativas no hacen evidente el fenómeno— las divergencias de orden somático, cuando se manifiestan, no coinciden necesariamente con las oposiciones lingüísticas. Físicamente, los tzotziles de Chamula se parecen más a los tzeltales de Tenejapa que a los tzotziles de las comunidades vecinas. En particular, contrastan de manera vigorosa con los zinacantecos. Moisés de la Peña señala que

> el contraste salta a la vista... El chamula es bajo, de facciones toscas, robusto y de acentuada fealdad y la mujer chamula es sucia, de baja estatura y feísima; la zinacanteca, aunque también de baja estatura, se distingue por lo aseada y por sus agradables facciones y el zinacanteco, sobre todo, se destaca por su elevada estatura, su figura apolínea, poderosa robustez, cara barbada, nariz fina y a menudo aguileña, más airoso en el vestir y de una dignidad y prestancia personal que contrastan notablemente con el apocado y humillado chamula.[9]

Por impresionistas que sean, esas observaciones no resultan menos pertinentes.

Por lo que se refiere al análisis cultural, el rasgo más notable que pone en evidencia, es la analogía que presentan las áreas tzotzil y tzeltal. Desde luego que existen variantes; pero con frecuencia se derivan de influencias extranjeras antiguas, cuando no han sido determinadas simplemente por los umbrales ecológicos en que se sitúan los establecimientos. Las terrazas del sureste que comprenden a la vez comunidades tzotziles y tzeltales representan una zona culturalmente diferente de la de las cimas, constituida también por comunidades tzotziles y tzeltales. Basauri quedó tan

---

8. Leche, Stella, *Dermatoglyphic and functional lateral dominance in Mexican Indians; anthropometry of the Chamulas*, MARI, no. 7, Nueva Orleans, 1936.
9. De la Peña, Moisés, *Chiapas económico*, Tuxtla Gutiérrez, 1951, p. 293.

impresionado por esas diferencias que quiso hacer de los habitantes de las terrazas "totiques" —tribu distinta tanto de los tzotziles como de los tzeltales.[10]

La cohesión de las áreas lingüísticas tzotzil y tzeltal es pues muy limitada. Ninguna de ellas tiene una organización. Ernest Noyes pretendió que una y otra estarían subtendidas por estructuras latentes que se exteriorizan en momentos de crisis.[11] Y dio como prueba las solidaridades que se manifestaron durante los siglos XVIII y XIX cuando las grandes insurrecciones contra el poder colonial. Sin negar la existencia de esas solidaridades, por lo demás muy precarias, conviene señalar que no están inscritas en el cuadro trazado por las fronteras lingüísticas. La insurrección de 1712 que Noyes califica de "rebelión tzeltal" y cuyo foco fue en efecto la comunidad tzeltal de Cancuc, se propagó a Huixtán y a Zinacantán en país tzotzil y aun a Tila en región chol. Por lo que se refiere a la insurrección de 1869 que tuvo como punto de partida la comunidad tzotzil de Chamula, fue reprimida con la ayuda que aportaron a las tropas ladinas otras comunidades tzotziles entre ellas la de Zinacantán. No es posible identificar esas insurrecciones con "movimientos tzeltales" o "movimientos tzotziles" sin deformar su significado.

Por otra parte, ni tzotziles ni tzeltales se piensan como tales. El hecho de que no tengan en su lengua ningún término para definirse colectivamente ni para distinguirse en conjunto de los ladinos[12] es revelador al respecto. Tzotziles y tzeltales sólo se perciben como miembros de una comunidad y su conciencia se limita a pertenecer a esta comunidad hoy en día. La mayor parte de sus relaciones los sitúan en el interior del marco comunitario, cuyas fronteras psicológica-

10. Basauri, Carlos, *op. cit.*, vol. II, pp. 215 ss.
11. *War of the castes; Indian uprisings in Chiapas, 1867-1869, as told by an eye-witness* . . . (con introducción y notas de Ernest Noyes), MARI, no. 8, Nueva Orleans, 1937.
12. En la actualidad ciertos tzotzil-tzeltales se designan con el término genérico *iniyo*, deformación del español "indio". Pero se trata de casos aislados que no modifican el significado de nuestra observación.

mente cerradas limitan el horizonte intelectual y afectivo de los individuos sobre los que se cierran.

DEFINICIÓN DE LA COMUNIDAD

Si la comunidad es la forma más elaborada de la organización social no se debe sólo a la naturaleza del relieve geográfico que divide la región de los Altos en territorios aislados y es así un obstáculo para el desarrollo de las comunicaciones y de los intercambios. ¿Cómo explicar entonces que en vísperas de la llegada de los españoles, estuvieran a punto de atarse solidaridades superiores a los grupos locales, algunas de las cuales dieron nacimiento a unidades sociopolíticas que comprendían ya varios conglomerados?

Cuando en 1524, la expedición de Luis Marín llegó a los Altos, había en la región seis centros políticos y religiosos en actividad:[13] Copanaguastla, en el extremo sureste; Pinola, un poco más al norte, en una rica llanura aluvial; Comitán, en el este, en el interior de un valle cálido; Huixtán, en un estrecho valle alto del centro norte; por último, Chamula y Zinacantán, en dos valles altos occidentales que dominaban al acceso principal a las depresiones interiores. Esos centros controlaban redes de conglomerados rurales y formaban con ellas especies de cacicazgos, cuyos límites no siempre coincidían con las fronteras naturales y los umbrales ecológicos. Diego de Godoy, compañero de armas de Bernal Díaz y de Luis Marín, escribía por esa época a Cortés:

Alrededor de Huegueystlán [Huixtán] hay de diez a doce villas, todas en la montaña, que le están sujetas.[14]

Por su parte, Zinacantán controlaba los pueblos Soyalo, Ixtapa y San Lucas. Todos estos pueblos existen hasta hoy,

---

13. Díaz del Castillo, Bernal, *Historia verdadera de la conquista de la Nueva España*, México, 1960, cap. 166.
14. Godoy, Diego de, *Carta a Cortés*, Toledo, 1525.

sin duda en los mismos lugares en que Luis Marín los descubrió, aunque actualmente forman cuatro comunidades por completo independientes unas de otras. La localización de los establecimientos no puede haber cambiado; por el contrario, lo que ha cambiado y desaparecido es la estructura social superior a esos establecimientos en la que éstos entraban. Así, pues, entre la organización prehispánica y la organización hispánica y contemporánea de los tzotzil-tzeltales hay una discontinuidad que sería peligroso ignorar cuando se estudia lo que se ha convenido en llamar la "comunidad". La comunidad actual no es una institución autóctona más o menos modificada o adaptada por las autoridades españolas. Procede, como ya hemos tenido ocasión de ver, del desmembramiento de unidades sociopolíticas anteriores a la Conquista y de la concentración, a menudo arbitraria, de los elementos constitutivos de esos cacicazgos prehispánicos. Desde el siglo XVI, la permanencia de la comunidad no se explica por el aislamiento en el que habría estado, sino por la multiplicidad de relaciones intercomunitarias dominadas por los ladinos y establecidas de tal manera que ninguna pudiese superar a las otras y llegar así a una forma superior de organización.

En la actualidad, la comunidad se presenta desde luego como una unidad territorial continua y coextensiva a un sistema de relaciones sociales. El territorio comunitario queda definido por el grupo que lo habita. Se extiende justo hasta donde la población se identifica aún con la comunidad, y no con tal o cual comunidad vecina. La población es la que, por el juego de las fidelidades que presta o que retira, delimita el sitio territorial de la comunidad. Hasta fecha reciente, la comunidad de Chamula comprendía las tierras meridionales de los Llanos, pues los habitantes de ese paraje se consideraban chamulas. Pero cuando, por diversas razones, los llaneros decidieron independizarse, automáticamente el límite meridional de la comunidad de Chamula quedó más al norte.

Por lo demás, la lengua indígena no acusa la diferencia entre el grupo y su tierra, uno y otra están confundidos estrechamente en su espíritu. El chamula designa a su comunidad *mukta k'lum* que puede traducirse bien por "nuestra gran tierra", bien por "nosotros, el gran pueblo". La comunidad, *lum* ("la tierra", "el pueblo"), es un espacio habitado y trabajado en común, es decir, organizado más que poseído. Entre la comunidad de Chamula y la de Mitontic se extiende una franja de tierras deshabitadas. Todos los años, a fines del mes de septiembre, los chamulas y los migueleros[15] vienen a estas tierras y empiezan a trabajarlas. La roturación se hace de tal modo que los dos grupos de trabajadores progresan uno hacia otro en direcciones convergentes. La línea formada por los puntos de encuentro de chamulas y migueleros constituye la frontera de las dos comunidades —frontera muy provisional, por lo demás, ya que será puesta en duda al año siguiente, a principios del próximo ciclo agrario, al renovarse la operación de roturación.

En su estudio sobre los mayas de las tierras altas de Guatemala,[16] Sol Tax insiste en las relaciones entre comunidad y municipio a tal grado que atribuye a la institución comunitaria ciertas características propias de la institución municipal, lo que lo lleva a presentar la imagen de una comunidad perfectamente estática y como congelada. Es posible que municipio y comunidad coincidan a veces, y en el caso de los Altos, el propósito, muy loable, del legislador fue hacerlos coincidir. Hasta es probable que la estructura municipal consolide con mucha frecuencia a la institución comunitaria, al proporcionarle medios nuevos y más eficaces de resistir a las fuerzas centrífugas que operan en ella. Pero la comunidad no se deja encerrar jamás en el cuadro rígido que le está superpuesto, si bien lo utilizará para fines propios. Durante los años veinte, al crearse los municipio

---

15. Con frecuencia, el gentilicio se forma a partir del nombre del santo patrono de la comunidad y no del de la comunidad misma. Mitontic tiene por santo patrono a San Miguel y sus habitantes son migueleros, como los habitantes de Chenalhó son pedranos, porque su santo patrón es San Pedro.

16. Tax, Sol, "The municipios of the Midwestern Highlands of Guatemala", *American Anthropologist*, vol. XXXIX, no. 3, 1937.

indios, las tierras de Baxekén y de Belisario Domínguez, situadas entre Chenalhó y Chamula, se dieron al primero de esos municipios, porque quienes las detentaban eran pedranos. Unos veinte años después, esas tierras hasta entonces escasamente pobladas, se beneficiaron con el *status* de ejidos y fueron ocupadas por chamulas, que se negaron a reconocer a las autoridades de Chenalhó que, por lo demás, no hicieron nada para forzar a su reconocimiento. En la actualidad, para la administración ladina, Baxekén y Belisario Domínguez pertenecen al municipio de Chenalhó, pero tanto para los chamulas como para los pedranos, forman parte de la comunidad de Chamula. Nunca ha surgido un conflicto de límites o de autoridad al respecto. La comunidad, que es una realidad esencialmente móvil, se acomoda mal a la rigidez administrativa y sería desconocer su naturaleza si se le creyera definida de una vez por todas por líneas imaginarias de partición.

Dotada de las autoridades políticas y religiosas que ella misma se da para gobernarse y que expresan la autonomía de que goza frente a sus vecinas, la comunidad mantiene su cohesión interna por la observancia estricta de la regla endogámica. Las mujeres no son objeto de cambios intercomunitarios, y los grupos de ascendencia común se renuevan y se perpetúan aliándose siempre dentro del marco de la comunidad. Los matrimonios entre personas de comunidades diferentes son raros, pues los contrayentes se exponen a perder sus derechos sobre la tierra en su comunidad de origen, sin estar seguros de obtener otros equivalentes en la comunidad de su cónyuge. Por la endogamia, todo individuo pertenece a una comunidad y sólo a ella, menos por elección o por residencia que por nacimiento. Sin embargo, el "derecho de sangre" o de nacimiento no basta para dar acceso a la comunidad. Todavía hay que aceptar de ella las reglas y las convenciones, adoptar sus normas y valores, en suma, asumir su tradición. La pertenencia a una comunidad, con los privilegios que de allí provienen, puede ser puesta en duda en cualquier momento por el grupo, que de esta manera sanciona el comportamiento de individuos desviacionistas. Quien no se conforma a las leyes consuetudinarias de la comunidad no es excluido formalmente, pero la comunidad ejerce sobre él una presión tal que lo obliga sea a volver a la norma, sea a exiliarse.

A la inversa, el extranjero que se asimila a la tradición comunitaria es susceptible, a la larga, de quedar completamente incorporado a la comunidad. Tales casos son raros. Sin embargo, hace algunos años, ciertos chamulas de los parajes septentrionales, rompiendo la regla endogámica, se casaron con mujeres de Chenalhó y se establecieron en esta comunidad, un poco menos densamente poblada que la suya. Antes de aceptarlos entre ellos, los pedranos los sometieron a una especie de período de prueba durante el cual, dotados de derechos restringidos y de un *status* menor, comparable al de los solteros y las mujeres, esos chamulas tuvieron que romper sus relaciones con su comunidad de origen y adoptar todos los rasgos culturales que individualizan a su comunidad de adopción. Si los chamulas no pasaran la prueba, serían indirectamente, pero no por ello con menos certeza, llevados a renunciar a su unión matrimonial y a abandonar Chenalhó, bajo la amenaza difusa del grupo. Si triunfaran, serían admitidos a gozar plenamente de los derechos que la comunidad acuerda a sus miembros. El recuerdo de su origen extraño se borrará de la memoria colectiva y después desaparecerá definitivamente el día que, al asumir importantes responsabilidades, como el financiamiento de una fiesta comunitaria, demuestren de modo evidente su devoción absoluta al grupo pedrano.

Juan Pérez Jolote, ese chamula del paraje de Cuchulumtic, cuya biografía fue escrita por el etnólogo Ricardo Pozas,[17] describe el largo y penoso aprendizaje que tuvo que hacer, como adulto, para volver a encontrar en su propia comunidad el lugar que había abandonado en su infancia, tras una fuga hacia el mundo ladino. Sólo después de haber reaprendido el tzotzil y haber reasimilado la herencia cultural de su grupo, desde los juegos infantiles hasta los detalles más elaborados del ritual, pudo pretender que los chamulas

---

17. Pozas, Ricardo, *Juan Pérez Jolote: biografía de un tzotzil*, México, 1952.

lo reconocieran como uno de los suyos, en la posición a la que le daban derecho su edad y su rango. Esta tarea le llevó varios años. El caso de Juan Pérez Jolote es interesante porque muestra no sólo la conformidad que la comunidad exige por parte de sus miembros, sino también la atracción que ejerce sobre ellos. Lo más sorprendente no es que los chamulas se rehusaran al principio a reconocer a Juan Pérez Jolote, sino más bien que este último, tras de diez años de vida ladina, haya experimentado la necesidad de hacerse reconocer por ellos, volviendo a una tradición cultural que ya era extraña para él.

Así, pues, más que la filiación es la participación en un fondo cultural común la que otorga los derechos en la comunidad. Esta cultura, cuya portadora es la comunidad, es única en muchos aspectos. Su especificidad se exterioriza de maneras diversas, pero siempre con estrépito. Además de la variante lingüística del tzotzil o del tzeltal que le es propia, cada comunidad posee su vestimenta que constituye un verdadero uniforme. El tipo de ropa permite identificar de modo automático a todos los miembros de la comunidad en cuanto tal. Los chamulas se reconocen por su largo "chamarro" de lana blanca, por el pantalón blanco que les llega a las pantorrillas, por el paliacate, también blanco que se anudan a la cabeza, bajo un sombrero de anchas alas; los zinacantecos se reconocen por su pequeño chamarro de rayas rosadas, por su sombrero plano lleno de cintas, por su pantalón blanco que les llega a media pierna y por el pañuelo gris, adornado con grandes manchas rojas, que llevan alrededor del cuello. Los huixtecos se reconocen por su calzón sabiamente enrollado en torno a las piernas y cerrado en la cintura por un ancho cinturón de algodón rojo, por su chamarro oscuro con rayas blancas y por el pequeño sombrero de fibras vegetales que llevan en equilibrio en la punta de la cabeza. En suma, hay tantas vestimentas diferentes como comunidades.

Lo mismo que el habla y la vestimenta, las especialidades económicas representan un factor de distinción entre las comunidades y de integración en el seno de cada una de ellas. Algunas de estas especialidades son muy antiguas. Los zinacantecos siguen sacando hoy, lo mismo que en la época prehispánica, sal por evaporación de aguas saturadas. Los amatenangueros siempre han hecho una cerámica cuyos motivos de decoración y técnicas de fabricación en nada han evolucionado desde principios del siglo XVI. En cambio, otras especialidades les fueron impuestas por el colonizador o se orientaron en función de las necesidades de éste. Pero no por ello dejaron de ser incorporadas a la tradición comunitaria. Los chamulas hilan y tejen la lana y trabajan la madera con la que hacen muebles y carbón.[18] Sus vecinos, los andreseros son famosos por sus redes de crin, y los tenejapanecos por sus cueros y sus pieles. A fines del siglo pasado, los habitantes de San Bartolomé fabricaban jabón y los de Yajalón petates, en tanto que los aguacatenangueros confeccionaban sombreros.[19]

Estas divergencias culturales son muy valoradas y están profundamente interiorizadas en todas las comunidades. Cada comunidad cultiva lo que la diferencia de las otras y la singulariza oponiéndola a ellas. En esta oposición constante de términos culturales se forja la identidad comunitaria. La comunidad no existe más que en relación con otras comunidades que la revelan a sí misma y que le impiden ir más allá de sí misma. La comunidad está tanto más dispuesta a valorar su propia tradición cultural cuanto que le reconoce un origen sobrenatural y un carácter sacro. En efecto, la tradición comunitaria es la expresión de la voluntad del santo que la comunidad se da por patrón. Este santo, si bien tomado cuando menos nominalmente de la hagiología católica, posee atributos que traicionan una filiación maya. Con el grupo lo unen relaciones íntimas. Su historia se interpreta

---

18. Désiré Charnay escribe en su *Mexique, souvenirs et impressions de voyages*, París, 1863, p. 383: "Este poblado de Chamula, donde todos los habitantes son carpinteros, abastece a la provincia de mesas, bancos, sillas y sillones de forma simple, pero embellecidos con tallas ingenuas que recuerdan las obras suizas". Hoy en día, sólo algunos parajes como Corralchen, Las Ollas o Mukenalhó continúan esta tradición.

19. Paniagua, Antonio Flavio, *Catecismo elemental de historia y estadística de Chiapas*, San Cristóbal, 1876.

en función de la historia local que explica y justifica. Su imagen está depositada en la iglesia donde se le rinde culto. El santo actúa como intercesor ante divinidades más lejanas que rigen la marcha del universo sin interesarse demasiado en los destinos individuales. Aparece bien como fundador de la comunidad, bien como héroe civilizador. Aunque lo más común es que sea lo uno y lo otro. San Juan, el primer hombre, se habría retirado para orar, ayunar y hacer penitencia al valle de Bohom, entonces completamente desierto. Deprimido por la soledad, convirtió a todas las piedras blancas del lugar en otros tantos chamulas, a los que enseñó la cultura del maíz y las normas que deben regir la vida de los "hombres verdaderos". San Miguel, a la cabeza de una veintena de ṣantos, habría reunido en el valle de Mitontic veinte chamulas y veinte pedranos, y les habría amonestado a vivir desde entonces bajo la autoridad de su ley, de una manera "humana" y "civilizada". San Bartolomé habría dirigido la migración de una horda de elementos guatemaltecos que habría establecido en el actual municipio de Venustiano Carranza y a los que también habría hecho alcanzar la "civilización".[20]

El carácter sacro de la tradición que la comunidad hace suya, exacerba a más alto grado las tendencias etnocéntricas. Hace que las divergencias culturales intercomunitarias no sólo aparezcan como desviaciones o aberraciones morales, sino como verdaderas monstruosidades. Para los miembros de la comunidad, no hay ni puede haber modos de vida a la vez diferentes e iguales o comparables al suyo. No hay más que un modo de vida "humano" y modos de vida "prehumanos", "infrahumanos" o "inhumanos". Únicos detentadores de "la" cultura por favor expreso del héroe civilizador, los miembros de la comunidad son los únicos que hablan la verdadera lengua *(batsil k'op)* y son los únicos representantes de la verdadera humanidad *(batsil winetik)*. Su comunidad ocupa el centro del mundo y mientras más se alejan de ella, menos podrán ser capaces de descubrir en los grupos que encuentren los atributos esen-

20. RMNP.

ciales del hombre, al grado que a veces confunden a los lacandones con los monos araña *(maš)* del Usumacinta, y a los mames del Soconusco con los demonios (*pukuj*) del *olomtik*.[21]

EL CICLO DE DESARROLLO COMUNITARIO

Toda la vida de la comunidad se ordena en torno al pueblo o *teklum,* que constituye a la vez el centro ceremonial del grupo y el lugar principal del municipio, ya que municipio y comunidad se confunden. En el centro del *teklum* se levantan los edificios públicos construidos y sostenidos por el trabajo colectivo: al norte, la iglesia precedida por un atrio y flanqueada por un presbiterio, que con mucha frecuencia estará abandonado en la actualidad; al este y al oeste, la administración municipal, la prisión y el "cabildo", donde se guardan los bastones de mando de los miembros de la jerarquía; por último, al sur, en mayor o menor número, las barracas que albergan negocios de alcohol, de tabaco y de artículos alimenticios de primera necesidad y que casi siempre pertenecen a ladinos. Estos edificios limitan una gran explanada orientada según los ejes cardinales, en la que se levanta una cruz (*čul te,* "el árbol santo" o "árbol sagrado"), cuyos brazos se extienden en dirección del levante y del poniente. Esta cruz sustituye a la ceiba cruciforme, el árbol de la vida de los antiguos mayas, e indica actualmente el *omphalos* de la comunidad que es también, para los miembros de ella, el centro del mundo.

En la explanada del *teklum* se efectúan los mercados semanales, se realizan las fiestas del calendario ritual y en ella permanecen, de la salida a la puesta del sol, las autoridades comunitarias. Las habitaciones se distribuyen en torno a esta explanada en un orden más o menos regular y más o menos denso. A veces, la aldea comprende varias centenas

---

21. Mundo infraterreno que representa la etapa inferior de la creación y la morada de los demonios y de los muertos.

de casas separadas por calles rectilíneas que se cortan en ángulo recto. A veces, sólo está formada por algunas habitaciones rodeadas de campos y construidas al azar, sin plan aparente. En efecto, en algunas comunidades toda la población habita la aldea que adquiere, por este hecho, el aire y las proporciones de un "pueblo" hispanoamericano. En cambio, en otras comunidades, la población vive por familias o por grupos de ascendencia común en un número más o menos grande de parajes, y entonces, el *teklum* se parece a un caserío abandonado.

Así se bosquejan ya dos tipos morfológicamente distintos de comunidad. El primer tipo corresponde a la comunidad concentrada, llamada por Borhegyi "comunidad *compound*" o la comunidad "A" de la tipología propuesta por Willey.[22] Aguacatenango correspondería quizá más exactamente a este tipo. Esta comunidad está formada solamente por un conglomerado: el *teklum*. Se extiende, de modo aproximado, por una superficie de medio kilómetro cuadrado, en el centro del territorio comunitario. De forma rectangular, comprende barrios recortados por calles que los dividen en "cuadras". Las cuadras a su vez están divididas en "sitios" o "solares", espacios que contienen los diversos elementos de la unidad residencial familiar (habitación, cobertizo, granero, baño de vapor, etc.). Las 170 familias de Aguacatenango pueden tener en sus tierras de cultivo albergues provisionales que utilizan durante los períodos de intensa actividad agrícola. Pero su morada principal, la que ocupan regularmente durante la mayor parte del año, está establecida en un solar de la aldea.

A este tipo de comunidad donde los individuos, por la proximidad geográfica a la que se sitúan los unos de los otros, están en estado de interacción constante —la *"face to face community"*—, se opone la comunidad dispersa, la comunidad "C" de Willey, cuya organización y funcionamiento son más complejos. Las comunidades de este tipo están constituidas por varios conglomerados que gravitan en tor-

---

22. Willey, Gordon R., *Prehistoric settlement patterns in the New World*, Nueva York, 1956, pp. 107-14.

no al *teklum*, y entre los cuales el *teklum* es con frecuencia el menos poblado. A la inversa de lo que es la regla en Aguacatenango, los miembros de esas comunidades pueden poseer una casa en la aldea, pero con mayor frecuencia habitan en las chozas situadas en los campos de cultivo, que mantienen relaciones discontinuas con la aldea. El *teklum* de Chamula, Bohom, se encuentra en el centro sur del territorio comunitario, al fondo de un circo de rocas. Dentro de un radio de quinientos metros en torno a la explanada ceremonial se desparraman una sesentena de casas de adobe, con techo cuadrado de paja. Todas estas habitaciones pertenecen a la comunidad que las mantiene y las asigna a los miembros de la jerarquía política y religiosa y a su familia, venidos de los parajes de los alrededores para cumplir su mandato. Como los mandatos de la jerarquía sólo duran un año, puede considerarse que la totalidad de la población de Bohom (250 habitantes en 1960) es una población flotante que se renueva periódicamente cada año. De hecho, los cerca de 33 000 chamulas viven en los ciento once parajes que se distribuyen sobre toda la extensión de la comunidad. El mayor de ellos, Yalichin, comprende 250 familias, es decir, 904 habitantes; el más pequeño, Nuculpactic, comprende 14 familias, es decir, 56 habitantes. Por lo común, estos parajes tienen forma circular. Las unidades residenciales dispersas por los campos y aisladas unas de otras por sembrados de maíz, se ordenan burdamente en torno a un pozo. A veces, el paraje corresponde a un grupo de ascendencia común, cuyo antepasado habría venido de otra parte, con sus hermanos y sus hijos, en busca de nuevas tierras. Pero hoy en día, la mayor parte de los parajes están habitados por familias que no se reconocen ninguna ascendencia común y cuya solidaridad se funda sólo sobre los intereses territoriales que comparten y sobre las alianzas matrimoniales que arreglan de preferencia entre ellos.

Esta solidaridad es lo bastante fuerte para hacer del paraje algo distinto de un agrupamiento puramente formal de familias dispares. Otorga al paraje mismo cierta individualidad. Cada paraje tiene uno o varios *mol* o "ancianos" a la cabeza; se trata de personas de edad avanzada que, por haberse dedicado a la colectividad y por haber franqueado todos los grados de la jerarquía comunitaria, están investidas de poderes metafísicos extensos. Los *mol* dirigen los asuntos del paraje. Regulan los litigios menores que nunca dejan de presentarse entre vecinos. También realizan los rituales agrarios que exige *čauk* en la gruta sagrada que le sirve de morada, a fin de asegurar una abundante cosecha. En efecto, el paraje posee una gruta o cueva de la que con frecuencia deriva su nombre,[23] habitada por *čauk,* el dios de los relámpagos de quien dependen las lluvias que hacen crecer el maíz.

Sin embargo, los parajes sólo entran en relación por mediación del *teklum.* En Bohom, los habitantes de los diferentes parajes se reúnen para intercambiar sus productos en el mercado, para propiciar las divinidades más importantes en la iglesia, para regular los asuntos más graves ante la jerarquía. El *teklum* constituye el lugar geométrico de todos los parajes. El domingo, día de mercado, Bohom recibe en promedio la visita de 1 000 a 1 500 personas. Más de 10 000 chamulas llegan allí para la fiesta de San Juan, santo patrono de la comunidad, y cerca de 15 000 para las festividades del carnaval. Centro de autoridad, de culto y de intercambio, el *teklum* es el crisol en el que se forjan o se retemplan todas las solidaridades comunitarias.

Los ejemplos que acabamos de dar son, en muchos aspectos, casos límites. No todas las comunidades son susceptibles de ser reducidas a uno u otro de esos casos. En su mayoría, ni están totalmente concentradas como en Aguacatenango, ni dispersas al grado extremo de Chamula. Esto hace que sea difícil aislar exactamente los factores y, en segundo lugar, valorar sus incidencias respectivas, que condicionan la morfología comunitaria. La correlación entre ecología y morfología de la comunidad es, sin embargo, demasiado evidente para que se la pase por alto. Las comu-

---

23. Por ejemplo, Corralchen: "la cueva del corral", Cruzchen: "La cueva de la cruz", etc. La cueva y los cultos que le están asociados representan un elemento importante de integración del paraje.

nidades más concentradas como las de Chilón, Bachajón, Amatenango y Aguacatenango, están situadas sobre todo en las pesadas capas calcáreas de las terrazas meridionales y de los valles orientales donde los manantiales son poco numerosos. En cambio, en la zona de las cimas donde las rocas eruptivas y metamórficas subyacen a todo y donde el agua surge por todas partes, predominan las comunidades dispersas como las de Chamula, Oxchuc, Huixtán, Tenejapa y Chenalhó. Es indudable que las comunidades tienden a concentrarse cuando el agua es escasa y a dispersarse cuando es abundante.

Al parecer, la tecnología agraria actuó antes en el mismo sentido que la ecología que en gran parte la determinaba. Las comunidades de las terrazas meridionales y de los valles orientales tienen detrás de sí una larga tradición de rotación de cultivos. En cambio, hasta una fecha reciente, las comunidades de la zona de las cimas practicaron el cultivo de roza. Además de exigir extensiones más amplias, este sistema de cultivo obliga al cultivador a una gran movilidad residencial, porque el campo abierto por el fuego en el bosque sólo puede ser trabajado durante dos o tres años consecutivos y al final de este período debe ser abandonado a causa del agotamiento del suelo. En la actualidad, la escasez de la tierra, unida a la presión demográfica, ha llevado a la sedentarización del cultivo de la roza, a tal grado que el sistema de cultivo de las comunidades de la zona de las cimas ya no se distingue del de las otras comunidades de la región. Esto no impide que las comunidades que aceptaron más tarde la práctica de la rotación sean aún las más dispersas actualmente.

Pero al factor ecológico y al tecnológico se añade un tercer factor cuya acción sobre la morfología comunitaria parece ser más profunda: la demografía. En efecto, al parecer, las comunidades de menos de 2 000 o 2 500 habitantes están generalmente concentradas, en tanto que aquellas que tienen una población superior a 2 500 están dispersas en su mayoría y las constituyen parajes cuyo número se eleva al tiempo que la población aumenta. Mientras más poblada está una comunidad, menos probabilidades tiene de concentrarse. Es lógico suponer que todo aumento de la población supone el cultivo de tierras nuevas, ya que el excedente demográfico no puede ser absorbido de manera alguna por un aumento de la productividad. Por lo general, estas nuevas tierras se obtienen en las fronteras del territorio comunitario: es decir, son las más alejadas del *teklum*. Pero mientras mayor es la distancia que las separa del *teklum*, más disminuye su rentabilidad, porque el cultivador es cada vez menos capaz de prestarles los cuidados que exigen. Llega un momento en que hasta dejan de ser rentables, si quien las posee sigue habitando en el *teklum*. Los poseedores de estas tierras están obligados entonces·a establecer su residencia en ellas y allí, al tener descendencia, fundan un paraje. Así, a medida que la población crece y extiende su área de cultivo, la comunidad evoluciona de un tipo concentrado hacia un tipo disperso.

Sin embargo, el paraje no tarda en tomar cierta consistencia y en desarrollar cierta especificidad, después en reivindicar cierta autonomía en relación con el *teklum*, primero en el marco de la comunidad y después más allá de ella. El grupo de ascendencia común que la ha fundado crece y se segmenta, de tal manera que sus miembros pierden la conciencia de su ascendencia común. Los intercambios matrimoniales no sólo resultan posibles dentro del paraje, sino hasta muy recomendables en la medida en que la endogamia garantiza la integridad del territorio. Pero al restructurarse al nivel de paraje, el campo de las relaciones sociales tiende a reducirse. Las relaciones del paraje con el *teklum* se distienden poco a poco y muy pronto el paraje, completamente independiente del *teklum*, se convierte a su vez en una comunidad. Lejos de ser radicalmente distintos, los dos tipos de comunidad que hemos definido a partir de una base puramente morfológica y estática, representarían en realidad dos fases opuestas del mismo ciclo de desarrollo comunitario, es decir, del proceso por el cual la comunidad se desarrolla y se segmenta para multiplicarse.

El ejemplo más notable de este proceso lo proporciona Chanal. A primera vista, Chanal no se distingue en nada de otras comunidades tzeltales de la zona de las cimas, creadas a principios de la Colonia por los españoles. Chanal tiene su santo patrono, su mercado, sus autoridades, su vestimenta y aún su habla, a tal grado que un observador poco advertido está dispuesto a atribuir a esta comunidad un pasado que no tiene. En efecto, el origen de Chanal es relativamente reciente. A principios de la segunda mitad del siglo pasado,[24] cierto número de oxchuqueros compraron una parte del latifundio de un habitante de San Cristóbal que vendía sus bienes para abandonar la región y establecerse en México. Los compradores se instalaron en sus nuevas tierras y fundaron allí un paraje: Chanal. Ignoramos qué pasó después, pero en 1876, Paniagua hacía notar que Chanal no era ya un paraje, sino una comunidad de tipo concentrado que comprendía una centena de familias y que era por completo independiente de Oxchuc.[25] En la actualidad, Chanal es una comunidad de tipo disperso. Tiene 3 000 habitantes, dos terceras partes de los cuales viven en el *teklum* y la tercera parte restante en seis parajes periféricos. Algunos de esos parajes, en particular el de La Palizada, han roto ya la mayoría de sus relaciones con el *teklum* de Chanal y están a punto de erigirse en comunidades independientes.

Hemos presentado a Aguacatenango como el tipo mismo de la comunidad concentrada. Sin embargo, hace unos treinta años, varias familias abandonaron el *teklum* y se instalaron en tierras de cultivo que poseían a una decena de kilómetros al sur del territorio comunitario, en un lugar llamado El Puerto. Al principio, los habitantes de El Puerto siguieron identificándose plenamente con la comunidad de Aguacatenango. Como en el pasado, participaban en todos los mercados y en todas las fiestas del *teklum* y cumplían con los cargos en la jerarquía comunitaria. Pero poco a poco, sus relaciones con el *teklum* se disolvieron sin que se sepa exactamente por qué. Los aguacatenangueros empezaron a acusar a los habitantes de El Puerto de querer sustraerse a las obligaciones comunitarias. Dejaron de entregarles mujeres y de recibirlas de ellos. Por su parte, los habitantes

---

24. Probablemente en 1854.
25. Paniagua, Antonio Flavio, *op. cit.*

de El Puerto se rehusaron a participar en el financiamiento de las fiestas de Aguacatenango y nombraron sus propias autoridades. Hoy en día, El Puerto está completamente separado de Aguacatenango y este paraje pretende formar por sí solo una comunidad.

Es probable que muchas comunidades de la vertiente septentrional de la zona de las cimas hayan sido antes parajes chamulas que se separaron de Bohom en el curso de siglos pasados. El mito del origen de los migueleros que mencionamos más arriba, deja entender que Mitontic se habría formado por emigrados de Chamula y de Chenalhó. Un documento colonial que los tzotziles de Santa Magdalena conservan como algo precioso en su cabildo, indica que esta comunidad también habría sido fundada por emigrados de Tzontehuitz, montaña situada en la parte oriental de la actual comunidad de Chamula.

La restructuración del campo de relaciones sociales en el marco del paraje y el relajamiento simultáneo de las relaciones que éste tiene con el *teklum* son sólo el punto de partida del ciclo que acabamos de esbozar. Por efecto del aislamiento que no deja de acentuarse, el habla del paraje tiende a diferenciarse naturalmente, la vestimenta a modificarse, la tradición a desembarazarse de aquello que reclama el conjunto comunitario. Esos rasgos culturales nuevos, al principio ignorados, se imponen gradualmente a la conciencia de los habitantes del paraje, que a partir de entonces los acusan y los valoran sistemáticamente a fin de marcar aún más su especificidad. Se llegará al punto de ruptura cuando el paraje y sus habitantes se identifiquen con un santo diferente al que la comunidad reconoce por héroe civilizador. Al identificarse con un santo particular, el paraje no sólo manifiesta su voluntad de disidencia: se da el medio más seguro para realizar su emancipación. El santo confiere a la comunidad en gestación en el paraje una especie de legitimidad. El orden comunitario dentro del cual se sitúa el paraje es sagrado y, por ello, el paraje no puede romperlo en provecho propio más que recurriendo a lo sagrado, es decir, a la voluntad de un santo que invalide y contradiga las decisiones del santo fundador de la comunidad original. Además, el santo implica servidores; los servidores, ceremonias y cultos; los cultos, fieles y peregrinos que se reunirán periódicamente primero para rezar, después para vender o comprar, y por último para encontrar una solución a sus litigios o un árbitro en sus diferencias. El paraje que tiene un santo se ve, pues, naturalmente llevado a asumir nuevas funciones de orden religioso, económico y político, que rompen el monopolio del *teklum* en esos dominios y que provocan de modo inescapable la escisión de la comunidad.

Una curiosa costumbre, observada en Zinacantán, permite precisar las relaciones entre el *teklum* y el paraje en su momento crítico. Cada año, en fecha fija, los zinacantecos sacan de la iglesia la imagen del santo comunitario, y la llevan en procesión a Navenchauc, a Salinas y a Ixtapa. Esta última, en la actualidad comunidad independiente, fue un paraje de Zinacantán, como lo son aún Navenchauc y Salinas. Pero estos dos últimos conglomerados tienen mala fama en el conjunto comunitario. Los zinacantecos reprochan a sus habitantes el desinteresarse de los asuntos de la comunidad, no participar como debieran en el financiamiento de las fiestas, evitar en la medida de lo posible los cargos que deben proveerse en la jerarquía y, sobre todo, haber edificado una capilla para adorar un santo de ellos,[26] lo que resulta de hecho acusarlos indirectamente de tendencias autonomistas. Al ofrecer cada año a su santo a la adoración de los habitantes de Navenchauc, de Salinas y de Ixtapa, ¿acaso no intentan los zinacantecos contrariar justo esta tendencia? ¿No tratan de recordar a esos parajes su subordinación, de restablecer o reforzar sobre ellos la autoridad del *teklum* y de restaurar así la unidad comprometida de la comunidad?

ACELERACIÓN Y BLOQUEO DEL CICLO
DE DESARROLLO COMUNITARIO

Así, pues, en todas las comunidades actúan fuerzas centrípetas y fuerzas centrífugas que prevalecen alternativamente

---

26. Que además tiene sobre el santo de la comunidad –San orenzo– la superioridad de hacer profecías.

LA COMUNIDAD

sin llegar jamás a neutralizarse y cuyo juego hace estallar a la comunidad en parajes y lleva a éstos a transformarse a su vez en comunidades. Esas fuerzas antagonistas definen el ciclo siguiente:

→ comunidad → paraje → comunidad →

Pero la duración de ese ciclo, es decir, el ritmo según el cual se opera el paso de la comunidad al paraje y de éste a la comunidad, no sólo está condicionado por las tasas de crecimiento demográfico del grupo en consideración. Depende también de la intensidad y de la forma de acción que pueden ejercer los ladinos sobre el grupo.

Ya hemos tenido ocasión de señalar que durante los siglos XVII y XVIII los tzotzil-tzeltales abandonaron en grandes números los conglomerados en los que estaban concentrados para desparramarse en pequeños grupos familiares, a fin de escapar a los tributos, diezmos, alcabalas y otras exacciones del colonizador. Lejos de detenerse o de reducirse con la Independencia, esta tendencia se aceleró aún más a todo lo largo del siglo XIX, a medida que se reforzaba la influencia ladina sobre los grupos indígenas. Sin embargo, hemos de cuidarnos de generalizar apresuradamente y de creer que la acción de los ladinos tiende siempre y en todas partes a desbaratar la estructura comunitaria y a desmenuzar los establecimientos humanos. La acción de los ladinos no produjo los mismos efectos en todas partes, porque no se aplicó en todas partes de la misma manera. En realidad, conviene distinguir dos formas de acción que corresponden a las dos principales modalidades de explotación establecidas por el sistema colonial: una acción de penetración que se ejerce a partir del *teklum* sobre los bienes y los intercambios comunitarios, y una acción de repulsa que se ejerce en sentido contrario, a partir de la periferia, en especial sobre las tierras de la comunidad. Esas dos formas de acción (o modalidades de explotación) no son en modo alguno exclusivas o incompatibles y se conjugan con frecuencia en grados diversos en la mayoría de los casos.

Desde el siglo XVI y hasta los primeros decenios de éste, los ladinos no han dejado de usurpar los fondos colectivos indígenas. No hay comunidad que no haya estado sometida a este saqueo permanente y que no haya visto formarse en sus límites inmediatos latifundios constituidos por tierras de las que fue legal o ilegalmente despojada. La constitución de latifundios en torno a las comunidades y la expansión continua de ellos por el acaparamiento de tierras comunitarias, fueron particularmente importantes durante el siglo XIX. Por ejemplo, en 1900, la comunidad de Chamula se encontraba totalmente rodeada por un cinturón de "fincas" y de "ranchos" que proseguían su camino empujando a los indios hacia el centro de su antiguo territorio.

Para tener cierta posibilidad de conservar sus tenencias, los chamulas tuvieron que establecerse en ellas y ocuparlas permanentemente. Al dispersarse de este modo, dieron nacimiento a algunos parajes nuevos. Pero esos parajes, lejos de romper o aun de relajar sus relaciones con el *teklum*, las intensificaron y consolidaron en cambio, a fin de poder resistir mejor las amenazas de despojo que pesaban sobre cada uno de ellos. La presión de los ladinos sobre las tierras periféricas de la comunidad inhibió las tendencias centrífugas de los parajes. Cristalizó la unidad chamula y reforzó en definitiva la estructura de esta comunidad. Frente al peligro exterior, todas las oposiciones internas se redujeron para permitir a las solidaridades comunitarias jugar plenamente en el sentido de la resistencia. Todavía hoy, Chamula presenta esta particularidad: es a la vez la más poblada (33 000 habitantes), la más dispersa (111 parajes) y sin duda también la más homogénea de todas las comunidades de la región. Muchas comunidades como Chamula deben el mantenimiento de su integridad a los conflictos que, en un pasado aún próximo, les presentaron los latifundios vecinos. Sin la agresión permanente que las amenazaba, es probable que esas comunidades se hubieran segmentado por efecto del crecimiento natural de su población.

La acción de repulsa que desde el exterior ejerce sobre las tierras comunitarias la acción de los ladinos ha amortiguado, frenado y, en ocasiones, hasta bloqueado por completo el ciclo de desarrollo de la comunidad. Desde la aplicación de la ley de la reforma agraria, esta acción tiende, no obstante, a disminuir en intensidad. Pero en la actualidad, los ladinos siguen actuando, como antes, desde el interior de las comunidades, en el *teklum* donde se insinúan en número cada vez más considerable. En general, esos ladinos son de extracción muy modesta. En busca de un medio de vida que no tienen posibilidad de encontrar en otro lado, se entregan al comercio de trueque con los tzotzil-tzeltales. Obligan a los indios tanto a la compra como a la venta. Perturban así los intercambios comunitarios, que interrumpen y monopolizan en su provecho. Así, pues, los miembros de la comunidad en la que operan los ladinos serán incitados a evitar el mercado tradicional del *teklum,* cuyas condiciones les resultan ahora desventajosas, y a buscar por otra parte una fuente de aprovisionamiento y una salida para sus productos. El *teklum* perderá su función económica.

A fin de favorecer sus empresas comerciales, los ladinos no dejan de ejercer presión o seducción sobre las autoridades comunitarias cuyas elecciones influyen y cuyas decisiones orientan. Al prestarse de manera deliberada u obligada a su juego, las autoridades indias verán retirarse poco a poco la confianza que en ellas habían depositado los miembros de la comunidad. En la medida en que parecen ser agentes de los ladinos, serán cada vez menos capaces de controlar al grupo que los ha puesto a su cabeza, y el *teklum* desempeñará un papel cada vez menos importante en los asuntos de la comunidad, hasta que pierde su función política. Además, es raro que en las comunidades en que vive una importante población ladina, no resida un sacerdote católico, lo que no ocurre cuando las comunidades sólo están pobladas por indios. Es difícil que el sacerdote admita la ejecución de todas las ceremonias que implica la religión sincrética de los tzotzil-tzeltales. Numerosos ritos que él juzga poco ortodoxos, pero que, sin embargo, siguen siendo fundamentales para los miembros de la comunidad, no podrán realizarse ya en el *teklum,* que perderá su función religiosa.

Económica, política y religiosamente dominado por los ladinos y, en consecuencia, abandonado por un número creciente de indios deseosos de escapar a este dominio, el *teklum* no podrá mantener ya la cohesión comunitaria. Los miembros de la comunidad se replegarán a las tierras de cultivo, a los parajes en los que los ladinos no se hayan metido aún: allí, organizarán comunidades nuevas. Teopisca era una comunidad tzeltal muy antigua, si ha de creerse lo que a este propósito dice Núñez de la Vega y de acuerdo con lo cual estaba habitada en el siglo XVII por el "linaje real de Votan".[27] Sin embargo, hacia mediados del siglo XVIII, el obispo de Chiapas, Olivera y Benito, decidió fundar allí una escuela de tejidos para favorecer a los indios de la región. Esta nueva actividad produjo otras que atrajeron a Teopisca a los ladinos de los estratos inferiores de San Cristóbal. En 1778, Teopisca tenía ya un centenar de no indios que representaban de modo aproximado la tercera parte de la población total del *teklum*. Esa cifra debería aumentar rápidamente durante la primera mitad del siglo siguiente. Pero la inmigración masiva de ladinos al *teklum* provocó, a la inversa, la emigración no menos masiva de indios fuera del *teklum*. Los parajes de Balhuitz y de Tzajala acogieron a los primeros grupos de esos emigrantes expulsados de Teopisca. Después, hacia 1869-1870, escribe Blom, otro grupo de indios, obligado también al éxodo, vino a establecerse cerca del latifundio de San Diego, "a fin de vivir absolutamente separado de cualquier ladino".[28] Allí formaron una comunidad que lleva actualmente el nombre de Nicolás Ruiz y que hace poco se convirtió en municipio. En cuanto a Teopisca, vacía de habitantes originales, se ha convertido en ese conglomerado ladino casi completamente urbanizado que se conoce hoy en día.

A diferencia de la acción de repulsa, la acción de penetración que aplican los ladinos a partir del *teklum* tiende a disgregar a la comunidad. Pero lo que debe destacarse aquí es que la comunidad sometida a esta acción no se disgrega

27. Núñez de la Vega, Francisco, *Constituciones diocesanas*, Roma, 1702, p. 9; Clavijero, en su *Historia antigua de México*, México, 1945, vol. I, p. 163, hace de Teopisca el centro religioso de los tzotzil-tzeltales.

28. Blom, Frans, y Oliver LaFarge, *Tribes and temples*, Nueva Orleans, 1927, vol. II, p. 409, según un documento dejado por un historiador local de fines de siglo, José Mariano Álvarez

para reconstituirse en otra parte, en uno o más lugares, como si sus elementos disociados fueran portadores de otras tantas comunidades virtuales. Esas comunidades nuevas son del todo semejantes a las que, al disgregarse, las engendraron, y resultaría perfectamente arbitrario discriminarlas con el pretexto de que se manifiestan en ellas ciertos rasgos culturales originales que, por lo demás, son menos un signo de aculturación o de ladinización, que el índice de que la comunidad en formación desarrolla su propia identidad. A despecho de todas las apariencias, el ciclo de desarrollo comunitario no se ha roto pues: sólo se desenvuelve a un ritmo más rápido, sólo sufre una aceleración.

Estamos así muy lejos de la imagen de la comunidad inmutable y fija en un pasado multisecular que durante mucho tiempo ha presentado la etnología clásica. No menos alejados estamos de esa otra imagen de la comunidad erosionada por la irrupción cada vez más violenta de una sociedad "moderna", "dinámica" y "niveladora" que refleja actualmente los estudios sobre los cambios. La comunidad —institución esencialmente móvil en su permanencia— está en perpetuo proceso de destructuración y de restructuración. El ritmo y las modalidades de este proceso están determinadas en gran medida por el sistema colonial dentro del cual está inscrita la comunidad. Sin embargo, sea cual fuere la manera en que actúe, el sistema colonial no destruye la estructura comunitaria en cuanto tal. Por lo demás, no sabría destruirla sin poner en duda su propia existencia, sin provocar su propio derrumbe. Pues la comunidad, refugio de la población colonizada, es también la trampa que hace que esta población sea colonizable.

CAPÍTULO II
LAS SECCIONES

La comunidad es el marco dentro del cual se organiza el juego de los grupos de ascendencia común. Pero entre éstos y ella se interpone una institución, la sección o *kalpul,* que tiene un doble carácter. En efecto, según la forma en que se lo vea, el *kalpul* aparece como una comunidad parcial o una subcomunidad, o bien como un grupo superior de ascendencia común. Divide la comunidad a la vez que opera la síntesis de las relaciones entre los clanes, los linajes y la parentela.

LA ORGANIZACIÓN DE LA SECCIÓN

En general, toda comunidad está dividida por una o más líneas imaginarias que vienen a cortarse en el pueblo, en la explanada ceremonial, en el lugar designado como *omphalos.* Esas líneas delimitan áreas geográficas continuas que comprenden un barrio del pueblo y una fracción del territorio comunitario. Cada una de esas áreas representa una sección, un *kalpul.* En Oxchuc, una línea este-oeste, que atraviesa la nave de la iglesia a lo largo, divide la comunidad en dos secciones: la sección de Santo Tomás y la sección de la Santa Trinidad. El barrio norte del pueblo y las tierras septentrionales de la comunidad, así como los parajes establecidos en esas tierras forman la sección de Santo Tomás, en tanto que el barrio sur, con las tierras y los parajes meridionales, constituyen la sección de la Santa Trinidad. A diferencia de Oxchuc, Chamula comprende tres secciones. Esta comunidad está dividida, en efecto, por tres líneas que parten del pie de la cruz situada en el centro del atrio de la iglesia, la primera hacia el noreste, la segunda hacia el noroeste y la tercera hacia el sur, y que, tras de franquear la cima de las tres colinas que rodean el pueblo, se extienden hacia las fronteras comunitarias y aíslan así la sección del norte o del centro (*kalpul* de San Pedro), de las del este (*kalpul* de San Juan) y del oeste (*kalpul* de San Sebastián). Las comunidades que, como Chamula, tienen tres secciones no son raras, si bien la mayoría de las comunidades no tiene más que dos. Sin embargo, con la notable excepción de Chalchihuitán y de Pinola, comunidades que tienen cinco secciones, no hay ninguna que tenga más de tres.

La sección no es sólo una subdivisión territorial de la comunidad, como podría hacerlo creer el término español "barrio", con el que se la designa impropiamente. Representa también una unidad social cuya cohesión reposa esencialmente en la endogamia. Todo individuo pertenece necesariamente a una sección y sólo a una, la de su padre y su madre, que es —pero de modo secundario, debido a las reglas de sucesión— aquella en que reside o donde tiene tierras. Las uniones matrimoniales entre personas de diferentes secciones son raras. En Aguacatenango, no representan más del 14 por ciento de todas las existentes en el momento de la investigación. En Chanal, serían todavía menos numerosas, ya que no pasarían del 10 por ciento.[1] Por otra parte, tales uniones son severamente sancionadas. Provocan vivas reacciones en el seno de la familia y de la comunidad. Cuando un hombre corteja a una mujer de otra sección, todos los solteros de la sección de la mujer tratan de impedirlo, recurriendo a medios que van desde la disuasión amistosa hasta la persuasión violenta. Como en tal caso, el pretendiente pide por lo general ayuda a todos los contemporáneos de su sección, se sigue una batalla en regla que puede durar varios días. Los novios que deseen seguir adelante con sus relaciones se ven obligados a exiliarse. Lo más frecuente es que el hombre rapte a su futura esposa y se fugue con ella a las plantaciones, donde tiene oportunidad de encontrar un empleo, y regrese a la comunidad algunos

---

1. RMNP.

años más tarde, cuando el efecto del escándalo se haya calmado.

Sin embargo, siempre se considera que el matrimonio fuera de la sección es de calidad inferior. No da ninguna seguridad a la mujer que lo acepta, porque no sella la alianza entre dos grupos de ascendencia común. Aun cuando se lo reconozca *a posteriori,* no deja de ser visto como un asunto de orden estrictamente privado. Los padres de los cónyuges, que no se consideran responsables de una unión contraída sin su consentimiento, tampoco se reconocen ningún derecho de extender su control sobre la pareja y de intervenir ante sus hijos a favor de la estabilidad del hogar. Por lo demás, el matrimonio fuera de la sección implica para la mujer una pérdida de prestigio, ya que no engendra, como las uniones matrimoniales corrientes, pagos en especie ni prestaciones de trabajo por parte del marido a beneficio de los padres de la esposa. Lo más que éstos pueden pretender es una "indemnización" en especie, que por lo demás se deja a criterio de su yerno, el día que la pareja regrese a la comunidad. Pero esta compensación es muy inferior a la dote que un pretendiente debe estar en condición de proporcionar para que su petición de matrimonio pueda ser concedida. De hecho, el matrimonio exogámico sólo se practica como segundo matrimonio o como matrimonio secundario (matrimonio poligínico) y en estos dos casos, lo más frecuente es que sea entre personas de *status* diferentes.

Los miembros de una misma sección se reconocen una proximidad sociológica que, a pesar de justificarse o racionalizarse sólo rara vez, no deja de ser funcional. Con frecuencia se designan con el término *kalpulal* o *č'apombal* (variantes: *čapontal* y *čapomal*). El primero de esos términos podría traducirse sin dificultad por "los de mi *kalpul*". Por lo que se refiere al segundo, proviene al parecer del verbo *č'apan,* "practicar", y del sustantivo *bal,* "palabra dada o jurada", y significaría "los que están unidos por su palabra".[2] En Cancuc, los miembros de la sección se llaman

---

2. Sousberghe, L. de, y C. Robles Uribe, "Nomenclature et structure de parenté des Indiens Tzeltal", *L'Homme,* vol. II, no. 3, 1965, p. 105.

recíprocamente *ič'an*, "hijo de la hermana de un hombre", o aun *lol* como en Bachajón. A diferencia de *ič'an*, *lol* no denota ninguna relación de parentesco. Se aplica de manera muy general a todos aquellos con los que uno se entiende y con los que se gusta de discutir o trabajar, lo que permite traducirlo como "compañero" o "camarada". En cambio, los miembros de la sección opuesta son designados con el término *jek* que significa "los que están fuera" o "los que están del otro lado".

Esta proximidad en la que se sitúan los miembros de la sección unos con respecto a otros se expresa por medio de privilegios y obligaciones mutuas. Todo individuo puede esperar una ayuda material de su sección en caso de necesidad y está obligado a la reciprocidad. Así, quien se vea temporalmente reducido a la inactividad a causa de una enfermedad o un accidente, puede movilizar la fuerza de trabajo de la sección a la que pertenece y ocuparla a su favor en las tierras que él mismo está imposibilitado de trabajar. Por lo demás, cada año se convoca a la sección para este fin, lo hacen así los miembros que cumplen con un cargo en la jerarquía comunitaria y que, por ello, no están autorizados a salir fuera del pueblo, ni a entregarse a ninguna actividad económica, sea la que fuere.

En Aguacatenango, como en las otras comunidades de la región, los medios de conservación de los alimentos son limitados y las posibilidades de almacenaje muy reducidas. Así, cuando una familia se ve obligada a matar alguno de sus animales, distribuye la carne excedente a todos los miembros de su sección. Un hombre de confianza, un viejo de la sección, es el elegido y recibe la cabeza de la bestia para actuar como *piador* (deformación del español "fiador"). Su papel consiste en anotar muy cuidadosamente qué pedazo le toca a cada quien, a fin de descontar el equivalente exacto cuando otra familia de la sección mate uno de sus animales.[3]

Villa Rojas, que cita a Guiteras Holmes, pretende que la sección es propietaria de las tierras detentadas por los cla-

---

3. RMNP.

nes, los linajes y las familias que comprende. Pero las pruebas proporcionadas por los dos autores son poco convincentes.[4] En realidad, la sección no es propietaria ni detentadora de tierras bajo ningún título y todo lleva a creer que nunca lo ha sido. Es verdad que puede actuar a nombre de la colectividad de sus miembros para ostentarse como adquiriente de bienes territoriales. Hace algunos años, las dos secciones de la comunidad de Aguacatenango compraron por separado varios centenares de hectáreas de tierra arable. Pero una vez realizada la venta, cada sección repartió entre sus miembros la extensión acabada de comprar, de acuerdo con la suma exacta que cada uno había dado individualmente. Las parcelas fueron cedidas a título individual y definitivo, y la sección nunca se reconoció derecho sobre ellas.

Sin embargo, la sección ejerce un control sobre las posesiones comprendidas en su jurisdicción. Cuida en especial que los campos de sus miembros no sean vendidos ni transferidos a personas de otra sección, ya que esto atentaría contra su integridad territorial. También puede cuidar el desenvolvimiento normal del ciclo agrario o la ejecución de ciertas actividades. En algunas comunidades, fija la fecha de la quema del campo, de la siembra y de la cosecha, y determina la duración del barbecho. En la actualidad, tiene aún el control de las aguas de irrigación, cuyo reparto equitativo asegura. Cada sección tiene su colector y su red de canales secundarios, cuyo mantenimiento corre a cargo de sus miembros.

---

4. Villa Rojas, Alfonso, "Barrios y calpules en las comunidades tzeltales y tzotziles del México actual", *Actas y Memorias del XXXV Congreso Internacional de Americanistas,* 1964, vol. 1, p. 322; Guiteras Holmes, Calixta, "Background of a changing kinship system among the Tzotzil Indians of Chiapas", ms., 1955. Según Guiteras Holmes, citada por Villa Rojas, "las tierras del linaje pertenecen al *kalpul,* ya que cuando el linaje se extingue, se redistribuyen entre los miembros del mismo *kalpul*". Si seguimos la lógica de este argumento, se podría decir, por ejemplo, que en México o en Francia todos los bienes pertenecen al Estado, porque los bienes sin herederos pasan automáticamente a él.

LAS SECCIONES

Lo mismo que sobre las tierras, la sección ejerce un control sobre los individuos. Todo adulto es responsable de sus actos ante su sección. En el marco de ésta circulan habladurías y rumores que tienden, de modo indirecto, a enderezar los comportamientos desviados. También funcionan en el marco de la sección la brujería y la magia de agresión. El poder de los brujos se detiene en las fronteras de su sección y, por poderoso que sea, ningún brujo puede alcanzar a su enemigo, si éste no pertenece a la misma sección. Pero las relaciones de sección a sección están tan formalizadas que es poco probable que personas de secciones diferentes puedan entrar en conflicto y tengan, pues, que usar la magia una contra otra. Sin embargo, en el caso de que surjan tales conflictos, serán endosados y regulados por las secciones mismas.

En efecto, la interacción social es débil entre las secciones. Numerosos indicios dan testimonio de ello. Por ejemplo, las visitas mutuas, que son frecuentes entre familias de la misma sección, son completamente excepcionales entre familias de secciones diferentes. Los grupos de niños o de jóvenes, los grupos de contemporáneos, las "escuadrillas" o "grupitos" de trabajo y aun las asociaciones más formales, sólo reúnen individuos de una sola y la misma sección. Hace una decena de años, Aguacatenango tenía dos hermandades religiosas fundadas hacía algún tiempo por un sacerdote de San Cristóbal: las Hijas de María y las Hijas de Guadalupe. Cada hermandad reclutaba a sus miembros en una sección particular, de manera que ninguna joven podía ser admitida como Hija de María si no pertenecía a la sección correspondiente a esta asociación. Así, no siempre se debe a la indiferencia o a la mala voluntad el que los informantes declaren al etnólogo que nada saben de lo que sucede en secciones que no sean la suya. Dada la cerrazón de la comunidad, es posible y hasta probable que una gran parte de la vida comunitaria escape al individuo inserto en su sección.

En la medida en que las secciones constituyen conjuntos sociales cerrados, mutuamente exclusivos, cerrados los unos a los otros, y relativamente autónomos, se emparientan con las comunidades dentro de las cuales están incluidos. La analogía es más sorprendente aún si se considera que, al igual que la comunidad, la sección posee sus propios símbolos de integración. Nombra sus autoridades. Se reconoce un santo tutelar cuyo nombre lleva. A veces, como en Chamula y Chenalhó, dispone de lugares de culto, donde hasta hace poco cada sección poseía su iglesia y su cementerio y donde los miembros de las diferentes secciones quedaban separados en la muerte como lo habían estado todo a lo largo de sus existencias. Ahora se plantea la cuestión de saber si la comunidad no es, en definitiva, más que una simple federación de secciones, es decir, una superestructura artificialmente formada por unidades sociales que las circunstancias habrían llevado a reagruparse y asociarse. En otras palabras, ¿no existiría una primacía y una anterioridad de la sección en relación con la comunidad?

EL JUEGO DE LAS SECCIONES

Para responder a esta cuestión no basta con tener en cuenta la cohesión interna de las secciones y la autonomía de que cada una dispone en el seno de la comunidad. Es necesario tener en consideración las relaciones que las secciones tienen entre sí. Ahora bien, ¿cuáles son estas relaciones?

De acuerdo con un primer análisis, las relaciones de sección a sección parecen estar dominadas por fuertes antagonismos. Cada sección tiene, con respecto a sus vecinos, imágenes mentales muy estereotipadas y claramente despreciativas. Estas imágenes se elaboran a partir de prácticas, de costumbres, de hábitos, que varían de una sección a otra por efecto de la distancia social que las separa. Por ejemplo, en Chamula, los miembros del *kalpul* de San Pedro y del *kalpul* de San Sebastián tienen la tendencia a salir en número menor a las plantaciones cafetaleras de Soconusco, si se comparan con los miembros del *kalpul* de San Juan, y a dedicarse más gustosamente que éstos a actividades fuera de la costumbre; de tipo artesanal o comercial, que los ponen en relación con los ladinos. No hace falta más para que se juzgue su intención, invocando la tradición comunitaria, y decidir así cuál *kalpul* es su legítimo continuador y cuál su adaptador herético. Los antagonismos de las secciones se exteriorizan con intensidad particular durante las fiestas, cuando los organizadores de las ceremonias, que siempre pertenecen a secciones diferentes, intentan superarse en munificencia. El que haya reclutado mayor número de músicos y danzantes, haya prendido más cirios y blandones, haya ofrecido la mayor cantidad de alcohol y de alimentos al mayor número de asistentes, en breve, el que haya gastado más, confundirá a sus rivales y adquirirá un prestigio que recaerá sobre la totalidad de su sección. Las fiestas comunitarias revisten así un esplendor que no podrían pretender si quienes las tienen a su cargo no estuvieran comprometidos en una ruda competencia que pone en juego la posición relativa de su sección.

En Tenejapa y en Bachajón, las secciones aseguran alternativamente y por rotación semanal el mantenimiento de los edificios públicos del pueblo. En un tiempo todavía próximo y que no ha desaparecido del todo en algunas comunidades, los individuos eran movilizados periódicamente por sus secciones a fin de efectuar todos los trabajos de interés colectivo, desde la reparación de los edificios comunitarios hasta la de los caminos y senderos. La realización de la prestación tenía un carácter muy competitivo, ya que cada sección trataba de hacerlo mejor y más rápidamente que las otras. La sección que hubiera hecho más trabajo en menos tiempo se cubría de un prestigio generador de emulaciones futuras que, en definitiva, beneficiarían al conjunto de la comunidad. Así, ésta controla y canaliza los antagonismos de las secciones y estas últimas, lejos de vaciar el contenido de la comunidad, le dan una sustancia propia.

Es decir, que las secciones están implicadas de hecho en un sistema que las sobrepasa y resume en un nivel más elevado sus contradicciones. Esta complementariedad superior de las secciones se manifiesta, en particular, en la manera de conducir los asuntos de la comunidad. La dirección de la comunidad pertenece a una jerarquía política y religiosa.

Los cargos que esta jerarquía comporta se reparten cada año de manera igualitaria entre las secciones. La comunidad de Aguacatenango posee una jerarquía de dieciséis cargos políticos y catorce religiosos que se agrupan de dos en dos y que constituyen respectivamente ocho y siete escalones. Los dos cargos que corresponden a cada escalón se atribuyen a individuos de secciones diferentes. Los miembros de la jerarquía actúan como autoridades de la sección que los ha nombrado y a este título están llamados a regular los litigios de esta sección. Pero dejan de representar a las secciones en cuanto se invocan asuntos que interesan al conjunto comunitario. Las decisiones comunitarias las toma la jerarquía en cuanto tal, es decir, en cuanto órgano colegiado no representativo.

Por lo que se refiere al cargo más elevado de la jerarquía —que siempre es único— se confía alternativamente a cada sección. En Chamula, la presidencia de la jerarquía pasa año con año del *kalpul* de San Juan al de San Pedro y de éste al de San Sebastián, para volver del *kalpul* de San Sebastián al de San Juan. En octubre de 1960, en el momento de elegir nuevas autoridades, se percataron a la vez de que la presidencia debería recaer en San Sebastián y de que no había persona alguna en esta sección que pudiera asumirla. Como último recurso, idearon un arficio. Se atribuyó la presidencia a un miembro del *kalpul* de San Pedro y durante todo el año siguiente se hizo como si el presidente perteneciera de hecho a San Sebastián y se le obligó a comportarse como si realmente fuera miembro de esta sección. Cuando los antagonismos tienden a desaparecer, la comunidad los suscita aunque sea de modo artificial, a fin de que su funcionamiento no se vea comprometido.

La participación paritaria que toman las secciones en la conducción de los asuntos de la comunidad muestra la igualdad que existe entre ellas. Las secciones tienen los mismos derechos y los mismos deberes. Pero aunque sean iguales, no son equivalentes ni intercambiables, y no pueden sustituirse unas a otras. Cada sección ocupa una posición única en el seno de la comunidad y a partir de ella ejerce una función específica. La línea de partición entre las secciones corta siempre perpendicularmente la línea de inclinación de la comunidad, de tal suerte que en toda comunidad una o varias secciones ocupan las tierras más altas y frías y una o varias otras las tierras más bajas y más cálidas. Las diferencias entre los microambientes ecológicos de las secciones, las variaciones de las condiciones climáticas, pluviales y pedalógicas que implican, repercuten sobre el ciclo vegetativo, sobre la calidad y la cantidad de la producción, y por ello sobre toda la economía. Lo más frecuente es que la sección alta sólo pueda hacer una cosecha al año, en tanto que la sección baja haga dos. Por lo demás, la sección alta sólo puede cultivar maíz, frijoles y papas. Depende, por lo que se refiere al resto de su alimentación, de la sección baja donde los cultivos son más diversos y más ricos. En Oxchuc, el maíz está listo para ser cosechado en el *kalpul* de Santa Trinidad —la sección baja— desde el noveno mes, pero en el *kalpul* de Santo Tomás —la sección alta— sólo madura a fines del onceno. Sin embargo, esta sección satisface sus necesidades en octubre y noviembre gracias al maíz producido en la primera.

Ese nuevo ejemplo, de la complementariedad de los antagonismos sobre los cuales reposa la comunidad, conduce a otro carácter esencial del juego de las secciones: su desequilibrio. En el conjunto de las comunidades, la sección de abajo es llamada *olom* (tz.) o *alam* (tl.), término que designa el sur, pero que de una manera más general se refiere a todo lo que se encuentra a una altitud inferior a la del lugar donde uno se encuentra. Los tzotzil-tzeltales lo aplican en este sentido tanto a los valles y depresiones interiores de los Altos como al litoral pacífico del Soconusco, que dominan desde sus comunidades de la zona de las cimas. En Tenejapa y Cancuc, la sección de abajo, aunque situada al norte, es llamada también *alam kalpul* o *alamtik,* como la de Mitontic donde está efectivamente al sur. En cambio, la sección de arriba es llamada *jamal kalpul* o *jamaltik.* Se esperaría que este término tuviera un sentido completamente opuesto al de su recíproco *alam* pero no es así. *Jamal* significa "grande" en el sentido de vasto o extenso. Si seguimos la lógica de la lengua, nos vemos llevados a concebir la comunidad como algo formado por una gran sección, la de arriba, definida en términos absolutos por su tamaño o sus dimensiones, y por otra sección, subsidiaria o marginal, la de abajo, definida en términos relativos por la posición que ocupa en relación con la sección de arriba. Tal concepción procede de modo evidente de una visión de la comunidad a partir de la sección de arriba. Sin embargo, es compartida por todas las secciones, como si la sección de arriba hubiera impuesto a las otras su propia óptica o perspectiva.

La sección de arriba se califica también como *mukta* (tz.) o *muk'ul* (tl.) por oposición a la de abajo, a la que se da el calificiativo de *č'in*. *Mukta* y *muk'ul* significan "grande", pero esta vez en el sentido de fuerte, poderoso y rico, *č'in* es el antónimo exacto y significa "pequeño", "débil", "pobre". La sección de arriba tiene reputación de riqueza, de la que carece la de abajo. No es, desde luego, la más rica desde el punto de vista económico ya que, por ocupar el suelo más ingrato de la comunidad, depende en gran parte del excedente de la de abajo para su subsistencia. Pero lo es desde el punto de vista demográfico, es decir, desde un punto de vista mucho más importante para los tzotziltzeltales. La sección de arriba es la más rica porque, a pesar de producir menos bienes, controla más hombres y está más poblada por dondequiera. De manera general, la sección de arriba comprende más de la mitad de la población de la comunidad, tenga ésta dos o tres secciones. Así sucede en Tenejapa y en Oxchuc, como también en Chamula, donde el *kalpul* de San Juan excede en número a los *kalpul* de San Pedro y de San Sebastián.

Esta riqueza que se da como característica de la sección de arriba podría dar cuenta parcial del hecho de que tenga una cierta preminencia. Ésta es sólo de orden ceremonial. No implica ninguna supremacía y menos aún una dominación, ya que las secciones son iguales en derecho. En las comunidades donde las secciones tienen una autonomía ritual, la sección de abajo realiza sus ceremonias en una capilla que le pertenece. Pero la sección de arriba no tiene ni capilla ni lugar de culto particular. Utiliza para sus propios fines ceremoniales la iglesia comunitaria. En Oxchuc, las secciones de arriba y de abajo tienen respectivamente como santos patrones a Santo Tomás, llamado aún *č'ul totik* ("Nuestro Santo Padre") e identificado con el dios solar, y la Santa Trinidad o *muk'ul ahaw* ("Gran Señor"). Pero en tanto que la imagen de la Santa Trinidad tiene su lugar en la nave lateral de la iglesia, la de Santo Tomás ocupa el centro del altar mayor. La fiesta de la Santa Trinidad es exclusivamente la de la sección de abajo. En cambio, la fiesta de Santo Tomás es a la vez la de la sección de arriba y la de toda la comunidad. Santo Tomás es unánimemente considerado como más poderoso que la Santa Trinidad y por ello es propiciado y adorado de modo conjunto por las dos secciones. Por lo demás, esto no es una particularidad de Oxchuc. En todas partes el santo de la sección de arriba funciona como protector supremo de todas las secciones y da su nombre al conjunto comunitario. El santo patrono de la comunidad es siempre el santo tutelar de la gran sección de arriba.

Si la sección de arriba depende económicamente de la sección de abajo, ésta depende ceremonialmente de la de arriba. Esta última, que es responsable en gran medida de las relaciones de toda la comunidad con lo sobrenatural, se identifica frecuentemente con la tradición, la conservación y la permanencia, en tanto que la otra parece ligada al movimiento y al cambio. En efecto, la sección de abajo es al parecer más receptiva a las innovaciones, más dispuesta a las experiencias nuevas y, por ello, quizá más permeable a la aculturación. En particular, es significativo que en la zona de las cimas, donde la división entre gran sección de arriba y la pequeña sección de abajo es notablemente marcada, la tasa de bilingüismo, de alfabetización y de escolaridad sea más elevada en la segunda que en la primera. Pero no concluyamos por ello que los miembros de la sección de abajo estén en vías de entrar en un proceso de ladinización. Aunque el hecho es que tienen una actitud diferente a la de los miembros de la sección de arriba frente a la tradición, que conciben de manera más dinámica y más creadora.

Esta diferencia de actitud de las secciones frente a la tradición comunitaria puede percibirse claramente en Chamula, por ejemplo, donde el Instituto Nacional Indigenista hizo la prueba a sus expensas. Para orientar y aplicar su acción, el INI tuvo que reclutar y formar un personal autóctono, elegido de la manera más igualitaria posible entre las tres secciones. Esta selección se hizo sin mayores dificultades en las secciones de abajo (San Pedro y San Sebastián), pero resultó mucho más delicada en la sección de arriba (San Juan). En esta sección se ejercieron presiones muy fuertes sobre los individuos elegidos por el INI para que rechazaran los puestos que se les habían ofredido o para que renunciaran a los que ya habían aceptado. En la actualidad, el personal chamula del INI pertenece en su mayoría a las secciones de San Pedro y de San Sebastián. Los programas educativos, sanitarios, agrícolas, etc., lanzados por el Instituto son mejor recibidos en esas secciones que en la otra, donde hasta ahora han terminado en la mayoría de los casos por un fracaso. Por lo demás, el desarrollo de esos programas ha provocado un crecimiento sensible de las tensiones entre las secciones, ya que San Juan acusa a San Pedro y a San Sebastián de amenazar por su comportamiento, demasiado favorable al INI, el orden natural y sobrenatural de la comunidad.

Al utilizar en nuestro análisis a las comunidades de dos secciones y sólo hacer referencia al caso de las que tienen tres como Chamula o cinco como Chalchihuitán, no hemos reducido arbitrariamente el juego de las secciones a un sistema dualista. Ya que, en las comunidades de tres o cinco secciones, tal juego es quizá menos claro por ser más movido, aunque de cualquier manera es diferente del que acabamos de describir. Las secciones adicionales no introducen ningún nuevo factor en la medida en que tienden a polarizarse en torno a las secciones extremas de la siguiente manera:

Comunidades de tres secciones:

$$A + B \leftrightarrow C$$
$$\text{o}$$
$$A \leftrightarrow B + C$$

Comunidades de cinco secciones:

$A + B + C \leftrightarrow D + E$

o

$A + B \leftrightarrow C + D + E$

de manera que no importa cuál sea la comunidad, siempre se tienen dos secciones o conjuntos de secciones opuestos. Por ejemplo, en Chamula, la sección intermedia de San Pedro está aliada con la sección de abajo (San Sebastián) en contra de la sección de arriba (San Juan). Sea cual fuere el número de secciones que haya, el sistema que forman no deja de funcionar como un sistema dualista.

Por otra parte, sucede que las comunidades de secciones múltiples se transformen en comunidades de dos secciones. tal es el caso de Cancuc, que antes comprendía tres secciones hasta que la del centro se fusionó por el juego de los intermatrimonios con la de arriba. En Chamula está en curso un proceso similar, a partir del momento en que las secciones de San Pedro y de San Sebastián rompieron, cada una con respecto a la otra, la regla endogámica que siguen observando estrictamente en relación con la sección de San Juan. Sin embargo, las alianzas entre secciones rara vez tienen la suficiente estabilidad para que de ellas pueda surgir una fusión. La sección intermedia siempre es susceptible de pasar de una alianza con la sección de arriba a una alianza con la sección de abajo. Pero sean cuales fueren las combinaciones de alianzas, siempre hay una sección que se opone a las otras dos (en las comunidades de tres secciones) o dos secciones que se oponen a las tres últimas (en las comunidades de cinco secciones). Así, pues, las alianzas formadas por las secciones no llegan nunca a neutralizarse. La función de la sección intermedia no es por lo demás la de equilibrar el sistema, sino por el contrario, mantener los desequilibrios que le son inherentes, acusándolos cuando tienden a desaparecer, y reduciéndolos cuando tienden a acentuarse demasiado. Es notable a este respecto que haya comunidades de tres o cinco secciones y no exista ninguna de cuatro o seis, en las que se encontraran dos (o tres) secciones que se opusieran a otras dos (o tres), es decir, alianzas perfectamente simétricas de secciones.

Así, pues, las comunidades de tres o cinco secciones no son excepciones. Aun podríamos decir que deberían constituir la regla. Ya que para poder funcionar sin choque, este sistema dualista parece necesitar alternar entre sus elementos extremos un tercer elemento exterior a su estructura que le garantice a la vez contra las amenazas de ruptura y los riesgos de bloqueo.

EL ORIGEN DE LAS SECCIONES

Al destacar el carácter profundamente integrado de las secciones dentro del marco de la comunidad y al mostrar que ésta no funciona como una federación de secciones sino como un todo superior a las partes que lo componen, hemos respondido dentro de una perspectiva puramente sincrónica a la cuestión que nos habíamos planteado. Sin embargo, no podemos excluir la hipótesis de acuerdo con la cual el sistema de antagonismos complementarios y desequilibrados que aseguran la integración de las secciones, no sería más que una elaboración reciente a partir de una situación que habría puesto en contacto grupos antes autónomos. A despecho de las apariencias actuales, habría una anterioridad (histórica) de la sección en relación con la comunidad. Esta hipótesis parece tanto más probable cuanto que al primer intento podemos ligar las secciones con el juego de las relaciones de parentesco y alianza sin explicar previamente su paso de un régimen exogámico al régimen endogámico riguroso y sancionado de modo formal que es el suyo —algo a lo que nosotros no nos atreveríamos.[5]

5. Tom R. Zuidema tuvo esta audacia lo que le permitió explicar de una manera muy levi-straussiana calpulli, ayllu, fratrías y otras subdivisiones territoriales y sociales de todo el continente americano, sólo por medio del intercambio matrimonial. Véase Zuidema, Tom R., "American social systems and their mutual similarity", *Bijdragen tot de taal-, land-*, en *Volkenkunde*, no. 121, 1965.

LAS SECCIONES

Se sabe que desde el siglo VII de nuestra era, los grupos mexicanos no dejaron de invadir, desde el Anáhuac, en oleadas sucesivas las tierras mayas, en las que algunos se establecieron y fundaron cacicazgos. Esos grupos y, en especial, los toltecas, aunque mayaizados por completo, conservaron hasta la conquista española una clara conciencia de su individualidad gracias a una organización social particular que los oponía a los grupos sobre los cuales habían afianzado su dominio.

Antes de que la expedición de Alvarado lo destruyera, el cacicazgo kakchikel de Guatemala se dividía en dos mitades endógamas que se repartían las tierras y el poder. La primera de esas mitades, Tzotz, comprendía toda la población kakchikel de pura cepa que vivía en los Altos de Guatemala, antes de que los toltecas llegaran a esta región. La segunda, Xahil, estaba constituida por los grupos toltecas que se habían instalado entre los kakchikeles y habían organizado el cacicazgo, lo que al parecer les daba una cierta preminencia. Tzotz era la mitad indígena y "plebeya", Xahil la mitad alógena y "aristócrata".

Si se hace una comparación entre las antiguas mitades kakchikeles y las actuales secciones tzotzil-tzeltales, se ve uno llevado a concebir a estas últimas como instituciones cuya función inicial habría sido cristalizar las divergencias étnicas y culturales que eran resultado de la superposición de dos poblaciones venidas de horizontes diversos, en épocas diferentes, y encuadrar y canalizar las relaciones de dominio y dependencia uniendo a esas mismas poblaciones. La sección de abajo, reducida a las tareas agrícolas del valle, representaría la sección de los vencidos y conquistados; la sección de arriba, asociada a las actividades ceremoniales de la montaña, representaría la de los conquistadores victoriosos.

Por tentadora que sea esta hipótesis, debemos reconocer sin embargo, que no hay ninguna prueba tangible que nos permita postular tal presencia tolteca o azteca *prehispánica* en los Altos de Chiapas. Es verdad que el término *kalpul*, que designa a la sección, tiene una consonancia claramente extranjera y que proviene, con toda probabilidad, del náhuatl *calpulli*.⁶ Pero es probable que haya llegado a la región, como tantos otros términos nahuas que se encuentran actualmente en la toponimia local en particular, a través de los aztecas o tlaxcaltecas establecidos por los españoles en torno a San Cristóbal hacia mediados del siglo XVI, en colonias militares destinadas a proteger los Altos contra las incursiones de los lacandones. Habría sustituido al término tzotzil-tzeltal que designaba una institución autóctona con la que el *calpulli* azteca tendría ciertas relaciones de analogía. Puede señalarse que en Cancuc, las secciones no se llaman *kalpul* sino *kulibal,* término lingüísticamente más congruente y que bien podría ser el vocablo mediante el cual los tzotzil-tzeltales designaban antes a las secciones.⁷

Otra explicación, en apariencia no menos fundada que la precedente, aunque apenas más aceptable a primera vista, puede proponerse en cuanto al origen de las secciones. Hemos visto que unos veinte años después de la conquista española —a partir de 1549, si hemos de creer a Remesal y Ximénez—, las autoridades eclesiásticas y, en especial, los dominicos inspirados por la doctrina de Las Casas, se dedicaron a redistribuir y a concentrar a la población tzotzil-tzeltal en "reducciones", es decir, en comunidades lo bastante importantes para ser viables. Al parecer, esta estructura comunitaria recortó en gran medida la de los cacicazgos prehispánicos en vez de superponérseles. Numerosas comunidades fueron constituidas sin duda alguna a partir de grupos heterogéneos, de manera que clanes, linajes y familias extensas, sin lazos entre sí, fueron a vivir juntos, y buscaron dentro del nuevo marco trazado por el colonizador formas originales de sociabilidad. ¿No sería la sección una de estas formas? ¿No correspondería a un grupo "reducido" y obligado a asociarse con otros grupos extraños

---

6. Esto permite a Calixta Guiteras Holmes hacer de la sección una institución azteca prehispánica. Véase Guiteras Holmes, Calixta, "El calpulli de San Pablo Chalchihuitán", *Homenaje al doctor Alfonso Caso,* México, 1951.

7. Término que puede relacionarse con el lacandón *karibal* o *kalibal,* que designa al patriclan localizado.

aunque deseosos de marcar en el seno de esta asociación forzada su propia especificidad?

Ximénez precisa justamente que la comunidad de Chamula se habría formado por la concentración autoritaria de tres pueblos prehispánicos: el de Chamula propiamente dicho y los de Sibalco y de Analco.[8] Ahora bien, actualmente, Chamula es una comunidad de tres secciones. Por desgracia, no podemos observar en otras partes esta correlación entre el número de grupos anteriormente "reducidos" y el número de secciones actuales en el seno de la comunidad. Pero aunque pudiéramos hacerlo, quedaría por decir por qué se han mantenido hasta nuestros días las secciones, por qué no se han librado de la tutela comunitaria para volver a su antigua independencia, a partir del momento en que la comunidad dejó de estar controlada por los dominicos y quedó entregada a sus propias fuerzas. Pues ese control tuvo un fin muy rápido en Chiapas. Desde 1570, o sea menos de veintiún años después de su inauguración, se abandonó la política de "reducción".[9] ¿Qué fue entonces lo que impidió la disociación de las secciones, si éstas no representaban más que grupos dispares, reunidos por la fuerza de modo arbitrario y artificial?

Al plantear estas objeciones no pretendemos, sin embargo, negar las influencias que los mexicanos y los españoles hayan podido tener sobre el aspecto de la organización de los tzotzil-tzeltales que estudiamos. Pero pensamos que esas influencias no fueron determinantes en la formación de las secciones. Las investigaciones arqueológicas que Robert Adams ha emprendido en la región han hecho evidentes muchos elementos que prueban la existencia de hendiduras en el interior de los grupos locales, mucho antes de la invasión española y aún antes de la época en la que se habría producido la hipotética dominación tolteca o azteca. Entre

---

8. Ximénez, Francisco, *Historia de la provincia de San Vicente de Chiapa y Guatemala*, Guatemala, 1929, vol. I, pp. 435 y 482.
9. Remesal, Antonio de, *Historia general de las Indias occidentales y particular de la gobernación de Chiapas y Guatemala*, Madrid, 1620, p. 510.

esos elementos, el más sugestivo es sin duda el modo de distribución bipolar del habitat, a una y otra parte de una explanada ceremonial que comprendía a veces templos gemelos edificados sobre una misma subestructura, así como juegos de pelota que, tanto en la zona maya como en el conjunto de la América indígena, siempre están asociados a sistemas de mitades.[10] No discutimos que movimientos posteriores hayan provocado el arreglo de las mitades tzotzil-tzeltales originales y la recomposición de su sistema en función de nuevos modelos propuestos o impuestos por el invasor. Pero no cabe duda de que el principio mismo de ese sistema es mucho más antiguo y que, lejos de ser actualmente una supervivencia, sigue actuando para mantener la partición de las comunidades y, si es necesario, suscitarla.

El ciclo de desarrollo comunitario, es decir, el proceso por el cual la comunidad se escinde para dar nacimiento a comunidades nuevas, no termina nunca en la separación de una sección completa, sino sólo de un paraje de cualquier sección. Así, pues, ¿las secciones no pueden disociarse? La pregunta les pareció totalmente incongruente a nuestros informantes chamulas de San Juan que, sin embargo, instruían ante nosotros un proceso a miembros de San Pedro y de San Sebastián, a los que sugerimos insidiosamente que su propia sección se independizara a fin de no tener que contemporizar con individuos que se presentaban como tan poco recomendables. De hecho, la sección no puede formar un grupo independiente, como tampoco un grupo independiente puede no estar formado por secciones. La independencia del grupo supone su división. El paraje que se separa del conjunto comunitario se fracciona en secciones en el momento mismo en que se afirma como comunidad nueva.

Chanal, comunidad surgida de la de Oxchuc durante el siglo pasado, comprende en la actualidad, como esta última, una gran sección "conservadora" de arriba y una pequeña

10. Adams, Robert, "Changing patterns of territorial organization in the central Highlands of Chiapas, Mexico", *American Antiquity*, vol. 26, no. 3, 1961.

sección "progresista" de abajo. Ignoramos cómo se hayan formado esas secciones, pero se sentiría uno tentado a ver su origen en el hecho de que Chanal se fue poblando indistintamente con miembros de las dos secciones de Oxchuc. Éstos habrían transferido pura y simplemente la organización de la antigua comunidad a la nueva. Los Llanos, paraje que se separó mucho más recientemente de la comunidad de Chamula, posee una organización idéntica, si bien menos fuertemente estructurada. Sin embargo, las secciones de Los Llanos no parecen derivarse de las de Chamula. En cierta forma, son *sui generis*. De las dos secciones que comprende esta nueva comunidad una está formada por los ocupantes iniciales del lugar, por las familias más antiguas: es la sección de los fundadores. En cambio, la otra está constituida por inmigrantes que vinieron a instalarse después. Hubiera podido creerse que esta distinción entre los que llegaron primero y los que llegaron después se atenuaría y esfumaría con el correr de los años, tanto más cuanto que no descansaba al principio sobre ninguna base cultural y que el lapso entre las fechas en que se produjeron las dos oleadas no es muy grande. Ahora bien, no sucedió así. Esta distinción, lejos de desaparecer, sólo se ha acentuado. Se institucionalizó a medida que el tiempo pasaba y que la comunidad tomaba cuerpo. Al parecer, la comunidad la tomó como pretexto a fin de abrir en su seno una hendidura y elaborar una organización dualista.

Con esto puede medirse el error de todas las hipótesis que pretenden justificar la existencia de las secciones por la sola acción de factores externos —azares, accidentes o acontecimientos históricos—, lo mismo que la de Sousberghe, quien escribe que las secciones "se entenderían" para constituir una comunidad.[11] Sean cuales fueren sus orígenes —y los ejemplos de Chanal y de Los Llanos que acabamos de citar bastan para mostrar que pueden variar según los lugares y los momentos—, las secciones no engendran comunida-

11. Sousberghe, L. de, y C. Robles Uribe, *op. cit.*, ". . .Allí donde diferentes *kalpul* se entienden para constituir un pueblo", etc., p. 104.

des; son las comunidades las que engendran las secciones. El sistema definido por las secciones no sólo se integra funcionalmente a la estructura comunitaria, sino que surge genéticamente de ella.

Con este sistema tocamos, por lo demás, uno de los aspectos más importantes de la cultura tzotzil-tzeltal. Todo el universo comunitario está dividido de la misma manera que la comunidad en parejas de elementos iguales, aunque no equivalentes, a uno de los cuales se llama "viejo" o "mayor" y al otro "joven" o "menor". Así, cada montaña "mayor" está acompañada de una montaña "menor", cada cueva "vieja" de una cueva "joven", cada gran manantial de un manantial más pequeño. Los dos elementos llevan el mismo nombre que va precedido de un adjetivo diferente —*bankil* o *its'in*—, que indica la posición relativa de cada uno en el conjunto indisociable que constituyen. Dentro de la iglesia, hay dos imágenes de cada santo, la primera es una estatua grande y la segunda otra de tamaño más modesto: el santo "viejo" y el santo "joven". En cada escalón de la jerarquía comunitaria, hay dos cargos que son ejercidos por personas de secciones opuestas: el cargo "mayor" y el cargo "menor". Quien detenta el primero tiene siempre prelación sobre el segundo, aunque uno y otro tengan las mismas atribuciones y compartan las mismas responsabilidades.

El mundo exterior a la comunidad es él mismo aprehendido como totalidad en función de ese sistema que expresa la unidad en la dualidad. Ya hemos señalado que la sección de arriba se encuentra, frente a la de abajo, en la misma relación que la zona de las cimas frente a los valles de los Altos y el conjunto de éstos frente al litoral pacífico. Esta homología se extiende mucho más allá del dominio geográfico dentro del cual la habíamos considerado hasta ahora. La sección de arriba y los Altos, como la sección de abajo y el Soconusco, están ligados en la mentalidad indígena por una serie de correspondencias lógicas. Los Altos representan en el plano regional, lo mismo que la sección de arriba en el plano local, la tradición. Constituyen el lugar donde los tzotzil-tzeltales viven según el orden inmutable inspirado por las divinidades. En cambio, el Soconusco, lo mismo que la sección de abajo, representa el cambio. Constituye el lugar al que los tzotzil-tzeltales van temporalmente para trabajar bajo las leyes arbitrarias y cambiantes de los ladinos. Económicamente, los tzotzil-tzeltales dependen de ese trabajo de temporada en el Soconusco, de la misma manera que la sección de arriba depende económicamente de la actividad agrícola de la sección de abajo. Pero no dejan de depender ritualmente de las ceremonias y los cultos que se desarrollan en su ausencia en los Altos, de la misma manera que la sección de abajo no deja de depender ritualmente de la actividad ceremonial y cultual de la sección de arriba.

Los trabajadores tzotzil-tzeltales abandonan a sus familias en las comunidades de los Altos para que recen todos los viernes en su lugar durante el tiempo que permanecen en las plantaciones y para que cuiden del doble animal de su persona que han dejado detrás. Ellos mismos no pueden rezar, porque sus oraciones no lograrían "salir" del Soconusco hasta el mundo superior de los dioses, cuyo acceso natural forman, en cambio, los Altos.

Los Altos y, en particular, las montañas están asociados a ese mundo supraterrestre o *winajel* que, si se lo refiere a la cosmogonía indígena, representa el estado superior de la creación. Para los tzotzil-tzeltales, cada montaña es a la vez la morada de una serie de antepasados divinizados y el refugio de los dobles animales de los miembros vivos del linaje. La montaña es concebida como una superposición de grados que reproducen los trece planos del *winajel.* En ese sentido, se opone simbólicamente al mundo infraterrestre de los demonios y los muertos, cuyo nombre *olomtik* (tz.) o *alamtik* (tl.) designa en otro nivel al Soconusco y la sección de abajo. Aquí, la asociación de planos es todavía más íntima, ya que los mames que habitan la llanura litoral son tomados a veces por *pukuj,* y el océano que limita esta llanura por el mar que los difuntos deben atravesar antes de llegar a su morada eterna. Esta asociación, que llega hasta la confusión, explica el hecho de que, aunque el trabajo de temporada hace mucho que pasó a ser un hábito, las salidas para las plantaciones sigan siendo aún muy dramatizadas: el viaje al Soconusco representa una especie de "descenso a los infiernos".

Así, pues, reencontramos en el plano regional II y en el plano cósmico III la misma hendidura que implica la misma serie de oposiciones A/B que existe en el plano local I de la comunidad:

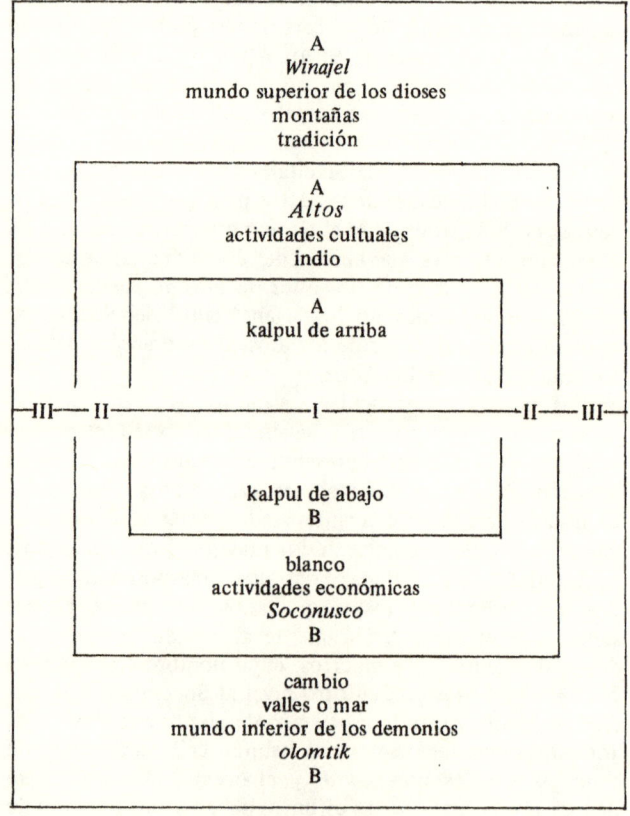

como si, en definitiva, la comunidad con sus secciones no hiciera más que reproducir la estructura de la región y la estructura del universo tal como los tzotzil-tzeltales las perciben o conciben.

LAS TENDENCIAS ACTUALES DE LAS SECCIONES

Sin embargo, la sección no ha retenido hasta nuestros días la totalidad de las funciones que le hemos atribuido más que en un número relativamente restringido de comunidades. En efecto, parece haber estado sometida a un lento proceso de erosión que tuvo como consecuencia el debilitarla hasta el punto de eliminar a veces por completo la estructura comunitaria. A pesar de todo, ese proceso no tuvo en todas partes la misma intensidad. Se acentúa en mayor o menor medida de acuerdo con los lugares, de manera que aún es posible señalar las etapas por las que ha pasado.

Sin duda alguna, en Aguacatenango las secciones se han visto menos afectadas por los cambios. Cuando menos, en esta comunidad es donde la teoría indígena de las secciones corresponde con mayor exactitud a la realidad observable. En Aguacatenango, las secciones participan en el nombramiento de las autoridades políticas y religiosas de la jerarquía comunitaria. Afirman su cohesión ejerciendo sobre sus miembros un control social extenso y dan prueba de un alto grado de endogamia. En cambio, aun cuando sigan estando localizadas, su integridad territorial ya no es total. Las tierras situadas en la periferia inmediata del pueblo, es decir, las tierras irrigadas, siguen estando repartidas entre las dos secciones sin que sean susceptibles de transferencia de la una a la otra. Pero las tierras excéntricas, llamadas de "temporal", se han convertido en objeto de acaparamiento para todos los miembros de la comunidad, sin tomar en consideración que pertenezcan a una sección, de tal modo que un miembro de la sección de arriba puede poseerlas en la jurisdicción de la sección de abajo y viceversa.

En Oxchuc y Tenejapa, las secciones siguen concurriendo a la elección de la jerarquía. Pero los lazos de solidaridad que existen en el interior de cada una de ellas son ya mucho más débiles que en Aguacatenango. La regla endogámica sigue en vigor, pero se admiten explícitamente las derogaciones a esta regla. En Oxchuc, los jefes de las familias extensas deben autorizar las uniones matrimoniales exogámicas. En Tenejapa, no parecen estar formalmente reglamentadas. Sea de ello lo que fuere, la sección tiende a convertirse de endógama en ágama. Muchas familias residen y poseen tierras en la sección opuesta a aquella con la que se identifican de manera cada vez más teórica, por lo demás. La sección ha dejado de constituir un grupo localizado.

Lo mismo sucede en Chamula donde, de los ciento once parajes que comprende esta comunidad, veintitrés están habitados por familias de dos o tres secciones, catorce por familias de San Pedro y de San Sebastián, cinco por familias de San Pedro y de San Juan y cuatro por familias de San Pedro, de San Sebastián y de San Juan. La sección no controla ya la tierra y cualquier individuo puede poseer campos en cualquier parte del territorio comunitario. La sección no controla ya a los hombres. Las uniones matrimoniales pueden establecerse desde hace tiempo con toda libertad entre personas de las secciones de San Pedro y de San Sebastián, si bien la endogamia es aún estrictamente respetada en San Juan. Las redes de prestaciones y contraprestaciones que daban la cohesión a la sección han desaparecido prácticamente, y los lazos que unían al individuo con su sección tienden a transformarse en una fidelidad personal, heredada por los varones, que rara vez otorga derechos y crea obligaciones. Sin embargo, los miembros de la jerarquía comunitaria se reclutan siempre sobre la base de la sección.

En Chenalhó, algunos viejos de edad avanzada se acuerdan del tiempo en que la comunidad se dividía en dos secciones: la de Chenalhó propiamente dicho y la de Kukulhó. La primera era la gran sección tradicional de arriba, la segunda la pequeña sección progresista de abajo. En la actualidad, estas secciones han desaparecido por completo. Sólo los vestigios de un cementerio y de una capilla, que eran los lugares de culto de Kukulhó, atestiguan los recuerdos de los informantes. En esta comunidad, la jerarquía se nombra de tal modo que represente a todos los parajes importantes. La jerarquía tiene un poder más extenso que en otras comunidades, ya que es ella la que ahora ejerce el control de las posesiones individuales y de los individuos mismos.

La destrucción o la desaparición de las secciones dentro de esas cinco comunidades hace surgir cierto número de observaciones. Señalemos desde luego que existe una correlación estrecha entre el grado de cambio en el que están las secciones de una comunidad dada y la intensidad de los conflictos que esta comunidad ha tenido con los ladinos todo a lo largo del siglo pasado y los primeros decenios de éste. Las secciones han desaparecido en las comunidades que, como Chenalhó, han sufrido una presión considerable de los ladinos y que éstos han logrado dominar a la postre. Se han debilitado, sin por ello desaparecer, en comunidades como Tenejapa u Oxchuc, sobre las cuales los ladinos han ejercido una presión muy fuerte, pero que no han logrado dominar del todo. Por último, se mantienen sin mayores cambios en las comunidades como Aguacatenango, sobre las cuales los ladinos han ejercido una presión moderada. Así, pues, los cambios que han afectado a las secciones tendrían su origen en el refuerzo de la influencia ladina sobre las comunidades.

Los despojos de tierras de que fueron víctimas las comunidades y los arreglos de la estructura agraria que fueron su resultado, han contribuido a romper la integridad territorial de la sección, desencadenando así todos los otros cambios. En efecto, fue la ruptura de la integridad territorial la que llevó a la ruptura de la regla endogámica y no a la inversa. En Tenejapa y en Oxchuc, se justifican los matrimonios exogámicos por la imbricación de las posesiones de los cónyuges o de sus familias. Ego se casa con una mujer de la sección opuesta, porque ya posee tierras en esta sección. Por lo demás, dentro de esas dos comunidades, donde la residencia es patrilocal y la herencia patrilineal —las mujeres están excluidas de las sucesiones—, la exogamia no habría podido provocar por sí sola la desintegración de la base agraria de las secciones. Así, pues, la sección ha dejado de ser primero una unidad territorial y un grupo localizado. La dispersión de sus miembros ha llevado después a relajar los lazos que los mantenían unidos y a concluir alianzas con el exterior. La sección se ha ido vaciando progresivamente de su sustancia al grado de desaparecer como en Chenalhó o de no ser ya más que una subdivisión meramente administrativa de la comunidad, que sirve para reclutar los miembros de la jerarquía, como en Chamula.

Pero el reforzamiento de la influencia ladina sobre las comunidades ha actuado, al parecer, de otra manera. A la vez que provocó la ruptura de la integridad territorial de las secciones, llevó a la comunidad a dominar sus contradicciones internas y a inhibir el juego de los antagonismos complementarios y desequilibrados dentro del cual se definían las secciones, a fin de poder responder a la amenaza externa que pesaba sobre ella. Esta hipótesis es tanto más pertinente cuanto que, si de manera general las secciones se han debilitado, aun cuando sea en diverso grado, las funciones que asumían no han desaparecido. Hoy en día, las ejercen las familias, sean grupos de vecindad, sea principalmente la comunidad, cuya estructura se ha consolidado así fuertemente. En las comunidades en las que las secciones han quedado destruidas, la autoridad de la jerarquía comunitaria ha crecido de manera sensible. Hasta ha llegado a extenderse a dominios que hasta ahora le eran extraños. La consolidación de la estructura comunitaria y la extensión de los poderes de la jerarquía son sin duda los resultados más notables de los cambios sobrevenidos al nivel de las secciones.

Es importante subrayar que los cambios, cuya orientación acabamos de trazar y cuya forma esbozamos, no son por completo irreversibles. En las comunidades nuevas siguen apareciendo secciones nuevas, en tanto que en algunas comunidades antiguas las secciones en vías de desaparecer parecen volver a tomar consistencia. Calixta Guiteras hasta cree distinguir en Chenalhó el principio de una restructuración en tres secciones, después de que esta comunidad recuperó las tierras de las que había sido despojada y arregló sus relaciones con los ladinos sobre una base que le resulta relativamente más favorable.[12]

---

12. Guiteras Holmes, Calixta, *Perils of the soul*, Nueva York, 1961, p. 28. [Hay trad. esp.]

CAPÍTULO III
LOS GRUPOS DE ASCENDENCIA COMÚN

Como en teoría las secciones son endógamas, debe uno atenerse teóricamente a que los grupos de ascendencia común se reparten entre ellas sin recortarlas y a que a cada sección corresponde un número determinado de esos grupos. La observación confirma en gran medida esta suposición, aun cuando en la actualidad las subdivisiones de la sección sólo aparecen en estado de residuo. Clanes y linajes cuya existencia puede suponerse y cuyas funciones pueden definirse en una época anterior, han sucumbido en todas las comunidades. Este hundimiento general de la organización clánica y de linaje da cuenta también, en cierta medida, del debilitamiento de las secciones a las que servía de asiento.

CLANES Y LINAJES

Todo individuo posee tres nombres que definen su pertenencia familiar y su posición en la familia. El primer nombre corresponde al nombre de pila ladino. Se toma, como éste, del calendario gregoriano, aunque con mucha frecuencia se lo "traduzca" o cuando menos se lo adapte lingüísticamente al idioma local. Así, Pedro se convierte en *petul*, Salvador en *šalik*, Juan en *šun*, Catalina en *škatal*, María en *šmal*, etc. El segundo nombre es de origen español, corresponde al apellido ladino, que es generalmente la forma plural de un nombre católico peninsular. Tal es el caso de Gómez, López, Martínez, Velázquez, Hernández, etc. Por lo que se refiere al tercer nombre, también corresponde a un apellido, pero es siempre de origen indígena. Lo más frecuente es que se haya sacado de una planta, un animal o un fenómeno natural, como *unintuluk* ("guajolote"), *ton* ("piedra"), *č'umte* ("chayote"), *pom* ("copal"), *tušum* ("maíz joven").

A diferencia del primer nombre que es personal e intransmisible,[1] el apellido español y el nombre indígena son colectivos y se transmiten ambos simultáneamente por vía masculina. Esta tendencia a la patrilinealidad que aparece en el nivel de la nomenclatura, distingue ya el sistema de descendencia tzotzil-tzeltal del sistema de descendencia ladino, que es más bilateral. En efecto, en la sociedad ladina, los niños reciben el patronímico de su padre y el de su madre. En línea masculina, el patronímico paterno se perpetúa indefinidamente; en línea femenina, se mantiene durante dos generaciones para desaparecer a la tercera. Todos los hijos de un Gómez Hernández y de una Martínez Velázquez serán Gómez Martínez. En cambio, de acuerdo con el sistema indígena, todos los hijos de un López *tušum* y de una Gómez *išbet* serán López *tušum*.

Los apellidos españoles se encuentran con frecuencia en una u otra comunidad. López, Gómez y Méndez, por citar sólo éstos, existen en Chamula, Chenalhó, Oxchuc, Tenejapa y Aguacatenango. Por el contrario, los apellidos indígenas presentan una recurrencia mucho más débil. Entre unos cuatrocientos más o menos, apenas hay algo más de una decena que aparezca simultáneamente en dos de las cinco comunidades que acabamos de mencionar. Hay que añadir, además, que la mayor parte de ellos se explica por las migraciones producidas en época reciente, después de los años veintitantos.

En el seno de la comunidad, cada apellido español se combina con un cierto número de apellidos indígenas. En Oxchuc, donde se recogieron seis apellidos españoles y ochenta y siete apellidos indígenas, Gómez se combina con treinta y dos apellidos indígenas, Santis también con treinta y dos, López con catorce, Méndez con siete y Rodríguez y Encino con uno solo. En Chanal, donde hay siete apellidos

---

1. En el próximo capítulo matizaremos algo más esta afirmación al estudiar el sistema de los *kešol*.

españoles y treinta y nueve indígenas, Gómez puede combinarse con *muleš, wakaš, lehaš, čičlat, kalbal, kantsal, tsima, čavin, wajč* y *kories;* Santis con *bok, soten, yemuk, te'eš, tsitam, akino, marino* y *musan*; López con *samwil, puyto, čiko, tib* y *munuš,* y sólo con ellos, de manera que un *muleš* es siempre un Gómez, un *bok* siempre un Santis y un *samwil* siempre un López.² Lo mismo sucede en Chamula, aunque en esta comunidad cinco de los ciento sesenta y cinco apellidos indígenas están asociados a más de uno de los dieciocho apellidos españoles.³ Pero, por regla general, los apellidos indígenas sólo se combinan con un único apellido español.

En Bachajón y en Oxchuc, los apellidos españoles y los indígenas con los que se combinan, corresponden a secciones determinadas. En Chenal, todos los Méndez, los Rodríguez, los Encino y los Núñez pertenecen a la sección de arriba; pero los Gómez, los López y los Santis se distribuyen indistintamente entre las dos secciones, aunque los apellidos indígenas unidos a estos apellidos españoles están ligados exclusivamente a una u otra de las secciones. En cambio, en Chamula, es difícil establecer una relación real y precisa entre los apellidos indígenas, los españoles y las secciones. Pero esta relación existió en otro tiempo. En el espíritu chamula, *čeceb* está asociado aún al apellido Gómez y éste a la sección de San Juan, lo mismo que *tuluk* sigue asociado al apellido Pérez y éste a la sección de San Sebastián. Los *čečeb* que no son Gómez y que no pertenecen a San Juan, o los *tuluk* que no son Pérez y que no pertenecen a San Sebastián, están considerados como "falsos" *čečeb* o "falsos" *tuluk.* Así, sigue siendo posible, en teoría, conocer a partir del solo apellido indígena de un individuo su apellido español, lo mismo que la sección y aun la comunidad a las que pertenece. El apellido indígena resume todas las pertenencias. Se lo llama *jol s-bi,* la "cabeza del nombre", por oposición al apellido español, cuya

2. RMNP.
3. Pozas, Ricardo, *Chamula, un pueblo indio de Chiapas,* México, 1959.

importancia es menor. Por otra parte, es el único que se utiliza corrientemente en la vida comunitaria. Todos los individuos que llevan el mismo apellido indígena se reconocen cierto parentesco. También los indiduos que llevan el mismo apellido español se reconocen cierto parentesco, pero más vago y mal definido que en el caso precedente. Un Pérez *tuluk* distinguirá los *perezetik*, que opondrá colectivamente a los *lopezetik*, o a los *gomezetik*. Entre los *perezetik* distinguirá a los *tuluketik*, que opondrá a los *čiketik* o a los *čujetik*, en breve, a los "que están aparte". Esto no implica que todos los *tuluketik* y, con mayor razón, todos los *perezetik* se consideren "parientes" en el sentido propio del término. Pero unos y otros constituyen grupos encajados que poseen cierta conciencia de sí mismos. Los miembros del grupo de apellido español se llaman, en efecto, recíprocamente *nuhk'ulal*, en tanto que los miembros del grupo de apellido indígena se designan a veces con el nombre de *č'ič'el*. El término *nuhk'ulal* se forma a partir de *nuhk'ul*, "cuero" o "piel", y puede ser traducido como "los de la misma piel" o "hermanos de piel". Por lo que se refiere al término *č'ič'el* que parece aplicarse por lo demás a los parientes maternos, se origina en *č'ič*, "sangre", y significaría "los de la misma sangre" o "hermanos de sangre".

Es posible asimilar funcionalmente los grupos de apellido español a clanes patrilineales, y los grupos de apellido indígena a linajes igualmente patrilineales de esos clanes. Pero ¿hasta qué punto se justifica esta asimilación? Pues si lógicamente podemos pensar que los grupos actuales de apellido indígena corresponden a un antiguo sistema de linaje prehispánico, resulta más difícil admitir que los grupos de apellido español se remonten directamente a una estructura clánica anterior a la llegada de los europeos. Aun si aceptamos esta hipótesis, tendríamos que dar cuenta de los apellidos que esos clanes llevan en la actualidad.

Sin embargo, sabemos que en España, durante el siglo XV, era costumbre dar al "infiel" convertido, ya fuese judío, moro o "pagano", el apellido de su padrino de bautismo. Diversos cronistas señalan la implantación de esta costumbre en las colonias españolas de América. Así, por ejemplo, Motolinía, al relatar la conversión de uno de los hijos de Moctezuma, escribe que "fueron presentes [en su bautismo] Rodrigo de Paz que a la sazón era alguacil mayor y por ser su padrino se llamó el bautizado Rodrigo de Paz..."[4] Motolinía evoca enseguida el desarrollo de la ceremonia de bautizo de los indios adultos. Precisa, en especial, que todas las personas que habían de ser bautizadas —con excepción de notabilidades como el ilustre ahijado de Rodrigo de Paz— eran reunidas en un mismo lugar y los ritos sagrados sólo se practicaban en algunas de ellas, a favor de todas, a fin de ganar tiempo. En este sentido, el bautismo de adultos se distinguía del bautismo de niños que siempre fue individual.

Esos dos pasajes de la *Historia de los indios de la Nueva España* establecen, por una parte, que los indios recibían durante el bautizo un apellido español que era el de su padrino y, por la otra, que, salvo en casos excepcionales, eran bautizados colectivamente. De ello podemos deducir que todos los que recibían el bautismo al mismo tiempo se convertían en portadores de un mismo apellido. No hay nada que indique que se procediera en otra forma en los Altos de Chiapas,[5] donde esos grupos de apellidos, formados por individuos espiritualmente emparentados por el hecho del sacramento que habían recibido en común, se habrían institucionalizado progresivamente dentro de las "reducciones" eclesiásticas.

Los clanes y los linajes actuales, o los grupos de apellidos que hemos identificado como tales, tienen como función principal regular las uniones matrimoniales. Todo individuo debe casarse fuera de su linaje y de su clan, es decir, elegir

---

4. Motolinía (Fray Toribio de Benavente), *Historia de los indios de la Nueva España*, México, 1941, p. 119.

5. También Remesal confirma en su *Historia general de las Indias occidentales y particular de la gobernación de Chiapa y Guatemala* (Madrid, 1619, p. 468) que los dominicos daban a los tzotziltzeltales patronímicos españoles en el momento del bautismo. Pero también deja entender (p. 138) que ciertos indios adoptaban por sí mismos tales apellidos "porque les placía".

como cónyuge a cualquiera cuyo apellido español e indígena sean diferentes de los suyos. Se trata de una regla general, afirmada en todas las comunidades, aunque no se la aplique siempre ni en todas partes con igual rigor. La interrupción del embarazo, el nacimiento de niños deformes o muertos, las afecciones durante el parto o después de él, se consideran como otras tantas sanciones a la unión contraída dentro del clan y sobre todo del linaje. En efecto, al parecer la endogamia clánica está menos severamente castigada que la endogamia en el linaje y ésta sigue siendo objeto de una prohibición estricta aunque la primera esté más o menos implícitamente tolerada. Una mujer que aceptara casarse con un hombre de su linaje perdería su *status* y hasta sería considerada como una mujer de mala vida.

En su estudio sobre Oxchuc,[6] Villa Rojas deja entender que las autoridades del clan y del linaje controlan la exogamia. En realidad ni en Oxchuc ni en otras partes, parecen existir actualmente verdaderos jefes de clan o cabezas de linaje que serían los portavoces de su grupo de apellido y que ejercerían un poder determinado en esos grupos. Cada clan, cada linaje, comprende un número variable de individuos que, por el hecho de su edad, de su capacidad adivinatoria o médica, de su poder de agresión metafísica, son temidos y respetados. Pero esos individuos no ejercen siempre el poder que les es atribuido dentro del marco de los grupos a los que los une su nomenclatura. No dirijen los clanes ni los linajes y si, con frecuencia, actúan como mediadores en los conflictos interpersonales, es por petición expresa de las partes en cuestión, que pueden pertenecer a su grupo de apellido o a grupos de apellidos extraños. Sin negar que en el pasado hayan podido representar auténticas autoridades clánicas y de linaje, como lo sugieren por otra parte los mecanismos y la teoría de su promoción, los relatos que tienden a situarlos actualmente en el interior de una

---

6. Villa Rojas, Alfonso, "Kinship and nagualism in a Tzeltal community, Southeastern Mexico", *American Anthropologist*, vol. IL, no. 4, 1947.

organización de clanes y de linajes parecen muy débiles al ser analizados.

La causa es que la organización de clan y de linaje sólo ha sobrevivido muy parcialmente hasta nuestros días. Actualmente la existencia de los clanes y de los linajes no está justificada por leyendas o mitos que vendrían a reforzar la cohesión de estos grupos. El reconocimiento de cierto parentesco entre los portadores de los mismos apellidos supone la de una ascendencia común. Pero nunca logra trazarse esta ascendencia. De hecho, el parentesco que proviene de llevar un mismo nombre no está legitimado o racionalizado. Es algo supuesto, inferido, deducido. Si se lleva el mismo apellido, es porque se debe ser pariente. Si se es pariente, es porque se debe tener el mismo antepasado. Pero en definitiva, esto importa muy poco, ya que este parentesco nominal no proporciona ningún derecho ni crea ninguna obligación. En ninguna de las comunidades se inscriben las redes de prestaciones y de contraprestaciones en el interior de los clanes o de los linajes, de tal modo que éstos parecen estar con frecuencia vacíos de cualquier contenido social.

Es probable que, como en los otros grupos mayas, los clanes y los linajes hayan poseído extensiones continuas de tierra, de las que sacaban su subsistencia y en las que residían. Cuando una familia en busca de nuevas tierras elegía una parte de la selva sin cultivar, la abría al cultivo y la plantaba de maíz y frijoles, fundaba su derecho de vivir ahí frente a la comunidad. Con el tiempo, el grupo familiar se multiplicaba y extendía por una zona más o menos vasta, constituyendo así un patriclan localizado. Pero en la actualidad, ni los clanes ni los linajes están ligados a territorios. Individuos que llevan el mismo apellido español e indígena, que no se conocen y que con frecuencia no tienen ninguna oportunidad de conocerse, están dispersos en toda la sección o en toda la comunidad, aunque aún puedan observarse polarizaciones en ciertas zonas o en ciertos parajes. Este desmenuzamiento de los grupos de ascendencia común que contribuye a disminuir la intensidad y a transformar la naturaleza de los lazos clánicos o de linaje, está evidentemente menos marcado en las comunidades de tipo concentrado

GRUPOS DE ASCENDENCIA COMÚN

que en las de tipo disperso. Por ejemplo, en Chamula, ciertos territorios siguen estando nominalmente asociados con clanes o linajes. Pero resulta con frecuencia que las tierras designadas como las de los *lopezetik* o de los *tsopuytik* no pertenecen del todo a los López o a los *tsopuy* y aún que éstos sólo tienen minúsculas parcelas en el lugar asociado a su nombre.

Sin duda, los despojos y arreglos de tierras han tenido una influencia muy grande sobre la organización en clanes y linajes. La cohesión de los grupos de ascendencia común descansaba principalmente en la tierra que detentaban y administraban en provecho de la colectividad de sus miembros. Algunas costumbres actuales no son comprensibles más que postulando el hecho de que clanes y linajes eran en otro tiempo los verdaderos detentadores de los bienes de la tierra. Así, los campos que han sido objeto de transferencia fuera del grupo de igual nombre, son susceptibles de ser recuperados en cualquier momento por su poseedor inicial o por sus descendientes. Basta con que éstos rembolsen la suma que su padre o su abuelo recibió a cambio, para que vuelvan a entrar en posesión de la tierra enajenada. La transferencia de la tierra en provecho de personas extranjeras al grupo de igual nombre nunca es definitiva. No puede hablarse al respecto de "venta". Así, cuando un hombre no tiene descendencia, inviste por lo general, antes de su muerte, a una persona de su elección con el derecho a la sucesión de sus tierras. Sin embargo, para que esto pueda llevarse a cabo, es necesario que el heredero elegido adopte el nombre del testador en caso de que no pertenezca al mismo grupo de nombre que él. Así, pues, la tierra no sale nunca del grupo de igual nombre; si hay necesidad de ello, el heredero de la tierra entra en él.

Algunos individuos hasta llegan a sostener que la tierra sigue siendo la propiedad de los grupos de igual nombre, que todos los individuos que llevan un mismo nombre disfrutan de un derecho colectivo sobre las tenencias personales y que los campos sin heredero, por falta de descendientes directos o colaterales, pueden ser reivindicados por cualquier homónimo del difunto poseedor. Pero se trata de afirmaciones excesivas que, aunque sin duda correspondieron a una realidad, están actualmente en contradicción flagrante con los usos en vigor. La tierra se ha convertido en un bien individual y transmisible, sea sólo a través de los hombres, como en la mayor parte de las comunidades, sea a través de hombres y mujeres como en Chamula y Amatenango en especial, y siempre de manera igualitaria. Tal sistema de herencia ha provocado por lo demás la atomización de las grandes posesiones en el curso de algunas generaciones. En efecto, supongamos que un hombre y una mujer detentan cada uno un campo que deben repartir de modo igualitario entre todos sus descendientes de los dos sexos. Si este hombre y esta mujer tienen cuatro hijos y si cada uno de ellos tiene igualmente cuatro hijos y así sucesivamente, los derechohabientes de la primera generación descendiente recibirán cada uno una cuarta parte de cada uno de los dos campos; los derechohabientes de la segunda generación, la dieciseisava parte; los derechohabientes de la tercera generación la sexagésimacuarta parte. Así, los dos campos originales se dividirán en ciento veintiocho parcelas en tres generaciones, o sea, en menos de un siglo. Sucede también que no es raro que un individuo detente actualmente una veintena de parcelas minúsculas dispersas en el conjunto de la sección o de la comunidad.

La comunidad de Chamula ofrece un ejemplo extremo de esta fragmentación de la estructura de la tierra a la que lleva el sistema de herencia. Sin embargo, este ejemplo está lejos de constituir una excepción. Es probable que al revelar, durante la segunda mitad del siglo pasado, la organización en clanes y linajes su incapacidad para oponerse al avance del frente pionero de las fincas, los tzotzil-tzeltales hayan acaparado a título individual y definitivo las tierras de las que antes sólo eran usufructuarios. Para probar, como lo exigía la ley, la ocupación efectiva de esas tierras a fin de tener así cierta posibilidad de conservarlas, establecieron su habitación en ellas. Sin embargo, para mantener la "democracia comunitaria" e impedir la concentración de los bienes de la tierra en las manos de unos cuantos de ellos, adoptaron un sistema de herencia igualitario y/o bilateral,

que provocó la aceleración del proceso de desmembramiento de los terrenos y la dispersión de los clanes y los linajes.
Esta explicación, propuesta por Pozas en términos casi iguales,[7] no carece de verosimilitud y si no ha podido ser corroborada mediante hechos precisos, tiene a su favor una lógica que da perfectamente cuenta de la desmembración de la organización en clanes y linajes, cuya importancia puede medirse por la rareza de sus vestigios actuales. Pero a su vez, estos vestigios tienden a desparecer. La nomenclatura que hemos utilizado para reconstruir el andamiaje de los grupos de ascendencia común, se hace tanto menos rigurosa en la medida en que ha dejado de ser funcional. En Aguacatenango, los nombres de linaje son prácticamente desconocidos para las jóvenes generaciones que sólo conservan los nombres de clan. En Huixtán se produjo un fenómeno idéntico;[8] allí ciertos individuos han abandonado su nombre de clan, en tanto que otros han abandonado su nombre de linaje. Esta reducción de la nomenclatura a uno solo de sus términos está ligada a la restricción de las funciones de los grupos a los que se refiere, como parece probar el ejemplo de Oxchuc. En esta comunidad, dos de los seis clanes originales, Rodríguez y Encino, sólo admiten un solo linaje, de manera que clan y linaje se confunden. Los miembros de estos dos clanes han perdido su nombre de linaje y sólo conservan el de clan, en tanto que los miembros de los otros cuatro clanes han mantenido hasta ahora su doble nombre.
Los cambios que afectan actualmente a la nomenclatura no se presentan siempre bajo la misma forma. En Chenalhó y en Chamula, aunque la nomenclatura no se ha reducido, sí se ha convertido en objeto de modificaciones frecuentes en el nivel individual, lo que subraya la importancia decreciente de la pertenencia a un grupo de igual nombre. La mayoría de los trabajadores temporales de estas comunidades se enganchan en las plantaciones de café con nombres

---

7. Pozas, Ricardo, "El fraccionamiento de la tierra por el mecanismo de la herencia en Chamula", *Revista Mexicana de Antropología*, vol. VII, no. 1, 1945.
8. RMNP.

prestados, a fin de protegerse, según dicen, contra las eventuales persecuciones que podrían emprender en su contra sus patrones en caso de que rompieran su contrato. Sin duda alguna, los pedranos y los chamulas guardan el recuerdo de una época no muy lejana en la que eran reclutados por la fuerza y en la que el ejército federal prestaba su ayuda a la milicia privada de los finqueros para apresar al indio recalcitrante o, a falta de él, a su padre, su hermano o su hijo. Esos seudónimos protectores de la verdadera identidad frente a los ladinos se han introducido en la comunidad y han sido oficializados por los compañeros de trabajo de quienes los han adoptado. A veces, sustituyen por completo al nombre auténtico.

Con mayor frecuencia, la nomenclatura no se ha reducido ni cambiado. Se ha arreglado de modo que pueda asimilarse lingüística o estructuralmente a la nomenclatura ladina. En efecto, hay una tendencia muy extendida a remplazar el nombre indígena por su traducción española. Así, Salvador Gómez *tulan* se convierte en Salvador Gómez Roble (*tulan* = "roble") y Juan Pérez *tuluk* en Juan Pérez Jolote (*tuluk*, forma abreviada de *unintuluk* = "guajolote"). La ladinización de la nomenclatura puede ir más lejos. En ciertos parajes, el nombre de linaje del padre ha sido simplemente remplazado por el nombre de clan de la madre. Juan Hernández *sip*, hijo de Antonio Hernández *sip* y de María Velázquez *kuskul* se hará llamar Juan Hernández Velázquez. Con la adopción del sistema de nomenclatura ladino, desaparecen hasta los últimos vestigios de la antigua organización en clanes y linajes.

LA FAMILIA EXTENSA

El estudio de las genealogías encontradas en diferentes comunidades confirma el estado de disgregación en el que se hallan actualmente los grupos de ascendencia común, a la vez que señala los límites de este fenómeno. De modo general, esas genealogías son parciales, incompletas y, con frecuencia, están truncas. Rara vez se extienden más allá de la segunda generación ascendente y prácticamente nunca más allá de la tercera. Los abuelos paternos se conocen con más frecuencia que los maternos, y los abuelos con más frecuencia que las abuelas, sea entre los hombres o entre las mujeres. La importancia de la línea paterna —*mayan i konsok,* "la familia del lado de mi padre"— en relación con los parientes maternos, proviene del hecho de que el nombre, la residencia y, en la mayoría de las comunidades, los bienes se transmiten por línea masculina. A veces, se alude al padre de los abuelos de una u otra línea, pero los datos más elementales que permitirían la individualización de este antepasado se ignoran por completo. Los bisabuelos se hacen remontar a un pasado lejano, a los confines del mito y lo real, aunque su deceso sólo haya ocurrido hace una quincena de años. Se confunden ya con los *totilme'iletik,* esos padres y madres colectivos, esos antepasados indiferenciados que moran en el interior de las montañas desde donde aseguran la protección material y moral de las generaciones vivas.

Ese olvido en el cual cae actualmente toda la ascendencia no procede en la mayor parte de los casos de un desinterés hacia los lazos de filiación. Para convencerse basta con evocar la amplitud que conservan las ceremonias realizadas en honor de los ancestros, cuyo fin es reafirmar más allá de la muerte la solidaridad de los mayores difuntos y de los menores vivos. Esas ceremonias se desarrollan cada año, en el curso de los tres primeros días del mes de noviembre, durante la fiesta de Todos Santos. En esta época, la comunidad pasa a estar bajo el "gobierno de los muertos" —*'abtel s-ben č'ulel'al.* La jerarquía comunitaria deja de funcionar. Se borra ante los *totilme'iletik* que vuelven de su morada eterna para visitar a sus descendientes y aportar su sanción al balance del año agrorritual que acaba de terminar. Esta rendición de cuentas de los vivos a los muertos desencadena una actividad intensa y febril en el seno del grupo familiar. Se rehacen los senderos que unen el cementerio con la casa a fin de que los *totilme'iletik* no se pierdan por el camino. Se repara el techo de la casa. Se revocan los muros. Se provee el altar doméstico de cirios y de incensarios, alimentados continuamente de copal. Se decora el interior con ramas de ocote y hojas de orquídeas. Por último, se sirve una comida a los visitantes del más allá. Esta comida se compone exclusivamente de las primicias de la cosecha que acaba de hacerse o que aún se está haciendo y se reparte de manera que a cada difunto le toquen los primeros frutos de la tierra que dejo a la familia de la que es huésped.

Todas esas ceremonias muestran la importancia que se atribuye a los ascendientes, aun cuando los lazos que de allí brotan no puedan ser aclarados más allá de cierto nivel. Nos veríamos llevados a pensar que el clima psicológico muy tenso en el que tienen lugar esas ceremonias proviene del hecho de que los antepasados actualmente perdidos en el anonimato se han convertido en completos extraños para los grupos familiares que los acogen. Sin duda alguna, el relajamiento de la intimidad entre los mayores difuntos y los menores vivos y las dificultades que se experimentan actualmente para establecer la filiación de unos con otros, no carecen de relación con la desaparición de las grandes tenencias de clanes y linajes. El mantenimiento de la memoria colectiva supone la existencia de un sustrato en el que pueda apoyarse. Los tzotzil-tzeltales lo reconocen a su manera cuando afirman que sólo se sobrevive en el más allá si se deja tierra a los descendientes.

Las genealogías, reducidas en profundidad, no lo están menos en extensión. En efecto, las ramas colaterales tienen tanto mayor trabajo para trazar su parentesco cuanto más han olvidado al antepasado que las unía. Los parientes sólo logran identificarse como tales cuando viven en inmediata vecindad, sea en el mismo paraje, sea en parajes próximos. Es decir, el parentesco depende estrechamente de la proximidad y se reconoce, supone o niega en función de la distancia geográfica que separa a los "parientes". El parentesco trazado corresponde aproximadamente al parentesco vivido. El grupo que define constituye una unidad social y residencial que puede asimilarse a una familia patrilocal extensa. Esta familia comprende tres generaciones unidas por filiación directa en línea paterna, o sea un hombre y una mujer, sus hijos solteros, sus hijos casados y sus esposas y los hijos de estos últimos. Las hijas se casan fuera del grupo familiar y residen, tras un corto período de uxorilocalidad posmatrimonial, en la familia patrilocal extensa de su marido.

En general, la familia extensa se compone de ocho a quince personas que viven bajo el control del hombre de más edad. Todos los miembros de la familia comparten la misma residencia. En Aguacatenango, la familia posee sea una "cuadra", sea cuando menos un "solar", donde los hijos casados construyen sus viviendas en torno a la de sus padres. En Chamula, donde el "sitio" familiar no está inscrito en ningún plan urbano, las viviendas de los hijos y de sus esposas se ordenan de igual modo en la proximidad inmediata de la casa paterna, y el conjunto de construcciones forma un espacio residencial continuo, protegido del exterior por los altos tallos de los maizales. Si bien cada matrimonio posee una vivienda propia, el conjunto de matrimonios que constituye la familia extensa tiene en común un cierto número de servicios y de dependencias. Los cobertizos, el huerto, el baño de vapor y aun, en algunos casos, el granero y la cocina, son colectivos y todos los miembros de la familia tienen acceso a ellos. Por otra parte, el número de servicios que tiene en común es un seguro índice del grado de cohesión familiar. Es verosímil que la interacción social sea más intensa y los lazos de solidaridad más estrechos en el seno de una familia que sólo tiene un granero y una cocina, que en el seno de una familia en la que cada matrimonio forma ya una unidad autónoma de producción y de consumo.

La cohesión de la familia patrilocal extensa depende del control que, por medio de su jefe, es capaz de ejercer sobre los bienes y el trabajo de los matrimonios. En general, quien detenta todas las tierras es el jefe de familia, quien también administra las que su esposa tiene de sus padres. Los bienes de tierra familiares sólo se reparten a su muerte. Sin embargo, los hijos —más rara vez las hijas, aun en las comunidades en que la herencia es bilateral— presionan siempre para recibir en el momento de su matrimonio un adelanto sobre su herencia, un "anticipo", que corresponde aproximadamente a la tercera parte o a la mitad de la porción sobre la cual pueden hacer valer sus derechos. De cualquier manera, y sean cuales fueren los arreglos particulares que puedan intervenir al respecto, las tierras de los miembros del grupo familiar se explotan colectivamente por el trabajo común entre hermanos, padres e hijos, tíos y sobrinos. Todas las actividades del ciclo agrario se realizan bajo la autoridad del jefe de la familia que fija la fecha de cada una de ellas, ejecuta los ritos previos que requieren y reparte la fuerza de trabajo disponible.

Entre los matrimonios de una misma familia extensa, el trabajo nunca se intercambia. No se lo negocia ni contabiliza a fin de que sea devuelto después. Es invertido de modo colectivo en un sistema de actividades más o menos netamente diferenciadas y desmembradas cuyas fases se distribuyen a los miembros de la familia según el criterio del sexo, la edad y la generación. A las mujeres les incumbe el mantenimiento de la casa, la preparación de las comidas, el cuidado de los animales de corral y los borregos, el hilado y tejido de los vestidos, la confección de los trastos de barro. Pero la de mayor edad se reservará la tarea "noble" de la cocina, en tanto que la mayor de sus nueras quedará al frente de los tejidos y la más joven de sus hijas será enviada al campo. De la misma manera, si bien todos los hombres, además de trabajar la tierra, hacen carbón de madera, trabajar el cuero y la piedra, confeccionan canastas o tejen fibras vegetales, el más jóven hará la tarea bruta y el mayor dará el toque final.

Cada sexo comercializa los bienes de su producción, pero el beneficio de las operaciones comerciales vuelve en parte o en su totalidad al jefe de la familia que administra los ahorros del grupo. El uso que el jefe de familia dé a estos ahorros es controlado por todos los hombres casados, a quienes se pide su consejo cada vez que se piensa en comprar un objeto o un bien cualquiera. Si el objeto en cuestión no es fraccionable, tiene pocas probabilidades de ser adquirido con fondos familiares, ya que podría suscitar "celos" en el momento de la sucesión, cuyo carácter igualitario comprometería de uno u otro modo. Pero puede ser adquirido a título individual con el dinero que cada matrimonio obtiene de actividades secundarias realizadas por el marido, la esposa y sus hijos solteros, independientemente de los otros miembros de la familia extensa.

Mientras más numeroso es el grupo familiar, más amplia será la división del trabajo que podrá realizar y mayor será la riqueza que podrá producir y acumular. Manning Nash ha demostrado perfectamente la correlación que existe entre la productividad familiar y el tamaño de la familia en Amatenango.[9] En esta comunidad de alfareros, la producción de trastos por cuatro personas que trabajan juntas es claramente superior al de dos parejas que trabajan separadas. Las familias más numerosas tienen la productividad más grande, ya que logran desmembrar la producción en un mayor número de fases. Es verdad que para los tzotzil-tzeltales la riqueza no es nunca un fin en sí. Pero lo que es importante es que, al ser más rica por ser más numerosa, la familia extensa está en posibilidad de delegar con mayor frecuencia un número mayor de sus miembros a la jerarquía comunitaria, de capitalizar más cargos y de acumular así más prestigio.

Por lo tanto, es deseable pertenecer a un grupo familiar numeroso. Sin embargo, por bien que intente integrar los matrimonios que la componen y de absorber los que sus miembros solteros puedan contraer, la familia patrilocal extensa no es susceptible de extenderse ilimitadamente. El desarrollo del grupo familiar se inscribe en un ciclo en función del cual la familia patrilocal extensa se segmenta prácticamente en cada generación. A la muerte del padre, cada hijo, con su mujer e hijos, abandona la residencia familiar para establecer la suya en otra parte y fundar su propia familia extensa. La propiedad de la residencia paterna, así como la carga de la madre viuda y de las hijas solteras, pasan al mayor de los hijos cuando todos sus hermanos están ya casados o al menor cuando éste no lo está todavía. A su vez, el heredero de la casa constituirá una familia

9. RMNP.

patrilocal extensa que a su muerte estallará de nuevo de la misma manera.

La desintegración de la familia patrilocal extensa parece ordenada por dos factores principales. El primero es la rivalidad tradicional de los hermanos y, en particular, el antagonismo entre el hermano mayor y el menor, tan importante en todos los grupos mayas. Esta rivalidad afecta profundamente las relaciones entre los matrimonios de los hermanos. Las tensiones que se producen con frecuencia entre esos matrimonios quedan reducidas normalmente dentro del marco familiar por la autoridad que ejerce el matrimonio paterno. Pero a la muerte del padre, no logran resolverse ya en el seno de la familia que hacen estallar.

El segundo factor que provoca la desintegración de la familia a la muerte del padre y, a veces, antes de ella, es la dispersión de los intereses agrarios. La diseminación de las tenencias familiares en una vasta extensión puede obligar, en efecto, a los hijos a establecer su residencia no ya en función de la costumbre patrilocal tradicional, sino en función de un cálculo económico preciso cuyo resultado puede contradecir las normas culturalmente admitidas. Así, en el paraje de Milpoleta vivía una familia de siete personas: los padres y sus cinco hijos, todos solteros. Esta familia poseía una docena de campos repartidos en las cercanías, salvo dos de ellos situados en flanco oriental del Tzontehuitz. Esos dos campos, separados por más de una jornada de camino de la vivienda familiar, sólo eran cultivados de manera simbólica, a fin de mantener el derecho de posesión y evitar que los vecinos aprovecharan su abandono para sacar a relucir pretensiones al respecto. De hecho, estaban demasiado alejados para ser económicamente redituables, aunque podían asegurar la subsistencia de una o dos personas que vivieran en la cercanía. Cuando el mayor de los hijos decidió casarse, en 1961, recibió estos dos campos de su padre, como también la autorización de establecer su vivienda en ellos en compañía de su joven esposa.

Otro ejemplo revela la importancia del papel que desempeña la dispersión de los intereses agrarios en la segmentación temprana de la familia extensa y en el paso de un modelo de residencia patrilocal a un modelo de residencia neolocal. En 1961, un joven chamula del paraje de Cruztón se casó con una mujer del vecino conglomerado de Yalmut, cuya familia era un poco más rica que la suya. Con motivo de su matrimonio, recibió de sus padres un campo situado entre Cruztón y Yalmut. Como este campo no bastaba para que el nuevo matrimonio pudiera vivir, los padres de la esposa le alquilaron otro campo que tenían cerca de Yalmut. En consecuencia, el matrimonio decidió establecer su residencia en Yalmut a fin de estar más cerca de sus tenencias y explotarlas con un costo menor.

La racionalidad de los comportamientos económicos individuales que opera en una situación en la que los intereses agrarios se multiplican a la vez que cada uno de ellos se debilita, y que se expresa por una especie de cálculo del costo marginal del producto en relación con los factores de tiempo y de trabajo, contribuye a reducir al grupo familiar a su expresión más simple: el matrimonio. La familia nuclear neolocal aparece por lo demás con mayor frecuencia, en cuanto unidad social independiente, en las zonas o en las comunidades cuyos territorios se han desmembrado más y las tenencias se han desmenuzado y diseminado. Un censo efectuado en Aguacatenango indica que el 64 por ciento de los grupos familiares de esta comunidad corresponden a familias extensas y el 36 por ciento a familias nucleares. En Oxchuc, estos porcentajes se establecen respectivamente entre el 35 y el 40 por ciento por una parte y el 60 y el 65 por ciento por la otra, según los parajes. En Chamula, el porcentaje de familias extensas en relación con los grupos familiares baja a 24 por ciento en Romerillo, 22 en Milpoleta, 18 en Yalmut y 16,6 en Pozuelos.

El surgimiento de la familia nuclear neolocal dotada de una autonomía total, tanto en relación con el grupo familiar del marido, como en relación con el grupo familiar de la mujer, entre los cuales tiende a situarse equidistantemente, introdujo en un sistema hasta aquí claramente patrilineal, numerosos elementos de bilateralidad.

LA FAMILIA NUCLEAR

La función fundamental del grupo familiar sigue siendo la socialización de las nuevas generaciones. La familia debe educar a sus hijos dentro de las normas culturales y sociales establecidas y conducirlos a través de esas normas hasta la madurez, es decir, hasta el matrimonio. En efecto, el matrimonio sanciona la mayoría de edad de la persona y le da acceso a la autonomía individual. Confiere al individuo la plena capacidad y la plena responsabilidad en el seno de la comunidad.

El soltero no disfruta jamás de todos los derechos que se reconocen a los casados. Sea cual fuere su edad, se le llama *k'elem*, "adolescente", nombre que subraya su inmadurez social y la subordinación de su condición. Sigue siendo un miembro menor de la comunidad, en la que no puede ejercer cargos públicos. Es inelegible para la jerarquía y no puede competir en la capitalización del prestigio. El soltero, socialmente inferior, es considerado con frecuencia como un individuo antisocial. Si pasa de la treintena, se arriesga a ser acusado de brujería y esta acusación que lo expone a la animosidad colectiva puede obligarlo a exiliarse. En todas las comunidades, el número de solteros es ínfimo. En Chenalhó, Calixta Guiteras sólo encontró uno; se trataba de un cojo que nunca pudo encontrar esposa.[10] En los parajes chamulas que conocemos, encontramos dos: el primero era un débil mental, el segundo padecía de un pie deforme. La soltería es apenas la condición de los individuos que sufren alguna deformidad física o deficiencias mentales. Por regla general, toda la población que corresponde a los grupos de edad superiores a los veinte años está o ha estado casada.

A fines del siglo pasado, Pineda observaba que "todos los jóvenes que llegan a los dieciséis o veinte años son ya padres de dos o tres niños" y que "cuando un niño llega a la edad de doce o trece años, su padre le busca una esposa".[11]

---

10. Guiteras Holmes, Calixta, *Perils of the soul*, Nueva York, 1961, p. 125. [Hay trad. esp.]

11. Pineda, Vicente, *Historia de las sublevaciones de indígenas habidas en el Estado de Chiapas*, San Cristóbal, 1888, p. 5.

Actualmente la edad del matrimonio sigue siendo relativamente baja para los dos sexos, si bien existe una diferencia significativa entre la del hombre y la de la mujer, ya que por término medio el hombre se casa entre los dieciséis y los dieciocho años, y la mujer entre los catorce y los dieciséis. Durante todo el régimen español se favorecieron las uniones matrimoniales precoces por razones de "moralidad", que disimulaban otras menos nobles de orden fiscal. Como el tributo se pagaba por matrimonio y no por cabeza, era necesario, para aumentar el producto, aumentar el número de matrimonios bajando, cuando era necesario, la edad a partir de la cual podía contraerse matrimonio legalmente. El reciente esfuerzo de escolarización de la niñez tzotziltzeltal realizado por el gobierno del Estado y de la Federación, tuvo como efecto acentuar aún más la precocidad de las uniones matrimoniales. En ciertas comunidades, los padres de familia casan a sus hijos a la edad de doce o trece años, a fin de no enviarlos a la escuela de acuerdo con la ley, ya que, en el plan familiar, la escolarización se traduce por una amputación de la fuerza de trabajo.

En Oxchuc, Tenejapa y Aguacatenango, los matrimonios son arreglados generalmente por los jefes de familia. En todo caso, la elección individual de un cónyuge está sometida a la aprobación y ratificación del grupo familiar que decide sobre su pertinencia en función de una estrategia matrimonial. La preocupación de la familia extensa es integrar a las esposas de los hijos y mantener estrechas relaciones de trabajo con los esposos de las hijas, relaciones basadas en la reciprocidad —*pa'ak k'ak'al* (tz.) o *koltawalik* (tl.). Esta doble exigencia conduce a valorar las uniones contraídas en las inmediatas cercanías de la residencia, sea dentro del paraje, sea aun en el interior de la "cuadra". Tal es el caso en Aguacatenango, donde el 29.2 por ciento de los matrimonios los forman personas que residían en la misma "cuadra" antes de su matrimonio.[12]

Quizá sea conveniente analizar dentro de tal estrategia matrimonial los datos acerca de los matrimonios de prefe-

12. RMNP.

rencia. A primera vista, los matrimonios de este tipo parecen raros, y Villa Rojas llega hasta negar su existencia. Escribe, a propósito de Oxchuc, que "el matrimonio con la prima cruzada... no es recomendado ni practicado".[13] Pero Calixta Guiteras sostiene que en la comunidad vecina de Cancuc, la importancia relativa de los matrimonios, sea con la hija del hermano de la madre, sea con la hija de la hermana del padre, permite hablar de un verdadero modelo de unión preferencial entre primos cruzados.[14] Sin poner en duda los datos presentados por esta excelente etnóloga, señalemos sin embargo que tal sistema matrimonial está en flagrante contradicción con el resto de la organización social y, en particular, con la nomenclatura del parentesco que, al asimilar a los primos cruzado y a los primos paralelos con los padres, no autoriza más que los matrimonios entre personas que resultan primos en grados distantes. De acuerdo con la terminología de parentesco en vigor, la relación con la hija del hermano de la madre y con la hija de la hermana del padre debería caer dentro de la categoría de las relaciones incestuosas. Si no es así actualmente —cuando menos en Cancuc— se debe sin duda a que se ha impuesto la imperiosa necesidad de conservar al grupo de ascendencia común, en vista de la rápida disgregación, un mínimo de cohesión. El matrimonio con la prima cruzada constituye en efecto el único medio de refrenar la erosión de los lazos familiares y de restringir el campo de dispersión de los individuos y de las tenencias, respetando por lo demás la regla fundamental de la exogamia que se expresa en la prohibición de casarse con cualquiera que tenga los mismos nombres que uno.

Sin embargo, los prometidos, contrariados en sus proyectos matrimoniales por sus respectivas familias, no carecen de medios de presión sobre su ambiente. Sin llegar a practicar el chantaje del suicidio, les queda siempre la posibilidad de abandonar el techo paterno y establecerse juntos en un

13. Villa Rojas, Alfonso, *op. cit.*
14. Guiteras Holmes, Calixta, "Clanes y sistema de parentesco de Cancuc", *Acta Americana*, vol. V, no. 1, 1947.

paraje vecino, con algún tío comprensivo o un primo benevolente. El matrimonio por rapto coloca a los jefes de familia en una situación embarazosa y algo ridícula, que los obliga por lo común a negociar en seguida el reconocimiento del hecho a fin de no perder la fachada ante la comunidad. El matrimonio por rapto no existe en las comunidades en las que las uniones matrimoniales proceden exclusivamente de una elección personal, elección formalizada por el acuerdo, tácito cuando menos, de los padres, pero en la que éstos no intervienen jamás de modo directo. En Chamula, el muchacho es el que pide a su padre que establezca relaciones con la familia de la joven con la que desea casarse. Después de hacerse anunciar, el padre del pretendiente hace una visita a los padres de la joven, a los que ofrece aguardiente. Si el aguardiente es aceptado, ni la joven ni sus padres se oponen al matrimonio. Algunas semanas después hace una segunda visita el padre del pretendiente, y de nuevo le hace un regalo de aguardiente. Esta vez, los padres mencionan discretamente el fin de su encuentro. El padre de la prometida expresa dudas acerca de las cualidades de su hija para esposa y alaba las virtudes del pretendiente. El padre del novio expresa también su incertidumbre acerca de las cualidades de su hijo como esposo y loa los méritos de la hija de su huésped. Pero si se acepta de nuevo el aguardiente, es porque esta plática está dentro del dominio de la etiqueta y porque nada ni nadie se opone al matrimonio. Algunos meses después, se hace una tercera visita a los padres de la novia y el matrimonio queda definitivamente arreglado.

Durante el año siguiente al matrimonio, el hombre debe a sus suegros prestaciones de trabajo cuyo objeto es compensarlos por la pérdida económica que representa para ellos la salida de su hija. Durante este período de "servicio", el joven matrimonio se establece con los padres de la esposa. El marido ayudará a su suegro en los trabajos agrícolas. La mujer perfeccionará su educación doméstica al lado de su madre. Este período de uxorilocalidad posmatrimonial, que termina en general con el nacimiento de un hijo, facilita la adaptación de la mujer a su nueva condición de esposa y la prepara para su transferencia de su familia a la de su marido. Facilita también el ajuste del hombre al grupo familiar de su esposa y le hace tomar conciencia del valor de ésta Los tenejapanecos dicen además que hay que mostrarse duros con el yerno durante el período de uxorilocalidad, para que aprenda a respetar y a estimar a su mujer y no se separe nunca de ella.

Sin embargo, tiende a establecerse la costumbre de rescatar ese "servicio" tradicional debido a los suegros, por el desembolso de una cierta cantidad de bienes o de dinero en el momento de concertar el matrimonio. En Chenalhó, el hombre que no quiere abandonar su grupo patrilocal o que no quiere depender ni siquiera temporalmente de los padres de su esposa, ofrece a éstos "regalos" en especies, tal como azúcar, alcohol, melaza, telas, maíz, etc., cuyo monto depende del prestigio y de la "deseabilidad" de la esposa. En Chamula, la sustitución del trabajo por la dote obedece a las mismas razones, pero su desembolso se hace en especies y se eleva a doscientos, doscientos cincuenta y a veces a trescientos pesos. A cambio de ese pago —*stoj k-ahnil* (tz.) o *stoj k-iham* (tl.), el "precio de la esposa"—, la familia del marido adquiere la capacidad de producción y de reproducción de la mujer. En adelante, ésta deberá espaciar sus visitas a sus padres, apegarse al grupo familiar de su esposo y trabajar dentro de este grupo bajo la autoridad de su suegra. Si cae enferma, la familia del marido deberá cuidarla a su costa. Pero si la enfermedad se prolonga y la reduce a la inactividad, será devuelta a su familia hasta que esté completamente curada. Si muere sin haber tenido hijos, el marido podrá negarse a costear los gastos del entierro y exigir a sus suegros el remplazo de la esposa difunta, sin que la nueva unión entrañe el desembolso de nuevas prestaciones. De igual modo, si la mujer es estéril, sus padres estarán obligados a dar al marido a otra de sus hijas. Esta sustitución no implica necesariamente el repudio de la primera esposa, las dos hermanas podrán cohabitar con el mismo hombre. La mayor parte de los matrimonios poligínicos y la poliginia sorástica se explican en general por la esterilidad de la primera esposa.

Las relaciones sexuales premaritales son relativamente

frecuentes, y si bien no se las admite de modo expreso, tampoco están muy rigurosamente sancionadas. El embarazo de una mujer soltera se interpreta como obra de *nakubal krus,* la "sombra de la cruz", y ninguna tara social particular caerá sobre el fruto de esta "sombra" insidiosa. En cambio, las relaciones extramaritales están estrictamente prohibidas. Los padres de la esposa están obligados a reparar el perjuicio causado al marido por la mala conducta de su hija, sea llevando al amante al arrepentimiento, sea suprimiéndolo. Cuando las prestaciones que sellan el matrimonio se han entregado en trabajo y son por ello irreversibles, el hombre conservará siempre derechos extensos en la familia de su mujer en caso de ruptura de los lazos matrimoniales, siempre y cuando esta ruptura no le sea imputable de modo directo o indirecto.

Por otra parte, cada uno de los esposos posee una serie de privilegios y de obligaciones en relación con la familia de su cónyuge que, a través de él, ligan a su propia familia. Aun cuando sea resultado de una elección personal, el matrimonio no compromete sólo a dos individuos, sino también a los grupos de ascendencia común a los que pertenecen. Por regla general, el matrimonio es tanto más estable cuanto más inscrito está dentro de un marco familiar extenso. En las comunidades como Chamula, donde los grupos de ascendencia común se han reducido a su más simple expresión, donde predomina la familia nuclear neolocal y donde prevalece una especie de individualismo exacerbado, los lazos matrimoniales aparecen bajo un aspecto precario, transitorio y aun artificial. Los conflictos entre los cónyuges parecen ser muy difíciles de resolver cuando dejan de estar a cargo de las familias. Cuando el matrimonio constituye un contrato colectivo entre dos grupos familiares, cada una de las familias se interesa por su estabilidad. El padre de la esposa o su sustituto, el hermano mayor, sale garante por la unión y se convierte así en el aliado natural del marido. Sin embargo, en la actualidad, cuando menos en Chamula, tiende a defender exclusivamente los intereses de su hija o de su hermana, aunque sea en detrimento del matrimonio.

En esta comunidad, el hombre que ha rescatado personalmente, por el desembolso de una dote, el trabajo que debía a los padres de su esposa, adquiere de inmediato derechos sin participación sobre ella. Resiente cualquier intervención de sus padres o de sus suegros en los asuntos de su matrimonio como una intromisión insoportable. Por lo que se refiere a la mujer a la que se le otorga un derecho a la sucesión de su padre y de su madre, dispone de bienes personales y, en particular, de tierras, que le confieren una nueva autonomía y la hacen mucho menos dócil que antes a la autoridad del marido. Toma conciencia de su deseabilidad no sólo sexual sino también económica y está en posibilidad de exigir más atenciones y de dar muestras de una libertad mayor. Los chamulas lo reconocen así cuando deploran que sus mujeres manifiestan cada vez más una independencia que juzgan "culpable" con respecto a ellos.

En breve, el paso de un sistema fuertemente estructurado y claramente patrilineal a otro débilmente estructurado y de tendencia bilateral, fundado ya no en los grupos de ascendencia común, sino en unidades domésticas restringidas, ha hecho que los conflictos en el interior del matrimonio se agudicen, como lo prueba el número elevado de divorcios y de homicidios conyugales. En Chamula, de 1956 a 1960, de los sesenta y un homicidios que hubo en esta localidad, veintidós fueron el resultado de una crisis doméstica. En diez de esos veintidós casos, la relación entre asesino y víctima corresponde a la relación entre marido y mujer o mujer y marido, en otros seis a la relación hermano de la mujer y marido de la hermana o marido de la hermana y hermano de la mujer, por último, en los otros seis, a la relación padre de la mujer y marido de la hija o marido de la hija y padre de la mujer.[15] Todos esos homicidios tuvieron su origen en conflictos de orden conyugal ampliados por la intervención protectora, más que mediadora, del padre o del hermano de la mujer, y fueron engendrados sea

---

15. Favre, Henri, "Notas sobre el homicidio entre los chamulas", *Estudios de cultura maya*, vol. IV, 1964.

por el adulterio de la esposa, sea por los malos tratos que recibía por parte de su marido, sea por la amenaza de divorcio que ésta hacía pesar sobre él.

Los divorcios son frecuentes en Chamula. Es corriente que un hombre o una mujer haya estado casado más de tres o cuatro veces consecutivas. Siempre es la mujer la que toma la iniciativa de la separación. En efecto, para el hombre que desee deshacerse de su esposa, basta con maltratarla regularmente a fin de hacer caer sobre ella la responsabilidad de la ruptura. Los hijos nacidos de la unión se reparten en forma amistosa entre los cónyuges y nunca se produce un litigio a este respecto. La mujer se queda con los niños de pecho del sexo que fueran y con los niños, a fin de que éstos trabajen las tierras de su madre y aseguren su subsistencia. El hombre se queda con las hijas para que ellas le guisen y cuiden su vivienda.

Por lo demás, la inestabilidad del matrimonio afecta mucho menos a la descendencia que a los ascendientes, a la generación de los padres o los abuelos. Demuestra a los viejos su incapacidad para controlar a sus hijos una vez llegados a la edad adulta; subraya la disminución de su autoridad y el rebajamiento de su *status*; revela la inutilidad del prestigio que hayan podido acumular durante su vida. Algunos viejos chamulas tienen una aguda conciencia de los cambios que les sobrevienen cuando dicen que "nuestros hijos han muerto para nosotros", que "ya no podemos contar con ellos" y que en definitiva "no servimos para nada". Tales reacciones expresan una verdadera comprobación de la falibilidad de los grupos familiares y de sus jefes.[16]

Aun si las uniones de preferencia pueden atenuar o retardar sus efectos, el proceso socioeconómico que, a través de

---

16. Durante nuestra estancia en Chamula, murió de hambre una vieja mujer impotente: sus hijos que vivían en un paraje vecino la habían abandonado sin alimentos. Quizá se trate de un caso aislado, pero creemos que el rebajamiento del *status* de los viejos puede explicar ciertos comportamientos suicidas relativamente frecuentes entre las clases de edad superior, que se expresan por la ingestión deliberada de alcohol hasta que sobreviene la muerte.

la destructuración de los clanes, de los linajes y de las familias extensas, conduce a esta situación, parece tanto más difícilmente reversible cuanto que ya ha modificado en forma profunda el equilibrio de las relaciones de parentesco y los valores que le estaban tradicionalmente asociados.

CAPÍTULO IV

EL PARENTESCO

LA TERMINOLOGÍA DE PARENTESCO

A principios del siglo XVII, Remesal escribía que los tzotzil-tzeltales "no conocían los grados de parentesco en los tiempos antiguos", y —testimonio que se quería irrecusable sobre el estado de anarquismo primitivo en el que estaban sumidos estos grupos— designaban por medio de términos idénticos a parientes situados en niveles de generación diferentes.[1] ¿Intentaron las autoridades españolas "reorganizar" la terminología indígena de parentesco en función de los criterios europeos, como deja entender este cronista? Es probable que se hicieran ensayos en este sentido. Comprobemos, sin embargo, el fracaso fácilmente comprensible en el que terminaron: todavía hoy, el sistema terminológico tzotzil-tzeltal parece estar más próximo al sistema que existía al parecer en vísperas de la conquista española que del que está actualmente en vigor entre los descendientes de españoles en la región.

A decir verdad, el sistema terminológico de los antiguos tzotzil-tzeltales sólo puede ser parcialmente reconstruido. Es verdad que en muchos documentos coloniales de los siglos XVII y XVIII aparecen términos indígenas de parentesco. Citemos en particular el *Arte de la lengua tzotzlem o tzinacanteca...,*[2] redactado en 1688 por el P. Juan de Rodaz, predicador de Su Majestad en el convento de Nues-

---

1. Remesal, Antonio de, *Historia general de las Indias occidentales y particular de la gobernación de Chiapa y Guatemala*, Madrid, 120, p. 302.

2. *Arte de la lengua tzotzlem o tzinacanteca, con explicación del año solar y un tratado sobre las cuentas de los indios en lengua*

tra Señora de la Asunción; el *Libro que se trata de la lengua tzotzil*...[3] escrito probablemente en Chalchihuitán hacia fines del siglo siguiente; como también la *Breve explicación de la lengua tzotzil*..., algunos decenios posterior y que parece derivarse de la obra precedente, de la que resume o, por el contrario, desarrolla algunos pasajes.[4] Pero los autores de estos textos dan con frecuencia muestras de una lamentable falta de selección en la definición de los términos que mencionan y, por ello, su aporte tiene un interés muy desigual. La misma crítica podría hacerse a Pineda, cuyo diccionario tzeltal-español[5] promete más de lo que puede cumplir al etnólogo deseoso de establecer la lista de los términos de parentesco, y trazar también el sistema que esos términos definen y separar la dinámica de ese sistema.

Uno de los múltiples obstáculos con los que tropezaron Pineda y sus predecesores proviene de que la terminología tzotzil-tzeltal hace en algunos casos abstracción del sexo del pariente, en tanto que en otras toma en cuenta el de Ego. Así, se designa al hermano mayor con dos términos diferentes, según quien hable sea hombre o mujer. El hombre llamará a su hermano máyor *bankil*; la mujer, *šimel* (tz.) o *šilel* (tl.) Pero el sexo de Ego no interviene en la designación de la hermana mayor a la que llaman *wis* tanto hombres como mujeres.

En cambio, las hermanas y los hermanos menores de un hombre o una mujer se confunden terminológicamente. Todos los hermanos menores se designan mediante un único

---

tzotzlem, Biblioteca Nacional de París, manuscritos mexicanos, no. 411. En el texto lo llamaremos *Arte*.

3. *Libro que se trata de la lengua tzotzil con vocabulario, doctrina cristiana, formulario para administrar los santos sacramentos, confesionario y sermones en la misma lengua tzotzil,* Biblioteca Nacional de París, manuscritos mexicanos, no. 412. En el texto lo llamaremos *Libro*.

4. *Breve explicación de la lengua tzotzil para los pueblos de la provincia de los Chiapas,* Biblioteca Nacional de París, manuscritos mexicanos, no. 413. En el texto lo llamaremos *Breve explicación*.

5. Aparece como anexo de la *Historia de las sublevaciones de indígenas habidas en el Estado de Chiapas,* San Cristóbal, 1888.

término, *its'in*, sea cual fuere su sexo y el de Ego. Es verdad que en la comunidad de Chalchihuitán, *its'in* sólo designa al hermano menor del hombre, la hermana menor es llamada por él *išlel*. El antiguo empleo de ese término que ya menciona el *Arte*, fue confirmado en las comunidades tzeltales por Pineda, lo que nos permite creer que antiguamente el hombre distinguía entre su hermana menor y su hermano menor y que la desaparición de esta distinción en todas partes, con excepción de Chalchihuitán, es relativamente reciente, posterior en todo caso a los últimos decenios del siglo pasado. Pineda no precisa si existían términos simétricos a *its'in* e *išlel*, que la mujer utilizaría para referirse a su hermana menor y a su hermano menor. Señalemos, sin embargo, que en Chalchihuitán, si bien el hombre distingue a sus hermanos según su sexo y su edad relativa, la mujer sólo distingue por el sexo a sus hermanos de mayor edad, en tanto que confunde a sus hermanos menores bajo un mismo término, *muk*. ¿Habrá sido así antes en toda la región tzotzil-tzeltal? Así parecería, de acuerdo con la lógica del sistema considerado en su conjunto. Pero no hemos encontrado *muk* en ninguna otra comunidad, y de modo muy curioso ese término no figura ni en el diccionario de Pineda, ni en el *Arte*, ni en el *Libro*, que sin embargo proviene de Chalchihuitán.

	Hombres	Mujeres	
Hermano mayor	Bankil	Simel	Hermano mayor
Hermana mayor	Wiš		Hermana mayor
Hermano menor	(Its'in)		Hermano menor
Hermana menor	(Išlel)	Its'in (Muk)	Hermana menor
	Hombres	Mujeres	

Designación de los hermanos (entre paréntesis: términos arcaicos todavía en uso, sobre todo en Chalchihuitán)

Bankil, šimel y *wiš* son a la vez términos de designación y términos de apelación. Lo mismo ocurre con *its'in,* aun cuando el hermano mayor y a veces la hermana mayor tienden a llamar a sus hermanos menores por su nombre propio. Esta tendencia que limita el empleo del término de parentesco al pariente más joven al hablar al pariente mayor es muy general. En efecto, aparece en las relaciones entre padres e hijos, entre tíos y sobrinos y entre abuelos y nietos. Pero al parecer es menos clara cuando en el seno de estas relaciones el pariente mayor es una mujer. Si el padre, el tío o el abuelo, llama a sus hijos, sus sobrinos o sus nietos por sus nombres, la madre, la tía y la abuela siguen usando con frecuencia el término de parentesco que les corresponde.

El término que sirve para designar al padre es *tot* (tz.) o *tat* (tl.). Exige en cambio *ničon* (tz.) o *nič'an* (tl.), "hijo de un hombre" cuyo empleo se extiende a los hijos del hermano —los hijos de la hermana son "sobrinos", *ičok* (tz.) o *ič'an* (tl.). En ciertas comunidades, *tot* puede convertirse en su forma de diminutivo, *tatu* o *tate*, que señala el afecto o la ternura, en un término de apelación recíproca entre el padre y el hijo, pero sólo cuando este último es aún un niño muy pequeño. A partir de *tot* o *tat* se construyen los términos que designan al abuelo: *moltot* y *mukta tot* (tz.) y *muk'ul tat* (tl.). *Moltot* que el *Libro* traduce por "abuelo" sin precisar más, y cuyo uso actual se reduce a las comunidades de Santa Marta, Santa Magdalena y Chalchihuitán, viene con verosimilitud de *mol,* "viejo", y significaría de modo literal "viejo padre". Por lo que se refiere a *mukta tot,* mencionado por el *Arte* y empleado por los tzotziles meridionales, sobre todo en Chamula y Chenalhó, podría traducirse por "padre grande", lo mismo que *muk'ul tat,* que aparece en las comunidades tzeltales occidentales y meridionales como Amatenango y Aguacatenango.

En el conjunto de la región, esos tres términos que designan al abuelo sólo tienen como correspondientes *mom* (tz.) o *mam* (tl.), "nieto de un hombre", sin consideración de sexo. Pero el abuelo se referirá específicamente a su nieta con el término *k-antsil mom* o *k-antsil mam,* formado de *antsil,* "mujer" y precedido de *k* que indica la primera persona del posesivo, igual que el padre se referirá específicamente a su hija con el término *k-antsil ničon* o *k-antsil nič'an*, formado de la misma manera. En cuanto término de designación, *mom* o *mam* puede significar, por lo tanto, "nieto", más específicamente de sexo masculino, de acuerdo con el contexto en que se emplee. En cuanto término de apelación, se aplica —cuando el nombre personal no lo ha sustituido por completo— tanto al nieto como a la nieta, si bien en una de sus formas de diminutivo que connotan afecto, tal como *momol* o *mamal*, "mi *mom*", *lol mamal*, "mi compañero *mam*", en Tenejapa, o *tut mam*, "pequeño *mam*", en Bachajón y entre los tzeltales septentrionales, como señala Sousberghe.

	Hombres	Mujeres	
Hijo de un hermano	ničon	its'in	Hijo de un hermano
Hijo	o nič'an	'ol	Hijo
Hijo de una hermana	o ičok ič'an	o 'Al	Hijo de una hermana
	Hombres	Mujeres	

Designación de los hijos

En las comunidades centrales y septentrionales, *mam* tiene con frecuencia un empleo recíproco. Sucede así en Cancuc, Oxchuc y Chanal, donde el término tzeltal *muk'ul tat*, en uso por todas partes, es desconocido, designa a la vez al nieto y al abuelo.[6] En las cercanías de Bachajón y en Bachajón mismo, el nieto se dirige al abuelo llamándolo *mamal, mamtik* (plural mayestático de *mam*), *loltik mamal* (*loltik*, plural mayestático de *lol*, compañero) o *loločtik*

---

6. Villa Rojas, Alfonso, MACAS, no. 7, colección de microfilms, Universidad de Chicago.

mamal (*loločtik*, plural mayestático de *lol* con duplicación enfática) o también *č'ič mam* (verosímilmente de *c'ič*, "sangre") si se trata del abuelo de más edad. En suma, en estas comunidades la terminología del parentesco parece revelar una estructura de dos generaciones alternas, reproduciendo la tercera a la primera y careciendo de términos de parentesco más allá de aquí.

Esta estructura, que no se presenta ni en la zona tzotzil ni en la mayor parte de la zona tzeltal, plantea un difícil problema, parte de cuyos datos ha reunido Sousberghe.[7] En efecto, si bien constituye una excepción en la región tzotzil-tzeltal, el empleo de *mam* en el sentido de "abuelo" y la alternancia de las generaciones que implica la reciprocidad de esos términos son características de numerosos grupos mayas. En los altos de Guatemala cercanos a la frontera chiapaneca, *mam* sirve para designar colectivamente a los viejos. Es equivalente de *tata*, con el que los tzotzil-tzeltales se refieren a todos los ancianos vivos de la comunidad. En la Huasteca se aplicaba indistintamente —y se aplica hasta ahora en la región de San Luis— a ambos abuelos.[8] Pero en el antiguo Yucatán, sólo se aplicaba al abuelo materno. Era empleado por el padre de la madre y por el hijo de la hija, lo mismo que por los aliados, para designarse mutuamente. El diccionario de Motul menciona además cierto número de términos que, como *mam*, tenían un empleo recíproco, y que daban testimonio de la alternancia de generaciones y de la identificación de las generaciones alternas, tanto en el interior como en el exterior de la línea.[9]

---

7. Sousberghe, L. de, y C. Robles Uribe, "Nomenclature et structure de parenté des Indiens Tzeltal", *L'Homme*, vol. II, no. 3, 1962. Empero, los autores cometen el error de considerar como característica de todas las comunidades tzeltales el empleo recíproco de *mam*, que de hecho sólo aparece en algunas de ellas.
8. Guiteras Holmes, Calixta, "Sistema de parentesco huasteco", *Acta Americana*, vol. VI, nos. 3-4, 1948.
9. Entre los términos citados por el diccionario de Motul, citemos:

zucun: hermano mayor y padre del padre;
ca-zucun: primo de más edad y bisabuelo;
idzin: hermanos menores y nietos de un hombre;

Es posible que entre los tzotzil-tzeltales, *mam* haya tenido, como entre los antiguos yucatecos, el sentido de "padre de la madre" y de "hijo" o "hijo de la hija" y que haya designado de una manera más general a todos los hombres externos al patrilinaje y situados en generaciones superiores o inferiores con los que Ego estaba emparentado por las mujeres. En igualdad de circunstancias, la identificación de generaciones alternas se habría hecho fuera de la línea y sólo fuera de la línea. Tal hipótesis amerita ser recordada tanto más cuanto que da cuenta de la tendencia aún señalada por Sousberghe entre los tzeltales septentrionales y centrales a llamar *mam* al hermano de la madre y al hijo de la hermana, y que justifica también ese otro empleo generalizado de *mam* en combinaciones diversas con *ni'al* y *kalib*, para designar respectivamente al suegro de un hombre y al suegro de una mujer, aun en las comunidades en que *mam* sólo se aplica a los nietos de un hombre.

Deberíamos admitir que al principio el abuelo paterno y el abuelo materno se distinguían terminológicamente, y que uno de los dos términos que los designaban eliminó en forma progresiva al otro al punto de entrañar una confusión total entre el padre del padre y el padre de la madre. Entre los tzeltales septentrionales y centrales, esta confusión se habría operado por la extensión del término *mam* ("padre de la madre") al abuelo paterno. En cambio, entre los tzotziles y los tzeltales occidentales y meridionales, se habría operado por la extensión del término *moltot, mukta tot* o *muk'ul tat* ("padre del padre") al abuelo materno.

Resultaría tentador ligar esta evolución —que, repitámoslo, sólo tiene valor hipotético— con el reciente proceso de disgregación de los grupos de ascendencia común, una de

ca-idzin: primo o prima más joven y bisnieto de un hombre;
icham: esposo;
ca-icham: abuelo de una mujer y nietos de una mujer o esposo de su nieta;
atan: esposa;
ca-atan: esposa del nieto de un hombre y madre de la madre de un hombre.

cuyas consecuencias mayores ha sido justo la confusión de las líneas por la bilateración introducida. Pero quedaría por explicar por qué ciertas comunidades extendieron el empleo de *mam* más que el de *muk'ul tat* (o *moltot* o *mukta tot*), y por qué otras lo hicieron de manera inversa. Además, el empleo recíproco de *mam* debería encontrarse lógicamente en las comunidades más desorganizadas, donde los clanes y los linajes se han hundido, donde los grupos de ascendencia común se han disuelto en familias nucleares y donde el padre ha perdido el control sobre los hijos casados. Ahora bien, es precisamente en comunidades como Cancuc, Oxchuc o Chanal, donde se ha resistido mejor a los cambios y donde los viejos disponen aún de una autoridad bastante amplia, donde el abuelo y el nieto se llaman recíprocamente *mam*.

En la categoría de ascendientes femeninos se manifiestan variantes igualmente notables. La madre es llamada *me'*, cuyo término correspondiente es *'ol* (tz.) o *'al* (tl.), "hijo de una mujer", y cuyo empleo se extiende a los hijos de la hermana —ya que los hijos del hermano son "hermanos jóvenes". Por lo que se refiere a la abuela, se trate de la madre del padre o de la madre de la madre, lo más frecuente es que se la llame *mukta me'* (tz.) o *muk'ul me'* (tl.), "gran madre", o aun *me'el*, término que se aplica a todas las mujeres viejas, y ella llama a sus nietos *il'ol* (tz.) o *il'al* (tl.). En Chalchihuitán y en Oxchuc,[10] se designa a la abuela con el término *yame'*, cuya construcción no podemos precisar, si bien una de sus raíces aparece en el término chamula equivalente *yaya*'. En Bachajón, se llamaría a la abuela con el término *čuču,* que se transforma en *me'ču* en Cancuc. Sin embargo, no hemos podido observar en parte alguna el uso de *čičil* en el sentido que le da el *Libro*. El término sigue existiendo, pero apenas se lo utiliza para designar eventualmente a la mujer del hermano de la madre, sobre todo en Oxchuc.

Entre los tzeltales septentrionales y centrales, *me'* es sustituido con frecuencia por *nan* y, en consecuencia, *muk'ul*

---

10. Villa Rojas, Alfonso, *op. cit.*

me' por *muk'ul nan*. Sousberghe, siguiendo la opinión de Romero Castillo que fue el primero que hizo esta observación, piensa que podría tratarse de un préstamo.[11] Considera que la prueba es que *me'* "es conocido en todas partes" y que "en la región en que *nan* = madre, como en Bachajón, las hermanas de la madre son llamadas con frecuencia *me'jun* = una madre, como en el resto del territorio tzeltal, siendo llamadas *nane* como la madre".[12] Esta afirmación se presta a discusión. En efecto, como *me'*, *nan* es conocido en todas las comunidades tzeltales, aun en aquellas en que no se emplea efectivamente este término. En Aguacatenango, donde la madre es indistintamente *me'* o *nan*, la abuela es llamada siempre *muk'ul me'*, y la hermana de la abuela, lo mismo que la hermana de la madre y la esposa del hermano del padre, *č'in nana*, "pequeña madre". Más que un préstamo, *nan* parece haber sido originalmente un término de apelación que se impuso en ciertas comunidades como término de designación; el carácter generalmente muy vago de la distinción entre términos de apelación y términos de designación bastaría para dar cuenta de esta modificación. En cualquier caso, lo cierto es que, en contra de lo que pretenden Romero y Sousberghe, la "área de *nan*" no se limita a San Carlos, Altamirano, Cibaca, Ocosingo y Bachajón. Prácticamente se confunde con la zona tzeltal.

Sin embargo, el modo de designación de los parientes colaterales es el que, explicando la observación de Remesal que citamos al iniciar el capítulo, confiere al sistema terminológico de parentesco su singularidad. En la segunda generación ascendente, el empleo del término referente al abuelo se extiende al hermano del abuelo, al hermano de la

11. Romero Castillo, Moisés, "Algunas observaciones sobre la dialectología tzeltal", *Anales del INAH*, t. XIII, 1960. Romero piensa que *nan* es un préstamo nahua. No se ve bien por qué vía se habría tomado este préstamo, dado que los tzeltales —a diferencia de los tzotziles— no parecen haber tenido contacto directo con los aztecas. Señalemos, por otra parte, que *nan* se encuentra con el mismo sentido en numerosos grupos mayas.

12. Sousberghe, L. de, y C. Robles Uribe, *op. cit.*, p. 111.

abuela y al esposo de la hermana del abuelo materno y de cualquiera de las abuelas. Así también, el empleo del término que se refiere a la abuela se extiende a la hermana de la abuela, a la hermana del abuelo materno y a la esposa del hermano del abuelo y de la abuela. En la primera generación ascendente, el término que designa al padre sirve para designar al hermano del padre y al esposo de la hermana de la madre, y el término que designa a la madre sirve también para designar a la hermana de la madre y a la esposa del hermano del padre. El tío paterno y el marido de la tía materna son "padres", en tanto que la tía materna y la mujer del tío paterno son "madres". De ahí se sigue que los hijos del tío paterno y de la tía materna se asimilen terminológicamente a los hermanos. El primo paralelo mayor es llamado en efecto *bankil* o *šimel* de acuerdo con el sexo de Ego, la prima paralela mayor es llamada *wiš*, sea cual fuere el sexo de Ego, y los primos y primas paralelos menores son llamados *its'in,* sea cual fuere su sexo o el de Ego.

Si, dentro del patrilinaje, los hombres son padres o bien abuelos de acuerdo con la generación en que se sitúan, las mujeres son terminológicamente remitidas a la generación de Ego y asimiladas a las hermanas mayores. La hermana del padre es llamada *wiš*, y la hermana del padre del padre, *mukta wiš* (tz.) o *muk'ul wiš* (tl.), "gran hermana mayor", o también *wiš me'el,* "vieja hermana mayor", lo mismo que la hija del hermano del padre del padre que, por ser una hermana mayor del padre, es también una hermana mayor de Ego. Para un Ego masculino, los hijos de la hermana del padre, es decir, los primos cruzados patrilaterales, son "hijos de hermana", *ičok* (tz.) o *ič'an* (tl.). Son clasificados con los hijos de la prima paralela ambilateral, pero se los distingue de los hijos del hermano y de los hijos del primo paralelo ambilateral, que pasan a la categoría de hijos, *ničon* (tz.) o *nič'an* (tl.). Por lo que se refiere a los hijos de los primos cruzados patrilaterales, se clasifican con los nietos de los hermanos y de los primos y primos paralelos en la categoría de nietos, *mom* (tz.) o *mam* (tl.).

Pero para un Ego femenino, los primos cruzados patrilaterales son hijos, *'ol* (tz.) o *'al* (tl.). Se clasifican con los hijos de la hermana, de la prima paralela ambilateral y del primo paralelo matrilateral —pues la hija de la hermana de la madre del padre es una "madre" y no una "hermana mayor". Si distinguen así de los hijos del hermano y del primo paralelo patrilateral que entran en la categoría de hermanos jóvenes ya que, al igual que la hermana del padre, la hija del hermano del padre del padre es una "hermana mayor" y no una "madre". Por lo que se refiere a los hijos de los primos cruzados patrilaterales, se clasifican en la categoría de nietos, *il'ol* (tz.) o *il'al* (tl.), que comprende, además de los nietos de la hermana a los de la prima paralela ambilateral y del primo paralelo matrilateral, así como a los hijos de la hija del hermano y de la hija del primo paralelo patrilateral. Pero los hijos del hijo del hermano y del hijo del primo paralelo patrilateral son "hermanos jóvenes" para la hermana del padre del padre y para la hija del hermano del padre del padre a la que llaman "hermana mayor".

En cambio, en el patrilinaje materno, todos los descendientes del hermano de la madre en línea masculina son remitidos terminológicamente a la generación de los padres. El tío materno es llamado con un término particular, *wom*, cuyo significado precisa el *Arte* —*"tío, hermano de mi madre"*— a fin de distinguirlo de *jun tot*, "un tío" sobreentendido, "hermano de mi padre". Los hijos del hermano de la madre, es decir, los primos cruzados matrilaterales, se llaman, de acuerdo con su sexo, *wom* o *me'*, "tíos" o "madres". Los hijos del hijo del hermano de la madre y los hijos del hijo del hijo del hermano de la madre siguen siendo "tíos" o "madres". Pero los hijos de la hija del hermano de la madre y los hijos de la hija del hijo del hermano de la madre se asimilan a los hermanos y sus hijos a los hijos de los hermanos, de acuerdo con el sexo de Ego.

En la actualidad, *wom* sólo se encuentra entre los tzotziles centrales de Chalchihuitán, Santa María y Santa Magdalena. En Aguacatenango, ciertos viejos recuerdan que antes el tío materno se distinguía del tío paterno por medio de un término que son incapaces de dar hoy en día. En la mayoría de las comunidades, el hombre y la mujer utilizan con respecto al hermano de la madre el mismo término que aquél usa respecto a los hijos de su hermana, *ičok* (tz.) o *ič'an* (tl.), por lo demás, la hija del hermano de la madre sigue siendo una "madre" como todos los descendientes femeninos en línea masculina del hermano de la madre. Al parecer, la nueva reciprocidad de *icok* o *ič'an* no afecta a la ·estructura del sistema a no ser en que ese término de empleo estrictamente masculino en su origen es utilizado ahora por el hombre y la mujer. En cambio, la evolución comprobada en Bachajón, tiene un significado muy distinto. En esta comunidad, el hombre y la mujer designan y llaman indistintamente al hermano de la madre *lekol mamal*, y al hijo del hermano de la madre *tut lol mamal* o también *mamuč*, a lo que se les responde generalmente por *mam* o *mamal*. Este empleo recíproco de *mam* entre el tío materno y el sobrino o la sobrina uterino que tiende a confundir la relación hermano de la madre-hijo de la hermana con la relación abuelo-nieto, constituye un nuevo ejemplo de conversión de un término de apelación en término de designación. En Cibaca, comunidad vecina a Bachajón, no se utiliza *mam* recíprocamente en la relación avuncular sino como término de apelación, el tío materno y el sobrino o la sobrina uterino siguen designándose como *ič'an*. Lógicamente esta evolución, si se precisara, conduciría al hombre a asimilar la descendencia colateral cruzada de la primera generación con la descendencia colateral paralela de la segunda, y a identificar a los primos cruzados patrilaterales no ya a los hijos de la hermana sino a los nietos.

Es importante señalar aquí que los parientes políticos se distinguen terminológicamente de los dos conjuntos de primos. La esposa es llamada *ahnil* (tz.) o *ihnam* (tl.), en tanto que el esposo es llamado *malal* (tz.) o *mamal* (tl.). Al padre de la esposa se le llama *ni'al mamal* o *mammani'al*, y a la madre de la esposa *ni'al me'el* o *me'ni'al*, el término correspondiente es *ni'al*, "yerno", al que el *Arte* añade el sentido de "consuegros", es decir, padres del esposo —padres de la esposa. El padre del esposo es llamado *kalib mamal* o *mamalib*, y la madre del esposo *kalib me'el* o *me'lalib*, el término correspondiente es *kalib*, "nuera".

El cónyuge del hermano y el hermano del cónyuge del

sexo opuesto al de Ego son llamados *mu*. Así, pues, *mu* es la cuñada de un hombre —hermana de la esposa o esposa del hermano— y el cuñado de una mujer —hermano del esposo o esposo de la hermana. En cambio, *bol* (tz.) o *bal* (tl.) sólo es empleado por el hombre para designar a su cuñado —hermano de la esposa o marido de la hermana—, lo mismo que *jowon* (tz.) o *jawan* (tl.) sólo es empleado por la mujer para designar a su cuñada —hermana del marido o esposa del hermano. La extensión de estos términos de alianza es obligada por la de los términos de parentesco. Así, Ego llamará "cuñado" o "cuñada" al cónyuge de todos los parientes a los que llama "hermano" o "hermana", lo mismo que a todos los parientes del cónyuge que éste llama "hermano" o "hermana". El Ego masculino extiende el empleo de *bol* o *bal* al esposo de la hermana del padre, al hijo del hermano del padre —o de la hermana de la madre— de la esposa, y al hijo del hermano de la esposa. El Ego femenino extiende el empleo de *jowon* o *jawan* a la esposa del hijo del hermano, a la hija del hermano del padre —o de la hermana de la madre— del esposo y a la hermana del padre del esposo. Por lo que se refiere a *mu*, el hombre extiende su empleo a la hermana del padre de la esposa, a la hija del hermano del padre —o de la hermana de la madre— de la esposa y a la hija del hermano de la esposa; y la mujer al esposo de la hija del hemano, al esposo de la hermana del padre y al hijo del hermano del padre —o de la hermana de la madre— del esposo.

Resumamos las características fundamentales de tal sistema:

a) Identificación de los primos paralelos con los hermanos;

b) Confusión de todas las mujeres de las generaciones ascendientes en el patrilinaje, que son remitidas a la generación de Ego, y distinción entre la hermana de la madre, que es una "madre", y la hermana del padre, que es una "hermana mayor" —los primos cruzados patrilaterales son "hijos de hermanas", es decir, para el hombre "sobrinos" y para la mujer "hijos";

c) Distinción entre el hermano del padre que es un "padre" y el hermano de la madre que es un "tío", y confusión de todos los descendientes directos en línea masculina de este último, que son remitidos a la generación de los padres —los primos cruzados matrilaterales son "tíos" o "madres", de acuerdo con su sexo;

d) Distinción entre los dos conjuntos de primos y parientes políticos.

Pero la singularidad mayor de este sistema no proviene de que agrupe a los hijos del hermano de la madre con los hermanos de la madre, y a los hijos de la hermana del padre con los hijos de la hermana, como todos los sistemas de tipo omaha. Su singularidad proviene de que tiende justo a modificar ese modo de designación de los primos cruzados particular de los sistemas omaha, y de que en ciertas comunidades está sometido a cambios que operan en relación con el arreglo de la estructura de los grupos de ascendencia común.

Se comprenderá mejor el interés que presentan los cambios de tal sistema si se recuerda que la literatura antropológica parece dar crédito a la idea de que los sistemas omaha "no cambian". Así, Margaret Mead, quien trabajó entre los omaha propiamente dichos, observa que el "sistema de parentesco que se recogió con todo cuidado hace cuarenta años, sigue en uso sin que haya cambiado ningún detalle", aunque entretanto la tribu se haya dispersado y se haya hundido la organización en clan y en linaje.[13] Entre los fox, Sol Tax comprobó que los grupos de ascendencia común se han descompuesto en unidades familiares restringidas, exógamas y completamente bilaterales, si bien la terminología de parentesco no se modificó por ello.[14] Al trazar la evolución de la organización de los osage, Betty Nett evoca por su parte la reciente tendencia a la neolocalidad, al

---

13. Mead, Margaret, *The changing culture of an Indian tribe*, Nueva York, 1932, p. 79.
14. Tax, Sol, "The social organization of the Fox Indians", en Fred Eggan, *Social anthropology of North American tribes*, Chicago, 1937.

EL PARENTESCO

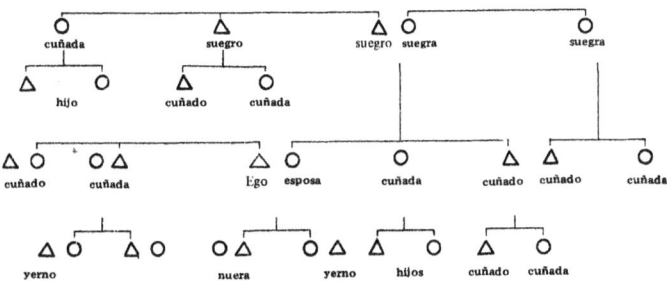

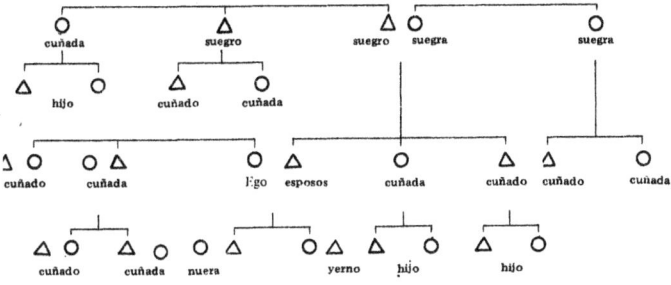

216 ORGANIZACIÓN SOCIAL

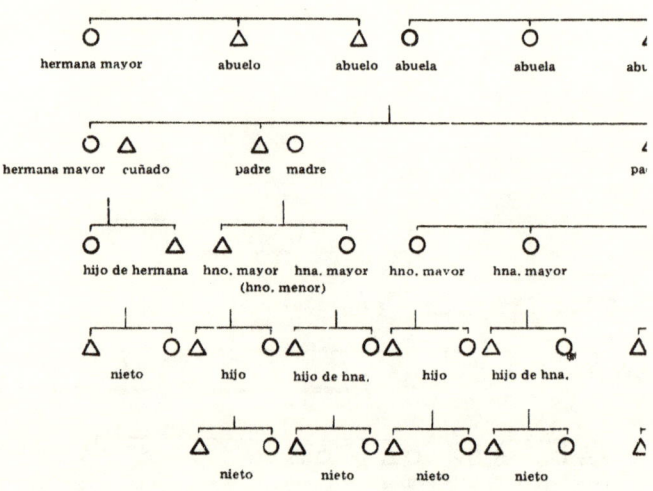

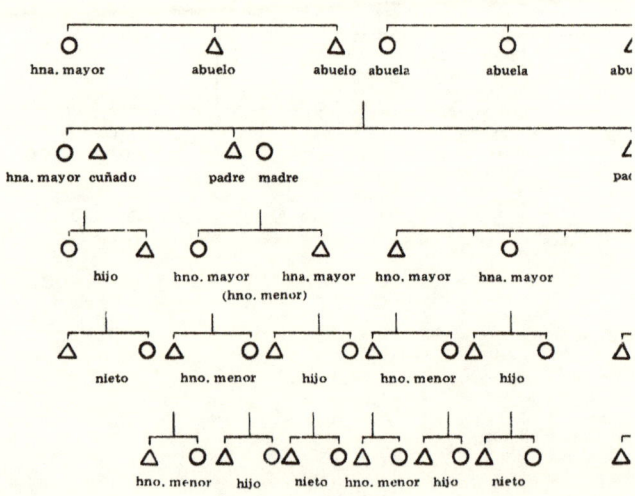

EL PARENTESCO

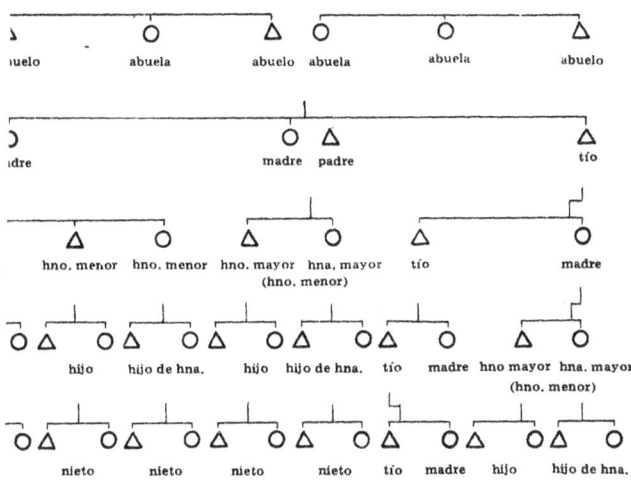

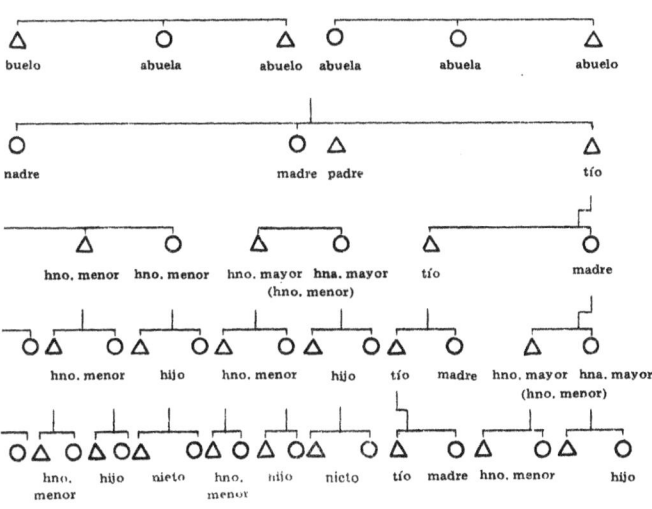

abandono de la exogamia de linaje y a la desaparición de la relación privilegiada con el hermano de la madre, pero no descubre en la terminología más que cambios menores, tal como la confusión de los hermanos, abstracción hecha de la mayor edad, la conversión de términos de apelación de los parientes en términos de designación o la ambigüedad y las variaciones de los términos que se refieren a los hermanos de los abuelos.[15]

El sistema terminológico tzotzil-tzeltal constituye pues un ejemplo único en muchos respectos del sistema omaha en proceso de cambio. Como ya habíamos sugerido, esos cambios parecen haber afectado en primer lugar a los términos que se refieren al hermano de la madre y a los primos cruzados matrilaterales. El tío materno, el hijo del tío materno y el hijo del hijo del tío materno son en la actualidad, para los hijos de la hermana, los hijos de la hermana del padre y los hijos de la hermana del padre del padre, *ičok* o *ič'an* y a la inversa. Esta tendencia a designar a los primos cruzados matrilaterales de la misma manera que a los primos cruzados patrilaterales se precisa en Oxchuc, por ejemplo, donde en ciertos parajes la hija del hermano de la madre sigue siendo una *me'*, en tanto que en otros se ha convertido como su hermano en una *ič'an*. La extensión del término *ič'an* no sólo al hijo sino también a todos los hijos del tío materno es más importante de lo que parece a primera vista. Implica en especial el deslizamiento de los primos cruzados matrilaterales de la primera generación ascendiente a la primera generación descendiente. Sin embargo, Villa Rojas a quien debemos esta información sobre Oxchuc[16] no dice si los hijos del hijo del hermano de la madre y los hijos de la hija del hermano de la madre se distinguen aún, o si ya se confunden e identifican con los hijos de los primos cruzados patrilaterales, como sucede en Chanal, donde el paralelismo entre la descendencia de la tía paterna y la del tío materno es perfecto.

15. Nett, Betty, "Historical changes in the Osage kinship system", *Southwestern Journal of Antropology*, no. 8, 1952.
16. Villa Rojas, Alfonso, *op. cit.*

La identificación de los primos cruzados matrilaterales con los primos cruzados patrilaterales es característica de la confusión de las líneas y de la orientación bilateral que ha seguido la organización social tras el hundimiento de los clanes y linajes patrilineales. Pero también podría ser muy bien la consecuencia de una tentativa de reorganización de los grupos de ascendencia común emprendida de acuerdo con el principio del intercambio de las hermanas o del matrimonio de primos. Podemos suponer que si el hermano de la madre es en la actualidad designado de la misma manera que el hijo de la hermana, ello se debe a que la abuela materna es la hermana del abuelo paterno. Es verdad que en ninguna parte hemos encontrado el término *wiš* aplicado a la madre de la madre. Pero el modo de designación del tío materno y de los primos cruzados matrilaterales recogido en Chanal,[17] nos autoriza a retener esta hipótesis. En esta comunidad, el hermano de la madre es identificado con el hermano del padre. Sin embargo, sus hijos se asimilan terminológicamente a los primos cruzados patrilaterales y no a los primos paralelos. Si así es, ¿no se deberá a que la esposa del hermano de la madre es también la hermana del padre? Entre el número de términos por los que puede llamarse a la mujer del tío paterno figura el de *wiš*, tanto en Chanal mismo como en ciertas comunidades vecinas.

La práctica, por limitada que sea en realidad, del intercambio de hermanas o del matrimonio entre primos que se habría impuesto a fin de conservar un mínimo de cohesión a los grupos de ascendencia común, habría ejercido una fuerte presión sobre la terminología, al grado de eliminar de ésta los términos *wom* y *me'* aplicados a los hijos del hermano de la madre. El tabú del incesto se extiende en general a todos los parientes llamados por el mismo término que el pariente primario sexualmente prohibido, y por ello el hijo o la hija del tío materno, convertidos en posibles cónyuges, no habrían ya podido ser llamados un "tío" o "madre". Sin introducción de la unión de preferencia entre primos cruzados como reacción a la desorganización de los clanes y de

17. RMNP.

los linajes, es probable que la terminología del parentesco tzotzil-tzeltal no hubiera cambiado más que las de los omaha, los fox y los osage, ya que, como lo indica el estudio de esos grupos, nada se opone al mantenimiento de una terminología tipo omaha en una sociedad en gran parte bilateral y que reposa por completo en unidades familiares restringidas.

Hemos señalado que en Chanal, se identifica al tío materno con el tío paterno. Cuando menos en dos comunidades, en Chamula y en Aguacatenango, no sólo se confunde al hermano de la madre con el hermano del padre, sino también a la hermana del padre con la hermana de la madre. Todos los descendientes del hermano de la madre y todas las mujeres de las generaciones ascendientes del patrilinaje se asignan terminológicamente al nivel generacional que les corresponde, así la hermana del padre del padre es una "abuela" y la hija del hermano del padre del padre una "madre". De ahí se sigue que los primos cruzados de ambos lados se confundan con los primos paralelos y que toda distinción entre primos y hermanos quede abolida. En Chamula, los hijos de la hija de la hermana del padre y los hijos de la hija del hermano de la madre son llamados igual que los hijos de la hija del hermano del padre o de la hermana de la madre. Para un Ego masculino son *ičok*, "hijos de hermana". Para un Ego femenino son *'ol*, "hijos". Por lo que se refiere a los hijos del hijo de la hermana del padre y a los hijos del hijo del hermano de la madre, se les llama como a los hijos del hijo del hermano del padre o de la hermana de la madre. Para un Ego masculino son *ničon*. Para un Ego femenino son también *ničon* y no *its'in*, ya que la hija del hermano del padre del padre o la hermana del padre del padre ha dejado de ser una *wiš* para convertirse en una *me'*.

El sistema chamula opera en un sentido horizontal. Clasifica al conjunto de parientes de acuerdo con el criterio de la generación, pero confunde el orden de las líneas ya que distingue aún a los hijos del hermano de los hijos de la hermana. En cambio, el sistema en vigor en Aguacatenango opera en el sentido vertical. Distingue el orden de las líneas, pero ignora las generaciones y clasifica a los parientes de acuerdo con el criterio de mayor edad. En la primera generación ascendente, los parientes más jóvenes que el padre o la madre de Ego se clasifican con los hermanos, el hermano menor del padre o de la madre resulta un "hermano mayor" y la hermana menor del padre o de la madre una "hermana mayor". Los parientes más viejos que el padre o la madre de Ego se clasifican con éstos, el hermano mayor del padre o de la madre es un "padre" y la hermana mayor del padre o de la madre una "madre". En la segunda generación ascendiente, los parientes más jóvenes que los abuelos se clasifican con el padre y la madre, y los parientes mayores que los abuelos se clasifican con éstos. En el nivel de las generaciones descendientes, se llama a los hijos *nič'an* o *'al* y a los nietos *mam* o *il'al* según el sexo de Ego, en tanto que los hijos y los nietos de los hermanos y de los primos son llamados *its'in* sea cual fuere el sexo de Ego, y clasificados en consecuencia con los hermanos jóvenes.

En esas dos comunidades de Chamula y Aguacatenango, la terminología al bilateralizarse tiende a la vez a reducirse y a extenderse. A reducirse, porque el nuevo modo de designación de los parientes opera una economía de términos, ya sea que el pariente de más edad emplee el nombre del pariente más joven al que se dirige, ya sea que parientes que antes se distinguían se confundan ahora terminológicamente, ya sea también que la mujer emplee términos estrictamente masculinos en su origen.[18] En definitiva, basta un número reducido de términos para designar al conjunto de parientes. Pero el empleo de esos términos, que estaba limitado a la familia extensa o al linaje, se extiende ahora al grupo vecino y aun al conjunto de la comunidad. Así, *tot* o *tat* se aplica en la actualidad a todos los hombres de la generación del padre o mayores que él, en tanto que *bankil* se aplica a todos los hombres más jóvenes que el padre pero mayores que Ego. Lo mismo sucede con *me'*, que se aplica a todas las mujeres de la generación de la madre ·o mayores

---

18. Tal es el caso de *bankil* que actualmente designa en Chamula al hermano mayor de un hombre o de una mujer.

que ella, en tanto que *wiš* se aplica a todas las mujeres más jóvenes que la madre pero mayores que Ego. El sistema terminológico actual permite aprehender a la totalidad de los miembros de la comunidad con ayuda de un solo marco de referencia basado en el criterio de mayor edad y de generación.

LAS RELACIONES DE PARENTESCO

Las modificaciones de la terminología que acabamos de definir suponen cambios en el sentido y en el contenido de las relaciones que esos términos recubren (aunque lo contrario no sea siempre cierto). Pero los cambios más antiguos y sin duda más significativos se nos escapan. Así, la relación entre el tío materno y el sobrino uterino, identificada con la relación entre el hermano del padre y el hijo del hermano, debió distinguirse antes sin que se sepa en qué consistía esta distinción. Los cambios que estudiamos aquí no representan, pues, más que una parte de los cambios que han intervenido en el conjunto del sistema de relaciones de parentesco, al nivel de las actitudes y de los comportamientos interpersonales.

1. *La relación esposo-esposa.* Para los tzotzil-tzeltales, el buen marido es el que "sabe trabajar" y nunca deja a su mujer sin comida. En efecto, la mujer espera su subsistencia del marido, aun en las comunidades como Chamula, donde la división de tareas en el seno de la familia le asigna una función económica importante y relativamente independiente de la del hombre. El dinero obtenido con el trabajo de la mujer puede servir para comprar vestidos, trastes o cualquier otro objeto de uso doméstico. Pero nunca se utiliza para comprar alimentos, ya que "la esposa debe comer el maíz y los frijoles de su marido".

A cambio de la comida que recibe, la mujer debe dar descendencia a su marido. La buena esposa es sobre todo la esposa fecunda. Las cualidades de administradora de la mujer, su humildad, su sumisión, su obediencia no son sin embargo despreciables. Pero en la jerarquía de cualidades en función de las cuales se valora a una esposa, vienen después de la capacidad de reproducción, sobre la cual la mujer otorga a su esposo un derecho absoluto en el matrimonio. El "contrato matrimonial" se basa en esta ecuación comida = descendencia. La mujer sin hijos puede ser abandonada por su marido, así como el hombre sin comida puede ser abandonado por su mujer. Pero los lazos afectivos entre los esposos, aunque rara vez se exteriorizan, pueden ejercer una influencia estabilizadora sobre la pareja sin hijos. Llevan a veces al hombre, cuya esposa es estéril, a conservarla aunque le añada una coesposa. Cuando las coesposas son hermanas —que es lo más frecuente— comparten la misma vivienda. En cambio, cuando no tienen ninguna relación de parentesco, se establecen en dos viviendas vecinas que constituyen dos hogares distintos entre los cuales alterna el marido. El hombre debe tener entonces cuidado de no tomar más alimentos ni pasar más noches con una que con otra, de no dar pruebas de favorecer a la primera sobre la segunda y, sobre todo, de no inmiscuirse en sus pleitos, lo que no dejaría de operar en contra suya la unión de sus coesposas.

Pero la poliginia, sea o no de hermanas, es desaconsejable por lo común, porque atenta contra la autoridad del marido —según los tzotzil-tzeltales el hombre no tiene capacidad para gobernar a dos mujeres a la vez. Esta autoridad marital, expresamente admitida y cuya ausencia se convierte con frecuencia en ridículo, cuando no se la atribuye a un maleficio, supone la condición subordinada de la esposa. En efecto, la mujer debe obedecer a su marido. De acuerdo con una expresión común, debe considerarlo como un padre y un hermano mayor. Además puede experimentar el poder disciplinario que él tiene sobre ella en caso de falta grave a su respecto.

Sin embargo, la autoridad marital no está tan firmemente establecida como pretenden los maridos tzotzil-tzeltales. La relación con la esposa está impregnada de una profunda ansiedad que se expresa por el temor a la castración, a la putrefacción del penis y, con mayor frecuencia, a la pérdida de la virilidad. Esta ansiedad es engendrada por la agresividad sexual que los hombres reconocen en las mujeres y de la que éstas dan efectivamente pruebas en su comportamiento. "Todas las mujeres son más o menos *špakinte*", dicen gustosamente los chamulas. Se refieren a esta aparición femenina extraordinariamente bella que se manifiesta de noche en la selva para seducir a los hombres que se retrasan o matar a los que no logra seducir. Por medio de las experiencias sexuales que les ofrece, la *špakinte* reduce a sus víctimas al estado de sonámbulos. Los hace apegarse a su persona y se sirve de ellos como esclavos. Se representa a las mujeres, a imagen de la *špakinte,* como seres naturalmente seductores, dominantes y, en consecuencia, peligrosos, cuya sexualidad corrompe la voluntad y aniquila la autoridad masculina.

La reserva, hasta la desconfianza, con la que considera la sexualidad femenina, lleva al hombre a los celos, a la sospecha, a la duda, ya que teme que su esposa, sexualmente insatisfecha,[19] buscará amantes. El adulterio, sea cometido por el marido o por la mujer, es condenado con igual rigor. Pero resulta revelador que siempre se impute a la mujer la iniciativa y la responsabilidad, y que el amante aparezca como víctima —voluntaria, es verdad, pero víctima de cualquier modo— de su amasia, más que como su cómplice.

La modificación de la condición de la mujer dentro de la pareja parece aumentar la angustia masculina, en la medida en que el hombre tiende a "sexualizar" todas las relaciones conyugales y a considerar las iniciativas de su esposa como otras tantas pruebas de infidelidad con respecto a él. Esta modificación de la condición de la esposa que tiende a reequilibrar la relación esposo-esposa, es consecuencia de di-

---

19. Resulta curioso comprobar que la creencia de los tzotziltzeltales acerca de la insatisfacción sexual de sus mujeres coincide con la de los ladinos de San Cristóbal, que presentan las violaciones rituales de indias a las que se entregan casi como empresas caritativas, destinadas a "compensar las insuficiencias" de los maridos indígenas.

EL PARENTESCO

versos cambios. El desarrollo de la neolocalidad, por ejemplo, da a la esposa, que era objeto de una estrecha vigilancia por parte de su suegra cuando vivía con los padres de su esposo, una mayor autonomía, a la vez que responsabilidades más amplias. La extensión del trabajo temporal, que moviliza cada año durante largos meses una parte importante de la población masculina, la hace asumir las funciones del jefe de familia durante la ausencia del marido. Por último, el aumento de sus actividades económicas, el dinero que obtiene con la venta de su producción, la parte que toma en los intercambios, sin contar los bienes que pueda recibir de sus padres donde la herencia es bilateral, le permiten afirmar en contra de su marido una independencia que no es necesariamente "culpable", pero cuyas consecuencias sobre la estabilidad del matrimonio son siempre graves −como ya hemos visto.

2. *Las relaciones padres-hijos.* Tres o cuatro meses después de la concepción, cuando apenas se ha confirmado el embarazo, se considera ya al niño como un ser distinto a sus padres: dotado de su propio *č'ulel*, ha tomado ya posesión de su individualidad. Pero se reconoce explícitamente que el desarrollo ulterior del niño no es tanto el fruto de una profundización de esta individualidad, como el producto de la influencia y del condicionamiento ejercido en diferentes niveles por el medio familiar.

En general, los hombres desean como primer hijo a un niño que los ayude en sus trabajos agrícolas. Las mujeres prefieren tener un hija sobre la que descargarán parte del cuidado de la casa. Pero sea niño o niña, el primer hijo es siempre bien recibido. Su primera infancia está totalmente dominada por la presencia materna. La madre es la única que se encarga del infante. Nunca se separa de él. De día, lo lleva sobre la espalda o la cadera envuelto en un rebozo; de noche, lo acuesta a su lado o sobre su pecho. Atenta a sus menores llantos, lo cambia y le da de comer cuando lo pide. El hombre sólo empieza a interesarse en su descendencia a partir del momento en que el niño, una vez destetado y capaz de caminar, empieza a aflojar su dependencia tanto física como afectiva hacia su madre. Es revelador al respecto que el término '*olol,* indistintamente empleado por el hombre o la mujer para designar a su hijo pequeño, esté formado de '*ol,* "hijo de mujer".

Desde que el niño puede caminar y tomar los mismos alimentos que sus padres, se le viste con un traje que es la réplica exacta del que llevan los hombres o las mujeres de su comunidad. La integración precoz al grupo sexual y la separación de sexos que de ello resulta son tanto mayores cuanto que la educación la da casi exclusivamente el padre del mismo sexo y el de sexo opuesto sólo interviene de manera indirecta. La madre enseña a la hija las diversas actividades domésticas, de modo que a los seis o siete años, una niña es ya capaz de lavar los platos, de barrer el piso de la casa, de ocuparse de sus hermanos menores. Por su parte, el padre lleva a su hijo a sus ocupaciones, sea al mercado, sea a los campos, y lo inicia en los trabajos agrícolas. En sus ratos perdidos, confecciona para él hondas o diversos útiles de labranza, proporcionados a su tamaño, que le sirven de juguetes y gracias a los cuales podrá ejercitar su habilidad. Así, un niño de diez u once años es capaz de prestar apreciables servicios a su padre, lo mismo que una ayuda efectiva durante la siembra y la cosecha.

Los juegos infantiles son raros y el aprendizaje de los papeles masculinos y femeninos se realiza casi exclusivamente por un proceso de imitación que estimula el otorgamiento de responsabilidades reales y que sancionan la alabanza en caso de éxito, a veces el regaño y muy raramente el castigo en caso de fracaso. Ese aprendizaje reviste un carácter a la vez individualista y no competitivo. La destreza, la habilidad, la adquisición de aptitudes personales y el desarrollo del espíritu de iniciativa y de empresa son altamente valuados. Sin embargo, la emulación, aunque no esté prohibida, sólo se expresa por un cierto número de vías limitadas.

A partir de la adolescencia, tienden a invertirse las relaciones madre-hija y padre-hijo. La hija, que estaba subordinada a la madre, tiende a convertirse cada vez más en su compañera. En cambio, el hijo, que estaba íntimamente asociado al padre, tiende a establecer relaciones mucho más distantes con él. Aprenderá a mostrarle respeto. Evitará en su presencia las palabras demasiado familiares. Sólo hablará con moderación en el tono y en la expresión. El padre invitará con mayor frecuencia al hijo a beber en su compañía y a tomar sus alimentos cerca de él, sentado en un taburete, distinguiéndolo así de sus hermanas y hermanos menores que comen todavía con la madre, acuclillados en torno al hogar. Pero responderá a su mayor discreción con una reserva aún mayor que llevará al adolescente a hacerse completamente cargo de sí mismo. La llegada a la edad adulta, consagrada después por el matrimonio, supone un individualismo dilatado.

El proceso de interacción constante por el cual el hijo realiza su identificación con el padre y la hija con la madre, es concebido como un fenómeno de transmisión unívoca de padres a hijos, de consecuencias aún mayores. Así, se dice que los padres que "no saben trabajar" no pueden legar a sus hijos el arte del trabajo, lo mismo que los padres que "no quieren trabajar" no pueden legar a sus hijos el gusto por el trabajo. Lo mismo que las aptitudes, las cualidades y defectos individuales son en su mayor parte hereditarios. Si un hombre es perezoso, su padre lo era también; si un hombre bebe,[20] su padre bebía también; si un hombre se va a las plantaciones —que en todas partes es señal de "mala vida", aun en las comunidades de las que proviene la mayor parte de la mano de obra temporal—, su padre lo hacía también.

Pero los ascendientes no sólo tienen una responsabilidad social y moral hacia sus descendientes; también tienen hacia ellos una responsabilidad espiritual. Por su piedad, su devoción, su buena conducta, los padres garantizan la salud de sus hijos. En efecto, la enfermedad de los niños es imputada siempre a la violación de una prohibición, a un pecado o a una falta de los padres. Los padres de niños que caen con

---

20. Entendemos con ello el consumo solitario y privado de alcohol, que es severamente censurado, y no el consumo público o ceremonial de *poš*, que no sólo es algo valioso sino aún obligatorio.

frecuencia enfermos son considerados como "gente mala". A la inversa, la "gente buena" no tiene niños enfermos. Sin embargo, si los padres tienen social y moralmente la responsabilidad de sus hijos del mismo sexo, espiritualmente tienen la de sus hijos del sexo opuesto. El padre transmite sus aptitudes y sus cualidades o sus defectos a su hijo, pero sus acciones repercuten sobre su hija. Del mismo modo, la madre transmite sus aptitudes y sus cualidades o defectos a su hija, pero sus actos repercuten sobre su hijo. Cuando un joven cae enfermo, el curandero no tratará al paciente sino a su madre, cuya mala conducta es el origen de la enfermedad.

Esas responsabilidades, que se basan en el principio de la continuidad del linaje, implicaban antes una responsabilidad igual de los hijos hacia los padres. El derecho exclusivo de que gozaban los hijos sobre los bienes de sus padres los obligaba a respaldar sus compromisos hasta sus últimas consecuencias. Ya no sucede así ahora cuando los hijos que llegan a la edad adulta no se sienten obligados hacia sus padres. Resulta revelador al respecto el que si un hombre puede vengarse aún de su ofensor en sus hijos jóvenes, el hijo adulto rara vez tiende a vengar a su padre. La responsabilidad colectiva de los miembros del grupo familiar sólo se establece en un sentido único: de los padres hacia los hijos, a tal grado que —como ya hemos señalado— ciertos viejos, que ya resultan improductivos, se ven totalmente abandonados por su descendencia.

3. *Las relaciones entre hermanos.* La integración precoz del niño en su grupo sexual no favorece el desarrollo de las relaciones entre hermanos del sexo opuesto. Desde su más temprana edad, el hermano y la hermana están situados en dos universos que sólo en ocasiones se interpenetran. Cuando niños, no tienen la menor posibilidad de jugar juntos, pues si bien los niños disponen de tiempo libre, sus hermanas cargan ya con responsabilidades domésticas que las tienen ocupadas cerca de la madre durante la mayor parte del día. Cuando adolescentes, se ven restringidos por el aprendizaje de sus papeles a una mayor reserva mutua. El hermano

debe guardarse de cualquier actitud equívoca y de todo propósito frívolo en presencia de su hermana y ésta aprende a respetar las iniciativas que su hermano está llamado a tomar en su esfera de actividad. Uno y otra no pueden tener un diálogo sin exponerse a vivas reprimendas. Por lo demás, tienden a evitarse en la medida en que se los permite su estrecha vivienda y la promiscuidad de la vida familiar, si bien se dan muestras de la consideración que el mayor espera del menor y el hombre de la mujer.

La hermana mayor se encuentra empero en una situación particular. Toma parte activa en la crianza de sus hermanos menores. Esta función, llamada *yahčipum,* de nana o más bien de "ayuda doméstica", que ejerce desde la edad de seis o siete años, hace de la hermana mayor el objeto de una carga afectiva especial. El lazo anudado en la primera infancia entre la hermana mayor, por una parte, y la hermana o sobre todo el hermano menor por la otra, se perpetúa con mucha frecuencia después de la adolescencia y aun tras el matrimonio. Pero si como lo quiere un dicho corriente, todo hombre tiene dos madres, su progenitora y su hermana mayor, toda mujer tiene dos padres, su progenitor y su hermano mayor. En un sentido, este paralelismo es equívoco, ya que en la relación entre hermanos, la hermana mayor aparece como colaboradora de la madre, a la que descarga de una parte de sus actividades, en tanto que el hermano mayor sólo parece ser un sustituto virtual del padre, cuyas funciones y autoridad no comparte normalmente. Además, la relación hermano mayor-hermana menor sólo se singulariza en el momento en que la relación hermana mayor-hermano menor tiende justo a confundirse con las otras relaciones entre hermanos, es decir, en el momento de la adolescencia. Sólo cuando el padre empieza a considerarlo como un adulto, exige y recibe el muchacho un tratamiento particular de su hermana menor.

En ausencia del padre y, en particular, a su muerte, el hermano mayor hereda todas las prerrogativas del jefe de familia. Si bien no puede chocar de frente con la madre, ya que la desaparición del marido refuerza su autoridad, será él quien arregle los matrimonios de sus hermanas menores;

recibirá las prestaciones en especie o en trabajo de sus cuñados; defenderá a sus hermanas contra sus maridos o sus suegros. Cuando aún es joven y la solidaridad familiar sigue siendo fuerte, podrá pedir el consejo y recibir ayuda y asistencia material de su tío paterno. Pero lo más frecuente, es que huérfanos de doce o trece años se hagan solos cargo de su familia y subvengan las necesidades de su madre y de sus hermanos menores cultivando los campos familiares o trasladándose a trabajar a las plantaciones.

La identificación de la hermana mayor con una "segunda madre" y del hermano mayor con un "segundo padre" se acusa tanto más cuanto que, dado el hundimiento de los grupos de ascendencia común, los papeles del padre y de la madre no pueden ser transferidos ya al exterior de la célula familiar (por ejemplo, a un tío o a una tía), y ésta está obligada a funcionar por sí misma, por amputada que esté. Esta identificación tiende a borrar la separación fundamental entre padres e hijos. En efecto, éstos parecen estar menos separados por una generación que integrados en un *continuum* de edad dentro del cual los miembros de la familia se jerarquizan en función de su mayor edad. Tal jerarquización tiene una doble consecuencia. Por una parte, reduce ciertas tensiones entre padres e hijos; no pueden presentarse los conflictos llamados "de generación". Pero, por la otra, afecta las relaciones entre hermanos a las que da un carácter altamente competitivo.

Si bien es verdad que la rivalidad entre hermanos es universal y se manifiesta en cualquier lugar en que la madre cría más de un hijo a la vez, aquí revela formas agudas que se enraizan por lo demás en un viejo fondo cultural maya.[21] Una versión local cristianizada del *Popol Vuh* presenta a Jesús en lucha con su hermano mayor que, aliado a los judíos, intenta asesinarlo. Jesús logra librarse de él atrayéndolo hacia la copa de un gran árbol y transformándolo allí en mono. En los mitos, las leyendas y los sueños, el

---

21. Paul, Benjamin, "Symbolic sibling rivalry in a Guatemalan Indian village", *American Anthropologist*, vol. LII, no. 2, 1950.

hermano mayor aparece siempre como un personaje perezoso, avaricioso y violento o como el usurpador de los atributos paternos, de los que se sirve para tiranizar a sus hermanos menores. Pero el hermano menor opone a su violencia la astucia, cuyo triunfo provoca o la muerte o el exilio del tirano.

Aunque los padres no manifestaran ninguna preferencia hacia uno u otro de sus hijos, la organización familiar haría que el mayor, de *status* más avanzado, se sintiera frustrado en cuanto al afecto. A los dos años debe ceder el seno materno al hermano menor que acaba de nacer. Algunos años después, tiene que ayudar al padre de su sexo en sus actividades. En cambio el menor y, sobre todo, el benjamín, el *koš* (tz.) o *šut* (tl.) es destetado mucho después. Su madre lo alimenta hasta los cuatro o cinco años. A la edad en que sus mayores trabajan ya, él todavía puede estar sin hacer nada en la casa o jugar dentro del recinto doméstico. Hace el aprendizaje de su papel mucho más tarde que sus otros hermanos o hermanas, lo que le permite tener una "infancia" en el sentido occidental del término y ahora hasta una "instrucción", ya que los padres están más dispuestos a mandar a la escuela al último y no al primero de sus hijos.

Inconscientemente, los padres son más exigentes y más reservados con los mayores, y más tolerantes y afectuosos con los menores. La forma en que distribuyen su afecto podría explicar el comportamiento antagonista de los hermanos. Ese comportamiento se exterioriza de una manera particularmente brutal con motivo de las sucesiones. En teoría, todos los hijos tienen derechos iguales sobre las tierras y los otros bienes de sus padres. Pero desde que esos derechos dejaron de ser indivisos, existen posibilidades de preferencia que despiertan esperanzas, suscitan temores y provocan esfuerzos a fin de ser el preferido. Cuando el padre da un campo mejor situado, mejor regado o más cercano a uno de sus hijos, los otros protestan de inmediato ante las autoridades comunitarias y lo acusan de violar la regla de igualdad en las reparticiones. Los litigios de este tipo, que comprometen a tal grado las relaciones fraternas que las partes en cuestión recurren con frecuencia a la magia para enderezar el agravio que consideran haber recibido, son especialmente numerosos en Chamula, donde parece además que la división de cada una de las parcelas que constituyen la herencia en tantas fracciones como derechohabientes haya,. no ha podido reducir el temor a ver que un hermano o una hermana resulte más favorecido que uno mismo en el reparto.

4. *Las relaciones de alianza.* El hombre y la mujer están de acuerdo en reconocer que la relación con los suegros es siempre delicada. El hombre se acerca a su suegra con mucha deferencia. Le habla volviendo la vista y empleando ese tono agudo de voz en el que se desarrollan todas las conversaciones entre personas que se deben respeto mutuo. La mujer trata en la misma forma a su suegro, si bien debe mantener su distancia —aun más que el hombre hacia su suegra—, adoptar en su presencia una actitud particularmente modesta y huir de cualquier conversación con él. De hecho, los dos cónyuges deben evitar todo lo que podría parecer familiaridad en sus relaciones con sus suegros. Por otra parte, lo más frecuente es que la mujer sirva de intermediario entre sus padres y su marido, y el hombre haga lo mismo entre los suyos y su esposa.

La relación suegro-yerno en torno a la cual se organizan todas las demás relaciones de alianza, responde a un modelo simple: el suegro da a su yerno una esposa que el yerno "compensa" por el desembolso de ciertas prestaciones durante un período de uxorilocalidad posmatrimonial. Este período constituye uno de los peores recuerdos de los informadores que han pasado por él. Sin poder alguno en la familia que lo acoge, sin autoridad real sobre su mujer que sigue obedeciendo a sus padres, el joven marido está sometido a su suegro que trata de sacar de él el mejor partido económico posible. Así, el ideal de los adolescentes y de los jóvenes adultos todavía solteros es engancharse en las plantaciones de café, a fin de poder rescatar a su regreso esta deuda en trabajo respecto a su futuro suegro por medio de un desembolso en naturaleza o en especies y tomar de inmediato posesión de su esposa sin tener que depender, aunque sea momentáneamente, de sus padres.

En el grupo familiar del marido, la esposa depende de su suegra, bajo cuyas órdenes está colocada. La madre del marido tiene autoridad sobre ella. Le enseña la rutina familiar que puede ser diferente a aquella a la que está habituada la esposa en su propia familia. Ese ajuste entre la suegra y la nuera se hace con frecuencia en un sentido único, ya que la primera exige a la segunda que se conforme por completo a su voluntad. Tal actitud, que se da por frecuente, no deja de provocar querellas en las cuales el esposo no debe intervenir a no ser con mucha prudencia. Si el esposo toma partido por su madre, se expone a que su mujer lo abandone o a que el padre de su mujer intervenga a su vez para proteger a su hija. Si toma partido a favor de su esposa, se expone a que su madre explaye sus reproches de ingratitud en contra suya, sin dejar por ello de manifestar su mal humor en contra de una nuera "seductora" y dominante que tan bien ha logrado "embrujar" a su hijo.

Hemos señalado ya la correlación que existe entre el hundimiento de la organización en clanes y linajes y el desmoronamiento de los intereses agrícolas por una parte, y la tendencia actual a la neolocalidad por la otra. Es probable que esos cambios no hubieran podido modificar por fuerza las reglas de residencia, si no hubieran encontrado en el interior del grupo familiar condiciones favorables, tales como las tensiones entre suegros e hijos políticos. La influencia de la mujer en lucha constante con su suegra en la familia patrilocal de su esposo no es sin duda extraña al hecho de que en la actualidad los cónyuges prefieran instalarse desde su matrimonio fuera de la residencia de sus padres y a situarse socialmente a distancia igual entre su grupo paterno y el grupo de sus suegros.

Entre los diferentes tipos de relaciones entre cuñados se impone una distinción. Las relaciones *jowon* —*cuñadas-cuñadas*— y *bol* —*cuñados-cuñados*— están tan cargadas de tensiones virtuales como las relaciones entre hermanas o hermanos. La *sibling rivalry* se extiende a los hermanos del cónyuge y los cónyuges de los hermanos. La esposa del hermano aparece con frecuencia como una rival en el plan afectivo ante la hermana mayor. Por lo que se refiere al hermano de la esposa y, en especial, al hermano mayor, se le presenta al marido como sustituto del suegro. Como garante del matrimonio, tiene autoridad sobre su cuñado en el matrimonio, en el que puede intervenir para proteger a su hermana. Durante el período de uxorilocalidad posmatrimonial, el marido de la hermana y los hermanos de la esposa trabajan juntos. Pero es raro que nazca en esta ocasión una verdadera amistad entre los cuñados y que éstos prosigan colaborando después de que el joven marido haya terminado sus prestaciones en trabajo. Los grupos de trabajo que se organizan en el momento de la siembra y la cosecha y que funcionan basados en la reciprocidad incluyen con mayor frecuencia a los vecinos más que a los parientes políticos mismos, aunque éstos residan en el mismo paraje.

Si el hermano de la esposa interviene en el matrimonio del marido de la hermana, éste puede verse llevado a intervenir en los asuntos de los hermanos de su esposa. En las comunidades donde la herencia es bilateral, el marido debe defender los derechos de su mujer a la tierra. A la muerte de su suegro, vela porque la partición de la sucesión se haga honradamente y porque sus cuñados no se apoderen de los mejores campos, dejando a su hermana sólo los terrenos menos productivos y las tierras más alejadas.

A las relaciones *jowon* y *bol* se oponen claramente las relaciones *mu* —cuñados-cuñadas. En tanto que las primeras están impregnadas de una reserva que limita con la desconfianza y que lleva a veces a la hostilidad, las segundas se caracterizan por una libertad que se exterioriza sin gran moderación. En público, el hombre da muestras a su cuñada de gran atención y afecto. Le puede hacer regalos y recibirlos de ella. Puede alabarla en términos bastante crudos y ser alabado por ella en términos idénticos. Puede usar a su respecto de ciertas intimidades. Las relaciones sexuales entre cuñados y cuñadas están prohibidas, pero parece que esta prohibición, menos fuertemente sancionada que las otras, se viola también con mayor frecuencia. En casi la mitad de las instancias de divorcio provocadas por adulterio, el hombre acusa a su esposa de haber tenido relaciones sexuales con uno de sus hermanos, o la mujer acusa al marido de haber tenido relaciones sexuales con una de sus hermanas. En Chamula, tuvimos ocasión de asistir a una escena singular, con motivo de una doble queja de adulterio presentada por un hombre y la hermana de su mujer, acerca de que sus cónyuges —cuñados *mu*— les engañaban mutuamente. Después de haber amonestado a los culpables, las autoridades comunitarias invitaron a los dos quejosos a reanudar la vida común con sus cónyuges respectivos. Pero los quejosos se rehusaron a hacerlo, ya que acababan de decidir establecerse ellos mismos como matrimonio.[22]

5. *Las relaciones de parentesco ritual.* Si, a pesar del individualismo exacerbado que impregna en la actualidad las relaciones de parentesco y de alianza con una profunda desconfianza, generadora de angustia, la unidad familiar logra conservar cierta cohesión, esto se debe en particular a los lazos de naturaleza espiritual que se anudan entre sus miembros.

En la sociedad ladina de San Cristóbal, la recepción de ciertos sacramentos católicos da lugar al establecimiento de relaciones de parentesco ritual o espiritual. En efecto, la legislación eclesiástica exige que todo individuo que se compromete con la Iglesia sea asistido por un "padrino". Así, con ocasión del bautismo, el niño recibe un padrino que hace en su lugar la profesión de fe. Con ocasión de la confirmación, el adolescente recibe un padrino nuevo que sanciona con su autoridad los votos que pronuncia. Por último, con ocasión del matrimonio, cada cónyuge recibe un padrino que recoje el juramento que intercambian los esposos. El padrino debe testimoniar los compromisos con-

---

22. Esos comportamientos entre cuñados y cuñadas son particularmente congruentes con la práctica, ya señalada, de la poliginia de hermanas. Recordemos sin embargo que Murdock considera la poliginia de hermanas como incompatible con un sistema de parentesco omaha. (Murdock, George P., *Social Structure,* Nueva York, 1949, pp. 236-240.)

traídos por su ahijado, dar garantías al respecto y asumir las consecuencias espirituales en caso de ruptura. Comparte con el padre la responsabilidad por su ahijado; a los ojos de la Iglesia el padre del ahijado y el padrino del hijo son co-padres, "compadres". Así, pues, la institución del padrinazgo recubre dos relaciones: una relación primaria entre padrino y ahijado, por una parte, y una relación secundaria o derivada entre los compadres.

Sin embargo, esta institución religiosa del padrinazgo se laicizó rápidamente. Por ejemplo, si bien el padrino se entromete con frecuencia para apaciguar los pleitos en el matrimonio de su ahijado, no ejerce ya ningún control efectivo sobre la vida religiosa de éste. Al contrario, debe dar ayuda material a su ahijado. Se espera que le dé regalos el día de su santo o de su cumpleaños, que contribuya a los gastos de su escolaridad comprándole libros o cuadernos, que vele por su porvenir ayudando al padre a encontrarle un empleo. En el caso de que los padres desaparecieran, el padrino estaría obligado a acoger a su ahijado huérfano y a tratarlo como a su propio hijo. También se ha establecido la costumbre de elegir como padrinos de los hijos a personas de *status* superior que, por su situación afortunada y por la extensión de sus relaciones, puedan proteger a sus ahijados en caso de necesidad y aun facilitar o asegurar su progreso social.

En la sociedad ladina, se valora el prestigio sobre todo por el número de ahijados que se tenga. En efecto, mientras más influyente es un hombre, más se solicitará su padrinazgo. A la inversa, mientras más ahijados tenga un hombre, más influyente será, ya que a cambio de la protección que proporciona a su ahijado, recibirá la adhesión de los padres de éste. Si el padrino del hijo y el padre del ahijado están situados en el mismo nivel social, esta adhesión será simbólica. En cambio, si se encuentran en niveles sociales diferentes, se traducirá por el gasto de prestaciones en especie o en trabajo cuyo significado económico no es de despreciar. El padrinazgo no borra la distancia social, pero permite extender —y es conscientemente usada al efecto— los lazos de solidaridad orgánica fuera de la familia y constituir así clientelas más o menos vastas.

La institución del padrinazgo ha evolucionado de manera diferente entre los ladinos y entre los indios. Ante todo, los tzotzil-tzeltales no aceptan otro sacramento que el del bautismo, de manera que nunca tienen más que un padrino y las relaciones de padrinazgo no tienden a proliferar. Esta comprobación inicial nos permite descartar desde ahora la hipótesis emitida por Gibson de que los indios habrían adoptado la institución del padrinazgo a fin de reforzar la seguridad de su descendencia en un mundo profundamente perturbado por la conquista y la colonización españolas, donde la existencia era cada vez más precaria.[23] Si el aumento de la mortalidad en el siglo XVI, debido a las exacciones de los colonizadores y a la difusión de las enfermedades importadas de Europa, fue la causa determinante de la adopción de esta institución, sería posible que el parentesco ritual hubiera tomado en las comunidades indígenas cuando menos tanta amplitud como en los conglomerados ladinos.

En realidad, el padrinazgo tzotzil-tzeltal, como el bautismo al que está ligado, tiene un fundamento maya prehispánico que condicionó las formas de su desarrollo. Hemos señalado ya que todo el universo indígena está dividido en parejas de elementos, iguales pero no equivalentes, cada uno de los cuales es réplica del otro, su sustituto o su doble. Citamos como ejemplo el caso de las montañas, las grutas y las fuentes y mostramos que toda montaña "vieja" va acompañada de una montaña "joven", toda gruta "mayor" de una "menor", toda fuente grande de una fuente más pequeña que es su *kešol* (tz.) o *jel' ol* (tl.). Esa relación establecida entre dos términos análogos pero asimétricos —el viejo y el joven, el mayor y el menor, el grande y el pequeño— y que convierte al segundo en remplazante del primero, reaparece en el seno de la familia, donde se considera al infante recién nacido como el *kešol* de un miembro más viejo del grupo familiar.

23. Gibson, Charles, *The Aztecs under the Spanish rule*, Stanford, 1964, p. 152. [Hay trad. esp., *Los aztecas bajo el dominio español*, Siglo XXI, editores, 1967, p. 154.]

El niño no es necesariamente el sustituto funcional de la persona de la que es *kešol*. El hijo mayor no es el *kešol* del padre porque pueda y deba sustituirlo, y el hecho de que el nieto y el abuelo sitúen sus relaciones en un plan de igualdad y que hasta se designen en ciertos casos con el mismo término, *mam*, no implica que el primero sea el *kešol* del segundo. La relación de *kešol* es una relación de orden místico. Descansa únicamente en la posesión de un mismo tipo de *wayojel*, es decir, de un doble animal de la misma especie. De esta posesión común se deriva la unión espiritual de los posesores. La teoría quiere que el padre sueñe o "sienta en el corazón"[24] al doble animal que su hijo comparte con tal o cual miembro de la familia. Pero su sentimiento puede ser influido por signos fortuitos. Cuando un niño nace con una abundante cabellera, dirá que su *wayojel* es un mono. Cuando muestra desde su nacimiento signos de robustez y de vivacidad, dirá que su *wayojel* es un animal fuerte, un ocelote por ejemplo. Buscará entonces al pariente que posea un doble animal idéntico y del cual el niño es, en consecuencia, el *kešol*. El pariente así determinado dará al niño su propio nombre y deberá servirle de padrino de bautismo. Si dos personas emparentadas tienen el mismo nombre propio es porque tienen el mismo *wayojel*, ya sea que la primera sea el *kešol* de la segunda, ya sea que ambas sean los *kešol* de un tercer pariente que sea su padrino común. En efecto, si bien se tiene un solo padrino, pueden tenerse diferentes *kešol*.

Así, pues, la determinación del padrino no es objeto de una elección del niño o de sus padres. Sólo se puede tener como padrino a la persona con la cual se comparte el mismo *wayojel*, y esta persona no puede ser más que un pariente, porque los *wayojel* se transmiten de generación en generación dentro de los grupos de ascendencia común.[25] El estu-

24. La expresión tzotzil que traducimos por "sentir en el corazón" significa "soñar" o "inducir" a partir de signos fortuitos.
25. Así es muy raro que un tzotzil-tzeltal tenga como padrino a un ladino. Ciertos ladinos creen manifestar su buena voluntad hacia los indios pidiendo el padrinazgo de alguno de sus hijos, con lo que

dio estadístico de esta relación muestra que los padrinos son siempre miembros del patrilinaje, aun en las comunidades como Chamula donde la organización social es en gran parte bilateral. La mayoría de los lazos *kešol* pueden reducirse a tres modelos. Según el primero, el niño aparece como el *kesol* del hermano del padre; es pues el tío paterno el padrino. Según el segundo modelo, es el *kešol* del padre del padre; en consecuencia su padrino es el abuelo paterno. Por último, según el tercer modelo, es el *kešol* del hermano del padre del padre, su padrino es entonces su tío abuelo paterno.

La relación de padrinazgo no modifica la relación de parentesco a la que se superpone. Padrino y *kešol* se llaman por los términos de parentesco correspondientes, y no por los términos de "padrino", "ahijado" o *"kešol"*. Se comportan recíprocamente como se comportaría cualquier persona que entrara en la misma relación de parentesco. El padrino no espera que su *kesol* le dé pruebas de afecto o de respeto que no espera ya con todo derecho de él, por el hecho de su situación respectiva en la configuración familiar. Pero esas señales de afecto o de respeto se exigen con mayor rigor y la falta del pariente al que se está unido por el doble lazo de parentesco biológico y de parentesco ritual se considera mucho más grave que una falta hacia un pariente con el que sólo se está unido por el primero de los lazos. En cambio, el hecho de ser el padrino del hijo o el padre del *kešol* borra la relación de parentesco anterior. Los hermanos, el padre y el hijo, el tío y el sobrino, cuando el hijo de alguno es *kešol* de otro, se tratan de compadres. Hacen una gran abstracción, en sus relaciones, de su edad relativa y de la generación en la que están respectivamente situados. Se

---

los sumen de hecho en la mayor perplejidad. Los indios resuelven el problema de esta manera: o bien el niño recibe dos padrinos y dos nombres, uno oficial, es decir, inscrito en los registros eclesiásticos, y que será rápidamente olvidado, y otro oficioso, el que le es impuesto por la relación *kešol;* o bien el niño es bautizado dos veces, la primera con su padrino ladino, la segunda con su padrino "verdadero", su padrino indígena.

reconocen privilegios y obligaciones que no están inscritos (o que ya no lo están) en el sistema de parentesco. Se deben ayuda y asistencia mutuas, nadie puede dejar a su compadre sin recursos sin cometer una falta grave que lo exponga a severas sanciones sobrenaturales.

Así, pues, el padrinazgo ladino y el padrinazgo indio se fundan en dos conjuntos conceptuales diferentes. Resulta sin embargo sorprendente comprobar que han sufrido la misma evolución. Uno y otro relacionan menos a un hombre con un niño, que a dos hombres por medio de un niño. El niño no es más que el instrumento por el que se establece una relación privilegiada entre los adultos. La relación de compadrazgo influye en los dos casos sobre la relación de padrinazgo propiamente dicha. Pero —y allí se detiene la analogía-- en tanto que entre los ladinos esta relación se utiliza para extender los lazos familiares, entre los tzotziltzeltales no tiene otro fin que mantenerlos y cerrar la trama. El parentesco ritual ladino prolonga las relaciones de parentesco biológico. El parentesco ritual indígena se superpone a esas relaciones y las apuntala a fin de obstaculizar un derrumbamiento completo y definitivo.

CAPÍTULO V

LA AUTORIDAD

Existe la costumbre de distinguir las sociedades de poder difuso de aquellas en que la autoridad está centralizada y el gobierno es ejercido por una institución específica. No es nuestro propósito poner en duda la validez de esta distinción, sino señalar que, en la medida en que se justifica, las comunidades tzotzil-tzeltales están gobernadas a la vez de manera difusa y centralizada. Los jefes de los clanes, las cabezas de los linajes, las autoridades familiares y, en general, los viejos, representan el gobierno difuso de la comunidad. La jerarquía política y religiosa comunitaria representa al gobierno centralizado. Aunque esos dos sistemas de gobierno estén sincronizados, recientemente se han operado ciertas transferencias de función de uno a otro. Esas transferencias, cuya causa está ligada al hundimiento de los grupos de ascendencia común, tienden a reducir un poco por todas partes el terreno de autoridad de los viejos y a aumentar de modo sensible los poderes de la jerarquía.

LA TEORÍA DE LA AUTORIDAD Y LOS MECANISMOS DEL CONTROL SOCIAL

Tradicionalmente, la autoridad se funda —y se justifica— en un conjunto de creencias que los tzotzil-tzeltales sostienen acerca de la persona y de su naturaleza esencial. Para los tzotzil-tzeltales, la persona es un compuesto de tres elementos. El primero de ellos, el cuerpo, es de orden material; es perecedero y al morir regresa a la tierra de la que fue formado. El segundo, el espíritu, es de orden espiritual; eterno, sobrevive al hombre en el más allá. Por lo que se refiere al tercero, el doble animal, su naturaleza es más compleja; elemento sensible y material, está unido, sin embargo, a los precedentes por un lazo espiritual. La conjunción de esos tres elementos en un conjunto dinámico asegura la integridad de la persona y la mantiene con vida. En cambio, su separación es causa de enfermedad y de muerte. Es decir, la muerte, la desintegración de la persona, resulta siempre de una ruptura funcional sea entre el espíritu y el cuerpo, sea entre el espíritu y el doble animal, sea entre éste y el cuerpo.

El espíritu o *k'al* se confunde con la esencia vital que anima a todos los seres de la naturaleza, las plantas, los animales y los hombres. Esta esencia vital es indestructible, pero puede dividirse y fraccionarse infinitamente. Como cualquier otro recurso necesario a la existencia —la tierra, los alimentos, etc.— se la considera inextensible y, por tanto, rara. Pero es susceptible de ser captada o acaparada en mayor o menor cantidad, a título individual. Esta fracción individual pero no personalizada de *k'al* que todo hombre posee y se esfuerza naturalmente por aumentar, se llama *č'ulel*.[1] Se localiza a la vez en la sangre del cuerpo y en la del doble animal, y se manifiesta de manera tangible por las pulsaciones de la muñeca. Al nacer, el hombre sólo tiene muy poco *k'al;* por ello, su *č'ulel* es pequeño y débil. A ello se debe que el recién nacido sea tan vulnerable y sea objeto de una vigilancia tan atenta por parte de sus padres. Pero, al crecer, al tener más edad, al llegar a la edad adulta, y después al encaminarse a la vejez, el hombre aumenta su fracción de *k'al.* Mientras más viejo es un hombre, más grande es su *č'ulel,* porque más importante es la cantidad de *k'al* que tiene.

El doble animal que es el codepositario del *k'al* de la persona, lleva diferentes nombres según las comunidades. *Wayojel* en Chamula, *wayjel* en Oxchuc, *lab* en Cancuc, *čanul* en Zinacantán, este totem individual está íntimamen-

---

1. Sin embargo, en ciertas comunidades sometidas a una fuerte influencia religiosa ladina, como Tenejapa, el *č'ulel* se personaliza de modo que tiende a confundirse con el alma católica.

te ligado al hombre al que acompaña desde el nacimiento hasta la muerte y al que sigue en todas sus experiencias. Al nacer un niño, nace al mismo tiempo en la montaña un animal que es su doble y cuyo destino se confundirá con el suyo. Mientras el *wayojel* conserve su salud, el hombre conservará la suya. Pero si uno de los dos cae enfermo y muere, el otro experimentará la misma enfermedad y morirá en el mismo momento. Está prohibido dar muerte a un animal *wayojel,* porque sería cometer un homicidio.[2] Si durante una partida de caza se da muerte accidental a un *wayojel* —lo que es muy raro, porque las cacerías tienen lugar durante el día, en tanto que los dobles animales se manifiestan sólo por la noche— sus restos deben quemarse de inmediato. La carne del *wayojel* es impropia para el consumo; comerla equivaldría a comer carne humana.

El hombre y su doble animal comparten las mismas características físicas, morales e intelectuales. Si el hombre es fuerte, astuto, independiente, su *wayojel* será un animal fuerte, astuto, independiente, como el puma, el jaguar o el ocelote. Pero si es débil, tímido, fácilmente influenciable, su *wayojel* será también un animal débil, medroso, gregario, como el lince, la zorra o el gato montés. En teoría, el hombre posee el mismo doble animal durante toda su existencia. Lo que no impide que el animal que el grupo le atribuye como *wayojel* pueda variar a medida que avance en edad y disponga cada vez más de *k'al.* Así, un joven soltero que vive y trabaja con sus padres, poseerá un pequeño *č'ulel* y un *wayojel* de categoría inferior. Pero después de su matrimonio y de haber engendrado una descendencia, de haber asumido diversas responsabilidades en la comunidad, su grupo le reconocerá un *č'ulel* mayor y un *wayojel* de categoría

---

2. Durante nuestra estancia en Bohom, un chamula de un paraje oriental, que había matado en la noche a un coyote que asolaba su campo desde hacía tiempo, vino a acusarse de homicidio en la persona de un ladino de Huixtán. Las autoridades comunitarias lo encerraron en la prisión y enviaron una comisión investigadora a Huixtán. Como no había muerto ningún ladino durante la noche precedente en esta comunidad, el presunto asesino fue puesto en libertad.

más alta. Por último, cuando haya franqueado el umbral de la vejez, nadie disputará que su *wayojel* es un jaguar o un puma enorme y temible. El grupo justifica, por medio de esta revaluación constante de los *wayojel*, la elevación del *status* de sus miembros.

Los *wayojel* elijen como domicilio las montañas más altas de la comunidad, que a veces llevan el nombre de *č'iebal*. Este término está probablemente emparentado con el yucateco *č'ibal* o el quiché *čipal*, que designaban antes a los diferentes elementos de una organización de clanes y linajes. Si el *wayojel* representa al doble del hombre, el *č'iebal* representaría el doble del clan o del linaje. En efecto, los *wayojel* de un grupo de ascendencia común ocupan siempre la misma montaña, y una montaña sólo puede ser ocupada por los *wayojel* de un solo grupo de ascendencia común. William Holland, a quien debemos un notable estudio sobre la magia entre los tzotziles de Larraínzar, escribe que cada uno de los trece grupos de nombre español de esta comunidad posee una montaña situada en el interior del territorio comunitario, en la que residen los *wayojel* de sus miembros.[3] Lo mismo sucede en Zinacantán,[4] y al parecer también en Chalchihuitán, donde los grupos de ascendencia común mantienen con ciertas montañas relaciones ceremoniales privilegiadas.[5] En Chamula, donde la organización de clanes y linajes se ha hundido por completo, las montañas están ligadas no tanto a unidades familiares como a unidades residenciales —los parajes— que pueden incluir a personas que pertenezcan a grupos de nombres diferentes. De cualquier manera, existe, en paralelo a la sociedad de los hombres en los valles, una sociedad de *wayojel* en las montañas, que es su réplica exacta.

3. Holland, William R., *La medicina maya en los Altos de Chiapas*, INI, colección de antropología social, no. 2, 1963, pp. 110 s.

4. Vogt, Evon Z., "Ancient Maya concepts in contemporary Zinacantan religion", *VIe Congrès international des sciences ethnologiques et anthropologiques*, París, 1964, vol. II, pp. 497-502.

5. Guiteras Holmes, Calixta, "El calpulli de San Pablo Chalchihuitán", *Homenaje al Doctor Alfonso Caso*, México, 1951.

Los *wayojel* ocupan en su sociedad la misma posición que tienen los hombres cuyos dobles son en la de ellos. Cada montaña se divide en trece niveles, entre los cuales se reparten los *wayojel* del grupo de ascendencia común según la categoría de que gozan. En los niveles más elevados, se sitúan los jaguares, los pumas, los ocelotes, es decir, los *wayojel* poderosos, los de las personas mayores que poseen una gran cantidad de *k'al* y que ocupan el *status* superior de la comunidad. En cambio, en los niveles más bajos, se sitúa a los linces, las zorras y los gatos monteses, es decir, los *wayojel* débiles, los de personas jóvenes que tienen poca esencia vital y que ocupan los estratos inferiores. En el momento del nacimiento, el doble animal del niño, que nació al mismo tiempo que él, toma su lugar en el primer nivel de la montaña clánica. Pero a medida que pasan los años, el doble animal sube uno tras otro los niveles superiores hasta llegar al treceavo y último nivel. La ascensión de los *wayojel* en el interior de la montaña depende principalmente de la edad y, por ello, todos los *wayojel* de los hombres de una misma clase de edad se sitúan teóricamente en el mismo nivel.

Al llegar a la cima de la montaña, el *wayojel* entra en contacto con los *totilme'iletik*, los padres y madres colectivos, los ancestros indiferenciados del grupo de ascendencia común, que viven en el cielo, en el interior del *winajel*. Los *totilme'iletik* iluminan al *wayojel* con su sabiduría, lo ayudan con sus consejos y lo asisten en la función de tutela que ejerce con respecto a los *wayojel* de los doce niveles inferiores. Porque los *wayojel* poderosos, los del treceavo nivel, son responsables de todos los otros colocados bajo ellos. Deben tratar a estos últimos "como el pastor a sus ovejas". Los protegen y aseguran su subsistencia. Velan por que no se pierdan y porque no sean atacados por los dobles animales de otra montaña. Cuando están heridos o enfermos, los cuidan y los curan. Para resumir las obligaciones de esos *wayojel*, los tzotzil-tzeltales dicen que son "los que estrechan" (*petometik*) y "los que sostienen" (*kučumetik*) al grupo de ascendencia común. Son también los que controlan la conformidad de las actitudes y de las acciones de cada uno de los *wayojel* de su montaña. En toda montaña existe una cámara adornada con una gran cruz en la que los *wayojel* del treceavo nivel instruyen el proceso de los dobles animales cuyo cuidado material y espiritual tienen y que han violado una prohibición o cometido un pecado. De acuerdo con los *totilme'iletik,* juzgan la gravedad de la falta y escogen un castigo apropiado. Después hacen comparecer al animal culpable: según lo inviten a sentarse a la derecha o a la izquierda de la cruz, el castigo que recibirá será ligero o severo; por el contrario, si lo ponen en la cruz, el culpable sufrirá la pena de muerte.

El sistema de gobierno de la sociedad de los *wayojel* muestra las relaciones esenciales en las que descansa la autoridad en la sociedad de los hombres. La primera es la relación entre la potencia metafísica y la edad que la confiere. La segunda es la relación entre la edad y el *status,* del que es el principal determinante. El individuo posee un *status* tanto más elevado cuanto mayor es, es decir, cuando tiene un č'ulel más grande y posee un *wayojel* más poderoso, de tal manera que son siempre los viejos los que ocupan los estratos superiores en la comunidad. La autoridad sólo se adquiere por un largo camino individual hacia la vejez.

El viejo o *mol* exige el respeto y la obediencia. Las personas más jóvenes se descubren y se inclinan o arrodillan ante él, y esperan en esta posición a que el *mol* las autorice a levantarse tocándoles la frente con el revés de los dedos. Cuando vienen a consultarlo o a visitarlo a su casa, deben ofrecerle aguardiente. Con ocasión de las fiestas, cuando el alcohol circula en abundancia, lo invitan a beber y le sirven el primero. En el *mol* terminan las redes de intercambio ceremonial de alcohol. El *mol* valúa por lo demás su prestigio de acuerdo con la cantidad de alcohol que recibe y el número de invitaciones a beber que se le hacen.

Porque ha vivido mucho más, el *mol* es el que "ve el mundo de manera más clara" y quien explica su orden inmutable a fin de que todos se conformen a él. Es también "el que lleva la sabiduría", el que la dispensa y la hace prevalecer por sus palabras y sus actos. La potencia metafísica de la que es depositario lo obliga a una actitud algo

LA AUTORIDAD

hierática. El *mol* sopesa cada una de sus palabras y cada uno de sus gestos. Se expresa clara y suscintamente en un tono siempre igual, sin mostrar la menor emoción; no manifiesta ni cólera, ni envidia, ni celos, como tampoco sabría abandonarse a la pena o a la alegría. Es accesible a todos y está disponible para todo. Por lo demás, su persona no le pertenece; pertenece al grupo de ascendencia común cuyo representante es el *mol* frente a la comunidad de los vivos, los muertos y los espíritus.

Gracias a los poderosos dobles animales que poseen y a la importante cantidad de esencia vital que han logrado acaparar, los *mol* pueden proteger a sus descendientes y dependientes. En 1919, según cuenta un informante de Holland, se declaró una epidemia particularmente violenta de gripa en Larraínzar:

Pedro Hernández y Diego Ruiz eran los personajes más importantes y más poderosos de sus respectivos parajes. Cuando la enfermedad empezó a bajar del cielo y alcanzó las montañas sagradas de Larraínzar, los animales compañeros de Pedro y de Diego ocupaban los escalones más elevados de las montañas sagradas de Palmavits y Mutvits. Cuando la enfermedad llegó a la tierra, el animal compañero de Pedro cayó enfermo pero arrojó la enfermedad al animal de Diego, quien a su vez la regresó al primero. Ambos continuaron arrojando y devolviendo la enfermedad hasta que ésta se abatió a sí misma. De esta manera consiguieron exitosamente proteger a los miembros inferiores de sus linajes, de los cuales muy pocos murieron, mientras que en otros parajes fueron cientos los individuos que murieron porque sus defensores fueron menos capaces de protegerlos.[6]

Pero a la vez que extienden su protección sobre el grupo de ascendencia común, los *mol* lo mantienen dentro de las normas culturales tradicionales. Ejercen un poder disciplinario sobre cada uno de los miembros del grupo, de manera que si bien su presencia conserva un carácter muy asegurador, tiene también algo un poco inquietante. Cuando un

---

6. Citado por Holland, William R., *op. cit.*, pp. 130-1.

individuo contraviene la tradición comunitaria, infringe una norma del código moral o ignora sencillamente una regla de la etiqueta que rige las relaciones sociales, los viejos, por intermedio de sus *wayojel,* castigan a su doble animal. Relajan la ·guardia y permiten que se pierda. Le niegan los alimentos, lo golpean o lo hieren. El individuo caerá enfermo y sólo recuperará la salud rectificando su actitud y enmendando su conducta. La omnipresencia de la enfermedad, concebida como el castigo de los viejos en el nivel metafísico, constituye una poderosa fuerza cuya acción contribuye a mantener el *statu quo.*

El sistema de gobierno de la sociedad de los *wayojel* refuerza el sistema de gobierno de la sociedad de los hombres. Pero uno y otro suponen una organización en clanes y linajes. Ahora bien, si la sociedad de los *wayojel* sigue ordenándose en función de los principios de la filiación y de la ascendencia, la sociedad de los hombres de la que es el modelo ideal, ha dejado de basarse en la trama del parentesco. En la mayoría de las comunidades, clanes y linajes sólo subsisten en tanto sistemas de representación que los individuos sostienen e intentan aún hacer coincidir con una realidad ya desvanecida. El hundimiento de los grupos de ascendencia común y la disolución de los lazos de parentesco han modificado profundamente el papel de los viejos y la autoridad que éstos ejercían. Al parecer, en un primer tiempo, esos cambios contribuyeron a acusar aún más el aspecto confuso, inquietante, hasta peligroso del *mol* y a difuminar el carácter asegurador que su presencia tenía en el grupo. Progresivamente, el *mol* dejó de ser percibido como un elemento protector e integrador, para ser considerado cada vez más como una fuente de amenaza permanente. Envejecer se ha convertido en algo sospechoso, al grado extremo de aparecer en ciertos casos como algo claramente antisocial. En efecto, al encaminarse hacia la vejez, el hombre aumenta su fracción individual de *k'al.* Pero la esencia vital sólo existe en cantidad limitada en la naturaleza y por ello sólo puede aumentarse la fracción individual de *k'al* en detrimento de otro. De la misma manera que quien es más rico que los otros tiene que haber despojado de sus bienes a sus vecinos, así quien es más viejo que los otros tiene que haber robado el *k'al* de su ambiente. Por el hecho mismo de sobrevivir, el viejo priva de su esencia vital a los miembros más jóvenes y más débiles de la comunidad, en particular a los niños, los adolescentes y las mujeres, que se debilitan y mueren a su contacto. Envejecer es confiscar la vida en provecho personal: es matar. Y sólo se puede impedir que los viejos maten impidiéndoles envejecer demasiado, es decir, vivir mucho tiempo. Tal es la conclusión lógica a la que llega actualmente la ontología de los tzotzil-tzeltales.

Por lo demás, las relaciones que los *mol* tienen con el mundo sobrenatural, les permite manipular las fuerzas ocultas a beneficio, pero también a expensas del grupo. Siempre hay que temer y se teme cada vez más que los *mol* hagan mal uso de sus poderes metafísicos y los utilicen con fines egoistas o a favor de intereses particulares contrarios al interés general. En ciertas comunidades, las epidemias, las epizootias, las sequías, las hambres se atribuyen con frecuencia a la acción nefasta de los *mol* que actúan llevados por los celos o el odio. Frente al peligro que la acecha, la comunidad no encuentra otra solución que la de asesinar colectivamente a sus viejos.

Hasta hace poco, Oxchuc reconocía al más viejo de los jefes de grupo de ascendencia común un papel oficial en la comunidad. Ese viejo era llamado *k'atinab* o "viejo de los viejos" Tenía a su cargo la propiciación de los santos, la realización de las ceremonias agrarias, el control del culto a las divinidades protectoras de los hombres, los rebaños y las cosechas. Ignoramos cómo cumplían con sus funciones los *k'atinab* durante el siglo pasado, pero tenemos ciertas razones para creer que a principios del siglo, el papel de "viejo de los viejos" no estaba libre de peligros para quien aceptara desempeñarlo. En efecto, entre 1900 y 1920, ningún *k'atinab* parece haber muerto de muerte natural. Todos fueron asesinados, tras algunos meses o años de ejercicio, por la comunidad que los había colocado a su cabeza, no sólo porque resultaron ser incapaces de asegurarle la protección material y moral, sino también porque volvieron contra ellas los poderes de que disponían. Durante los años 1920 y tantos, ningún viejo de la comunidad se atrevió a aceptar el cargo de *k'atinab,* por miedo a dejar allí la vida. Unos tras otros, los *mol* sondeados se rehusaron, declarando que ya no tenían tantos poderes como sus mayores, y la función de *k'atinab* desapareció. Así, bajo la presión del grupo, los viejos abdicaron una gran parte de su autoridad antigua: implícitamente reconocieron que no tenían poder ni derecho para conducir ellos solos los asuntos de la comunidad.

Por otra parte, la individualización del matrimonio y la privatización de los litigios y de su fuente principal, la tierra, redujeron considerablemente el campo en el que los viejos ejercían antes su autoridad. Todavía se solicita a los *mol* que normen las querellas que no dejan de surgir en los parajes por el hecho de la promiscuidad de la vida social y del enmarañamiento de los intereses agrarios. Si logran concertar a las partes en cuestión y llegar a un compromiso razonable, el asunto termina en su nivel. Por el contrario, si las soluciones que proponen no logran el acuerdo de los litigantes, éstos tienen siempre la posibilidad de llevar su asunto ante la jerarquía comunitaria. El arbitraje de los *mol* ni es obligatorio ni ejecutorio. El *mol* sólo actúa como "amistoso componedor".

Pero —y en forma muy curiosa— en las comunidades donde el poder gerontocrático ha disminuido más, la época en la que los viejos gozaban de amplios privilegios aparece hoy como una especie de edad de oro.

En los tiempos antiguos, los ancianos, los *mol,* eran poderosos y empleaban sus poderes a favor de la comunidad. En aquellos tiempos, movían montañas enteras. Fueron ellos los que transportaron el pico de Loja Tendida al lugar en que se encuentra actualmente. Sabían cómo hacerlo porque poseían *wayojel* poderosos. Pero ahora, nadie es capaz de hacer otro tanto. En aquellos tiempos, los ancianos, los *mol,* tenían la costumbre de ir a la montaña para obtener favores para la población. En aquellos tiempos, teníamos todo lo que necesitábamos, todos éramos ricos, todos éramos buenos...[7]

7. Según un informante tzotzil de San Bartolomé, citado en el RMNP.

Si ahora tienen *wayojel* más débiles, si poseen *c'ulel* más pequeños, si disponen de menos *k'al* que antes, los *mol* no tienen ya la posibilidad de garantizar la seguridad material y la salud física y moral de su ambiente y éste no tiene por qué considerarlos responsables de las calamidades que puedan sucederle. La desaparición, en diversos grados, de las garantías que el individuo recibía de los viejos de su grupo de ascendencia común y de las responsabilidades que atribuía a esos viejos, ha desarrollado en él un creciente sentimiento de inseguridad. Ese sentimiento se expresa sobre todo por el temor oscuro, incesante y generalizado de ser víctima de una agresión metafísica. Y este temor le incita a organizar él mismo su protección y su defensa, y estimula por una parte las vocaciones a la magia curativa y, por otra, a la magia de agresión, vocaciones cuya proliferación es característica de las comunidades más profundamente desorganizadas como Chamula y Amatenango.

En esas comunidades, curanderos y brujos cumplen actualmente con ciertas funciones que antes dependían del poder gerontocrático. En particular, son ellos los que manipulan los mecanismos de control social. Los curanderos o *'ilol* (del verbo *'ilel,* "ver"), aunque no recurren jamás a técnicas de adivinación inspirada, son definidos como videntes, cuya mirada penetra las montañas y llega hasta los *wayojel* que las habitan.[8] Ese don de ver a los *wayojel* a fin de asegurarse de que ocupen el lugar que les corresponde, de verificar si gozan de buena salud o si están enfermos o heridos, y de diagnosticar, en ese caso, la naturaleza del mal que sufren, puede ser innato o revelado. Los niños que nacen con dientes o con el cordón umbilical enrollado al cuello, por ejemplo, son considerados como portadores de las cualidades requeridas en un curandero, que la educación sólo tendrá que desarrollar después. Pero, en general, los curanderos sólo comienzan a ejercer la medicina a una edad madura. Lo más frecuente es que descubran su vocación

---

8. Véase Favre, Henri, "Les pratiques divinatoires des Mayas," *La divination,* obra colectiva publicada por A. Caquot y M. Leibovici, París, 1968, vol. II, pp. 191-246.

durante una crisis familiar que amenaza la vida de un ser querido. Para enfrentarse a esta situación, el individuo reacciona interpretando los antiguos signos en los que verá la revelación de poderes ocultos, o analizando sus sueños, en los que encontrará la enseñanza de técnicas de curación que habrá de emplear. Una vez pasada la crisis, continuará practicando la medicina a favor de su ambiente inmediato y si resulta ser eficaz en su nuevo papel se establecerá su reputación de *'ilol* en el paraje y hasta se extenderá por toda la comunidad.

Los motivos que llevan a un individuo a convertirse en curandero o a ejercer públicamente la medicina son de orden social más que material. Ya no es *'ilol* aquel a quien su especialidad ha enriquecido. Es verdad que los servicios del *'ilol* son objeto de una retribución monetaria, pero ésta no compensa siempre lo que se deja de ganar por el tiempo que requieren las ceremonias de curación. En todo caso, ese tipo de remuneración en especie es menos importante que la autoridad y el prestigio que reconocen al *'ilol* las familias de los pacientes a los que ha tratado con éxito. Con frecuencia, se anudan lazos estrechos entre el *'ilol* y su clientela. Esos lazos se expresan en particular durante las fiestas por el desembolso de prestaciones de alcohol por parte de los antiguos enfermos a favor de quien los curó.

El *'ilol*, cuando se le llama a ver a un enfermo, se esfuerza desde el principio por llegar a un diagnóstico sobre la naturaleza del mal que padece, estudiando las pulsaciones sanguíneas de la muñeca Cuando el doble animal está sano y bien resguardado en el interior de la montaña, el hombre está sano y su pulso es fuerte y regular. En cambio, cuando el doble animal está perdido o herido, el hombre está enfermo y su pulso es débil e irregular. Si la herida del *wayojel* proviene de alguna caída que haya tenido, el pulso latirá de cierta manera; si proviene de un golpe o de la mordida de otro *wayojel*, el pulso latirá en otra forma. Cada enfermedad se traduce por una pulsación particular que el *'ilol* tiene que determinar.

Dado que la enfermedad se considera como la consecuencia de una infracción al código moral y social o de una

LA AUTORIDAD

ruptura personal de la armonía entre el hombre, su grupo y sus dioses, el *'ilol* tratará de conocer la acción culpable que su paciente haya cometido. Con este fin, le hará un cierto número de preguntas: ¿Se ha peleado recientementemente el enfermo? ¿Se ha mostrado violento, celoso, envidioso? ¿Tiene enemigos? ¿En qué circunstancias los hizo? Así, el enfermo se ve llevado a reconocer los pecados que han podido ser el origen de la enfermedad. Si la enfermedad ha sido enviada efectivamente como castigo por los *totilme'iletik* o las divinidades del *winajel,* el enfermo tiene muchas posibilidades de sanar, a condición de que siga un "tratamiento expiatorio", que rectifique su comportamiento, que mejore su conducta en sus relaciones con otro. Recobrar la salud es ante todo cambiar de conducta para conformarse al orden social, moral y divino.

Pero la enfermedad puede ser también producto de una agresión dirigida por las divinidades infernales o sus representantes, los brujos, a fin de saciar una venganza, de satisfacer un sentimiento de celos o de envidia o simplemente de causar un mal. En ese caso, la curación depende de la potencia que el *'ilol* pueda oponer a la del brujo. Cuando el brujo es poderoso y no hay ningún indicio que permita identificarlo para tratar de negociar con él las condiciones del restablecimiento del paciente, la enfermedad se agrava y el enfermo no tarda en morir. La mayoría de los decesos son considerados como la obra de individuos que encarnan y manipulan las fuerzas infraterrestres. Como dicen los tzotzil-tzeltales "no se muere uno de nada". Con ello se sobreentiende que la muerte no es nunca "natural" y que toda muerte es en realidad un homicidio.[9]

Después de haber convencido al paciente y a su familia de la pertinencia de su diagnóstico, el *'ilol* fija la fecha en la que se desarrollará la ceremonia de curación. La complejidad de esta ceremonia depende de la gravedad de la enfer-

---

9. A veces, algunas enfermedades, lo mismo que las heridas accidentales, se consideran como "naturales". Pero se trata siempre de enfermedades benignas que no son susceptibles de entrañar la muerte.

medad y del grado de inquietud de que dé muestras la familia del paciente. En general, mientras más grave es la enfermedad, más elaborados son los ritos que implica la ceremonia de curación y mayor es el tiempo que exige su ejecución. Algunas ceremonias prosiguen durante varios días y a veces varias semanas consecutivas. Dramatizan todas ellas el conflicto simbólico entre fuerzas radicalmente opuestas que tiene lugar en el paciente. Van acompañadas de ofrendas de copal, de cirios y de dinero, de oraciones, de libaciones de aguardiente y de sacrificios de gallinas. Esos sacrificios son indispensables para obtener la curación de una persona cuyo *wayojel* fue capturado o cuyo *k'al* fue robado. El *'ilol* inmola una gallina y ofrece su espíritu a las divinidades para que éstas, a cambio, liberen al doble animal del enfermo y le restituyan su *č'ulel*.[10]

Los curanderos conocen exactamente los límites de su saber y de su poder. Cuando el enfermo es presa de una enfermedad a la que tiene pocas posibilidades de sobrevivir, el *'ilol* no mostrará prisa alguna por pasar de la fase del diagnóstico a la del tratamiento. Postergará la ceremonia de curación hasta que la muerte sobrevenga o, por el contrario, se manifiesten signos de mejoría que permitan augurar una rápida curación. Esta actitud es recomendable por el hecho de que el curandero pone en juego su prestigio social en cada acto médico que emprende. Si no logra curar a su paciente, es susceptible de ser acusado de brujería por la familia. No sólo perderá su clientela, sino que podrá atraer sobre sí la animosidad del grupo, que encontrará en él a su chivo expiatorio. Cuando tienen repetidos fracasos, los curanderos prefieren desaparecer. Pozas ha señalado que en Chamula, cuando se presenta una epidemia violenta contra la cual son impotentes los recursos de la medicina tradicional, son muchos los *'ilol* que se suicidan envenenándose o bebiendo alcohol hasta que sobrevenga la muerte.[11]

---

10. Acerca de los detalles de las ceremonias de curación, remitimos al lector a Holland, William R., *op. cit.*, cap. VIII.
11. Pozas, Ricardo, *Chamula, un pueblo indio de Chiapas*, México, 1959, p. 75.

Si bien, en teoría, curandero y brujo se oponen de modo irreductible, pues uno cura las enfermedades que el otro envía, en realidad siguen estando íntimamente asociados, cuando no confundidos, en la mentalidad indígena. Un hombre que sabe propiciar u obligar a las divinidades del *winajel* a sanar, puede también propiciar u obligar a los demonios del *olomtik* a enviar enfermedades. Encontramos aquí de nuevo el carácter ambivalente de la potencia metafísica: aquellos que la detentan o que tienen acceso a ella pueden utilizarla tanto a favor como en contra de la colectividad. Sin embargo, existe la creencia de que ciertos individuos han cerrado un pacto especial con los *pukuj* del mundo infraterrestre y que a cambio de un *č'ulel* mayor y de un *wayojel* más poderoso, han aceptado embrujar, enfermar, hacer morir, en breve, cometer muchas depredaciones contra sus semejantes. Se trata en particular de individuos pobres o enfermos, que no pueden trabajar, que no tienen maíz, ni frijoles, ni tierra, ni ganado, y que tienen, pues, todas las razones para mostrarse celosos y envidiosos. La primera consecuencia de esta creencia es que los tzotzil-tzeltales evitan adquirir bienes y acumular riquezas, por temor a convertirse en objeto de una agresión metafísica por parte de los menos favorecidos.

El brujo, *ti'bal* o también *ak'čamel*, "el que envía la enfermedad", puede recurrir a tres clases de maleficios: el *postlom*, introducción de un objeto patógeno en el cuerpo; el *komel*, robo del *č'ulel;* y el *tuč'bil ora*, lenta captación del *k'al*. De los tres, es sin duda el *tuč'bil ora*, el "corte de la hora", el que es más temido. La persona a la que el brujo ha "cortado la hora" empieza por debilitarse, por desmayarse con frecuencia, por sentir un estado de fatiga continuo que le impide trabajar. Por la noche, sufre de insomnio y cuando encuentra el sueño, la apresan pesadillas espantosas. Después desaparece el apetito. Toda ingestión de alimentos provoca nauseas violentas. Ciertas partes del cuerpo se hinchan y se hacen dolorosas. El enfermo enflaquece de día en día hasta que sucumbe al cabo de algunos meses, completamente vacío de esencia vital.

La ceremonia de embrujamiento puede tener lugar en

cualquier sitio y momento. Sin embargo, por razones de seguridad personal, el brujo la realiza por lo común durante la noche, en un lugar desierto, en el bosque, en la montaña o, simplemente, en el interior de su casa. Pone en el suelo agujas de pino a fin de levantar una especie de altar; sobre éste, alinea tres hileras de cirios que reproducen los colores del arcoíris y que prende al mismo tiempo que un incensario lleno de copal. Entonces empieza a invocar a las divinidades. Las pone como testigos de los males que le han sobrevenido. Las invita a considerar la perfidia y la malignidad de su enemigo. Las implora a fin de que inflijan al culpable el castigo que amerita. ¡Que su cerebro arda como esos cirios! ¡Que su corazón se disuelva como el humo del copal! Si los cirios y el copal se consumen de manera normal, la oración del brujo será escuchada. El brujo recogerá la cera derretida, las cenizas y las agujas de pino y las enterrará con una madeja de cabellos, algunos recortes de uñas o algunos pedazos de ropa de su víctima. Ya sólo tendrá que esperar los efectos del ritual.

Holland nos ha dejado una descripción muy detallada de la ceremonia de embrujamiento a la que asistió en el paraje de Nachitón, en Larraínzar. El brujo era un hombre bastante viejo que, durante los últimos años, había tenido conflictos con diferentes personas de su ambiente. En especial, tenía un litigio con una de ellas a propósito de un trozo de terreno que él reivindicaba como suyo, pero cuya posesión no lograba. En efecto, el recurso a la magia es un medio de defender principalmente los propios derechos a la vida, a las tierras y también a las mujeres, y de mantener la tradición en la que se fundan tales derechos. La brujería constituye el mecanismo más poderoso, sin duda alguna, de control social en la actualidad. Cualquiera que se aparte de la tradición, cualquiera que aspire a un nivel superior de vida o a un modo de vida diferente, es neutralizado por ella. Como señala Holland, la brujería funciona para mantener los elementos más tradicionales de la vida indígena y para impedir la introducción de todo elemento nuevo o extraño.[12] Re-

---

12. Holland, William R., *op. cit.*, p. 136.

presenta uno de los principales sistemas de defensa de la comunidad en contra de los cambios.

Pero, lejos de atenuar los conflictos interpersonales que se presentan en el interior del grupo, la brujería los agudiza. La actitud del brujo suscita una reacción violenta por parte de la víctima, de modo que la querella inicial, limitada por lo común, degenera en lucha abierta en la que con frecuencia uno de los dos protagonistas deja la vida. Si un hombre ve enflaquecer su ganado, marchitarse su campo, enfermar a su mujer y a sus hijos, se considerará embrujado. Buscará en sus recuerdos al pariente o vecino con el cual haya podido tener alguna diferencia y empezará a sospechar que quiere "cortarle su hora". Si sus bestias siguen muriéndose, su maíz y sus frijoles agotándose y empeorando el estado de los miembros de su familia, no tendrá más recurso que suprimir al presunto brujo para levantar el maleficio del que se cree víctima. Dos ejemplos tomados de nuestro estudio sobre el homicidio en Chamula pueden ilustrar este aspecto de la brujería.[13]

Caso no. 12. 31 de enero de 1958. Dominga Hernández *kiribin* vivía en Las Ollas en una pequeña casa aislada. Había estado casada, pero como no diera hijos a su marido, éste la abandonó tras algunos años de vida en común. Además, a pesar de sus setenta años, vivía sola, cultivando un huertecito y vendiendo las piezas de alfarería que fabricaba. Dos sobrinos suyos habitaban en el mismo paraje, pero ni ella los visitaba ni ellos tampoco a ella. Por lo demás no frecuentaba a nadie y limitaba sus relaciones al mínimo exigido por las conveniencias.

Ahora bien, un día los vecinos se dieron cuenta de que Dominga había desaparecido. Como la puerta de la casa estaba abierta, comprobaron que en el interior reinaba un gran desorden. Se avisó al *mol* de Las Ollas, quien movilizó a la población del paraje para recorrer los bosques cercanos, pero no se encontró ninguna huella de Dominga. Sin embargo, al parecer, un tal Domingo Gómez *kokis* se comportó de

13. Cuyos resultados fueron publicados con el título de: "Notas sobre el homicidio entre los chamulas", *Estudios de cultura maya*, vol. IV, 1964.

manera extraña durante la búsqueda. Interrogado por el *mol*, reconoció haber matado a Dominga. Denunció como cómplices suyos a Lorenzo y Pascual Hernández *kiribin*, sobrinos de la víctima.

Dos años antes, los dos hijos de Domingo habían caído enfermos. El *'ilol* al que consultó declaró que sus jóvenes pacientes estaban embrujados y que el brujo que les había enviado la enfermedad era demasiado poderoso para ser combatido eficazmente. Así, pues, los dos niños murieron. Al año siguiente, el padre y la madre de Domingo enfermaron de gravedad a su vez. Lo mismo que la vez anterior, el *'ilol* no curó a sus pacientes, pero determinó por el pulso de los moribundos al autor de los maleficios. "Es Dominga la que lanzó un embrujo sobre toda tu familia", le dijo a Domingo.

Algunos meses más tarde, la mujer de Domingo murió y el propio Domingo empezó a sentir los síntomas del mal que se había llevado a toda su familia. Visitó entonces a Pascual y a Lorenzo. La mujer de Pascual estaba en la agonía. Uno de los hijos de Lorenzo tenía calentura. Domingo les contó lo que el *'ilol* le había dicho. "Su tía es una bruja; ¡hay que matarla antes de que nos mate a todos!" Lorenzo se negó a asociarse en el asesinato. Pero después, al empeorar el estado de su hijo, aceptó unirse a Pascual y a Domingo.

Los tres hombres se encontraron, pues, al atardecer en casa de Domingo y esperaron la noche bebiendo aguardiente. Hacia las 23 horas, se dirigieron silenciosamente hacia la casa de su víctima. Estaba abierta. Dominga dormía. Domingo le pasó una cuerda por el cuello y la arrastró varios metros. Durante ese tiempo, Pascual y Lorenzo cavaron una fosa detrás de la casa para enterrar el cuerpo.

Caso no. 13. 22 de octubre de 1958. Al levantarse el *mol* de Tzontehuitz hacia las 4 de la mañana de ese día, encontró ante su puerta un niño de unos diez años que parecía aterrorizado. Lo hizo entrar en su casa y le dio atole para reconfortarlo. El niño contó entonces que hacia las 11 de la noche toda su familia había sido masacrada y su casa quemada ante sus ojos. Él había podido escapar a los asesinos escondiéndose detrás de una olla de maíz y huyendo después a través de los campos. Dio el nombre de los culpables, a los que había reconocido: Manuel Díaz *kusket* (20 años), su cuñado Domingo B. y un amigo de los precedentes, Domingo A.

LA AUTORIDAD 259

El *mol* pidió inmediatamente a los habitantes del paraje que capturaran a esas tres personas. Sorprendidas en sus casas, no ofrecieron resistencia alguna. Después el *mol* fue al lugar del crimen. En el emplazamiento de la casa de Pedro Díaz *kusket* no había más que un montón de cenizas entre las que se encontraron algunos huesos medio calcinados. Eran los restos de las víctimas: Pedro Díaz *kusket* (56 años), su mujer Catarina Díaz *teltuk* (54 años), sus hijos Juan (15 años), Dominga (13 años), Pascuala (9 años), Rosa (4 años) y un infante que por no haber sido bautizado carecía de nombre.

En Bohom, Manuel Díaz *kusket*, el principal acusado, explicó que, algunos meses antes, su padre y su madre habían muerto de un mal extraño, con pocos días de intervalo. El *'ilol* al que se había hecho venir declaró que un maleficio había caído sobre ellos, pero que no podía descubrir al culpable. Manuel fue entonces a Mitontic donde vivía un *'ilol* famoso. Después de haber quemado los cirios y haber bebido una botella de aguardiente, el *'ilol* descubrió que la enfermedad que había provocado la muerte de los padres de Manuel había sido enviada por Pedro Díaz *kusket*. Aconsejó a Manuel que tuviera cuidado, porque Pedro preparaba otro maleficio en contra suya, y Pedro tenía fama de ser él mismo un *'ilol* poderoso.

A su regreso a Tzontehuitz, Manuel confió a su amigo Domingo A. y a su cuñado Domingo B., su intención de matar a Pedro para no reunirse con sus padres en la tumba. Al principio, ambos le negaron su colaboración. Después, Domingo A. recibió cincuenta pesos, y Domingo B. aceptó ayudar a su cuñado para no tener su muerte en la conciencia, en caso de que el nuevo maleficio de Pedro se lo llevara, pero a condición de no participar de modo directo en el asesinato. Los tres hombres maduraron largamente su plan: emborrachar primero a la víctima y después quemar la casa para hacer creer que había habido un accidente.

La noche del 21 de octubre, Domingo B. se presentó en casa de Pedro con un barrilito de aguardiente. "Me voy a las fincas, le dijo, ¿quieres festejarlo conmigo?" Al quedar vacío el barrilito, Domingo B. se levantó y pretendió ir en busca de otro. Se dirigió a la casa donde Manuel y Domingo A. lo esperaban bebiendo. "Ya pueden ir —les dijo— Pedro y su mujer están borrachos". Y entró a acostarse.

Manuel, armado con una carabina, y Domingo A., con

un machete, penetraron entonces en casa de sus víctimas. Manuel descargó su arma sobre Pedro, que yacía en el suelo en un estado de insconsciencia producido por el alcohol. Domingo A., después de haber cerrado la puerta trasera para que nadie pudiera escapar y dar la alarma, se encarnizó con el resto de la familia. Realizado el crimen, los dos hombres pusieron fuego a las cuatro esquinas del techo de paja y esperaron a que la casa se derrumbara bajo las llamas antes de volver a sus casas. No se dieron cuenta de que uno de los hijos de Pedro los observaba a través de las plantas de maíz...

En la comunidad de Chamula, de los sesenta y tres homicidios que hubo entre 1956 y 1960, diecinueve tuvieron como causa directa o indirecta la brujería. En Amatenango, se produjo un homicidio cada dos meses en promedio. Lo mismo que en Chamula, un gran número de esos homicidios tiene por objeto levantar un maleficio que según se considera la víctima lanzó sobre el asesino o su familia.[14] Esas cifras traducen el grado de inseguridad en que viven los tzotzil-tzeltales privados del marco que les ofrecía la organización en clanes y linajes, y de la protección que les aseguraban, en el seno de esta organización, los ancianos vivos (los *mol*) o muertos (los *totilme'iletik*).

LA JERARQUÍA POLÍTICA Y RELIGIOSA

Sin embargo, la desaparición de la organización en clanes y linajes no afectó a la comunidad en sus estructuras de conjunto. Parece que la comunidad, a partir del momento en que se hundieron los grupos de ascendencia común, se desmoronaron los lazos de parentesco y se afirmó un poco por todas partes el primado del individuo sobre su familia, desarrolló instituciones que neutralizaron las tendencias centrífugas y que mantuvieron su cohesión. La jerarquía de los cargos públicos representa la principal de esas instituciones.

14. RMNP.

La comunidad espera de sus miembros que tomen rotativamente, durante toda su existencia, un cierto número de cargos públicos anuales. Cada uno de esos cargos comporta atribuciones y funciones particulares. Unas, como las de "mayordomo" o de "alférez", son de naturaleza religiosa. Proceden de esas instituciones católicas populares centradas en el culto a los santos, que existían y existen aún en la mayor parte de los pueblos de la península ibérica. Las otras, como la de "síndico", "regidor" o "alcalde", son de naturaleza civil o política. Tienen su origen en los ayuntamientos creados por los fueros medievales, que representaban en España a las colectividades locales frente al poder real, antes del advenimiento del absolutismo monárquico. Introducidos en el siglo XVI por los españoles, esos cargos fueron adoptados por las poblaciones indígenas que les dieron un nuevo contenido y los ordenaron según la importancia que les reconocían, en un único sistema jerarquizado que los tzotzil-tzeltales llaman *jol s-lum* o "cabeza del pueblo". Así, pues, esta jerarquía no es una innovación reciente ligada a los cambios internos de la comunidad. Hasta es posible que tenga un fundamento prehispánico y que, como sugiere Vogt,[15] los principios según los cuales opera sean anteriores a la llegada de los europeos. Pero en tanto que, dentro de la organización en clanes y linajes, sólo debía desempeñar un papel ritual y ceremonial sobre todo, en la actualidad cumple con funciones más importantes en todos los dominios, donde antes ejercían su autoridad los jefes de clanes y cabezas de linajes.

1. *Los cargos políticos.* Si bien su número puede variar de una comunidad a otra, los cargos políticos se distribuyen más o menos por todas partes de la misma manera en el interior de la jerarquía. En Chamula, comunidad que tomaremos aquí como ejemplo, se reparten en cinco niveles o escalones. En el primer escalón están los cargos de "ma-

15. Vogt, Egon Z., "Some aspects of Zinacantan settlement pattern and ceremonial organization", *Estudios de cultura maya*, vol. I, 1961.

yor". Los "mayores" son en general adolescentes o jóvenes aún solteros. Constituyen un grupo que es responsable de la seguridad de la comunidad y del mantenimiento de los edificios públicos del pueblo. Además, sirven como comisionados de los miembros superiores de la jerarquía a los que acompañan en sus diversos viajes y cuyos mensajes llevan a los distintos parajes. Tienen también la función de policías. Por órdenes de la jerarquía, aprehenden a los delincuentes y los llevan a la prisión. Durante las fiestas, impiden que las discusiones degeneren en riñas y levantan a las víctimas de las libaciones demasiado abundantes. Puede reconocerse fácilmente a los mayores por el pesado bastón negro o *šawašti* que llevan en bandolera.

Los cuatro escalones superiores corresponden respectivamente a los cargos de síndico, regidor, alcalde y gobernador. Todos los cargos comprendidos dentro de un mismo escalón son iguales. No son, sin embargo, equivalentes. Hay cargo de primer, de segundo y de tercer regidor, como también hay un cargo de primer, segundo o de tercer alcalde y de primer, de segundo o de tercer gobernador. Cada uno de estos cargos es ejercido simultáneamente por dos individuos, uno de los cuales se llama "mayor" y el otro "menor". El primer regidor mayor tiene precedencia sobre el primer regidor menor, lo mismo que cualquier primer regidor tienen precedencia sobre cualquier segundo regidor, como lo atestiguan los términos *bankil'al* e *its'in'al* que emplean recíprocamente los detentadores de los cargos de un mismo escalón en sus relaciones mutuas. *Bankil'al* (derivado de *bankil*, "hermano mayor de un hombre") es utilizado por los segundos y terceros regidores, para dirigirse a los primeros regidores, así como por todos los regidores menores para llamar al regidor mayor del mismo rango que ellos. *Its'in'al* (derivado de *its'in*, "hermano joven") es utilizado por los primeros regidores para llamar a los segundos y terceros regidores, como también por los regidores mayores para llamar al regidor menor del mismo rango que ellos. Los cargos que implica cada escalón de la jerarquía se clasifican en rangos distintos, y se distribuyen en esos rangos en posiciones diferentes, de tal manera que un individuo que sirve en la jerarquía ocupa en ella un lugar irreductible a cualquier otro.

Sin embargo, desde el punto de vista de sus funciones, esos cargos siguen estando poco diferenciados. Vestidos con sus ropas oficiales —chamarro negro y sombrero con cintas—, el bastón de mando, con puño de plata, bajo el brazo izquierdo, los titulares se mantienen permanentemente, desde la salida del sol hasta su ocaso, en la explanada ceremonial del pueblo, durante todo el año que dura su mandato. Responden en forma colectiva a los que vienen a consultarlos o a someter alguna diferencia a su arbitraje. Examinan en forma colectiva los asuntos públicos y formulan las decisiones que la situación parece exigir. Esas decisiones los comprometen a todos a título individual. Pero no todos participan en su formulación de igual manera. Los regidores no tienen la misma libertad de discusión que los alcaldes, ni los alcaldes tienen el mismo poder de negociación que los gobernadores. El escalón, el rango y la posición de cada una de las autoridades políticas aparecen claramente en el orden en el que intervienen y en la manera en que expresan su opinión en las deliberaciones.

Las autoridades políticas administran las finanzas de la comunidad. Recolectan los impuestos y capitaciones sobre los negocios. Deciden las prestaciones y movilizan a la población con vistas al trabajo colectivo. De modo general, definen las relaciones de la comunidad con los centros del poder ladino que son San Cristóbal y Tuxtla Gutiérrez. En esta tarea los secundan los "escribanos", jóvenes que saben leer y escribir el español lo bastante para asegurar la expedición y recepción del correo administrativo. Sin embargo, a pesar de la importancia que puedan adquirir, los escribanos no forman parte de la jerarquía. Reciben un salario descontado de las entradas fiscales de la comunidad y no se pone ningún límite a la duración de sus funciones.

2. *Los cargos religiosos.* En contra de lo que afirma Holland, la distinción entre cargos políticos y cargos religiosos no es una conceptualización arbitraria de etnólogo, ya que

los propios tzotzil-tzeltales la hacen.[16] Pero sigue siendo cierto que la frontera entre lo político y lo religioso está lejos de estar claramente trazada. Lo sagrado entra en la estrategia del poder. Las autoridades políticas ejercen ciertas actividades rituales, y las autoridades religiosas poseen importantes funciones que no dejan de tener influencia sobre el terreno de lo político. Por lo demás, al formular las decisiones de justicia o administración comunitaria, los primeros no hacen más que interpretar la voluntad de los santos, cuya custodia tienen los segundos y a los que propician para asegurar el bienestar material y moral de la comunidad.

Los dos primeros escalones de cargos religiosos están ocupados por los mayordomos. El número total de mayordomos depende primero del de los santos que la comunidad reconozca como divinidades tutelares. Por ejemplo, en Chamula hay cuatro mayordomos para cada uno de los seis santos comunitarios. Tres de esos santos (San Juan, San Sebastián y San Mateo) se consideran como "mayores", en tanto que los otros tres (Santa Rosa, San Rosario y Santo Cristo) son tenidos por "menores". Pero entre los santos mayores cuyos mayordomos están situados en el segundo escalón de la jerarquía, San Juan ocupa una posición de "mayor" en relación con San Sebastián y San Mateo, y San Sebastián ocupa una posición de "menor" en relación con San Juan y una posición de "mayor" en relación con San Mateo. Así también, entre los santos menores, cuyos mayordomos están situados en el primer escalón de la jerarquía, Santa Rosa ocupa una posición de "mayor" en relación con San Rosario y Santo Cristo, y San Rosario ocupa una posición de "menor" en relación con Santa Rosa y una posición de "mayor" en relación con Santo Cristo. La posición relativa de los mayordomos depende de la de los santos a cuyo servicio están. Basta conocer el nombre del santo al que sirve para saber en qué escalón de la jerarquía está tal

---

16. Al hacer la crítica de la descripción que da Calixta Guiteras Holmes de la jerarquía de Chenalhó, Holland (*op. cit.*, p. 58) escribe que esta descripción corresponde al punto de vista ladino, pero no al del indio que atribuye un carácter sagrado a toda autoridad.

mayordomo y qué rango tiene en este escalón. Pero como cada santo puede tener varios mayordomos, los de un mismo santo se distinguen aún unos de otros en función de su antigüedad.

Dirigidos por su mayor, los mayordomos de un mismo santo cuidan la imagen y los bienes de ésta: vestiduras, adornos, joyas, "ollas que cantan" (tambores sagrados hechos de arcilla y recubiertos de piel de puma). Cada veinte días, a principios del mes del calendario prehispánico, después de haber ayunado, se retiran para obtener la gracia del santo y canalizarla hacia la comunidad, ofreciéndole cirios, copal, aguardiente y oraciones. Los otros días del año, están a la disposición de cualquiera que desee ser "presentado" con el santo, a fin de que su oración sea mejor escuchada y más rápidamente concedida. El mayordomo al que se pide este servicio, va a la iglesia y al pie de la imagen del santo al que presenta al fiel dice: "Aquí está X ... Soy yo, tu mayordomo, quien lo trae. Escúchalo, quiere hablarte". Después prenderá algunos cirios y quemará copal, a la vez que aconseja a su protegido qué fórmulas debe emplear, qué oraciones decir, qué ofrendas hacer y qué sacrificios prometer, en breve, de qué manera presentar su petición para obtener una pronta satisfacción. Sin duda alguna es ésta la función esencial de los mayordomos: poner en relación a los fieles con los santos y servir de mediadores entre la comunidad y sus dioses.

El carácter sacerdotal de los mayordomos se expresa particularmente con ocasión de la fiesta anual que ofrecen en honor de su santo. Con una o dos semanas de anticipación, empiezan un ayuno y se abstienen de toda relación sexual a fin de que las ceremonias previstas se desarrollen normalmente. Si llegara a llover durante la fiesta, el rumor público no dejaría de acusarlos de haber violado alguna de esas prohibiciones alimenticias o sexuales. Por lo general, la fiesta dura tres días, durante los cuales se suceden diversas ceremonias: procesión de la imagen del santo a través del pueblo, oraciones colectivas en el interior de la iglesia, ofrendas y sacrificios en las capillas y los altares. Los mayordomos dirigen todas esas ceremonias y actúan como maestros de los rituales por medio de los cuales se sella por un nuevo año la alianza entre la comunidad y el santo.

Además de los mayordomos, cada santo comunitario tiene uno o varios alféreces. Los cargos de alférez ocupan los dos escalones superiores de los cargos religiosos en la jerarquía. Como los de mayordomo, se distribuyen dentro de cada escalón según la posición relativa de los santos. Así, en Chamula, el cargo de alférez de San Rosario es superior al de alférez de Santo Cristo, pero inferior al de alférez de Santa Rosa, si bien unos y otros están situados en el mismo escalón, el tercero, el de los alféreces menores. De igual modo, el cargo de alférez de San Sebastián es superior al de alférez de San Mateo, aunque inferior al de alférez de San Juan, si bien los tres están también situados en un mismo escalón, el cuarto, el de los alféreces mayores.

Los mayordomos tienen la responsabilidad de los ritos, pero los alféreces tienen la de los regocijos públicos que los acompañan. En ellos descansa toda la organización material de la fiesta del santo. Los alféreces preparan las bebidas y los alimentos que se ofrecen durante los tres días que dura la fiesta a todos los miembros de la comunidad. Confeccionan los cohetes, los "castillos" y los "toritos"[17] que al ser prendidos señalan el principio y el fin de cada ceremonia. Reclutan danzantes y músicos que sigan a las procesiones. En fin, organizan carreras de caballos, atracciones y diversiones varias en el pueblo. Los alféreces dan a la fiesta su esplendor y el aspecto espectacular que debe revestir para alcanzar su fin.

Los papeles de mayordomo y de alférez se compenetran profundamente. Mayordomo y alférez no sitúan sus actividades en dos registros distintos, uno sólo espiritual, el otro sólo material, ya que los diferentes elementos de la fiesta cuya responsabilidad tienen constituyen una totalidad irreductible. En realidad, ambos colaboran para tratar al santo con honor, el primero intentando obligarlo por medio de

---

17. Estructuras de madera que tienen la forma de un castillo o un toro y en las que se atan los cohetes que estallan en cadena.

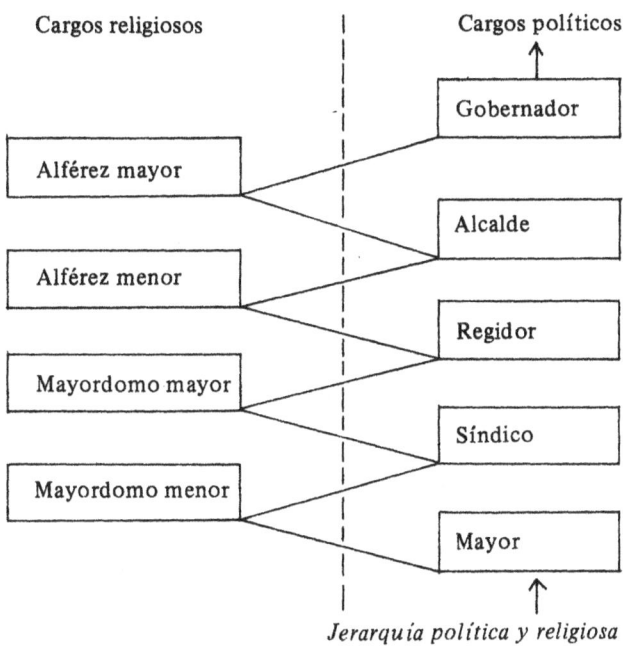

Jerarquía política y religiosa

los rituales, ensayando el segundo, apresarlo e integrarlo, por el despliegue de un fasto máximo, en una red cósmica de prestaciones y contraprestaciones que obligará al santo a derramar su gracia.

Esos cargos políticos y religiosos que acabamos de definir señalan la carrera pública a la que deben comprometerse todos los miembros de la comunidad si quieren mejorar su *status*. Desde la edad de 16 o 17 años, el individuo entra en esta carrera ocupando durante un año el cargo político inferior, el de mayor. Algunos años después, tomará el cargo religioso inmediatamente superior. Durante un año, ejercerá la mayordomía de un santo menor. Después, cuando pase de la treintena, pasará a otro cargo político un poco más elevado. Se convertirá en síndico. Progresivamente irá avanzando hacia lo alto de la jerarquía, cuyos escalones subirá uno a uno, hasta que al final de su vida haya cumplido alternativamente con todos los cargos políticos y todos los cargos religiosos.

Los cargos de la jerarquía están abiertos a todos los miembros de la comunidad. Cancian señala que en Zinacantán, el 95.8 por ciento de los hombres de más de 65 años han cumplido cuando menos con un cargo en el curso de su existencia.[18] Pero si bien son muy numerosos los individuos que entran en la jerarquía, son mucho más raros los que llegan a salir de ella después de haber alcanzado los escalones superiores. La ascensión desde la base hasta la cima de la jerarquía a través de los diferentes escalones de cargos que implica está frenada por múltiples obstáculos. Algunos de esos obstáculos son inherentes al sistema, cuya rigidez limita las estrategias de promoción concebibles. En efecto, nadie puede pasar de un cargo inferior a uno superior sin haber cumplido antes los cargos intermedios, y nadie puede pasar de un cargo político (o religioso) al cargo político (o religioso) siguiente sin haber cumplido el cargo religioso (o político) alterno. No es necesario que un síndico menor se convierta en un síndico mayor, ni que un segundo síndico se convierta en primer síndico para ser postulado al cargo del escalón inmediatamente superior, porque todos los cargos de un mismo escalón son considerados iguales. Pero para ser alcalde, cualquier síndico debe pasar antes por ser mayordomo de un santo mayor, después regidor, después alférez de un santo menor. Así también, para ser alférez de un santo mayor, cualquier mayordomo de un santo mayor debe pasar antes por ser regidor, después alférez de un santo menor, después alcalde. Si bien pueden admitirse ciertas derogaciones de estas reglas —un hombre ya casado que empieza tarde su carrera pública es dispensado por lo común de servir como mayor—, nadie puede "saltarse" un cargo. Todas las ascensiones individuales hacia la cima de la jerarquía se efectúan por el mismo camino. La rapidez de la ascensión sólo depende de la aptitud del indi-

---

18. Cancian, Frank, *Economics and prestige in a Maya community*, Stanford, 1965, p. 126.

viduo para cumplir con el mayor número de cargos en un tiempo menor.

Pero si hay pocos individuos que lleguen a los últimos escalones de la jerarquía, se debe también a que los cargos correspondientes a esos escalones son de número más reducido. En Chamula, por cincuenta y tres cargos inferiores, apenas hay once superiores; y en Zinacantán, por cuarenta y nueve cargos inferiores, no hay más que seis cargos superiores. Es verdad que, por el hecho de la mortalidad, las clases de edad de más de cuarenta y cinco años, de las que provienen la mayoría de los candidatos a los cargos de los últimos escalones, son menos numerosas que las clases de edad de menos de cuarenta y cinco años de donde proviene la mayoría de los candidatos a los cargos de los escalones subalternos. Esto no impide que en el curso de la ascensión en la jerarquía, se produzcan embotellamientos, como lo atestiguan las largas listas de espera en la que los zinacantecos hacen inscribir, con muchos años de anterioridad, su candidatura a ciertos cargos particularmente elevados.

Relativamente menos numerosos, los cargos superiores de la jerarquía son también más onerosos. Durante el año de su mandato, el titular de un cargo no recibe ningún salario ni remuneración. No sólo no puede entregarse a ninguna actividad económica, lo que ya representa una cantidad importante que se deja de ganar, sino que además debe pagar personalmente los gastos diversos que implican las funciones que ejerce. El monto total de esos gastos varía con la naturaleza del cargo y el escalón en que esté situado dentro de la jerarquía. Por lo general, los cargos políticos son menos onerosos que los cargos religiosos, y los cargos de los escalones superiores lo son más que los de los escalones inferiores. En promedio, un mayor gasta, durante el año de su mandato, unos cincuenta pesos; un regidor gastará ya varios cientos y un alférez algunos miles. En Chamula, el alférez de San Mateo gastó, en 1960, más de 8 000 pesos en el financiamiento de la fiesta que era su responsabilidad. En otras comunidades como Zinacantán, por ejemplo, los cargos más elevados cuestan a sus titulares de 14 000 a 15 000 pesos o sea, aproximadamente, diez veces el ingreso anual promedio de las familias más acomodadas.[19]

El individuo que acaba de cumplir con un cargo, titubeará pues mucho antes de presentarse como candidato al cargo siguiente, que le exigirá gastos aún más considerables. Si un mayor puede pensar en pasar rápidamente a mayordomo de un santo menor, queda excluido que un alférez de un santo menor pueda soñar seriamente en pasar a alcalde en los cinco o seis años siguientes a la expiración de su mandato. Primero tiene que quedar libre de todas sus deudas, reabrir sus fuentes de ingreso y comenzar a ahorrar para que esté en posibilidades de volver a entrar a la jerarquía en un escalón superior. Por lo común, no puede pretender un cargo ni ser obligado a aceptar uno, si antes no ha restituido la totalidad del dinero y los bienes recibidos, en calidad de préstamo, durante el ejercicio de su cargo precedente. Como el monto de esos préstamos representa sumas muy importantes, los titulares de los cargos elevados no pueden lograr el rembolso en unos cuantos años. El endeudamiento de una familia, uno de cuyos miembros ha tenido una mayordomía o un cargo de alférez, se perpetúa a veces más de un decenio y esas deudas hasta pueden transmitirse de una generación a otra.

Son las autoridades en funciones las que, por el privilegio que poseen de designar a sus sucesores, regulan en principio el adelanto en la carrera pública y la promoción a los escalones superiores de la jerarquía. A partir del mes de agosto, los miembros de la jerarquía empiezan a evocar, cada vez con mayor frecuencia, durante sus reuniones, las diferentes candidaturas posibles para cada uno de los cargos. Valoran la carrera pasada de los candidatos; juzgan la forma en que cumplieron con sus cargos precedentes; examinan sus posibilidades financieras. Poco a poco, las elecciones van bosquejándose y dibujándose. Algunos candidatos iniciales quedan eliminados, en tanto que se toman en consideración nuevas candidaturas. Después de la fiesta de Todos Santos, se tiene la lista definitiva de elegidos. Cada miembro de la

---

19. Cancian, Frank, *op. cit.*, p. 81.

jerarquía va a la casa de su sucesor para avisarle personalmente la elección de que acaba de ser objeto, ofreciéndole aguardiente y entregándole un atado simbólico de cirios. El nuevo elegido no tiene más que hacer que tomar sus disposiciones para ejercer pronto su mandato.

La elección de los miembros de la jerarquía es irrevocable y el elegido está obligado a aceptar el cargo al que se le lleva. Es verdad que es de buena educación hablar de su pobreza, su indignidad, su incompetencia y que su primera reacción sea "rechazar los cirios". Pero si persiste categóricamente en su rechazo, pronto será apresado por los mayores, llevado al pueblo y puesto en prisión sin agua ni alimentos hasta que la sed y el hambre le hagan cambiar de parecer. El competir por los honores, cumpliendo con los diferentes cargos de la jerarquía, no es tan sólo una posibilidad abierta, sino también una obligación impuesta a todos los miembros de la comunidad.

La transmisión de poderes tiene lugar el último día del año. La noche del 31 de diciembre, los miembros entrantes y los salientes de la jerarquía se reúnen en el interior del cabildo, en torno a las grandes cruces que representan las diferentes secciones de la comunidad. Los bastones de mando se disponen sobre una mesa adornada con agujas de pino y hojas de orquídea, en la que arden los cirios y el copal. Las autoridades toman su lugar frente a esta mesa y se preparan para comenzar una larga noche de vigilia y de oración. Entre las oraciones de las antiguas autoridades y las exortaciones que dirigen a sus sucesores, el alcohol no deja de circular en abundancia, hasta que aparecen las primeras luces del alba. Entonces, los miembros salientes y los miembros entrantes de la jerarquía salen del cabildo y se dirigen hacia el centro de la explanada ceremonial, donde los primeros, colocados por orden de antigüedad —los gobernadores en el centro, los mayores a los lados— reciben el juramento de los segundos, arrodillados delante de ellos, y les entregan sus bastones.

A veces, la designación de las nuevas autoridades da ocasión a venganzas personales. Algunos individuos que pretenden desde hace mucho un cargo, pueden ver que se les rehusa porque tienen un enemigo en la jerarquía. Otros, por el contrario, que no disponen de los recursos suficientes para ejercer un cargo, pueden verse promovidos de súbito por autoridades que los ven con malos ojos. En Chamula, una persona que teme verse elevada así a un cargo que no desea, se pone al servicio de un miembro influyente de la jerarquía a fin de que éste ponga obstáculos a su designación. Le cultivará gratis su campo; le ofrecerá cierta cantidad de maíz o de frijoles; contribuirá a los gastos de su cargo dándole o prestándole dinero sin interés. Este método, que consiste en ayudar a una autoridad a ejercer su cargo para no tener que sucederla en la jerarquía, se llama *bajnakanka*.

El *bajnakanka* permite rechazar la propia elección, pero no evitarla definitivamente. Al hacer la elección de sus sucesores, las autoridades deben tener en cuenta no sólo las aspiraciones individuales, sino también las exigencias de la colectividad. Si autorizan a ciertos individuos a escapar a su obligación de servir en la jerarquía o se prohíbe el acceso a ella a otros individuos que tienen derecho legítimo a tener su lugar en ella, estarían en peligro de comprometer su posición en la comunidad y de dejar su cargo con menos prestigio que al entrar. En la mayor parte de las comunidades, nadie desconoce la carrera de otro y cada quien sabe en qué momento puede y debe tomar tal cargo, de suerte que la designación de los miembros entrantes por los miembros salientes de la jerarquía no es con frecuencia más que la oficialización del consenso.

Las personas sobre las cuales hay un consenso casi automático no son necesariamente las más competentes, ni las que tienen una aptitud particular para el *leadership*. Con frecuencia, son personas marginales, cuyas relaciones con otros son difíciles, cuyas actitudes se apartan de las normas tradicionales, las que parecen estar comprometidas en un decidido proceso de ladinización. Así, un hombre envidioso, violento, irascible, que maltrata a su mujer y que no se entiende con sus padres ni con sus parientes políticos, será metido a la jerarquía para que aprenda a conducirse mejor. Un hombre que ignora las reglas de la etiqueta y del código moral y que no testimonia el respeto debido a los ancianos y la devoción debida a los santos y a las otras divinidades tutelares de la comunidad, también será metido en la jerarquía para que se convierta al fin en un *bats'il winik,* un "hombre verdadero". Un hombre al que sus actividades exponen al contacto con los ladinos y que tiende a adoptar ciertos hábitos de estos últimos, tales como llevar pantalones y zapatos, montar a caballo, será metido de igual modo a la jerarquía para que no deje de ser un miembro auténtico de la comunidad.

Los tzotzil-tzeltales reconocen al ejercicio de los cargos de la jerarquía un valor altamente socializador. Piensan que quienes detentan estos cargos, por las relaciones que se ven llevados a tener con los santos, tienen que santificarse a su vez, y si tienen la costumbre de meter a los marginados en la jerarquía es justo para que éstos, "contagiados por la santidad", puedan volver a entrar a las normas. Por lo demás, con frecuencia, individuos que tienen conciencia de haber cometido un pecado o una falta grave, solicitan por propia voluntad un cargo, a fin de borrar las huellas de su acción culpable y evitar el repetirla en lo futuro.

La designación para la jerarquía constituye efectivamente una técnica privilegiada de inserción o de reinserción social y cultural. El individuo nombrado para un cargo recibe no sólo la prueba de interés que el grupo siente por él, sino también el medio de expresar sus posibilidades ocultas dentro del grupo. Expuesto de manera directa y permanente a las miradas de la comunidad durante todo un año, sólo puede afirmarse en su cargo siguiendo las vías socialmente admitidas, adoptando las conductas culturalmente sancionadas. Si cumple bien con su cargo, será remunerado en prestigio. Si se comporta en una forma que la comunidad juzga insatisfactoria, no obtendrá ningún prestigio y la considerable inversión de tiempo, trabajo y dinero a la que lo habrán obligado sus funciones quedará irremisiblemente perdida. El titular de un cargo está colocado en una situación que no le deja más posibilidad que ajustarse a lo que la comunidad espera de él, es decir, a socializarse.

Así, pues, la comunidad no espera de aquellos de sus miembros que pone a su cabeza tomas de posición avanzada, decisiones audaces, ni iniciativas nuevas. Aun cuando los miembros de la jerarquía se sintieran tentados a hacer alguna innovación, sin importarles las repercusiones que esas innovaciones pudieran tener sobre su *status,* hay muchas probabilidades de que no pudieran hacerla. Durante todo el tiempo que dura su mandato, cada miembro de la jerarquía es asistido por una persona, por lo común de mayor edad, que ya ha tenido el cargo y que ha aceptado poner a su servicio la experiencia que ha obtenido de él. Se da a esta persona el nombre de *ahwaltikil* o también de *tak'avel.* Se trata en general de un anciano que ha terminado su carrera pública, de un *mol* que ha salido de la jerarquía y que por ello lleva el envidiado título de *pasaro* (derivado de "pasado": "el que ha pasado por todos los cargos"). La elección del *ahwaltikil* se deja a la iniciativa del titular del cargo, pero todo titular debe tener un *ahwaltikil.* Éste le enseña lo que debe y no debe hacer, y cómo ha de comportarse en cualquier circunstancia. Le enseña los detalles de los ritos que está llamado a realizar. La víspera de las fiestas, le hace repetir cada palabra que ha de pronunciar y cada gesto que debe hacer, y durante el desarrollo de las ceremonias se mantiene detrás de él, listo a intervenir en caso de necesidad.

Guardianes del protocolo y de los rituales, los *ahwaltikil* son también consejeros íntimos de las autoridades sobre las que pueden tener un gran ascendiente por su edad y su saber. Sucede con frecuencia que orienten sus elecciones e influyan en sus decisiones. A veces, los miembros de la jerarquía justifican sus acciones ante el etnólogo con una de estas fórmulas reveladoras: "mi *ahwaltikil* me dijo que lo hiciera así" o "mi *ahwaltikil* no permitió que lo hiciera en otra forma". La jerarquía parece estar duplicada por una especie de "jerarquía fantasma", discreta pero vigilante, que la controla y que guía su actividad con un sentido eminentemente conservador.

La interacción constante e intensa de la comunidad y de las autoridades que se da, somete a las innovaciones que éstas podrían introducir en algunos casos a una rigurosa filtración. En 1958, el Instituto Nacional Indigenista estableció un proyecto para llevar agua a Chamula. Se trataba de captar dos manantiales próximos al pueblo y crear bajo la explanada ceremonial un depósito que alimentaría a toda la población de Bohom. Los miembros de la jerarquía sólo autorizaron el proyecto con muchas reticencias. ¿No desencadenarían los trabajos la cólera de *k-ahwal who*, el "dueño del agua"? A pesar de todo se iniciaron los trabajos. Pero muy pronto, los *ahwaltikil* hicieron correr por los parajes el rumor de que la jerarquía se había dejado comprar por el INI, había traicionado a la comunidad y, en consecuencia, era necesario matar a todos los miembros y sustituirlos por otros más respetuosos de la tradición. Una noche, varios centenares de chamulas aparecieron armados en las cimas de las colinas que dominan Bohom, con la intención evidente de apoderarse del pueblo y lanzar un maleficio sobre las autoridades que allí residían. Apenas logró evitarse el derramamiento de sangre.

Este ejemplo es interesante porque indica que a pesar de las transferencias de competencia que se han hecho recientemente a su favor y del reforzamiento consecutivo de su posición en el sistema político comunitario, la jerarquía tiene un poder estrictamente limitado. Revela también el reto a este poder por parte de los ancianos, de los *mol*, los *pasaro*, en breve, de los gerontócratas cuya autoridad declinante puede manifestarse aún en ciertas ocasiones. Aunque cada vez más reducido por el desmoronamiento de la base sobre la cual descansaba (los clanes y los linajes), el poder gerontocrático, que ha perdido la iniciativa en las decisiones, intenta con frecuencia y con éxito bloquear las que se han tomado por encima de él, frenar las evoluciones que se bosquejan y mantener el *statu quo*. Al presentarse como garantía del orden comunitario, está llamado a tropezar continuamente con la jerarquía, ya que ésta actúa de manera más o menos obligada, en tanto mediadora entre la comunidad y la sociedad ladina y, por ello, en tanto vector potencial de cambio.

Entre los individuos que la comunidad clasifica en la categoría de marginados o de desviacionistas y cuya elección para formar parte de la jerarquía favorece a fin de que se socialicen, figuran los que poseen un capital mayor, un ingreso más importante, un nivel de vida más elevado que el promedio general, en breve, los "ricos". Bastan muy pocas cosas para parecer rico entre los tzotzil-tzeltales. Pero por escaso que sea el margen que lo distinga, el rico siempre es considerado como peligroso. Con frecuencia es sospechoso de brujería. Su situación económica particular, atribuida a las ligas que habría formado con las potencias oscuras, lo aísla y hace de él la víctima de cualquier venganza comunitaria en caso de epidemia o de calamidad.

El rico no es aceptado por la comunidad a no ser que consienta en renunciar a su riqueza y en destruir el excedente de sus bienes personales en provecho de todos, ejerciendo un mayor número de cargos en la jerarquía. Mientras más rico se es, más cargos habrán de cumplirse y, en la mayor parte de las comunidades, los individuos que llegan a los escalones superiores de la jerarquía son por lo común los más acomodados. Pero mientras más cargos se cumplan, más aumenta el prestigio, de modo que destruyendo el excedente de sus bienes de la manera prescrita, el rico no sólo entra en la norma, sino que aumenta su *status*. Así, pues, la comunidad no castiga sistemáticamente la riqueza, como se ha afirmado con frecuencia.[20] Sólo obliga a los ricos a convertir su excedente económico en *status* social, y el instrumento de esta conversión es la jerarquía.

Precisemos ahora la relación entre el costo de los cargos y el prestigio que sacan de él los que los ejercen. El costo relativo de los cargos de la jerarquía lo conocen todos. Nadie ignora, en efecto, que un cargo de alcalde es más caro que uno de síndico, y que un cargo de mayordomo sale más barato que un cargo de alférez. Sin embargo, el monto de los desembolsos correspondientes a los diferentes cargos varía mucho en función de los individuos. Depende, en primer lugar, de la imagen de sí mismo que el titular desee comunicar a la comunidad, y de la imagen que la comunidad tenga del titular. Un hombre ambicioso podrá invertir en su cargo

---

20. Véase en particular Wolf, Eric, "Types of Latin American peasantty", *American Anthropologist*, vol. LVII, no. 3, 1955.

una suma superior a la que habitualmente se requiere, a fin de obtener un máximo prestigio. En cambio, un hombre rico o considerado como tal deberá invertir una suma aún mayor, sin que por ello saque del mismo cargo un prestigio mayor. Las inversiones realizadas en el mismo cargo no son necesariamente idénticas, y la misma inversión hecha en cargos idénticos no produce siempre la misma cantidad de prestigio.

Sucede con frecuencia que el titular de un cargo se esfuerce por gastar cuando menos lo mismo que su predecesor, o que el titular menor se esfuerce por gastar cuando menos lo que el titular mayor. Tampoco es raro que los titulares que pertenezcan a secciones opuestas se lancen desafíos públicos e intenten sobrepasarse en munificencia de un año a otro o durante un mismo año. Cada quien gasta más que su competidor para lograr abochornarlo y mejorar el propio prestigio a sus expensas. Esta emulación, a veces muy fuerte, entre predecesor y sucesor, o entre los cotitulares de un cargo, que subtiende el antagonismo tradicional de las secciones, tiene el efecto de aumentar aún más el precio que el individuo debe pagar por mejorar su *status*.

Cada año, gastan así sumas considerables en la jerarquía las autoridades en funciones. Es difícil valorar a cuánto llegan, pero todo lleva a creer que su monto es muy elevado en relación con los ingresos de las comunidades. Cancian da el costo de veinticinco cargos de la jerarquía de Zinacantán, en su obra.[21] Los datos que presenta no son homogéneos, ya que se refieren a períodos diferentes. Pero ninguno es anterior a 1952, ni posterior a 1963, de manera que son comparables.[22] Si se suma el costo de los veinticinco cargos se obtiene un total de 88 000 pesos. Dado que la jerarquía de Zinacantán comprende en realidad cincuenta y cinco cargos, podemos estimar —en igualdad de circunstancias— que el funcionamiento de esta institución exige cada año un gasto de cerca de 200 000 pesos. Esta suma representa aproximada-

---

21. Cancian, Frank, *op. cit.*, pp. 80 *ss.*
22. No hubo devaluación entre estas dos fechas, pero de todas maneras el peso se deprició.

mente el ingreso anual promedio de doscientas familias zinacantecas, o sea la séptima parte del conjunto de la comunidad.

Al operar la conversión del excedente en prestigio, la jerarquía comunitaria canaliza hacia una vía económicamente improductiva una parte muy importante de las disponibilidades de la comunidad. Impide la acumulación de capital en la medida en que esteriliza un ahorro que podría invertirse en la compra de bienes o en la modernización de las técnicas de producción. Al hacerlo así, inhibe el desarrollo de cualquier diferenciación económica que podría conducir a una forma de estratificación social. Su función es justo mantener la homogeneidad de la comunidad y la igualdad de sus miembros, pero a un nivel que apenas sobrepasa el de la subsistencia.

Hemos reconocido que la jerarquía comunitaria tiene una función socializadora y una función niveladora u homogeneizadora, y hemos visto el efecto de esas funciones sobre el estilo del *leadership,* por una parte, y sobre el nivel de la economía, por la otra. Reconozcamos a la jerarquía una tercera y última función esencial: una función integradora. Para cumplir con sus cargos de la manera anticipada por la comunidad, los miembros de la jerarquía están obligados siempre a pedir ayuda a sus parientes, sus parientes políticos, sus vecinos y al conjunto de su ambiente. En términos generales, el titular de un cargo no dispone más que del 25 al 50 por ciento de la inversión que debe hacer en el curso de su mandato. Para proveer el resto, tiene que pedir prestado. Estos préstamos pueden ser de distinta naturaleza: dinero, bienes y mercancías, trabajo.

Por ejemplo, aun antes de entrar en funciones, un alférez pedirá dinero a sus hermanos o a sus hijos casados. Solicitará una contribución en alcohol, maíz o frijoles a su familia. Convocará a sus amigos para que hagan de danzantes, de músicos, de organizadores de carreras de caballos y de las otras atracciones que se llevarán a cabo el día de la fiesta de la que es responsable. Reunirá a los habitantes de su paraje para que lo ayuden a preparar las bebidas y a cocinar los alimentos que se ofrecerán en esa ocasión a todos los miembros de la comunidad. Movilizará a los hombres aptos de su sección para que en su tiempo libre hagan prestaciones de agua o de leña, o para que cultiven los campos que él no puede trabajar. Varias decenas y a veces aun centenas de personas están asociadas directa o indirectamente con el ejercicio de un solo cargo. En ciertas comunidades relativamente pequeñas, casi la totalidad de la población participa cada año, por las prestaciones en especies, en naturaleza o en trabajo que da a los titulares de los cargos, en el funcionamiento de la jerarquía.

El titular de un cargo se presenta revestido de los atributos de sus funciones entre las personas cuyo concurso quiere asegurarse, y les ofrece aguardiente. Si es aceptado, se ha obtenido la colaboración esperada y esta colaboración se concretará desde que se haga la petición. Nadie puede rehusar su concurso al titular de un cargo, sin razones imperiosas. Por lo demás, nadie lo rehusa por miedo a encontrarse sin ayuda el día en que él mismo esté dentro de la jerarquía. Sólo se recibe ayuda en la medida en que uno consiente en ayudar, y si se ayuda es justo para poder ser ayudado cuando llegue el turno. La ayuda prestada con ocasión del ejercicio de un cargo abre derechos y crea obligaciones a los que ayudan y a los que son ayudados. Se cuenta con todo cuidado el dinero, los bienes y los servicios recibidos por el titular de un cargo, a fin de ser exactamente devueltos en el momento apropiado. Su circulación se inscribe en las redes de prestaciones y de contraprestaciones que con frecuencia desbordan el marco de la familia y del paraje y se extienden a veces al conjunto de la sección o de la comunidad.

Así, pues, el funcionamiento de la jerarquía es generador de solidaridades particulares, cuya trama reposa en lo que los individuos han recibido en el ejercicio de sus cargos y en lo que deben dar en el ejercicio de los cargos a aquellos de quienes han recibido. Aunque sean de naturaleza muy diferente, esas solidaridades tienden a sustituir funcionalmente a las que derivaban de las relaciones de parentesco y alianza, así como a la pertenencia a un grupo de ascendencia común, para asegurar el mantenimiento de la cohesión comunitaria. Al desarrollar esas nuevas solidaridades, la jerarquía ha permitido el paso de una organización de clanes y linajes a una organización fundada sea en la familia nuclear, sea en el individuo, sin que la estructura de la comunidad haya tenido que sufrir efectos demasiado negativos.

Es evidente que queda por saber hasta qué punto la jerarquía pudo conservar la homogeneidad comunitaria y garantizar la socialización y la integración de los individuos en el seno de la comunidad, sin ser dividida en sus funciones por los clanes, los linajes y los agrupamientos familiares. Cancian responde mediante una doble hipótesis a esta pregunta.[23] La primera se sitúa en la perspectiva de un aumento general de la riqueza. En efecto, supongamos que al multiplicar sus fuentes de ingreso, la comunidad llegue a disponer de una mayor riqueza. En ese caso, el costo individual de los cargos, lo mismo que el costo colectivo del sistema de cargos, tendería a bajar proporcionalmente. Se tendría un excedente que no sería completamente destruido por la jerarquía y que hasta podría ser invertido y producir un nuevo excedente. A medida que ese excedente aumentara, la jerarquía sólo destruiría una proporción cada vez menor. Así, la jerarquía perdería de modo progresivo su función niveladora y homogeneizadora.

La segunda hipótesis se sitúa en la perspectiva de un aumento general de la población. Supongamos que lo que aumenta es la población y no la riqueza. En ese caso, un número superior de individuos se disputaría una cantidad igual de cargos. El ajuste sólo podría hacerse de dos maneras: sea haciendo retroceder la edad de ingreso de toda la población al primer escalón de la jerarquía; sea restringiendo el acceso a la jerarquía de sólo una parte de la población. Pero mientras más aumentara la población, más se elevaría la edad de ingreso a la jerarquía, o más débil sería la proporción de individuos que tuviera acceso a ella. De cualquier manera, la jerarquía sería cada vez menos capaz de cumplir la función socializadora e integradora que le corresponde. Cancian concluye con esta afirmación: "El aumento de la población y el mejoramiento de las condicones económicas

23. Cancian, Frank. *op. cit.*, pp. 187 ss.

destruirán la importancia de la jerarquía en cuanto sistema por medio del cual la comunidad ... sigue estando integrada".[24]

Las premisas de ambas hipótesis son irrefutables. Nadie puede negar que en el curso de los últimos decenios, las fuentes de riqueza de las comunidades se han multiplicado, ni que los tzotzil-tzeltales, al ir a las plantaciones de café, al engancharse en los trabajos de ingeniería o al trabajar bajo la dirección del INI, hayan multiplicado sensiblemente su ingreso. Nadie puede negar tampoco que, durante el mismo período, la población de las comunidades de la región haya aumentado en proporción importante. Pero si en principio esas hipótesis parecen del todo verosímiles, las conclusiones que Cancian saca de ellas sólo pueden aceptarse con dificultad. La primera hipótesis postula implícitamente la constancia del costo de los cargos de la jerarquía en una situación de aumento de la riqueza. Ahora bien, ese postulado es erróneo en gran parte. El costo de cada cargo varía en función de las disponibilidades económicas de los individuos, así como el costo del sistema de cargos de la jerarquía varía en función de las disponibilidades económicas de la comunidad. Ya hemos dicho que en Chamula, cuando baja el nivel de empleo en las plantaciones, baja también el ingreso de la comunidad, y los miembros de la jerarquía gastan menos en sus cargos. En cambio, cuando el nivel de empleo aumenta, aumenta también el ingreso de la comunidad y los miembros de la jerarquía gastan más. Sea cual fuere la coyuntura económica, la jerarquía moviliza y destruye casi la totalidad del excedente. Cancian subestima la capacidad de ajuste del costo de los cargos al aumento de la riqueza. Su hipótesis refleja además una concepción muy difundida sobre todo entre los economistas, según la cual bastaría con una fuerte inyección de liquidez para transformar las sociedades tradicionales en sociedades evolucionadas.

La segunda hipótesis postula implícitamente la constancia de la estructura comunitaria o más bien su fijeza, en una situación de aumento de la población. Este postulado es tan

---

24. Cancian, Frank, *op. cit.*, p. 194.

inaceptable como el precedente. En efecto, hemos tenido oportunidad de mostrar que la estructura de la comunidad evoluciona y que esta evolución se inscribe en un ciclo, y que ese ciclo está determinado esencialmente por el factor demográfico. Por regla general, mientras más crece una comunidad, más tiende a dispersarse y mientras más se dispersa, más tiende a escindirse de manera que da nacimiento a una o varias comunidades nuevas. El caso de Zinacantán es particularmente significativo a este respecto, y es de lamentar que Cancian no lo haya visto en una perspectiva más dinámica. Esta comunidad de 7 500 habitantes comprende en la actualidad más de veinticinco parajes. Algunos de esos parajes tienen relaciones estrechas con el pueblo. Otros, como Salinas, Navenchauc y desde una fecha reciente Apas, tienden a separarse. Cada uno de esos parajes posee su capilla y ya nombra a sus autoridades. Puede pensarse que en algunos años, Salinas, Navenchauc y Apas constituirán comunidades independientes. Así, Zinacantán se encontrará con que su excedente demográfico le ha sido amputado, y la relación entre los cargos de la jerarquía zinacanteca y la población que debe asumirlos se restablecerá a su interior nivel.

En definitiva, la única conclusión que podemos adelantar es que nada permite prever una disminución de las funciones de la jerarquía comunitaria en la situación actual y, por consiguiente, nada permite creer en una evolución próxima de la comunidad tzotzil-tzeltal tradicional hacia una forma cualquiera de colectividad rural abierta.

TERCERA PARTE

LOS MOVIMIENTOS DE REACCIÓN Y DE REORGANIZACIÓN

Desde el siglo XVI y, más precisamente, desde el siglo XIX, la organización social de los tzotzil-tzeltales ha sufrido importantes transformaciones. Las grandes tenencias colectivas se han fraccionado e individualizado. Los clanes y los linajes se han desmoronado. Los grupos de ascendencia común se han disuelto en unidades familiares restringidas. El sistema de parentesco se ha bilateralizado. Las relaciones de consanguineidad y de afinidad se han distendido, a pesar del desarrollo del compadrazgo y la introducción, más reciente y sin duda también más localizada, del matrimonio preferencial.

Y sin embargo, lo que sorprende no es ni la extensión ni la profundidad de esos cambios, considerables con todo, sino más bien la continuidad que les subyace, la permanencia de la situación que los ha determinado y que, en forma muy paradójica, ellos determinan a su vez. En efecto, si la organización interna de la comunidad se ha recompuesto, la estructura comunitaria no ha cambiado, y parece que la organización interna de la comunidad se recompuso para que la estructura comunitaria no cambie. En muchos respectos, los cambios que acabamos de analizar pueden considerarse como otras tantas respuestas de adaptación gracias a las cuales se ha mantenido la comunidad y con ella el sistema colonial, uno de cuyos elementos esenciales representa.

A despecho —y deberíamos decir: a causa— de esos cambios, la distancia cultural y las relaciones sociales entre tzotzil-tzeltales y ladinos no se han modificado de ningún modo. Los primeros no se han asimilado a los segundos, y éstos no han absorbido a los primeros. El indio ha seguido siendo indio en la medida en que no ha dejado de pertenecer a una comunidad, es decir, a una institución que lo protege del ladino marginalizándolo en relación con éste. Podemos pensar que en tanto que esta protección sea necesaria —y será necesaria en tanto que subsista el sistema colonial—, la comunidad seguirá siendo lo que es y sus miembros lo que son.

En las páginas siguientes, desearíamos examinar dos movimientos que, aunque muy diferentes en sus orígenes, en su naturaleza y en sus formas, tienden de una u otra manera a poner en duda la institución comunitaria tradicional. El primero de estos movimientos es endógeno. Se trata del chalikismo, movimiento de inspiración mesiánica derivado de un viejo fondo maya, que se desarrolló durante la segunda mitad del siglo pasado y que terminó en la organización de una efímera "supracomunidad" tzotzil-tzeltal. El segundo es exógeno. Se trata del indigenismo, movimiento salido de una corriente ideológica por lo demás muy ambigua, nacida en un medio no indígena hacia principios del siglo y que desembocó a partir de los años 1940 y tantos en un programa oficial que intenta transformar la comunidad desde el interior. El análisis de esos movimientos, de su importancia y de sus límites, nos permitirá abordar los aspectos prácticos y teóricos esenciales de lo que se ha convenido en llamar, de manera equivocada además, el "problema tzotzil-tzeltal", y establecer con mayor precisión las condiciones de su solución.

CAPÍTULO I

EL CHALIKISMO

La rebelión y la insurrección han sido las dos formas principales que tomó la reacción tzotzil-tzeltal a la situación colonial. Entendemos por rebelión toda reacción directa, inmediata y espontánea a una vejación precisa. Sea que una autoridad usurpe las prerrogativas de la jerarquía comunitaria, que un sacerdote intente imponer a la iglesia prácticas religiosas más "ortodoxas", que un negociante intente monopolizar por completo el mercado local, y la comunidad se subleve, masacre al ladino abusivo, queme su casa y destruya sus propiedades y bienes. Después todo vuelve al orden, aun antes de que intervengan las fuerzas de represión. La característica esencial de la rebelión es que nunca es premeditada, organizada, ni está sometida a una dirección o a un control, y por ello sigue estando tan localizada en el espacio como limitada en el tiempo, sea cual fuere por lo demás el grado de violencia que pueda alcanzar.

En cambio, la insurrección es una reacción a un estado de crisis general, cuya causalidad y efectos son mucho más profundos. La insurrección se inscribe dentro del marco de una reestructuración de la situación colonial. En el interior de ese marco, constituye la última fase de un proceso de reorganización de la sociedad indígena amenazada en tanto tal por el crecimiento de la presión que la sociedad ladina ejerce sobre ella. Tanto en 1712 como en 1869, fechas en las que se sitúan las dos grandes crisis del sistema colonial, ese proceso de reorganización obedeció a un esquema idéntico. Se presenta primero bajo el aspecto de una reforma religiosa. Ésta entraña poco a poco el reacomodamiento completo de las relaciones sociales, tanto externas como internas. Y el reacomodamiento de las relaciones sociales desemboca finalmente en el reto radical al sistema colonial, cuya resistencia provoca un conflicto armado: la insurrección propiamente dicha. Las raíces religiosas que tiene la insurrección y que la cargan de un contenido ideológico preciso, explican a la vez el "fanatismo" de los insurrectos y la amplitud y duración de su movimiento, en el que los testigos de la época así como algunos historiadores contemporáneos no han querido ver más que una "guerra de castas" o una lucha en "contra de la civilización española" o de la "civilización" sin más.

LA INSURRECCIÓN DE 1869

El 22 de diciembre de 1867, una joven chamula del paraje de Tzajalhemel, Agustina Gómez *čečeb,* descubrió tres fragmentos de obsidiana,[1] mientras cuidaba las ovejas de sus padres. Agustina recogió las piedras y esa misma noche las depositó en el altar familiar, donde fueron veladas toda la noche por vecinos llevados por la curiosidad.

Desde el día siguiente se expandió el rumor de que esas piedras le "hablaban" a Agustina y que le habían entregado a la joven mensajes que concernían al futuro. ¿Se trataba de un milagro o de una superchería? Los miembros de la jerarquía estaban perplejos. El "fiscal" de la comunidad, Pedro Díaz *kusket,*[2] que en ausencia del cura es el responsable de todo lo que atañe a la religión, no lo estaba menos. Para formarse una opinión, Pedro fue, el 10 de enero de 1868, a Tzajalhemel. La autoridad que le conferían sus funciones hizo que se le dieran en depósito las "piedras parlantes", que colocó en un cofre de madera a fin de examinarlas con mayor detenimiento. Pero durante la noche siguiente, Pedro se despertó por el ruido extraño que hacían las piedras al tropezar con la tapa del cofre como si quisieran huir de él.

---

1. Un testigo ocular, Cristóbal Molina, habla de piedras azul oscuro o negro.
2. Los textos de la época escriben Cuscat el nombre del linaje del fiscal. Hemos creído que debíamos emplear la ortografía fonética.

Para Pedro, acababa de producirse el signo que daba autenticidad al milagro. Se reconoció oficialmente que las piedras eran mensajeros del más allá.

A partir de ese día, Tzajalhemel se convirtió en lugar de peregrinación. Una muchedumbre cada vez más numerosa llegaba todos los días para consultar a las piedras, cuyos oráculos eran Pedro y Agustina. Molina y Pineda[3] nos dan dos versiones ligeramente diferentes de la forma en que se hacían estas consultas. Molina nos dice que, oculta en un rincón obscuro de la casa familiar de los čečeb, Agustina expresaba la voluntad de las piedras que Pedro, en el umbral, interpretaba y comentaba libremente ante los consultantes prosternados en el suelo. Pero según Pineda, era Pedro quien, oculto en una caja sobre la cual se exponían las "piedras parlantes", respondía a las preguntas de la muchedumbre que le eran transmitidas por Agustina. Sin embargo, los dos cronistas están de acuerdo en reconocer que, desde principios del mes de febrero de 1868, el oráculo tenía una influencia tal que atraía a Tzajalhemel no sólo a los chamulas, sino a un gran número de migueleros, de pedranos, de andreseros y hasta de tenejapanecos.

El éxito obtenido por el oráculo entre los indios no dejó indiferente al cura de Chamula. El 13 de febrero, éste emprendió un viaje a Tzajalhemel a fin de "extirpar la idolatría" que allí se desarrollaba. Llegó al paraje en el momento mismo en que había una gran consulta en presencia de varios centenares de indios. Sobreponiéndose a un legítimo sentimiento de temor, el sacerdote interrumpió la ceremonia por medio de una violenta diatriba en la que amenazó a los "idólatras" con las llamas del infierno, si bien prometía la salvación eterna a quienes dieran pruebas de un sincero

---

[3]. Pineda, Vicente, *Historia de las sublevaciones de indígenas habidas en el Estado de Chiapas*, San Cristóbal, 1888; Molina, Cristóbal, *War of the castes, Indian uprisings in Chiapas, 1857-1869, as told by an eye-witness*... con introducción y notas de Ernest Noyes, MARI, núm. 8, Tulane University, Nueva Orleans, 1934. Estos dos textos son la base del presente capítulo, que se completará con las referencias de la prensa local de la época y, en particular, del semanario de Chiapa, *El Baluarte de la Libertad*.

arrepentimiento. Todos los asistentes lo escucharon en silencio. Lejos de manifestar animosidad, parecían estar afligidos. Al terminar el improvisado sermón, la mayor parte de ellos vino a arrodillarse ante el sacerdote para besarle la mano o la sotana e implorar su perdón. El sacerdote se hizo entregar las "piedras parlantes" así como diversos objetos de culto y, tras de ordenar a la muchedumbre que se dispersara, volvió sin dificultades a Bohom. En ningún momento encontró el menor signo de hostilidad o aun de desconfianza hacia su persona y la autoridad que ella representa.

Sin embargo, las ceremonias continuaron y las grandes aglomeraciones que suscitaban no sólo inquietaron a la jerarquía eclesiástica, sino también a las autoridades políticas de San Cristóbal que temían que hubiera desórdenes. Así, el 3 de mayo, el jefe político del departamento, a la cabeza de veinticinco hombres armados, entró en Tzajalhemel. Comprobó allí lo que semanas antes había ya comprobado el cura de Chamula, con la diferencia de que en esta ocasión la muchedumbre era todavía más numerosa, y que Pedro Díaz *kusket* y Agustina Gómez *čečeb* interpretaban ya no la voluntad de las "piedras parlantes" que el sacerdote había confiscado, sino la de un ídolo de barro cocido vestido con ricos ropajes y adornado con listones multicolores, como los santos de las iglesias. El jefe político se apoderó del ídolo y volvió a San Cristóbal, llevando consigo a Agustina y a sus padres. Pero ¿qué acusación hacer a los *čečeb*? ¿De qué se han hecho culpables a no ser de "herejía" o de "idolatría"? El gobernador de Chiapas, ardiente partidario de Juárez y de la Reforma, no deja de recordar al jefe político que México se ha convertido en un Estado laico, que no reconoce ningún culto y que proteje la libertad de conciencia de todos los ciudadanos. Agustina y sus padres son puestos en libertad.

La liberación de Agustina, obtenida por la intervención del gobernador, refuerza el prestigio del culto oracular y la autoridad de sus servidores. El 27 de mayo, un ladino que residía en Bohom escribe a San Cristóbal que las concentraciones de indios de todas las comunidades de la región de Tzajalhemel son mayores que nunca y que, para sustituir al ídolo tomado por el jefe político, Pedro Díaz *kusket* ha fabricado tres estatuillas y ha declarado que esos nuevos ídolos habían sido concebidos en una noche por Agustina, quien desde entonces se hace llamar "madre de los dioses".

El 5 de junio, el obispo de Chiapas decide enviar a Tzajalhemel una comisión eclesiástica encargada de hacer volver al seno de la Iglesia a las ovejas perdidas. Esta comisión estaba compuesta por los curas de Chamula, Tenejapa, Chenalhó y Zinacantán, todos ellos animados por un gran celo apostólico. Lo que asombra a los sacerdotes a su llegada al paraje es que los "idólatras" les testimonien todas las señales tradicionales de respeto y de sumisión. Escuchan con atención los sermones que se les dicen. Asisten a las oraciones colectivas que se organizan a su intención con puntualidad y fervor. Muchos de ellos hasta piden recibir el sacramento de la confesión. Cuando la comisión eclesiástica decide retirarse algunos días después, sus miembros están de acuerdo en que la idolatría está en vías de reabsorción.

Cada año, a principios del mes de septiembre, los chamulas acostumbran reunirse en su *teklum* para celebrar a Santa Rosa. Pero en este año de 1868 se hacen dos modificaciones a la costumbre. Primero, la celebración de la santa no se hace en Bohom, sino en Tzajalhemel. Además, la fiesta se desarrolla en presencia de las autoridades de todas las comunidades de la región, a las que Pedro Díaz *kusket* ha enviado una invitación por propia iniciativa.

El día de Santa Rosa, Pedro apareció en medio de una muchedumbre innumerable de fieles. Iba vestido con un alba blanca, semejante a las que llevan los sacerdotes durante los oficios. Una decena de mujeres vestidas con ricos ropajes lo rodeaban y lo acompañaron en procesión a través del paraje hasta un nuevo templo consagrado a los dioses y a su "madre", Agustina. Ese templo había sido edificado durante los meses precedentes por los peregrinos que no podían abandonar Tzajalhemel sin haber contribuido de una u otra manera a su construcción. Comparado con las casas comunes de los chamulas, tenía unas respetables dimensiones, ya que medía doce varas por doce, y varias decenas de personas podían entrar fácilmente en él.

En el interior del templo, donde los esperaba Agustina, Pedro procedió a bautizar a las mujeres de su séquito. Las ungió y las bendijo, imponiendo a cada una de ellas el nombre y el título de una santa. Esas "santas" debían formar el cortejo de la "madre de los dioses". Pineda nos dice que seguían a Agustina por todas partes, aún a los lugares más íntimos, llevando en las manos copas de copal con las que la incensaban.[4] Después, Pedro convocó a todos los hombres que supieran leer y escribir, y los invistió como jefes de sus parajes respectivos, después de haber realizado en ellos los mismos ritos. Estas nuevas autoridades sólo debían rendir cuentas a Pedro, que escuchaba sus consejos, y con el cual mantenían una correspondencia ininterrumpida, sin hacer referencia a la jerarquía tradicional de la comunidad a la que pertenecían.

A partir de esta fecha, se instituyó un mercado cotidiano en Tzajalhemel, en tanto que todos los domingos había un gran servicio de culto en el paraje. La ceremonia de adoración que tenía lugar en el interior del templo era sucedida por una procesión en ese sitio y en torno al conglomerado. Pedro iba a la cabeza. Precedía a Agustina enmarcada por una doble fila de "santas" portadoras de incensarios. Después venían los jefes locales. Por último, les seguía la masa de los fieles. La procesión acababa siempre con un sermón en el que Pedro interpretaba y comentaba la voluntad de los dioses que se le había manifestado durante la semana transcurrida. No dejaba de fustigarse la actitud de los incrédulos y de sostenerse y alentarse la fe de los neófitos.

Los *teklum* de las comunidades tocadas por el culto —Chamula, Chenalhó, Santa Marta, Santa Magdalena, Santiago, San Andrés, Tenejapa, Chalchihuitán, Pantelhó— quedaron prácticamente abandonados. Sus iglesias permanecían desiertas; sus autoridades entraban en conflicto con las que Pedro había nombrado y estaban desprovistas de todo poder; sus mercados dejaron de ser aprovisionados, ya que

---

4. Pineda, Vicente, *op. cit.*, p. 73.

ahora todas las transacciones se hacían en Tzajalhemel. Los ladinos que controlaban esos mercados no lograban ya dominar los cambios intercomunitarios y su situación económica iba haciéndose cada día más delicada. El comercio de la ciudad de San Cristóbal no tardó en ser amenazado a su vez. Las lluvias torrenciales del fin del verano tropical habían provocado deslizamientos de tierras en la región, que destruyeron numerosos campos y sepultaron varios parajes, y Pedro, en una de sus pláticas dominicales interpretó esos fenómenos como presagios del fin de un mundo que se rehusaba a reconocer a sus dioses verdaderos. Además, un gran número de indios se abstenía de comprar en la ciudad bienes de los que no podrían gozar si la profecía de Pedro se realizaba.

Los comerciantes ladinos no dejaban de quejarse y de incitar a las autoridades de San Cristóbal para que intervinieran a fin de restablecer el "orden". Sus quejas y sus sugerencias fueron escuchadas. Durante la noche del 2 de diciembre de 1868, un pequeño destacamento militar de una cincuentena de hombres bajo el mando del jefe político, abandonó la ciudad en dirección de Tzajalhemel. Para no llamar la atención de los chamulas, cuyo territorio tenían que atravesar, los soldados evitaron los caminos, cortando a través de los bosques y rodeando las zonas habitadas. En la madrugada sitiaron el paraje, abrieron fuego sobre la muchedumbre de fieles que se desbandó en todas direcciones, saquearon el templo y se apoderaron de Agustina y de su madre. Pero Pedro Díaz *kusket*, cuya captura era de mayor precio para el jefe político, no pudo ser hallado ni en Tzajalhemel, donde oficiaba, ni en Laguna Petej, donde tenía su residencia.

Al informársele a Pedro de los acontecimientos que acababan de producirse, emprendió de inmediato el viaje a Chiapa, donde las vicisitudes de la política habían obligado al gobierno del Estado a establecer provisionalmente la sede de los poderes públicos. Creía que el gobernador, que ya había hecho poner en libertad a Agustina, podría obtener de nuevo su liberación. Pero en Ixtapa, donde su descripción había sido comunicada a las autoridades, Pedro fue reconocido por un zinacanteco, denunciado a la policía ladina del lugar y conducido bajo escolta a San Cristóbal. Se reunió en la prisión con la "madre de los dioses".

Aunque privadas de su oráculo, las divinidades de Tzajalhemel siguieron recibiendo un culto cuyos cánones había fijado Pedro el día de Santa Rosa. Cada domingo, millares de chamulas, de migueleros, de pedranos, de marteños, de magdaleneros, de santiagueros, de andreseros, de pableros, de tenejapanecos se reunían alrededor del templo, participaban en los ritos y seguían las procesiones. Tal como había sido convenido el día de Santa Rosa, ya no se celebraban las fiestas de las comunidades que se habían adherido al culto en sus *teklum* respectivos, sino en Tzajalhemel. Así sucedió con la Semana Santa del año 1869, durante la cual se desarrolló el episodio más dramático sin duda alguna del movimiento. El Viernes Santo, nos dice Pineda, los indios

colocaron una cruz en la plaza de Tzajalhemel, lugar en que tenían sus reuniones, sacaron de la pagoda (*sic*) [al hermano menor de Agustina, Domingo Gómez čečeb, de diez u once años de edad], y entre varios lo sujetaron a la cruz... clavándole pies y manos a un tiempo. La infeliz víctima daba con voz lastimera y conmovedora los más dolorosos gritos, ahogados por la algarabía de aquellas furias infernales, ebrias de licor y sangre; las llamadas santas recogían la sangre del crucificado, otras lo sahumaban, expirando al fin el joven Domingo entre los más punzantes dolores.[5]

Desde entonces, añade Pineda, los indios tuvieron un salvador de su propia raza.

Después de este drama, los acontecimientos se precipitaron. En la noche del 16 al 17 de mayo de 1869, cierto ladino

---

5. Pineda, Vicente, *op. cit.*, p. 77. Nótese que Pineda sitúa la crucifixión del joven Domingo Gómez čečeb el Viernes Santo de 1868. Dado que el grupo de "santas" que recogía la sangre del crucificado se organizó en octubre de 1868, el suceso no pudo tener lugar más que durante el Viernes Santo del año siguiente.

llamado Ignacio Galindo, su mujer, Luisa Quevedo, y un amigo de la pareja, Benigno Trejo, abandonaron San Cristóbal disfrazados de chamulas para ir a Laguna Petej, donde vivían los Díaz *kusket*. Galindo declaró a la mujer de Pedro, a la que sorprendieron mientras dormía, que venía de parte del antiguo "fiscal" encarcelado para intentar liberarlo, "ya que ésa es la voluntad de los dioses". Conducido a Tzajalhemel, repite ante la muchedumbre reunida en torno al templo lo que había dicho en Laguna Petej y exhorta a los fieles a armarse en previsión del combate que, por orden de los dioses, debían librar para sacar a Pedro y a Agustina de su prisión. Hipnotiza a niños de uno y otro sexo a los que hace pasar por muertos y a los que "resucita" algunos instantes después. Afirma que todos los fieles que mueran en defensa de su fe, serán resucitados por él en tres días, lo mismo que esos niños. Logra sin duda convencer a la muchedumbre, ya que ésta lo identifica de inmediato con San Mateo, en tanto que su mujer es tomada por Santa María y su compañero por San Bartolomé.

Galindo reúne en un consejo a varios indios castellanizados a los que convierte en sus lugartenientes. Al mismo tiempo, utiliza la red de autoridades locales que Pedro había establecido en todos los parajes y comunidades adheridos al culto, para reunir en algunos días a varios millares de voluntarios a los que da los rudimentos de la instrucción militar de acuerdo con un viejo manual del ejército federal. Hacia fines del mes de mayo, uno de los pocos ladinos que todavía se atreven a aventurarse en territorio chamula, informa a las autoridades de San Cristóbal que un hombre blanco y barbado, cuya descripción corresponde a Galindo, hace maniobrar a varios batallones de indios armados en la zona montañosa de Tzontehuitz, a algunos kilómetros de Tzajalhemel.

La noticia hunde a San Cristóbal en una inquietud tanto más viva cuanto que el gobernador del Estado no parece tomar en serio el peligro que constituye Galindo y, a pesar de los informes que no dejan de llegarle, se rehusa obstinadamente a enviar tropas de refuerzo a los Altos. El 11 de junio, el cura y el maestro de Chamula, así como el hermano de este último y dos indios jóvenes que les son fieles, van a Tzajalhemel a fin de hacer comprender a Galindo la gravedad de sus actos y hacerlo volver a la razón. Pero Galindo no está en Tzajalhemel, y el sacerdote y sus acompañantes deciden ir a Chenalhó, lugar muy próximo, para pasar allí la noche en la seguridad del presbiterio. Al día siguiente, los cinco hombres vuelven a Tzajalhemel, pero Galindo sigue ausente. Decepcionados por el fracaso de su misión y algo atemorizados por la actitud que los indios adoptan ahora a su respecto, salen de regreso a Bohom. Pero a medio camino son asaltados por varias decenas de indios chamulas. Únicamente el más joven de los servidores del sacerdote escapa a la masacre y llega a dar la alarma.

De hecho, Galindo ha abierto ya las hostilidades. A la cabeza de los insurgentes, está por operar un amplio movimiento envolvente en el norte de la región, de modo que su retaguardia esté libre para atacar San Cristóbal. El 13 está en Mitontic y en Chenalhó; el 14, en Chalchihuitán y San Andrés; el 15, en Santiago, Santa Marta y Santa Magdalena. Por donde pasa, hace destruir las fincas, asesinar a sus propietarios ladinos y liberar a los siervos indígenas. En menos de cuatro días, son saqueadas e incendiadas una decena de fincas, asesinado un centenar de ladinos[6] y puestos en libertad varios millares de "baldíos". Estos siervos formaron el núcleo más duro de la insurrección.

El 17 de junio, Galindo y sus tropas bajaron por el flanco septentrional del valle de San Cristóbal y sitiaron la ciudad. En el interior de la ciudad la confusión llegaba al máximo. Las obras defensivas cuya construcción habían ordenado las autoridades no estaban acabadas. Faltaban víveres y municiones. Las tropas de Chiapa, desesperadamente esperadas, no llegaban. La guarnición local sólo constaba de noventa y cinco soldados regulares a los que se agregaba una centena de voluntarios mal armados y mal equipados, cuya indisciplina aumentaba aún más el desor-

---

6. Pineda, Vicente, *op. cit.*, p. 81.

den general.[7] Según la opinión del jefe de la plaza, el comandante Crescencio Rosas, San Cristóbal era indefendible. Rosas ordenó a las mujeres y a los niños que se refugiaran en las iglesias, con la esperanza de que los indios respetarían cuando menos los lugares sagrados. A fin de ganar tiempo, Rosas pidió hablar con Galindo. La entrevista tuvo lugar en Labor de Esquipulas donde había tomado sus posiciones el cuerpo principal del ejército indígena. Después de varias horas de largas y penosas negociaciones en las que Rosas agotó todos los recursos de su dialéctica, los dos hombres llegaron a un acuerdo provisional cuyos términos no dejan de ser misteriosos: Rosas se compromete a entregar a los indios a Pedro Díaz *kusket,* Agustina Gómez *čečeb,* lo mismo que a la madre de ésta; en cambio, Ignacio Galindo, Luisa Quevedo y Benigno Trejo se quedan en San Cristóbal en calidad de rehenes. Este acuerdo, ratificado por los lugartenientes de Galindo a los que éste promete estar de vuelta en Tzajalhemel en tres días, es puesto en práctica de inmediato. Al caer la noche, los indios levantan el sitio y se retiran a los montes tras el oráculo y la "madre de los dioses". Por lo que se refiere a Galindo

...intentó fríamente irse a su casa, pensando que así había sido convenido. Pero Rosas le hizo entender que estaba detenido para la investigación... Galindo y Trejo fueron juzgados sumariamente y el 26 fueron fusilados en la plaza principal de dicha ciudad [San Cristóbal], la viuda de Galindo quedó a disposición de la autoridad judicial.[8]

El 21 de junio, al no ver regresar a Galindo e imaginando lo que podría haberle sucedido, los indios emprendieron un nuevo descenso a San Cristóbal. Su ejército estaba dividido en dos cuerpos. El primero, al mando de Pedro Díaz *kusket,* atacó la ciudad por el norte. El segundo se desplegó hacia el

---

7. Molina dice que eran noventa y cinco soldados y Pineda que doscientos defensores. La diferencia correspondería al número de vecinos que se armaron para reforzar a las tropas regulares.

8. *El Baluarte de la Libertad,* 9 de julio de 1869.

noroeste y oeste del valle. El asalto indio, contenido en las primeras horas de la mañana, se hizo cada vez más violento. En oleadas sucesivas, los atacantes caían sobre las posiciones de los defensores, despreciando la muerte que según creían había sido abolida entre ellos. A pesar del efecto psicológico causado por la llegada hacia el mediodía de los primeros refuerzos de Chiapa, las orillas de la ciudad tuvieron que ser abandonadas. Durante la tarde, cayeron en manos de los indios los suburbios y fueron adelantando, casa por casa, hacia el centro. Rosas organizó apresuradamente una segunda y última línea de defensa en torno a la plaza principal. De pronto, al caer la noche y cuando todo parece perdido para los ladinos, los asaltantes interrumpen su victoriosa ofensiva y se repliegan con buen orden hacia Chamula, llevando consigo sus muertos y heridos.

El sitio a San Cristóbal se había levantado definitivamente. El 24 de junio, Pedro dirigió a sus tropas hacia las comunidades tzeltales de Chilón, Bachajón, Cibaca y Tenango que se sublevaron al recibir el anuncio de su llegada. Pero la crecida del río Campana no permitió que los tzotziles del oeste y los tzeltales del este pudieran unirse, y el 25 Pedro volvió a Chamula. Allí, cerca de Bohom, en el paraje de Tzajalchen, fue sorprendido el día 30 por los mil cuatrocientos hombres que por fin había resuelto enviar el gobernador del Estado a los Altos para defender San Cristóbal. El combate sólo duró algunas horas. La confusión reinaba en las filas de los insurrectos que no tardaron en desbandarse, dejando detrás trescientos muertos. *El Baluarte* da cuenta de esta batalla en los términos siguientes:

Tenemos el placer de anunciar que ayer en la mañana recibimos la información oficial de acuerdo con la cual la noche del 30 de junio el Gobernador del Estado hizo una entrada triunfal en la ciudad de San Cristóbal Las Casas, después de haber derrotado por completo a los bárbaros indios rebeldes de Chamula que desencadenaron la terrible guerra de castas. El gobierno añade que de su lado no hubo un solo muerto, únicamente once heridos.[9]

9. *El Baluarte de la Libertad,* 2 de julio de 1869.

Las fuerzas de la represión supieron explotar su victoria. Sin tardanza, marcharon sobre Tzontehuitz y Tzajalhemel, que tomaron sin combatir el 5 de julio. De allí pasaron a Chenalhó y a San Andrés, comunidad en la que Pedro había logrado reunir una parte de sus tropas. El 7 de julio, cerca del paraje de Yolonchén, se encontraron de nuevo frente a frente los dos ejércitos.

Al principio, el desenlace de la batalla parecía incierto, pero finalmente ganaron los ladinos, mejor armados y mejor comandados. El 16 de julio, las fuerzas de represión se dirigieron a Simojovel, pero los pequeños destacamentos de insurrectos derrotados que encontraron en el camino rehusaron el combate y se desperdigaron en las montañas. El 27 de julio y el 9 de agosto, efectuaron una nueva salida sin éxito. Su jefe escribió en su informe que "los salvajes intentaron evitar el combate dispersándose" y que ya sólo formaban algunas bandas errantes de paraje en paraje.

Tras la derrota de Yolonchén, el ejército indígena quedó completamente roto, pero no estaba aniquilado. Pedro, refugiado en la comunidad de Santa Magdalena, emprendió en un lugar llamado Sisim la construcción de un nuevo Tzajalhemel.

Los ochocientos partidarios que lo habían seguido y que eran en su mayoría siervos de fincas o de ranchos, edificaron un centenar de casas lo mismo que un templo en el que colocaron a Agustina y a los dioses. Se hicieron trincheras y obras defensivas en previsión de un ataque ladino. En una amplia región en torno a Sisim, grupos de insurrectos cuya acción está más o menos coordinada por Pedro, mantienen un clima permanente de inseguridad. Estos grupos se disuelven en la naturaleza que los rodea al aparecer las tropas ladinas, para reocupar el terreno cuando éstas vuelven a sus cuarteles. En suma, a la guerra propiamente dicha sucede la guerrilla, una guerrilla que se anuncia larga y difícil para los ladinos.

Los cambios que los insurrectos hacen a su táctica obligan al mando militar de las tropas gubernamentales a adoptar una nueva política de pacificación. Algunos días después de la batalla de Tzajalchén, el 4 de julio,[10] las autoridades de San Cristóbal habían constituido en Chamula un consejo leal, a cuya cabeza colocaron a un tal Salvador Gómez *tušni*. Salvador dirigía a los chamulas que habían abandonado la causa de Pedro o que nunca se le habían unido y participaba activamente en la represión, luchando contra los insurrectos en su propio terreno y con sus propios métodos. *El Baluarte* escribía el 13 de agosto:

> El ciudadano gobernador de los indios, Salvador Gómez Tuxni, ayuda todo lo que puede. Con unos 1500 o 2 000 hombres de su pueblo, está también en campaña para sostener al gobierno y, naturalmente, el orden y la civilización. Ha llegado a capturar a algunos culpables a los que ha entregado en manos de la justicia.[11]

En efecto, Salvador se había apoderado de Mateo Pérez *kok*, Santos Jiménez *jolčiton*, Ignacio Collazo *pančin* y la mujer de este último que, con el nombre de Santa Magdalena, formaba parte del consejo de "santas". Esta hazaña, que privó a la insurrección de sus jefes más notables, logró la estimación de las autoridades ladinas para Salvador.

A partir de octubre de 1869, la experiencia intentada con tanto éxito en Chamula se generalizó. En las comunidades de Chenalhó, Mitontic, San Andrés y Chalchihuitán, se formaron ayuntamientos leales, en tanto que milicias indígenas cuya organización corría por cuenta de los maestros y de los curas empezaban a perseguir a los insurrectos hasta sus refugios. Allí donde se señala la presencia de insurrectos se incendian los campos, se destruyen los parajes y los habitantes son evacuados y reagrupados en los *teklum* o son enrolados en las milicias. La aplicación sistemática de esta política de tierra arrasada, así como la promesa de una amnistía total a los que entregaran las armas y prestaran juramento al gobierno, llevó a un número cada vez mayor de insurgentes a adherirse a las autoridades ladinas. En la

---

10. Según Pineda, el 30 de junio.
11. *El Baluarte de la Libertad*, 13 de agosto de 1869.

primavera de 1870, Pedro Díaz *kusket* no estaba rodeado ya más que por los antiguos siervos de las fincas para quienes el fracaso de la insurrección significaba el retorno inexorable a la servidumbre. La zona que controla sigue reduciéndose en torno a Sisim. Por último, el 27 de julio de 1870, se toma Sisim después de tres días de combate. Pedro y Agustina logran escapar sin embargo, pero no pueden volver a encender un foco de resistencia. Pedro morirá al año siguiente, abandonado por todos, en una cueva en la que había encontrado refugio. Por lo que se refiere a Agustina, nadie volverá a oír hablar de ella.

El 31 de octubre des 1870, las tropas gubernamentales abandonaron los Altos. El orden se ha restablecido. La insurrección ha costado la vida de cerca de un millar de personas: doscientos ladinos y ochocientos indios.[12] Pero es probable que estas cifras, citadas por Pineda, y sobre todo la que se refiere a las víctimas indígenas, sean muy inferiores a la realidad. A los insurrectos caídos con las armas en la mano habría que añadir a aquellos que, hechos prisioneros, fueron sumariamente ejecutados por los ladinos. También convendría tener en cuenta en tal balance al conjunto de la población indígena que murió durante los años siguientes por el hambre y las epidemias que los acontecimientos habían provocado y que los ladinos no dejaron de explotar presentándolas a los tzotzil-tzeltales como justo castigo del cielo.

ANÁLISIS, COMPARACIÓN E INTERPRETACIÓN

La insurrección de 1869 tiene ciertas relaciones analógicas con la que se produjo un siglo y medio antes. A principios del año 1712, en efecto, una joven de la comunidad de Cancuc descubrió una "imagen parlante" de la Virgen Santísima, en torno a la cual no tardó en organizarse y desarrollarse un importante culto oracular. Ximénez, a quien debe-

12. Pineda, Vicente, *op. cit.*, p. 117.

mos nuestra información sobre este movimiento,[13] escribe que el 10 de agosto del mismo año, los indios de todas las comunidades vecinas se reunieron en Cancuc para celebrar una fiesta en honor de la milagrosa Virgen. Al terminar la ceremonia, se repartieron por la región asesinando ladinos de todas edades y de todas condiciones. Más de una veintena de comunidades participaron en la insurrección, que sólo pudo ser sofocada tras largos meses de guerra, gracias a las tropas venidas de Tabasco y Guatemala.

Antes de valorar las convergencias y subrayar también las oposiciones de las insurrecciones de 1712 y 1869, se nos plantea un problema. Sólo conocemos estos movimientos a través de los relatos que nos han dejado los cronistas de la época, cuyo grado de implicación en los acontecimientos que relatan, apertura de espíritu de la que dan prueba, orientación intelectual y puntos de vista son diferentes. La heterogeneidad que existe, si no en los datos propiamente dichos, cuando menos en el orden en que nos son entregados, y la incidencia que esta heterogeneidad puede tener en un análisis comparativo, merecen destacarse.

Así, Pineda y sobre todo Molina, cuyos textos hemos seguido muy de cerca, participaron en la defensa de San Cristóbal y en la ulterior represión de la insurrección de 1869. El primero se esfuerza por dramatizar la "horrible agresión" cometida por los tzotzil-tzeltales contra la "civilización". El segundo, que nos ahorra sus comentarios, se contenta con establecer una cronología de los acontecimientos vividos en el campo ladino, y de registrar las reacciones de los ladinos a esos acontecimientos. Ni uno ni otro se interesan por la insurrección propiamente dicha, por sus orígenes, por las formas que toma, por el contenido social y religioso que tiene, por la importancia que reviste. En cambio, Ximénez no estuvo directamente mezclado en la insurrección de 1712. La versión que da de los hechos, a partir de informes eclesiásticos —en particular el del Padre Monroy, cura de Chamula— y de testimonios recogidos tanto

---

13. Ximénez, Francisco, *Historia de la provincia de San Vicente de Chiapa y Guatemala*, Guatemala, 1931, vol. 3, caps. 57 a 74.

entre ladinos como entre indios, es mucho menos apasionado e indiscutiblemente más rico en percepciones sociológicas, a veces muy penetrantes. Como pastor de almas, trata de explicar y de explicarse primero el desarrollo del movimiento rebelde, de penetrar su lógica interna, de apresar sus causas profundas, sin detenerse en su "historia de los acontecimientos". En ese sentido, la relación de Ximénez se clasifica en el extremo opuesto a las de Pineda y de Molina.

En forma muy pertinente y precisa, Ximénez separa el contexto social que dio a luz al movimiento de 1712. Nos dice que en 1708 se nombró un nuevo obispo de San Cristóbal,[14] cuyo nombramiento fue acogido con alegría por la población local, ya que por primera vez un criollo llegaba al sillón episcopal. Sin embargo, aun antes de iniciar oficialmente sus funciones, el prelado decide, desde la ciudad de Guatemala de la que era originario, aumentar los derechos percibidos anualmente por el obispo sobre las parroquias de la diócesis. Muchos humildes curas de parroquias indígenas no podían pagar esos derechos, que se habían convertido en exorbitantes, más que aumentando a su vez la tarifa de los sacramentos o exigiendo a sus rebaños "dones" u "ofrendas" complementarias, lo que provocó un descontento general.

La codicia del prelado no conocía más límites que su fatuidad, que le llevó a apartar de los puestos importantes a los eclesiásticos más celosos. Las visitas episcopales que tradicionalmente se hacían cada tres años, se efectuaron a partir de entonces cada dieciocho meses por razones más financieras que pastorales. En cada una de las comunidades visitadas, el obispo reclama a los indios siete pesos por el viaje, doce pesos por las ceremonias que realizaba y tres pesos por cada niño que confirmaba. Sin embargo, podía llegarse a un "arreglo" del cual el prelado no salía nunca perdedor. Los indios sin dinero tenían la posibilidad de

---

14. Ximénez, Francisco, *op. cit.*, caps. 50 y 57. El obispo en cuestión es Álvarez de Vega, llamado Álvarez de Toledo, que no tenía ningún lazo con la noble casa de los Toledo, cuyo nombre usurpó.

pagar con piezas de tela, maíz o cacao, cuyo comercio en gran escala organizó el obispo. Pero los insolventes eran arrojados sin piedad a la prisión, hasta que sus parientes hubieran reunido la suma que los haría salir en libertad.

Ximénez añade que el comportamiento del obispo no constituyó más que uno de los factores que modificaron, agravándola, la condición de la masa indígena durante los primeros años del siglo XVIII. Por codiciosas que sean, las autoridades religiosas no lo son más que las autoridades civiles y políticas. En efecto, por la misma época, el alcalde mayor y el justicia mayor de Chiapas intentaron monopolizar con éxito el comercio regional. Obligaron a los tzotziltzeltales a venderles a un precio irrisorio cantidades anuales de maíz, de frijoles y de chiles, cuya reventa imponían de inmediato a un precio que habían fijado arbitrariamente. En 1712, sólo en las comunidades de Yajalón y San Bartolomé, el alcalde mayor y el justicia mayor recogieron cuatro mil fanegas de maíz que pagaron a cuatro reales cada una y que revendieron a doce reales la fanega. Pero como la cosecha del año anterior había sido mala y como la penuria amenazaba en varias comunidades de las tierras frías, hicieron subir el precio de la fanega hasta seis pesos, lo que les dejaba un beneficio neto de varios miles de pesos.

Numerosos españoles y criollos de San Cristóbal, "que a título de caballeros no tienen qué comer" —precisa irónicamente Ximénez— se metieron en seguimiento de las autoridades en este comercio. Iban de comunidad en comunidad, distribuyendo a los tzotzil-tzeltales ropas, utensilios y toda clase de objetos más o menos útiles, sin exigir su pago inmediato. Pero el día del vencimiento, hacían embargar las propiedades y los bienes de sus deudores imprevisores y hacían encarcelar a aquellos que de ninguna manera podían pagar la deuda a la que se habían obligado. Esos intercambios forzados provocaron un marasmo general en todas las comunidades de la región. Marasmo que fue tanto más vivamente sentido cuanto que los jefes tradicionales que hubieran podido atenuar sus efectos interponiéndose entre la masa indígena y el poder ladino, fueron sistemáticamente apartados o eliminados por los más diversos medios. Así, en

Chilón, cierto Lucas Pérez, indio afortunado cuya autoridad era respetada por toda la comunidad, fue arrestado, despojado de todos sus bienes y puesto después en libertad sin explicación ni proceso. La pauperización afectó a todos los tzotzil-tzeltales, empezando por los más ricos.

Para Ximénez no es necesario buscar la causa de la sublevación de los indios más allá del estrechamiento del cerco ladino. En 1712, la sociedad colonial salía del "siglo de la depresión" y emprendió resueltamente la vía del mercantilismo. Recompone en función de los objetivos que se asigna sus relaciones tradicionales con la sociedad colonizada, cuya dependencia crece, se refuerza su explotación y se compromete su identidad. Desde entonces, los tzotzil-tzeltales no tuvieron más posibilidad que el recurso a la violencia.

En vano se buscaría en Pineda o en Molina un análisis tan lúcido de las causas de la insurrección de 1869. Sin embargo, al igual que la de 1712, esta insurrección se inscribe también dentro del marco de un reacomodamiento de las relaciones de la sociedad colonial con la sociedad colonizada. En efecto, ya hemos señalado [15] que, en el siglo XIX, las diferentes leyes agrarias de inspiración liberal promulgadas por el régimen de Santa Anna primero y después por los reformadores, desencadenaron sobre los Altos un amplio movimiento de apropiación privada de la tierra. Hemos mostrado que a favor de esta legislación federal, revisada y corregida por el gobierno local en un sentido favorable a los grandes intereses terratenientes, numerosos ladinos de San Cristóbal y de los conglomerados vecinos lograron la propiedad comprando o acaparando los fondos comunales de los tzotzil-tzeltales. El progreso de las fincas en perjuicio de las comunidades indígenas se acentúo durante los años 1860 y tantos; los tzotzil-tzeltales siguieron siendo empujados hacia las zonas más altas y más áridas, que no despertaban aún la codicia de los ladinos.

A lo largo de su exposición, Molina ennumera incidentalmente un cierto número de fincas que los ladinos habían

---

15. Véase Primera Parte, cap. 2.

formado hacía poco en la región, y que los insurrectos de 1869 pillaron e incendiaron. Recojamos esta lista de paso.

Rancho San Miguel situado en las tierras del *kalpul* de San Juan, en la comunidad de Chamula.
Finca Navidad, perteneciente a la familia Urbina, situada en la comunidad de Chamula.
Finca Merced Botuitzi, perteneciente a la familia Pineiro, situada en la comunidad de Santa Marta.
Labor de Esquipulas, perteneciente a la familia Ruiz, situada entre Chamula y San Cristóbal.
Finca Trinidad, situada en la comunidad de San Andrés.
Finca Buenavista, situada también en la comunidad de San Andrés.
Finca Isolabella, en San Andrés.
Finca San Juan, en San Andrés.
Rancho Isidoro, en San Andrés.
Rancho de Ignacio Gordillo, situado al sur de la comunidad de Chamula.

Esta lista no comprende más que las fincas formadas en tres comunidades de la región. Ahora bien, todas las comunidades fueron afectadas en proporción variable, es verdad, por la expansión de las fincas. Cuando no lograban huir, los indios que vivían en las tierras anexadas por las fincas eran convertidos en siervos. Conservaban el usufructo de las tenencias de las que antes eran poseedores, en tanto que consintieran en trabajar gratuitamente varios días a la semana en la reserva del patrón o bien aceptaran expatriarse durante varios meses del año en las plantaciones o en las monterías. Se ignora el número exacto de tzotzil-tzeltales que eran siervos antes de la insurrección de 1869, pero se sabe la parte que esos siervos tomaron en ese movimiento, del que fueron los elementos más dinámicos, según palabras de Pineda.

Así, tanto en 1869 como en 1712, la sociedad colonial de los Altos chiapanecos sale de un largo período de depresión caracterizado por el hundimiento de los mercados al lograr la Independencia. Pero esta vez, no sigue la vía del mercantilismo, sino la que empiezan a trazarle los capitalistas alemanes, norteamericanos e ingleses, cuyas inversiones tienden a desarrollarse un poco por todo México. Las modalidades de explotación de la masa indígena puestas en obra a mediados del siglo XIX no son las mismas que las del principio del siglo precedente. Esto no impide que las reacciones que provocan sean idénticas: a la sobreexplotación que desorganiza su sociedad, los tzotzil-tzeltales responden en uno y otro caso con la insurrección.

Lo que sorprende en primer lugar cuando se aborda el estudio de esas insurrecciones, es el origen religioso que tienen y el complejo de creencias en torno al cual se organizan. El movimiento de 1712 parte del descubrimiento de una "imagen parlante" de la Virgen Santísima por una joven de Cancuc. El de 1869, parte del descubrimiento de tres "piedras parlantes" —sustituidas muy pronto por ídolos anónimos— por una joven de Chamula. Imagen y piedras entregan mensajes que interpretan los oráculos ante una multitud creciente cuya exaltación conduce a la disidencia y después al levantamiento armado. En breve, parece que la inestabilidad psicológica engendrada por la crisis que afecta a la sociedad indígena en estas dos épocas está contenida y canalizada por los marcos de la religión y que los términos místicos en los que se expresa esta inestabilidad proporcionan a los tzotzil-tzeltales las bases de una tentativa de reacción y de reorganización social.

Esos marcos religiosos y esos términos místicos están culturalmente bien definidos. Como todos los mayas en general, los tzotzil-tzeltales poseen una rica tradición oracular a la que se remiten en forma directa las piedras y santas parlantes de 1712 y 1869. Todavía hoy, los tzotzil-tzeltales consideran a las puntas, láminas y raspadores de obsidiana, que encuentran cerca de los sitios arqueológicos al volver de sus campos, como mensajeros de *čauk*, el dios del relámpago dispensador de la lluvia. Esas "piedras del rayo" tienen un carácter ambivalente. Para el que las encuentra pueden significar tanto la abundancia como el hambre, la enfermedad y la muerte. Pero son capaces de explicitar el mensaje que llevan y si bien la mayor parte permanece "muda", se les reserva un lugar en los altares familiares, con la esperanza de que un día se decidan a "hablar".

Por lo que se refiere a los "santos parlantes" cumplen con una función esencial en la sociedad tzotzil-tzeltal. Se trata de imágenes de madera, a veces de origen colonial, que representan a San Lorenzo, San Manuel, San Antonio o las más veces a San Miguel, por lo que se les atribuye el nombre genérico de "Miguelitos". El propietario de una de estas imágenes, el *me'santo* ("madre del santo"), ocupa una posición social elevada dentro de la comunidad. Toma su lugar debajo de los *'ilol*, categoría a la que pertenecen con mucha frecuencia por lo demás. El *me'santo* no se define tan sólo por la posesión de una imagen, sino por las relaciones íntimas que tiene con el santo encarnado en la imagen y con el conjunto del mundo sobrenatural. Con frecuencia, se le llama en sueños a convertirse en el oráculo de tal o cual santo, y el sueño le indica también el lugar en que el santo se le revelará.

El *me'santo* ofrece a su círculo consejos sobre los temas más diversos. Esas consultas tienen siempre lugar en la casa del *me'santo*, donde el santo está expuesto permanentemente sobre un altar levantado en un rincón oscuro. Detrás de ese altar, la esposa del *me'santo* o cualquier otro miembro de la familia maneja la imagen y hace oír ruidos que el oráculo interpreta en función de las preocupaciones del consultante. El santo tiene respuesta para todo. Da noticias sobre las esperanzas de la vida, prevé la abundancia de las cosechas, localiza los objetos perdidos o los animales descarriados, denuncia a los brujos, revela el origen de las enfermedades, cuyo tratamiento sugiere además. Algunos "santos parlantes" adquieren, por lo adecuado de sus respuestas a las esperanzas de los consultantes, un renombre que traspasa las fronteras del paraje o de la comunidad de sus dueños. Por los años 1950 y tantos, el "santo parlante" de un ladino ventrílocuo atraía a Soyalo a numerosos tzotziles de Zinacantán, Chamula, Larraínzar y hasta de Pantelhó.

Lo nuevo, tanto en 1712 como en 1869, no es la manifestación de un fenómeno oracular, sino más bien la extraordinaria resonancia que da a ese fenómeno el medio social en el que se produce. En uno y otro caso, la comunidad en la que aparecen reconoce de inmediato a las piedras y santos parlantes, lo mismo que la mayoría de las comunidades de la región. El culto privado de que son objeto por lo común, no tarda en convertirse en público y oficial; desplaza a los cultos rendidos a otros santos comunitarios y los sustituye. Los mensajes que entregan por medio de sus oráculos y que se refieren habitualmente a problemas individuales o familiares, se cargan con un contenido político; proponen fines colectivos y definen los medios que permitirán alcanzarlos.

La receptividad excepcional a los mensajes de las piedras y los santos parlantes de que dan muestras los tzotzil-tzeltales en los dos momentos críticos de la historia, explica el desarrollo singular del fenómeno oracular. Pero no cabe duda alguna de que ese fenómeno no habría tomado tal amplitud ni revestido tanta importancia si las piedras y los santos parlantes no hubieran entregado mensajes a cuyo tono eran ya particularmente receptivos los tzotzil-tzeltales. En efecto, un culto oracular sólo tiene éxito en la medida en que el oráculo logra convertirse en expresión de la angustia y de las aspiraciones confusas y a menudo inconscientes del grupo al que se dirije. Es probable que tanto el oráculo de 1712 como el de 1869 no hubieran obtenido éxito si de una u otra manera no hubieran anunciado la insurrección. En ese sentido, la insurrección engendró al oráculo en la misma medida en que el oráculo engendró a la insurrección, y los ladinos de San Cristóbal no estaban del todo equivocados al ver en el fenómeno oracular, desde el momento en que se presentó, el peligro de una sublevación.

Aquí se impone hacer una distinción, porque santos parlantes y piedras parlantes no entran exactamente en la misma categoría de lo sagrado. Para los tzotzil-tzeltales, la imagen del santo y el santo mismo se confunden. Los une una relación de consustancialidad. La imagen es el santo y el santo es la imagen. Las palabras de la imagen salen de la boca misma del santo físicamente presente ante el consultante. De ahí se sigue que la aparición de un santo parlante constituya siempre una intervención directa y caracterizada del mundo sobrenatural en el mundo natural, y que esta intervención sea susceptible de prestarse a todo tipo de elaboraciones de carácter mesiánico. En cambio, las piedras parlantes no participan de la sustancia de dios o del santo, del que no son tanto agentes como instrumentos privilegiados de comunicación con los hombres. El descubrimiento de piedras parlantes puede estar en el origen de mensajes o de profecías generadoras de esperanzas mesiánicas o aun apocalípticas, pero esas piedras no son nunca la encarnación ni la emanación de la divinidad.

Esta distinción entre los dos fenómenos y entre el mesianismo, por una parte, y el profetismo, por la otra, en lo que estos fenómenos pueden acabar respectivamente, parece ser necesaria para comprender la diferente evolución de los movimientos de 1712 y 1869. El primero alcanzó rápidamente su máxima amplitud, ya que sólo transcurren un poco menos de ocho semanas entre la aparición de la Virgen Santísima en Cancuc (15 de junio de 1712) y la sublevación tzotzil-tzeltal (10 de agosto de 1712). Por el contrario, el período de maduración del movimiento de 1869 es mucho más largo. Año y medio separa el descubrimiento de las piedras parlantes en Tzajalhemel (22 de diciembre de 1867) de la insurrección general de los indios (12 de junio de 1869). La diferencia de ritmo por el que estos movimientos pasan de una fase puramente religiosa a una fase militar podría originarse en el hecho de que el primero nace de la aparición de un santo parlante investido de caracteres mesiánicos, en tanto que el segundo nace del descubrimiento de piedras parlantes que sólo anuncian o prometen un mesías. En uno de los casos, el mesías estaría dado desde el principio, lo que justifica la insurrección inmediata; en el otro, se esperaría al mesías, lo que explica la tardanza del sublevamiento.

Esta interpretación tropieza con un cierto número de dificultades. Es verdad que los caracteres mesiánicos de la Virgen Santísima de Cancuc son evidentes. Ximénez nos dice que, desde su aparición, la Virgen Santísima declaró haber venido a la tierra para anunciar a los indios que "no existen ni Dios ni el rey".[16] Pineda añade por su parte que la Virgen declaró también que había descendido del cielo para dar a los tzotzil-tzeltales la orden imperativa de "matar a todos los españoles y demás ladinos, destruir Ciudad Real [San Cristóbal] y restaurar el antiguo orden".[17] Por el contrario, ¿de qué mesías eran anuncio las piedras parlantes de Tzajalhemel? Ese mesías no era desde luego uno de los ídolos de barro cocido que sustituyeron a las piedras cuando el cura de Chamula se llevó éstas el 13 de febrero de 1868, ya que el Viernes Santo del año siguiente, los indios crucificaron a uno de los suyos, precisamente para tener —como dice Pineda— un salvador propio. Hay que creer, pues, que a fines del invierno de 1868-9, aún no se había manifestado el mesías anunciado y la espera mesiánica continuaba.

En realidad, el único personaje cuyo papel dentro del movimiento de 1869 corresponde al de la Virgen Santísima en el movimiento de 1712, es ese misterioso Galindo que, por sus escenas de prestidigitación y sus pases magnéticos, logró hacerse pasar por San Mateo. La identificación de Galindo con San Mateo y no con otro santo es en sí misma reveladora de lo que los indios vieron en ese ladino que tan oportunamente llegaba a ellos. En el panteón chamula, San Mateo representa una divinidad esencial; divinidad a la que también se conoce con los nombres de San Manuel, Santo Cristo y San Salvador, aunque es más común que se le llame en el dialecto tzotzil č'ul šalik, "santo salvador". Los relatos míticos en los que se mezclan las reminiscencias del *Popol Vuh* con elementos de la doctrina católica, prestan a San Mateo y a sus diferentes sustitutos los hechos, los gestos y atributos de Cristo. Así, San Mateo nació de la Virgen San-

---

16. Ximénez, Francisco, *op. cit.*, p. 271. Esta observación, tomada de una carta del oráculo, está en flagrante contradicción con el contenido de otras cartas redactadas por los jefes de la insurrección en las que éstos pretenden ser enviados por San Pedro en nombre de Jesucristo, como veremos más adelante.

17. Pineda, Vicente, *op. cit.*, p. 40.

tísima y de un carpintero, San José, que le fabricó una cruz. Para aplacar a los *pukuj* (demonios) y a los judíos que estaban dispuestos a devorar a la humanidad, se ofreció en sacrificio crucificándose. Desde entonces, es el protector de los hombres y éstos lo llaman *šalik,* "salvador".

San Mateo se celebra todos los años en Chamula el 21 de septiembre del calendario gregoriano. Las ceremonias que se desarrollan en esta fecha atraen una muchedumbre considerable al *teklum*. Los mayordomos y alféreces de la fiesta ocupan una posición de mayores entre sus iguales, ya que esta fiesta es una de las más importantes del ciclo ritual de la comunidad. Sin embargo, San Mateo se celebra una segunda vez con una solemnidad y un fasto aún mayores durante el carnaval. Como lo indica su nombre tzotzil *—k'in tajimoltik—,* el carnaval es una "fiesta para divertirse". Sin embargo, tal fiesta posee un doble significado religioso. Por una parte, conmemora el desembarco de Cortés y su unión con la Malinche, la llegada de los españoles a México y la conversión de los indios al Evangelio. Por la otra, celebra, con la muerte de un año y el nacimiento de otro nuevo, la renovación del mundo y el recomienzo de la historia. En efecto, está situada en los cinco días intersticiales del antiguo calendario maya que la rige, esos días "inexistentes" durante los cuales se detiene la marcha del universo y se suspende el correr del tiempo. San Mateo, que preside todas las ceremonias del carnaval, aparece pues bajo los rasgos dobles de Cristo y de un dios calendárico prehispánico de la muerte y de la vida, de la destrucción y de la resurrección, del perpetuo renacimiento.

El hecho de que Galindo haya sido "blanco y barbado", como subraya Molina, no puede haber sido extraño a su identificación con San Mateo por parte de los indios. En ese caso, San Mateo y el dios original del que es la última metamorfosis se inscriben dentro de la corriente de una de las mayores tradiciones mesoamericanas. Se sabe que en México, Cortés fue tomado por el dios "blanco y barbado" que había desaparecido tiempo atrás en dirección al oriente y cuyo retorno parecía inminente. Ese dios, cuyo culto había sido difundido por los toltecas durante sus peregrinaciones, era conocido con el nombre de Quetzalcóatl en el México central, de Kukulcán en la península yucateca, de Gucumatz en los Altos de Guatemala y de Votan en los Altos de Chiapas. Votan era el señor de los calendarios, uno de cuyos días lleva hasta hoy su nombre. Se le representaba bajo la forma de una serpiente emplumada y asociado al planeta Venus. Núñez de la Vega da testimonio de la irradiación que tenía a fines del siglo XVII entre los tzotzil tzeltales, en particular en la zona de Teopisca.[18]

A diferencia del movimiento de 1712 que parece haberse organizado en torno al complejo mariano tomado del catolicismo ortodoxo, el de 1869 se forma, pues, en la periferia de un conjunto de creencias cuyo contenido cristiano ha sido reinterpretado previamente en función de la tradición prehispánica. Pero hay que hacer notar que el aspecto ideomítico de esos movimientos se nos revela a través de cronistas de mentalidad muy diversa. En Ximénez existe el prejuicio de ver a los rebeldes de 1712 como buenos católicos descarriados, así como en Molina y en Pineda existe el juicio previo que ve en los insurrectos de 1869 a idólatras primitivos y estúpidos. No se puede excluir la hipótesis de que los rasgos de la Virgen Santísima de Cancuc, como los de San Mateo de Tzajalhemel, se hayan formado a partir de la imagen de una divinidad prehispánica. También conviene señalar que las creencias relativas a la Virgen y las relativas al šalik se expresan en los dos movimientos bajo la forma de un culto oracular, cuyos fundamentos culturales son mayas más que hispánicos, pero que en la mentalidad de los tzotzil-tzeltales no están en modo alguno en contradicción con la ortodoxia católica.

Por lo demás, esos movimientos no se presentan como tentativas de instauración ni de restauración de un culto específicamente indígena. Ni uno ni otro pretenden sustituir la religión de los ladinos por una religión autóctona. En ningún momento muestran una coloración propiamente an-

18. Núñez de la Vega, Francisco, *Constituciones diocesanas*, Roma, 1702, p. 9; véase también Clavijero, Francisco Javier, *Historia antigua de México*, México, 1945, vol. 4, p. 24.

ti católica. En 1868, el cura de Chamula y la comisión eclesiástica enviada por el obispo de San Cristóbal a Tzajalhemel son acogidos con una reverencia que los sorprende. Los indios, que momentos después se entregarían a las "idolatrías", escuchan con atención la enseñanza de la doctrina que se les imparte y son muchos los que piden enseguida ser oídos en confesión. De acuerdo con todas las pruebas, no tienen el sentimiento de haber salido de la Iglesia y mucho menos de haberse levantado en contra de ella al rendir un culto público a las piedras parlantes.

En 1712, varios sacerdotes de la zona de Cancuc fueron invitados por los delegados del movimiento a celebrar la misa en el templo de la Virgen Santísima. Ante su indignada negativa, los indios acabaron por capturar a uno, al que obligaron a asegurar el servicio del culto. Es verdad que diversos sacerdotes y curas de las parroquias indígenas fueron asesinados por los insurrectos, pero no lo fueron tanto por ser representantes de la religión católica, como por ser dirigentes de grupos ladinos de autodefensa, como en Chilón, por ejemplo. Cayeron como soldados y no como apóstoles y si fueron héroes, desde luego no pueden pretender la palma de los mártires.

Lejos de rechazar la religión católica, los tzotzil-tzeltales pretenden por el contrario el acceso a ella, a fin de incorporarse plenamente. Intentan romper —tal es el primer sentido que puede dársele a sus movimientos— el monopolio religioso de los ladinos penetrando, aunque fuera necesaria la fractura, en una religión que les seguía estando cerrada. Ya que después de la Conquista y a pesar de las intenciones manifestadas por los misioneros de todas las órdenes, las autoridades eclesiásticas se esforzaron a la vez por convertir a los indios y por limitar su integración y su participación en la Iglesia. La facilidad con que volvían a caer en sus "errores", la incapacidad en que estaban de desprenderse de las apariencias sensibles para elevarse a las verdades reveladas, les impedía acercarse a determinados sacramentos como la eucaristía y el orden sacerdotal. Los tzotziltzeltales quedaron separados de todas las funciones sacerdotales. No participaban en la definición del dogma en el que estaban obligados a creer, ni en la realización de los ritos y ceremonias a los que se les hace asistir a fuerza. Vasallos inferiores de un rey desconocido, son también los fieles menores de un dios que se les ha ocultado, pero cuya eficacia miden por lo demás.

— En efecto, al parecer, los tzotzil-tzeltales interpretaron el estado de inferioridad religiosa en que los mantenía el clero como la causa esencial de su dependencia económica y social. Pensaban que al excluirlos de la religión católica, los ladinos los apartaban de la fuente de su poder y asentaban su dominio sobre ellos. Pero al adueñarse de esta religión que confería a sus colonizadores tanto poder, lograrían realizar su emancipación. Apoderarse del catolicismo, de todos sus ritos, de todos sus sacramentos era tener el medio de rivalizar con los ladinos y quizá de sustituirlos. Por ello era necesario que la religión colonial, a'fin de no perder nada de su valor operatorio o de su eficacia instrumental, no se desnaturalizara en manos de los colonizados al apoderarse de ella. Sin duda, es esto lo que explica el vigor con el que los jefes de los dos movimientos afirmaban sin cesar su ortodoxia. En 1712, el oráculo de la Virgen Santísima declaró:

Cristo le dio la potestad a San Pedro, San Pedro se la da al Pontífice, éste a los Obispos, éstos ordenan a los Padres de sacerdotes; éstos son hombres como nosotros, luego puede San Pedro darme a mí la potestad.[19]

Y en virtud de esos poderes de los que pretendía estar investido, comenzó a consagrar como obispos a muchos indios.

Los candidatos a la consagración habían sido designados por la Virgen. Durante tres días y tres noches consecutivos, permanecieron en el interior del templo sin comer, beber ni dormir. El último día, recibieron un gran cirio de cera cuya extinción deberían esperar de rodillas ante la imagen. Los sacerdotes que estos obispos ordenaron después, debían pa-

19. Ximénez, Francisco, *op. cit.,* p. 281.

sar también un día entero arrodillados ante la imagen de la Virgen Santísima, rezando el rosario y con una vela prendida en las manos. Una vez ordenados, eran enviados a tal o cual comunidad donde el domingo, revestidos con los ornamentos sacerdotales, confesaban, bautizaban, celebraban matrimonios, cantaban la misa, consagraban el pan y el vino y distribuían la comunión a los fieles, después de haberles dirigido un sermón.[20]

No carece de interés el señalar que, lo mismo que Pedro Díaz *kusket,* el oráculo de las piedras parlantes —que según parece también dijo misas, consagró las especies y dio la comunión—, los obispos y sacerdotes de la Virgen Santísima eran en su mayor parte "fiscales", es decir, catequistas que los curas habían elegido en sus parroquias por su piedad y por el conocimiento que tenían de la doctrina. Los "fiscales" ayudaban al sacerdote; le asistían en la misa, cuidaban de los objetos de culto; el domingo, reunían en el atrio de la iglesia a los niños y a los adolescentes para enseñarles los principios de la fe. La sustitución de los sacerdotes ladinos por sus "fiscales" indios en todos los lugares de los que los primeros habían huído, confirma la perspectiva en la que los tzotzil-tzeltales creyeron colocar inicialmente sus movimientos.

Sin embargo, a partir del 10 de agosto de 1712 y del 4 de septiembre de 1868, fechas de las dos grandes fiestas constitutivas de los movimientos, que reunieron respectivamente en Cancuc y Tzajalhemel a todos los adeptos del nuevo culto, éste se institucionalizó. Entró en una segunda fase, una fase de organización y de inserción en el medio social. En torno al culto oracular, se constituye y se estructura toda una sociedad transformada. Los obispos, los sacerdotes, los delegados religiosos investidos por el oráculo eliminan en todos los lugares a los que son enviados a las jerarquías tradicionales, cuyos miembros dejan de reunirse. En las comunidades y parajes de su jurisdicción, esas nuevas autoridades, castellanizadas por lo común, sustituyen a los antiguos jefes con frecuencia analfabetos y siempre estre-

20. *Ibid.*, pp. 282 ss.

chamente vigilados por los funcionarios ladinos, cuyas funciones políticas, administrativas y judiciales ejercen. Dependen en forma directa del oráculo y del consejo que lo rodea, formado por indios que saben hablar, leer y escribir en español. El oráculo y su consejo constituyen un embrión de gobierno cuyo poder se extiende sobre todos los insurrectos sea cual fuera la comunidad a la que pertenezcan. Cancuc y Tzajalhemel se convierten sucesivamente en el único centro político de la región, de donde parten las decisiones que las piedras o el santo parlante inspiran al oráculo.

Ese gobierno de carácter teocrático, completamente independiente del poder ladino que no tenía sobre él ningún asidero, estableció un orden social y moral riguroso. Una circular difundida por el oráculo de 1712, citada por Ximénez, estipula hasta sus menores detalles los usos de que de ese momento en adelante deberán regir la vida individual, familiar y social.[21] Todo está previsto allí, aun la manera en que deben saludarse los hombres, inclinando la cabeza y diciéndose mutuamente "Dios te guarde". Los que no siguieran estos usos serían conducidos a Cancuc para sufrir allí su justo castigo. Atados a una de las treinta y cuatro picotas levantadas delante del templo, recibían el número de fuetazos que correspondiera a la gravedad de su falta. Si la infracción cometida era muy grave, se les podían quemar los pies o ser colgados. Sus cuerpos eran arrojados después a una barranca estrecha y profunda llamada Jerusalén o aun Infierno.

La acción del gobierno insurrecto se extendió al terreno económico. Al mismo tiempo que rompió el monopolio religioso y político de los ladinos, cortó también el que tenían en los intercambios. A principios del mes de agosto de 1712, el oráculo ordenó a las comunidades transferir el dinero de sus cajas, los bienes de sus confraternidades y las riquezas de sus iglesias a Cancuc, y pagar a la Virgen Santísima, y no al alcalde mayor, la tercera parte del tributo que debía pagarse por Navidad. Los jefes de la insurrección dispusieron muy pronto de un tesoro valuado en más de

21. *Ibid.*, p. 282.

catorce mil pesos, que administraban en provecho de todas las comunidades sometidas a su autoridad. Ximénez nos dice que con ese dinero compraban ganado directamente a los vaqueros de Ocosingo, sin pasar por los intermediarios ladinos de San Cristóbal, y exigían facturas en debida forma, que conservaban con todo cuidado. Ese ganado debía servir de alimento a los peregrinos y después a la muchedumbre innumerable de los "soldados de la Virgen", al comenzar las operaciones militares.[22]

Esta preocupación por controlar la economía y reorganizar los circuitos tradicionales de intercambio a fin de sustraerlos a la acción ladina tampoco falta entre los jefes del movimiento de 1869, que al parecer libraron una verdadera guerra económica a los ladinos antes de medirse con ellos con las armas en la mano. El 4 de septiembre de 1868, el mismo día en que entraron en funciones las autoridades político religiosas designadas por el oráculo para remplazar a las jerarquías tradicionales, se fundó en Tzajalhemel un mercado cotidiano. Desde ese momento, todas las transacciones regionales se efectuaron en ese mercado, controlado exclusivamente por los tzotzil-tzeltales. Los mercados locales de las comunidades, dominados por los ladinos, periclitaron uno a uno, y la economía de San Cristóbal resultó afectada a su vez de la manera que hemos dicho. Molina subraya las consecuencias que tuvo la creación del mercado de Tzajalhemel sobre la actividad comercial ladina, y Pineda explica las intervenciones sucesivas del jefe político ante los insurrectos por la necesidad de numerosos ladinos de restablecer sus antiguas relaciones con los indios en los mercados tradicionales de las comunidades a fin de subsistir.[23] La decisión de sustraer los cambios intercomunitarios al control de los ladinos reorganizando los circuitos comerciales no fue sin duda extraña al endurecimiento hacia el movimiento de que dieron muestras las autoridades de San Cristóbal.

22. *Ibid.*, p. 287.
23. Pineda, Vicente, *op. cit.*, p. 74.

Centros religiosos, después centros políticos y por último centros económicos, Cancuc y Tzajalhemel cumplen así las funciones de las que poco a poco son despojados los *teklum* de las comunidades que se adhieren al movimiento. El culto no se celebra ya en las iglesias comunitarias, sino en Cancuc o en Tzajalhemel. Las decisiones no las toman ya las jerarquías comunitarias, sino el oráculo de Cancuc o de Tzajalhemel. Las compras y las ventas no se hacen ya en los mercados comunitarios, sino en la plaza de Cancuc o de Tzajalhemel. La irradiación de Cancuc se extiende sobre veintiún comunidades y la de Tzajalhemel sobre cerca de una docena que, de hecho, no constituyen ya más que un solo conjunto religioso, político y económico dentro del cual se esfuman y desaparecen las antiguas fronteras comunitarias. Desde entonces, Cancuc y Tzajalhemel aparecen como los *teklum* de "supracomunidades" que, más allá de los cerramientos geográficos, de las fisuras lingüísticas y de las oposiciones culturales, emprenden el reagrupamiento de los tzotzil-tzeltales de cualquier origen en una estructura social única.

La creación de esas supracomunidades en torno al fenómeno oracular, dotadas de una organización religiosa, de un sistema político y de instituciones económicas propias, es fruto de una evolución singular. En general, la aparición de un santo parlante o de cualquier otro fenómeno oracular se inscribe dentro del ciclo de desarrollo comunitario y conduce más o menos rápidamente a la escisión de la comunidad en la que se produce. Hemos visto, al hablar del caso de Zinacantán, que el paraje que se separa del conjunto comunitario para formar una comunidad independiente se identifica previamente con un santo. Al hacerlo, el paraje se da a sí mismo el medio más seguro de emanciparse, ya que este santo confiere a la comunidad en gestación en el paraje la legitimidad que le falta. El orden social es la expresión de la voluntad de un santo y por ello no puede romperse legítimamente más que por la intervención de otro santo. Ese nuevo santo, llamado a legitimar la ruptura del orden social y a justificar el nuevo orden que resulta de esa ruptura, es de preferencia un "santo parlante", un santo cuyas intenciones no puedan prestarse a dudas o a interpretaciones divergentes.

Ahora bien, tanto en 1712 como en 1869, el fenómeno oracular no se inscribe en el ciclo de desarrollo comunitario normal, sino en un ciclo completamente inverso. En efecto, ni Cancuc ni Tzajalhemel se separan de la comunidad a la que pertenecen para erigirse en comunidades independientes. Se convierten en los *teklum* de comunidades nuevas engendradas por la fusión y no por la escisión de antiguas comunidades. Esta inversión del ciclo del desarrollo comunitario es especialmente sorprendente en el segundo movimiento. Al parecer, en 1869, la mayor parte de las comunidades —sobre todo Mitontic, San Andrés, Chenalhó, Santiago, Santa Marta y Santa Magdalena, con la notable excepción de Tenejapa— que se fusionaron en torno a Tzajalhemel para formar un conjunto supracomunitario, eran antiguos parajes chamulas que se habían emancipado con el correr de los siglos de la tutela de Bohom. Así, pues, parece que el ciclo de desarrollo comunitario se desenvolviera al revés, reintegrando a la comunidad madre las comunidades hijas que habían salido de ella.

A partir del momento en que los tzotzil-tzeltales retoman el control de su sociedad, que rehacen, sus movimientos entran en una última fase, la fase propiamente insurreccional. Durante esta fase aparece del modo más evidente el tercer sentido del que están revestidos uno y otro de esos movimientos: el de una tentativa de inversión de las relaciones sociales. La amplitud de la ofensiva indígena contra San Cristóbal, el encarnizamiento con el que los insurrectos destruían las fincas de la región y asesinaban a sus propietarios, denotan una voluntad feroz no sólo de reconquistar una autonomía enajenada, sino también de proteger esta autonomía reconquistada desmantelando el sistema colonial y dando una solución final al "problema ladino". Sin embargo, más interesante parece haber sido la tendencia que también seguían los tzotzil-tzeltales de conservar el sistema colonial y hacerlo funcionar en su provecho.

Esta tendencia, sin duda confusa, a invertir las relaciones entre indios y ladinos y a hacer desempeñar a éstos el papel del que los primeros acababan de liberarse, se revela en ciertas observaciones de Ximénez, que por lo demás no carecen de sabor. En efecto, Ximénez nos dice que los insurrectos de 1712 despojaron a San Cristóbal de su nombre de Ciudad Real y se lo atribuyeron a su metrópolis religiosa.[24] Cancuc se convirtió en "Ciudad Real de Cancuc" y la región de su influencia en la "Nueva España".[25] En toda esta región, agrega Ximénez, los indios se intitulaban "españoles" y se daban entre ellos el tratamiento de "don" y de "usted", en tanto que llamaban "indios" a los peninsulares, los criollos y los mestizos. Pusieron a éstos a su servicio y tomaron a sus mujeres como concubinas, tal como ellos los habían servido y sus mujeres habían sido sus concubinas. Esta inversión de papeles fue llevada muy lejos. Así, el día de la fiesta del Rosario, el sacerdote indígena reunió a la salida de la "misa" que acababa de celebrar a todos los ladinos que habían sido obligados a asistir a la ceremonia y dio a cada uno la magnífica limosna de un real, que tuvieron que aceptar, bajo amenazas, con muestras de gratitud.[26]

Es posible preguntarse qué situación encontraría hoy el etnólogo en los Altos si esta tendencia hubiera prevalecido en el seno de un movimiento victorioso. Nuestra opinión es que esta situación sería exactamente la misma que existe hoy, con la única diferencia, secundaria por lo demás, de que los "indios" pertenecerían a un tipo físico más bien caucasoide, en tanto que los "ladinos" pertenecerían a un tipo físico más bien mongoloide. Los colonizados convertidos en colonizadores habrían seguido asimilando la cultura hispánica a fin de perpetuar su dominio. En cuanto a los colonizadores convertidos en colonizados, habrían sufrido una evolución regresiva que poco a poco los habría ido encerrando en el interior de una cultura arcaica en la que el etnólogo podría descubrir, con un poco de imaginación,

---

24. Ximénez, Francisco, *op. cit.*, p. 271.
25. Señalemos que Chiapas dependía de la audiencia de Guatemala y no de la de la Nueva España.
26. Ximénez, Francisco, *op. cit.*, pp. 282 y 287.

numerosos elementos prehispánicos, o en cualquier caso "primitivos".

Pero —y es éste su último denominador común— los movimientos de 1712 y 1869 fracasaron. Los tzotzil-tzeltales, destruidos sus ejércitos y deshecha la organización social tras la cual se habían atrincherado— volvieron a la sujeción de la que habían intentado escapar. Las razones del fracaso de los dos movimientos son quizá más significativas aún que las causas de su desarrollo. Desde luego, entre todas estas razones puede invocarse la inferioridad militar, la debilidad del armamento, la insuficiencia de los jefes militares —aunque Galindo parece haber dado pruebas de un valor indudable. Frente a un enemigo que disponía de tropas regulares, sólidamente encuadradas y bien armadas, los indios, sea el que haya sido su número y su determinación, sólo podían sucumbir. Tal es la suerte de todas las insurrecciones más auténticas, las que surgen de la profundidad de las masas oprimidas: están condenadas al fracaso y a una represión inmisericorde.

Pero la desigualdad de fuerzas se agrava aquí de modo especial por dos factores que deben retener la atención: las divisiones internas de los tzotzil-tzeltales, por una parte, y, por la otra, el apoderamiento de que fueron objeto sus movimientos por ciertos sectores de la sociedad ladina. Los tzotzil-tzeltales estaban tan divididos que, ni siquiera en los momentos más críticos, pudieron presentar un frente unido a los ladinos. El área máxima de extensión del movimiento de 1712 no pasa de Ocosingo al este, Huixtán al sur, Zinacantán y Chenalhó al oeste, y Yajalón, Chilón y Bachajón al norte. La del movimiento de 1869 es todavía más reducida, ya que no se extiende más allá de Chilón, Tenango y Tenejapa al este, Chamula al sur, San Andrés al oeste, y Pantelhó al norte. Es decir, ninguno de los dos movimientos logró controlar toda la región de los Altos, implantarse en todas las comunidades tzotzil-tzeltales y apoderarse de la adhesión de todos los indios, algunos de los cuales, como los chamulas en 1712 y los zinacantecos en 1869, se pusieron desde el principio al lado de los ladinos. El elogio que el Padre Monroy hace de los chamulas después de haberse reprimido el levantamiento de Cancuc, revela la diversidad de posiciones adoptadas por los tzotzil-tzeltales frente al movimiento de 1712.

El pueblo a quien más lealtad se le conoció en esta provincia fue Chamula ... [Los chamulas] dieron muchos caballos por las tropas ... Dieron astas para las lanzas y donativos de dinero ... Abrieron caminos que los había puesto intransitables el enemigo ... Todo el tiempo de la sublevación estuvieron en continuas rogativas y procesiones por el buen suceso de los españoles. Mantuvieron diversas veces soldados en su pueblo y algunos indios que fueron de aqueste pueblo a Cancuc, luego daban parte de ellos.[27]

Un siglo y medio después, Pineda y Molina habrían podido hacer las mismas observaciones acerca de Zinacantán. En efecto, los zinacantecos, después de haber capturado a Pedro Díaz *kusket* a fines de 1868, enviaron en junio del año siguiente un destacamento de hombres armados para defender San Cristóbal, sitiado por los chamulas. Desempeñaron después un papel importante en la represión del levantamiento y en la restauración del orden colonial. Es, pues, un abuso del lenguaje decir que las insurrecciones de 1712 y de 1869 fueron "guerras de castas", "luchas a muerte de una raza contra otra".[28] Esas insurrecciones sólo tuvieron contenido social o étnico para los ladinos quienes, llevados por la pasión nutrida del temor, las reprimieron sin distinguir siempre a los indios leales de los indios rebeldes. Durante un tiempo, el "indio bueno" fue el indio muerto. El 8 de julio de 1870, algunos miembros del ayuntamiento chamula que los ladinos establecieron en Bohom, protestaron contra el carácter sistemáticamente antiindígena que tomaba la represión. Como para justificar su protesta, el comandante de las tropas ladinas los hizo fusilar de inmediato.

En contra de lo que sostiene Noyes en su introducción al texto de Molina,[29] la línea de separación entre las comuni-

27. Citado por Ximénez, Francisco, *op. cit.*, p. 323.
28. Pineda, Vicente, *op. cit.*, p. 71.
29. Noyes, Ernest, introducción a *War of castes* . . . , ed. cit.

dades que se adhirieron al movimiento y las que lo resistieron no la traza la frontera lingüística tzotzil-tzeltal. El primer movimiento, al que Noyes califica de "tzeltal" porque su hogar fue la comunidad tzeltal de Cancuc, se extendió hasta las comunidades tzotziles de Chenalhó, Zinacantán y Huixtán, lo mismo que a ciertas comunidades choles de Tabasco. A la inversa, el segundo movimiento, aunque tuvo por centro la comunidad tzotzil de Chamula, se extendió hasta las comunidades tzeltales de Chilón, Cibaca, Tenango y Tenejapa, y no puede considerársele específicamente tzotzil. En realidad, las afinidades lingüísticas parecen haber prevalecido menos que las solidaridades intercomunitarias en la propagación de los dos movimientos. Tal comunidad se pasa al campo de su vecina porque tiene con ella relaciones de reciprocidad, y está en el campo contrario al de otra vecina con la que tiene relaciones hostiles. El hecho de que dos comunidades geográfica y culturalmente tan cercanas una a otra como Zinacantán y Chamula se encontraran, en 1712 y 1869, en campos adversos, se explica sin duda alguna por el antagonismo tradicional que opone desde la época prehispánica, por lo que parece, a los zinacantecos y a los chamulas.

Pero no fueron menos importantes las divisiones en el seno mismo de las comunidades que participaron en los movimientos. Las rivalidades entre las secciones, las querellas entre los clanes, los antagonismos entre las familias, no permitieron la adopción de una actitud común frente a la insurrección. Si algunos sectores de la comunidad se adhirieron sin reservas a la insurrección, otros constituyeron centros de oposición interna que minaron desde dentro el movimiento. Así, en 1712, una tía de la joven a quien se apareció la Virgen, dejó Cancuc por Yajalón, donde acusó a su sobrina de impostora y se presentó como la única intérprete autorizada de la Virgen. Reunió en torno suyo no sólo a los tzeltales de Yajalón, sino también a la mayoría de los choles de Peltancingo, de Tila y de Tumbala, que se separaron de los cancuqueros para formar un movimiento de insurrección disidente. Los dos movimientos rivales entraron muy pronto en conflicto armado, en tanto que los ladinos contra los que se dirigían teóricamente organizaban su defensa y preparaban su ofensiva.[30]

Asimismo, la insurrección de 1869 no llegó jamás a movilizar a toda la comunidad de Chamula, que sin embargo era su centro. Al parecer la insurrección se desarrolló principalmente en la gran sección tradicional de arriba —el *kalpul* de San Juan—, donde está situado además el paraje de Tzajalhemel. En cambio, las dos secciones pequeñas del centro y de abajo —los *kalpul* de San Pedro y San Sebastián— parecen haberse mantenido en una prudente expectativa hasta el día en que se alinearon abiertamente al lado de las tropas ladinas. Resulta curioso comprobar que los jefes de esta insurrección llevaban en su mayor parte nombres de clanes y linajes que los sitúan en la sección de San Juan, en tanto que los miembros del ayuntamiento leal creado en Bohom después de la batalla de Tzajalchén, llevaban en su mayoría nombres de clanes y linajes que los colocan en las secciones de San Pedro o de San Sebastián.

Esas divisiones entre comunidades hostiles, entre secciones antagonistas, entre grupos de ascendencia común rivales, revelan toda la fragilidad de la estructura supracomunitaria edificada por los movimientos de 1712 y 1869. También sacan a la luz la ausencia de cualquier conciencia colectiva indígena, tan característica de los tzotzil-tzeltales como de las otras poblaciones colonizadas de Mesoamérica. Recordemos al respecto que en 1869, después de la ofensiva contra San Cristóbal que fracasó, un número creciente de insurrectos depuso individualmente las armas, buscó un arreglo con las autoridades ladinas que les ofrecían la amnistía y se dejó reclutar en las fuerzas de represión. El movimiento de insurrección fue dominado cada vez más por los indios de las fincas, que no tenían más elección que seguir combatiendo o volver a ser siervos. Esos indios lucharon con la energía que da la desesperación hasta ser muertos o capturados uno a uno por los mismos que semanas antes los habían liberado y con los cuales habían participado en las primeras operaciones militares contra los ladinos.

30. Ximénez, Francisco, *op. cit.*, p. 286.

Sin duda alguna, la imposibilidad de los tzotzil-tzeltales de pensarse en función de marcos sociales que no sean el linaje, el clan, la sección o la comunidad, para llegar a definirse en cuanto indios, explica la facilidad con la que sus movimientos pudieron ser captados desde el exterior y canalizados por ciertos grupos ladinos a favor de sus intereses particulares. Ximénez evoca en muchos pasajes la figura de un misterioso ladino que gravitaba en torno al oráculo de la Virgen Santísima. Ignoramos qué papel representó en la insurrección de 1712, pero conocemos el que tuvo Galindo, ese otro ladino que no sólo fue uno de los dirigentes de la insurrección de 1869, sino aun, durante cierto tiempo, su jefe supremo, investido de una autoridad a la vez religiosa, política y militar.

¿Quién era Galindo? Con esta pregunta abordamos el aspecto más perturbador de la insurrección de 1869. Para los chamulas, Galindo era el šalik venido en persona para conducir a los indios al combate y a la victoria. Para los ladinos, no era más que un pequeño maestro mestizo de México, que había sido soldado en el ejército federal. De su servicio en las milicias sacó, con un manual de instrucción militar, ciertas pretensiones en el arte de la guerra. Una vez fuera del ejército, fue nombrado director de una escuela de San Cristóbal, lo que no era desde luego una promoción. Entabló amistad con uno de sus antiguos discípulos, originario de Comitán, Benigno Trejo, y ambos ocupaban sus ocios en discusiones políticas.

Por esta época, la situación política de Chiapas era de las más agitadas. A pesar de la caída de Maximiliano, a quien sus *élites* tradicionales no habían podido sostener, la muy conservadora San Cristóbal se negaba a reconocer al régimen reformador que acababa de apoderarse del resto de México. El gobernador de Chiapas, elegido gracias a los votos de Comitán y de Chiapa donde eran mayoría los partidarios de Juárez, había sido obligado a replegarse a esta última ciudad a fin de sustraerse a las presiones de que era objeto en los Altos. Puede pensarse que, en estas condiciones, apenas se haya inquietado y hasta haya llegado a alegrarse, según lo acusaron más tarde sus enemigos políticos, ante los rumores de sublevación de los indios que empezaron a llegarle en la primavera de 1868. Una de dos: o bien esos rumores no tenían ningún fundamento y sólo se proponían dispersar las tropas federales concentradas en Chiapa, para facilitar la inversión del régimen que defendían; o bien lo tenían y entonces los indios no tardarían en convertirse en preciosos aliados de las tropas federales en su lucha contra la demasiado conservadora San Cristóbal. De cualquier manera, lo mejor era esperar; y esto fue al parecer lo que le aconsejaron hacer al gobernador los escasos partidarios que tenía en los Altos.[31]

¿Estaba Galindo mezclado en esos conflictos político militares? Al unirse a los chamulas y tomar la dirección del movimiento, ¿actuaba a favor de una u otra de esas facciones ladinas que se enfrentaban? Las opiniones están divididas, aunque ningún cronista contemporáneo adelante la hipótesis de que Galindo haya podido ser movido por un sentimiento desinteresado hacia los chamulas: un ladino puede apoyarse en los indios, pero de ninguna manera puede apoyarlos.

Para Pineda, Galindo jugaba un juego personal, por lo demás muy equívoco. Habría sido uno de esos "descontentos" que, como escribe Flores, "tras los primeros sobresaltos de la Reforma... apelaron al elemento indio para destruir la obra de la civilización".[32] Esos "descontentos", ya señalados a la vigilante atención de los jefes de las cir-

31. Uno de los notables de San Cristóbal, llamado Octavio Robles, cuyas simpatías reformadoras eran conocidas, creyó su deber hacer colocar anuncios en las paredes de la ciudad el 22 de julio de 1869 con el texto siguiente: "Circula un rumor de acuerdo con el cual yo habría aconsejado al gobernador de Chiapas no enviar tropas [a los Altos], porque no había sublevación y la agitación sólo era electoral... Esos alegatos carecen de fundamento absolutamente... Mi propósito no ha sido nunca otro que subordinar mis intereses personales a los del Estado." El hecho de que este rumor se haya extendido tanto que requiriera ser desmentido y que esto se hiciera en forma tan ambigua, le da un peso particular.

32. Flores Ruiz, Timoteo, *La guerra de castas en el año de 1869*, San Cristóbal, 1939, p. 4.

cunscripciones militares por una circular del Ministro federal de Guerra fechada en 1856, "buscaban atraer el favor de los indios, ofreciéndoles restablecer sus derechos y propiedades imaginarias".[33] Pero si Galindo puede ser identificado con un "politiquero", tan lleno de resentimiento como de ambición, aún queda por explicar qué interés lo llevó a pasarse con su mujer y su amigo, esa noche del 17 de junio, cuando San Cristóbal estaba a merced de las tropas que comandaba. ¿Pensó que la población y las autoridades de la ciudad le perdonarían fácilmente el pavor que les había causado? ¿Ignoraba que se arriesgaba a pagar muy caro una decisión menos temeraria que inconsecuente?

Montesinos, que no fue sólo un testigo sino un actor importante en la escena política chiapaneca durante más de un decenio, propone una explicación mucho más satisfactoria del papel representado por Galindo. Según Montesinos, Galindo fue un agente provocador pagado por el gobernador de Chiapas. Recibió de éste la suma de cinco mil pesos para pasarse a los indios y precipitar su insurrección contra San Cristóbal.[34] El gobernador pensó que de esta manera haría volver a la ciudad a su redil, haciendo primero que los chamulas interpuestos la sitiaran y acudiendo después con sus propios soldados liberadores. Una vez desencadenada la insurrección y sitiada San Cristóbal, Galindo no habría tenido más que aprovechar la primera ocasión que se le presentara para desaparecer. Lo malo fue que las garantías que había recibido de las autoridades de Chiapa no pudieron librarlo de la prisión ni de la muerte. Quizá el gobierno al que sirvió no sin interés no deseaba salvarlo, prefiriendo ver eliminado con él al instrumento sin escrúpulos de una política tan cínica.

Por consiguiente, el comportamiento de Galindo, que parece aberrante a un primer análisis, se aclara y se justifica cuando aparece la trágica ambigüedad en la que descansa el

33. Véase Navarro, Juan N., *Legislación mexicana*, s. l. n. f., pp. 116-117.
34. Montesinos, José María, *Memorias del sargento José María Montesinos*, Tuxtla Gutiérrez, 1935, p. 65.

movimiento de insurrección de 1869. Movimiento indio en sus orígenes, es rápidamente controlado y manipulado por las facciones ladinas que se sirven de él, dentro del marco de sus estrategias, para conquistar el poder. Se le coloca al servicio de intereses que le son extraños. Se le utiliza con fines que están más allá de él y de los que ni siquiera sospecha que puedan serle contrarios. Después, a partir del momento en que se transforma en una verdadera guerra social, es reprimido con un rigor inmisericorde y aniquilado por los mismos que lo habían catalizado y orientado. De hecho, la insurrección estaba condenada al fracaso aun antes de haberse iniciado. El šalik, ese salvador esperado por los tzotzil-tzeltales, se había aliado con sus enemigos. Los tzotzil-tzeltales creyeron poder apoderarse del dios de los ladinos a fin de apresar su poder, pero fueron los ladinos los que lograron capturar al de ellos para dominarlos mejor. La cruel experiencia de los indios de Mesoamérica en el siglo XVI con Quetzalcóatl-Cortés se repetía trágicamente...

CAPÍTULO II
EL INDIGENISMO

EL PENSAMIENTO INDIGENISTA

Si los principios del capitalismo en la época de la Reforma afectaron profundamente a la sociedad tzotzil-tzeltal, su rápido desarrollo en la época del Porfiriato conmovió no menos profundamente a la sociedad ladina. El nuevo sistema de producción que pretendía instaurarse, ponía en duda la distinción fundamental entre indios y no indios en la que descansaba el antiguo, a la vez que recomponía por completo las relaciones sociales. La movilidad en el interior de los grupos que provocó, grupos relativamente estables hasta entonces, condujo a una reorganización de la estratificación social y a un reacomodo de la clase dirigente que se abría a los recién llegados y cuyo criterio de acceso principal era el éxito económico, fruto del espíritu de empresa. En el seno de esa clase que antes formaban ellas solas, las *élites* tradicionales de San Cristóbal iban siendo cada vez más desplazadas.

Para defender su *status*, el finquero aristócrata local no encontró otra solución que mantener a los tzotzil-tzeltales más firmemente encerrados en su indianidad y protegerlos con una vigilancia aún mayor que la anterior de cualquier contacto aculturador. En efecto, el mantenimiento de la posición dominante de los ladinos supone que los indios sigan siendo indios, es decir, prisioneros de un universo artificial para que así se vean forzados a recurrir a intermediarios y mediadores en sus relaciones con la sociedad global. El poder de los ladinos, que se funda en el control de la masa indígena, se justifica por ésta.

Dentro de un contexto de este tipo, nace en Chiapas, hacia fines del siglo pasado, un movimiento indigenista. Ese movimiento tiende esencialmente a convencer —y si es necesario a obligar— a los tzotzil-tzeltales a seguir siendo indios y a rechazar las posibilidades de integración que les ofrece el orden social que se edifica en contradicción con el de los Altos en la periferia de esta región. Poco tiempo después de haberse reprimido la insurrección de 1869, la aristocracia finquera de San Cristóbal, cuyos miembros tienen en sus fincas indios siervos, empezó a compadecerse de la suerte de los desdichados tzotzil-tzeltales "libres", a quienes los dueños de las plantaciones de Soconusco obligan indirectamente a permanecer varios meses de cada año en sus fincas cafetaleras o a quienes los dueños de las monterías envían por miles a las monterías de la cuenca del Usumacinta. En las fincas y las monterías, los indios son sometidos a un tratamiento "inhumano" y "degradante". Considerados como máquinas, reciben un salario nominal que apenas les permite sostener su fuerza de trabajo. Por la noche son encerrados en barracas insalubres, en cuyo interior reina la mayor promiscuidad. De día, están obligados a un trabajo agotante en un medio físico al que no están adaptados y que altera su salud. Cuando son víctimas de enfermedades o de accidentes, sus patrones los envían sin piedad alguna a su casa para morir allí en la más espantosa miseria. Y sobre todo, en el medio al que son trasplantados se encuentran expuestos a toda clase de influencias perniciosas. En las ciudades nuevas que, como Tuxtla o Tapachula, se pueblan de elementos disímiles, aprenden español, se visten a la europea y se transforman en ladinos. Los que no se ladinizan totalmente, repudian su herencia cultural, de la que se avergüenzan, para adoptar los aspectos más dudosos de la cultura hispanomexicana. Se convierten en "desarraigados", provocadores de problemas, de agitación y de subversión de toda especie.

Al mismo tiempo que se hacían estas denuncias vehementes del capitalismo y de todos sus males, cuya pertinencia sólo es igualada por la hipocresía, se forma una nueva imagen de los tzotzil-tzeltales. Por primera vez, se reconocen cualidades a la persona india. Se encuentran bellezas en las lenguas vernáculas. Hasta se descubren valores en las culturas prehispánicas. Son precisamente esas cualidades, esas bellezas, esos valores los que forman "la carga del ladino" que tiene que defenderlos y expanderlos, si es necesario aun en contra de los tzotzil-tzeltales mismos. En su *Gramática de la lengua tzeltal*,[1] Vicente Pineda revela la flexibilidad de ese idioma que puede rivalizar con el español para expresar los matices del pensamiento y traducir las sutilezas del sentimiento. En su *Catecismo elemental de historia y estadística de Chiapas*,[2] Antonio Flavio Paniagua se pregunta sobre el aparente estancamiento demográfico de los indios de la región y trata de encontrarle un "remedio eficaz". En su *Estudio sobre ejidos*,[3] Manuel Pineda responde de modo indirecto a Paniagua al ligar el fenómeno que éste describe con la escasez extrema de las tierras de que disponen las comunidades. Aborda el problema indígena en su aspecto más delicado, el aspecto agrario. Concede que los ladinos han "exagerado quizá" el movimiento que los llevó a redondear sus fincas a expensas de las comunidades indígenas. Y hasta llega a desear que lo que queda de estos últimos esté de ahora en adelante mejor protegido contra las tentativas de despojo.

El temor de que el indio se integre al sistema capitalista y de que, al dejar de ser indio, entrañe el hundimiento de la posición dominante del ladino, se expresa con una claridad especial en el prefacio que Vicente Pineda puso a su *Historia de las sublevaciones de indígenas*. Sabemos en qué términos se expresó el autor sobre la insurrección de 1869. Sin embargo, después de haber calificado de "bárbaros" a los insurrectos y de haberlos comparado con los "animales rapaces nocturnos, que querrían hacerle la guerra al sol porque sus rayos los ciegan", después de haberlos puesto en paralelo con las "hordas salidas del centro de Asia para aniquilar la obra de la civilización", concluye así:

1. Pineda, Vicente, *Historia de las sublevaciones de indígenas habidas en el Estado de Chiapas* (anexo), San Cristóbal, 1888.
2. Paniagua, Antonio Flavio, *Catecismo elemental de historia y estadística de Chiapas*, San Cristóbal, 1876.
3. Pineda, Manuel, *Estudio sobre ejidos*, San Cristóbal, 1910.

Sin embargo, de ninguna manera puede asimilárseles a los dinamiteros irlandeses, a los nihilistas rusos, a los anarquistas alemanes, a los socialistas belgas, a los comunistas franceses... Comparados con todo ese populacho, los indios no son más que un conjunto de gente buena...[4]

Pero para que esa "gente buena" no se acanalle, para que no se conviertan a su vez en dinamiteros, nihilistas, anarquistas, socialistas, comunistas, es necesario que los ladinos no los abandonen entre las manos de los corruptores capitalistas.

Pineda y el grupo que representa se dan perfecta cuenta de que el sistema colonial tiene que reformarse para asegurar su permanencia frente al capitalismo. Los ladinos habían mantenido a los tzotzil-tzeltales en esta "barbarie", de la que fueron además las primeras víctimas. Ahora deberían, si no "civilizarlos" —Pineda deja entender que es imposible— cuando menos hacerlos menos bárbaros, enseñándoles con prudencia y discernimiento lo que pudiera "amansarlos" y llevarlos a colaborar en la defensa de la sociedad tradicional de los Altos de Chiapas. En esta perspectiva, Pineda sugiere una política de educación para los tzotzil-tzeltales. Es muy evidente que esta política no tiende a la asimilación de los indios a los ladinos, ya que "lo que es bueno para el ladino, no es forzosamente bueno para el indio". Por lo demás, sería muy lamentable que la tradición multisecular de los indios, reflejo de una historia gloriosa, se alterara y perdiera su autenticidad. Así, la obra educativa preconizada habrá de "adaptarse":

Esperar que los indígenas, para ilustrarse, aprendan todos a hablar el lenguaje español, haciendo a un lado sus dialectos, no es posible porque en cuatro siglos no lo han hecho, y mientras más libertad tienen se les nota más apego a sus costumbres y supersticiones y más desprendimiento a todo lo que ellos creen que no es nacional o que no tiene origen en sus antepasados.

4. Pineda, Vicente, *op. cit.*, p. 67.

Para educar, pues, a esta raza, juzgamos que lo más conveniente es que la sociedad civilizada, el gobierno y los ministros de la religión les hablen en su idioma. La sociedad civilizada porque ella es la que trata de que sus costumbres sean aceptadas por aquélla; el gobierno para darse a entender y ser entendido en todo lo que concierne al régimen político y administrativo de los pueblos a su mando... los ministros de la religión para enseñar y explicar los dogmas y máximas morales, para hacerles palpables las ventajas que, de su franca y leal aceptación, deben resultarles... Por otra parte, nadie puede negar que las ideas se presentan al entendimiento con más claridad, precisión y nitidez en el idioma natal que en cualquiera otra lengua por bien que ésta se posea.

Los objetivos que Pineda se propone alcanzar por medio de la educación son frenar la movilidad social de los tzotzil-tzeltales, colocarlos en una dependencia más estricta con respecto a las autoridades políticas de la "sociedad civilizada", imponerles con un rigor aún mayor el orden establecido por los ladinos y para ellos, haciéndolo sancionar por la religión. Y agrega, a fin de que no quede ninguna ambigüedad en sus propósitos:

Los indígenas se dedican generalmente todos a la agricultura, menospreciando las demás profesiones por creer que es la única con que el hombre puede llenar sus verdaderas necesidades. Esta propensión que tienen a la agricultura proporciona también un medio de educarlos, derramando en todos los pueblos profesores en el ramo, o haciendo que los mismos indígenas ingresen a la escuela de agricultura del Instituto Literario del Estado... Distraerlos de este ejercicio a que con tan buena voluntad se dedican no es cuerdo, porque los trabajos rurales necesitan muchos brazos, y porque los habitantes de las poblaciones de ladinos no muy gustan de las fatigas anexas a esta profesión.

El movimiento indigenista del que Pineda es sin duda el portavoz más señalado en los Altos, nada tiene pues de indio. Además, como los tzotzil-tzeltales ignoran que son indios, no pueden ser "indigenistas". Pero este movimiento nada tiene de proindio. Se presenta esencialmente como la reacción del grupo dominante ladino, cada vez más desplazado y marginalizado por el desarrollo económico que se inicia un poco por todo México. La acción a la que tiende este grupo tiene como meta un arreglo del sistema colonial que le permita resistir a los cambios que lo sacuden hasta sus fundamentos. Bajo las apariencias humanitarias, esta acción tiende a valorar sistemáticamente al indio en cuanto tal, a fin de mantenerlo en la subordinación, impedirle que se emancipe de la tutela de que ha sido objeto tradicionalmente y detener el proceso de su abolición que está en vías de desencadenarse.

Anticapitalista y eminentemente conservador, ese indigenismo local se distingue, no sin dificultades por lo demás, del indigenismo socializador y revolucionario que se desarrolló posteriormente como un fenómeno intelectual y urbano, y cuyas manifestaciones en las letras y en las artes son mucho más conocidas. En los combates y las luchas político militares de la Revolución, la *intelligentsia* de las grandes poblaciones mexicanas entró por primera vez en contacto directo con el Indio, al que idealizó tanto más cuanto que hasta entonces lo había ignorado o con frecuencia menospreciado. Para esos intelectuales revolucionarios, el indio se convierte muy pronto en el artesano de la nacionalidad y el instrumento durante mucho tiempo clandestino de toda la historia mexicana. Fue él quien hizo a México. Fue él quien lo liberó a principios del siglo pasado del yugo español, y quien lo liberó de nuevo del dominio anglosajón. Por oposición a las influencias europeas que fueron puestas en tela de juicio, fue considerado como el depositario de todos los valores auténticamente mexicanos. Las instituciones en las que se revelaban esos valores, deberían servir de base a la edificación de un orden social mejor. ¿Acaso no era la comunidad indígena, en la que todos trabajaban para todos y cada uno recibía lo que necesitaba, prototipo de ese colectivismo por cuyo advenimiento se hizo la revolución? En realidad, el indio llevaba en sí la justificación histórica y sociológica de México. Ese Prometeo encadenado que se liberaba en sus cadenas, ofrecía la promesa de una nueva civilización, profundamente enraizada en el pasado, que no se asemejaría a ninguna otra y que restauraría la antigua grandeza del país.

Ese indigenismo nutrido en las fuentes de la historia azteca, cuyos vestigios empezaban a ser rescatados del suelo, restaurados y estudiados, de modo sistemático, se convirtió en expresión de un nacionalismo social triunfante. Movimiento ideológico sostenido por novelistas y ensayistas, arqueólogos e historiadores, etnólogos, lingüistas y poetas, dio pronto muestras de ambigüedad cuando pretendió orientar la acción política. Si bien de cierta manera el indio era la base de la mexicanidad, era también el testimonio vivo e irrecusable del estado de inacabamiento en el que se encontraba la unidad nacional puesta como ideal. El hecho de que existieran aún, cuatro siglos después de la Conquista y un siglo después de la Independencia, indios y no indios, blancos y no blancos, probaba que la nación mexicana estaba aún en devenir. En tanto se mantuvieran esas diferencias raciales, étnicas y culturales, en tanto que no se operara la fusión de esos elementos dispares, en tanto que no surgiera de esa fusión una nueva raza —la "raza cósmica", según la expresión de José Vasconcelos— México no sería una nación. Sustituto funcional del proletariado, el indio debería, como éste, abolirse en la sociedad que los intelectuales revolucionarios le dieron la misión de fundar.

La incorporación del indio fue uno de los temas fundamentales del programa político que se propuso el régimen revolucionario. Ese programa se inspiró en gran parte de las ideas con las que el etnólogo Manuel Gamio concluyó, en 1922, un estudio profundo de las comunidades del valle de Teotihuacán.[5] Preveía la restitución de las tierras de las que las comunidades habían sido legal o ilegalmente despojadas durante el siglo pasado, la constitución de ejidos —especie de *calpulli* sovietizados o de *koljozes* aztequisados—, la protección jurídica de la persona indígena y la elaboración de diversas medidas educativas, sanitarias y económicas debe-

---

5. Gamio, Manuel, *El valle de Teotihuacán*, México, 1922, 3 vols.

rían permitir la "redención" del indio y su integración progresiva a la nación. Para aplicar ese programa, el gobierno federal creó un Departamento de Acción Social y Cultural y de protección al indígena. Ese Departamento abrió en 1935 una agencia en San Cristóbal.

A partir de esa fecha se descubrieron y entraron en conflicto el indigenismo conservador de los Altos de Chiapas y el indigenismo revolucionario concebido en los salones literarios de la ciudad de México, revisado y corregido en las oficinas gubernamentales de la capital. Los representantes de uno y otro movimiento están de acuerdo en "hacer algo" a favor de los indios. Pero hacer algo no quiere decir hacer cualquier cosa, sin que importe cómo. Que los funcionarios federales, algunos de los cuales jamás han visto un indio, quisieran tomar a su cargo a los tzotzil-tzeltales parecía no sólo ridículo sino incluso intolerable a los finqueros y a los comerciantes de San Cristóbal, siempre dispuestos a denunciar la ingerencia del poder central en los asuntos locales. Pero que el jefe de esos funcionarios sea justo un individuo de ascendencia materna indígena y, más precisamente, chamula, eso era una provocación para el conjunto de la población ladina. En efecto, el gobierno de México nombró para el puesto de director de la agencia local del Departamento de Acción Social a cierto Erasto Urbina, cuyos orígenes oscuros dieron lugar a toda clase de conjeturas malévolas. El hecho es que Urbina gozaba de un crédito sólido ante las masas indígenas. Ese crédito le permitió asociar algunas comunidades a sus actividades indigenistas. Hasta le valió, al parecer, ser reconocido en Chamula como una nueva encarnación del *šalik*. La *élite* de San Cristóbal, que conocía su historia, no vaciló en comparar a Urbina con Galindo y a achacarle que fomentaba una nueva "guerra de castas". Esa sospecha se insinúa con tanta facilidad que un día Urbina fue sitiado en el sótano del Departamento de Acción Social por el populacho de la ciudad que los finqueros habían movilizado, y los chamulas se armaron y se dispusieron a marchar sobre San Cristóbal.

Los episodios pintorescos de ese conflicto no deben hacer olvidar el punto esencial. ¿Quién controlará a los tzotzil-tzeltales, los finqueros y comerciantes locales o los funcionarios federales? ¿Quién dirigirá, y en qué dirección, su evolución, que unos y otros juzgan necesaria? Esas cuestiones tienen una importancia capital. Gracias al acuerdo concluido entre Pineda y Obregón en 1920, los finqueros lograron sustraer sus dominios al campo de aplicación de la reforma agraria. Pero esta victoria resultaría vana ahora si los finqueros no pudieran obligar a los indios a trabajar para ellos como antes. La posesión de la tierra es indisoluble del control de quienes la trabajan. Poseer tierras sin tener indios que le den valor no tiene sentido. Así, la fórmula de los finqueros que acusan al Departamento de Acción Social de provocar su ruina "robándoles a sus indios", debe ser tomada en su sentido más literal. Traduce exactamente la situación de la aristocracia finquera y del conjunto de la clase dirigente local, amenazados en su riqueza y en sus bienes por la pretensión del gobierno federal de controlar en exclusiva a los tzotzil-tzeltales que, una vez más, aparecen como postura y no como parte en la lucha que se libra a nombre suyo.

Aunque investido de poderes amplios, el Departamento de Acción Social se vio obligado finalmente a entrar en componendas con los ladinos que dejaron de paralizarlo, pero que siguieron esforzándose con éxito por neutralizar o canalizar sus actividades. Así, en 1937, los finqueros de San Cristóbal no se opusieron a la creación de un sindicato de trabajadores indígenas que aseguraría a los tzotzil-tzeltales las garantías que ofrece el Estado federal a todos los trabajadores del campo. Pero exigieron y obtuvieron que esta organización sindical no tuviera jurisdicción más que sobre los indios que trabajan en las plantaciones agroindustriales del Soconusco y de Tabasco. El sindicato, transformado en máquina de guerra contra las empresas capitalistas más dinámicas, no logrará modificar nunca el régimen de servidumbre al que están sometidos los tzotzil-tzeltales en las fincas tradicionales de los Altos. Además, Urbina tuvo que renunciar muy pronto a sus funciones. Exiliado a Sonora, fue sustituido a la cabeza del Departamento de Acción Social de San Cristóbal por un finquero de la localidad.

LA ACCIÓN INDIGENISTA: EL INI

A fines de los años 1940 y tantos, el gobierno federal comprobó el fracaso de las diferentes agencias que el Departamento de Acción Social había abierto en el país e intentó restablecer su política indigenista sobre nuevas bases. Con este fin, creó el Instituto Nacional Indigenista (INI), organización autónoma que dispone de su propio personal y su propio presupuesto y que depende directamente de la Presidencia y cuya dirección se confió al eminente etnólogo y arqueólogo Alfonso Caso.

Desde el mes de febrero de 1949, fecha en la que inició sus trabajos, el INI ha fundado una docena de Centros Coordinadores en diversas zonas indígenas de México. Esos Centros Coordinadores constituyen las células de trabajo y las bases de irradiación de la acción indigenista. El papel de esos Centros es dar a cada una de las comunidades sobre las que tienen jurisdicción los instrumentos necesarios para su desarrollo. El Centro aborda el problema de la promoción económica y social en el nivel comunitario. Su acción es integral, es decir, que afecta a la comunidad en conjunto y repercute en todos los estratos sociales. El hecho de que en los Centros sean etnólogos los que ocupan los puestos que generalmente se confían a economistas en los organismos de desarrollo similares, es revelador de la concepción totalizadora del desarrollo que tiene el INI.

Los Centros pueden crear escuelas y consultorios médicos, abrir explotaciones agrícolas modelo, organizar cooperativas de producción, de consumo y de transporte. Sin embargo, es necesario que reciban una respuesta positiva por parte de las comunidades. Pues son las comunidades las que eligen la naturaleza y la forma de la ayuda que desean recibir del Centro y las que ponen en obra esta ayuda. Por lo demás, todos los servicios que ofrece el Centro cuestan, aunque los precios se ajustan siempre al nivel de vida de la población indígena. La participación del Centro en las cooperativas no puede exceder la mitad del capital suscrito. La construcción de escuelas y dispensarios, la ejecución de los trabajos de utilidad pública incumben también a las comunidades. El Centro provee la inversión material e intelectual y el sostenimiento del personal (maestros, médicos, enfermeras, agrónomos, etc.). No es una institución de caridad. Su obra —y es un punto sobre el cual insistieron Caso y sus colaboradores— descansa en una auténtica colaboración.

El primer Centro Coordinador del INI en la zona tzotziltzeltal se creó en 1950. Ese Centro debía iniciar un programa piloto de desarrollo socioeconómico, utilizando para ello los conocimientos etnológicos indispensables que una misión del Instituto Nacional de Antropología y de la Universidad de Chicago habían reunido entre 1941 y 1944. Desde su fundación, aplica su acción en cinco terrenos: educación, economía, salud, comunicaciones y protección jurídica del indio. Cada terreno depende de una sección particular del Centro, dirigida por un especialista y animada por técnicos formados de acuerdo con los métodos del INI. Esas secciones actúan en estrecha interdependencia, a fin de que su acción alcance una eficacia óptima.

1. *Educación.* Numerosas comunidades tzotzil-tzeltales tenían desde hacía mucho tiempo escuelas primarias. Sin embargo, esas escuelas nunca funcionaron correctamente. Estaban desconectadas de la comunidad cuando no tenían para ellas una connotación negativa. Por lo común, los maestros eran ladinos locales que compartían los prejuicios de su grupo social. Como los tzotzil-tzeltales son monolingües, la enseñanza de esos maestros, dada en español e idéntica a la que recibían los alumnos de las ciudades en las que el español es la lengua materna, tenía pocas probabilidades de dejar alguna huella en ellos. De hecho, el ausentismo escolar era muy alto. Los maestros sin alumnos empleaban su tiempo en comerciar con los indios y en venderles aguardiente. Otros completaban su escaso sueldo de funcionarios haciéndose "enganchadores" de las plantaciones cafetaleras. En las comunidades en que trabajaban sólo despertaban temor y desconfianza.

Así, pues, el problema del INI no fue sólo construir nuevos edificios escolares, sino integrar la escuela al medio, dándole una formación pedagógica especial a los maestros y adaptando el contenido y las formas de la enseñanza a la orientación cultural de los alumnos. Los lingüistas del Centro se dedicaron al estudio de las lenguas tzotzil y tzeltal. Con ayuda de educadores, establecieron un programa de enseñanza de esas lenguas a los indígenas mismos. Desde entonces, los tzotzil-tzeltales aprenden a leer y escribir en su lengua materna y no en un idioma extranjero. Durante el primer año de escuela, toda la enzeñanza se da en tzotzil o en tzeltal. El estudio del español sólo empieza durante el segundo año, cuando algunas materias se enseñan en este idioma. Durante los años siguientes, la relación de materias enseñadas en tzotzil-tzeltal y en español se invierte progresivamente de manera que al terminar la primaria, toda la enseñanza se da en español.

Los maestros bilingües han tenido también que ajustar la enseñanza a las condiciones locales. No basta con poderse comunicar con los alumnos en su lengua, hace falta además atraer su atención, interesarlos en las materias enseñadas, despojándolas a la vez de todo lo que puedan tener de gratuito y de "exótico" para los indios. La gramática, el cálculo, la geografía u otras materias fundamentales se ilustran con ayuda de casos concretos, tomados de la vida cotidiana de los tzotzil-tzeltales. A estas materias fundamentales se añaden otras más inmediatamente utilizables. Así, cada escuela posee un campo en el que los alumnos dirigidos por sus maestros y por los ingenieros agrónomos del Centro pueden obtener experiencias de nuevos cultivos. El producto de la cosecha obtenida se reparte entre las familias de los alumnos.

Cada escuela está bajo el doble control de la sección de educación del Centro y de un comité local de educación formado por los padres de familia y por las más altas autoridades de la comunidad. Pues la escuela no sólo debe responder de manera abstracta a las necesidades de la población; debe insertarse en el grupo, ser aceptada por la colectividad y convertirse, con el mismo derecho que las cofradías o el cabildo, por ejemplo, en una institución auténticamente comunitaria. Con esta condición puede aspirar a una eficacia óptima tanto sobre los grupos en edad escolar como sobre el conjunto de la población.

De 1951 a 1964, el número de maestros subió de 46 a 110 y el número de escuelas de 46 a 82. Esas escuelas que, en 1951, recibían 1 504 alumnos, contaban con 7 055 en 1964. Durante el mismo período, el porcentaje de niñas en relación con el conjunto de niños escolarizados no ha dejado de aumentar de manera regular, pasando de 12 a 29. Por considerable que sea el progreso que traducen esas cifras, no hay que olvidar que la tasa de ausentismo escolar sigue siendo más o menos constante a pesar de amplias variaciones anuales. Tampoco hay que olvidar que la masa escolarizada corresponde siempre a una porción muy pequeña del grupo en edad escolar. Si admitimos que el 25 por ciento de los tzotzil-tzeltales tiene entre 6 y 14 años, la población en edad escolar sería de 50 000. Ahora bien, menos del 15 por ciento de esta población es alcanzada efectivamente por la escuela. El proceso de educación de las jóvenes generaciones indígenas se basa en principios cuya originalidad y adecuación están fuera de duda. Pero la generalización de ese proceso, si prosigue al ritmo al que se ha desarrollado durante esos últimos años, sólo podrá ser valorada dentro de mucho tiempo.

2. *Economía.* Los estudios practicados por el Centro Coordinador y por etnólogos que trabajan en estrecha colaboración con él, han sacado a luz la profunda adaptación del sistema de producción de los tzotzil-tzeltales a las condiciones ecológicas locales. El cultivo de rastrojo que practican los indios ha sido juzgado con frecuencia demasiado extensivo y destructivo. Sin embargo, el rastrojo permite dar a los suelos el potasio que les falta en ciertas zonas donde la agricultura sería imposible de otro modo. La asociación del maíz y el frijol en el mismo campo se ha presentado como poco rentable. Sin embargo, además de que es una garantía contra los riesgos de una mala cosecha para el cultivador, esta asociación de cultivos ayuda al mantenimiento de un equilibrio pedológico esencial. En efecto, la leguminosa restituye a la tierra los nitratos que el cereal toma de ella.

También las técnicas instrumentales, por ejemplo la coa, parecen rudimentarias, pero el arado de reja metálica y aún el arado que escarifica el suelo sin revolver la tierra no tendrían utilidad alguna en campos exiguos que van dividiéndose por las sucesiones y algunos de los cuales no llegan a tener diez por cinco metros. En los raros lugares que se prestarían a esta innovación, la sustitución de la coa por el arado contribuiría a acelerar la erosión ya muy grande del suelo. El precio que se pagaría por algunas cosechas superiores al promedio sería la degradación definitiva del terreno.

Así, pues, la acción económica del Centro Coordinador no debía intentar la realización de cambios en el sistema de cultivo y de explotación en vigor, sino al aumento de la productividad de ese sistema por una parte y, por la otra, a desarrollar nuevas actividades de alto rendimiento, que se integraran al ciclo de las actividades tradicionales. En las cuatro estaciones experimentales creadas por el Centro en Zinacantán, Chamula, Chenalhó y Chanal se han seleccionado especies más productivas de maíz, frijol y papa. Las semillas de estas variedades se distribuyen en todas las escuelas de la región. Los alumnos las plantan en los campos escolares y sus padres, al recibir la parte que les corrreponde de la cosecha, pueden comparar los rendimientos de estas semillas con los de aquellas que ellos usan habitualmente. Así, la venta de semillas seleccionadas pasó de cuatro a cien toneladas entre 1951 y 1964.

Usando el mismo procedimiento, las estaciones agrícolas han difundido con igual éxito plantas de café y árboles frutales. Las comunidades de la vertiente septentrional de los Altos, situadas a altitudes inferiores a los 1 600 metros, presentan condiciones particularmente favorables al cultivo de café de alta calidad, cuya producción escapa a las fluctuaciones de los mercados mundiales. Por lo que se refiere a las comunidades de las cimas, han desarrollado la arboricultura, teniendo en cuenta no sólo las condiciones climáticas y pedológicas, sino también y sobre todo la situación del mercado regional y nacional en el que aumenta la demanda de frutas. En el conjunto de los Altos, el número de árboles frutales ha pasado de 17 000 en 1951, a más de 100 000 en

1964. En 1965, la producción frutal de la sola comunidad de Chamula se estimó en ocho millones de pesos, suma equivalente a la que los chamulas recogen anualmente de su trabajo temporal en el Soconusco.

En la zona central de los Altos, cerca de Chilil y de Los Llanos donde la abundante cubierta boscosa corría el riesgo de ser destruida por los chamulas y los huixtecos que fabricaban carbón de leña, se ha creado una explotación silvícola piloto. Esta explotación de tipo cooperativo, dirigida por un ingeniero, dispone actualmente del material necesario para transformar el árbol en trozos y tablas y para asegurar el transporte de la producción a los lugares de venta. En una fase ulterior, la producción podrá ser transformada por completo en el mismo lugar, gracias al establecimiento, junto al aserradero, de talleres de carpintería y ebanistería.

Si bien la experiencia cooperativista puede considerarse como positiva en el terreno de la producción, no sucede lo mismo en el terreno del consumo y de los transportes. De acuerdo con el espíritu de sus promotores, las cooperativas de consumo y de transporte deberían permitir a las comunidades comprar y vender a mejores precios, al poner en competencia a los diferentes mercados regionales. Sin embargo, muy pronto las cooperativas de consumo tropezaron con un problema agravado por la sospecha de corrupción que los cooperativistas tenían en cuanto a sus dirigentes y los miembros de la comunidad en cuanto a los cooperativistas, a los que acusaban de enriquecerse a costa de los no cooperativistas. La cooperativa que debía canalizar la solidaridad comunitaria tradicional, sobrestimada sin duda, exacerbó sobre todo el individualismo indígena. Algunas cooperativas organizadas sobre una base demasiado estrechamente familiar, se prestaban a provocar reacciones de este tipo. Por ejemplo, en Chamula, dos familias, emparentadas además, dominaban una la cooperativa de consumo y la otra la cooperativa de transporte. Aun cuando los tzotzil-tzeltales hubieran visto en el cooperativismo un medio de romper el monopolio económico de los ladinos, no hubieran podido utilizar la cooperativa en ese sentido. En efecto, las relaciones comerciales entre los tzotzil-tzeltales y los ladinos reposan con mucha frecuencia en relaciones más profundas y más complejas; se inscriben dentro de las relaciones más generales de clientes y patrones. Por desiguales que puedan ser —y justo porque son desiguales— abren a los ladinos un derecho de protección y de tomar a cargo suyo, derecho al que los indios, en su enajenación, no quieren renunciar.

3. *Salud.* Los datos de los censos nacionales apenas se prestan a elaboraciones estadísticas. Sin embargo, las condiciones higiénicas y la ausencia total de servicios médicos o paramédicos en las comunidades tzotzil-tzeltales, permiten pensar que la tasa de mortalidad y, en especial, la tasa de mortalidad infantil, era mucho más elevada en los Altos que en el conjunto de la república, antes de la creación del Centro Coordinador del INI. Según los resultados de investigaciones locales, las causas principales de defunción eran las enfermedades gastrointestinales, las afecciones de las vías respiratorias y los accidentes cardiovasculares. Las primeras se explican básicamente por la falta de higiene alimenticia, lo mismo que las segundas se justifican por la insuficiente protección de los individuos contra el áspero clima de la región.

Además, las enfermedades importadas de Europa, a las que se califica de infantiles, tienen también un índice considerable de mortalidad, tanto entre niños como entre adultos. Tal es el caso de la rubeola y la tosferina a las que los tzotzil-tzeltales parecen ser extraordinariamente receptivos y que entre ellos revisten formas agudas. A esas enfermedades se añaden otras, como el paludismo y la oncocercocis, introducidas en fecha más reciente por los trabajadores temporales, y que limitan la capacidad de producción del individuo, sin restringir sin embargo sus necesidades. El costo social del paludismo, de la oncocercosis y de otras enfermedades tropicales es muy elevado en efecto.

A partir de 1951, el Centro Coordinador abrió en cada una de las comunidades un consultorio médico dirigido por un enfermero capaz de proporcionar los primeros auxilios. Cuando así lo exige su estado, los enfermos son enviados a una de las tres policlínicas creadas en la región. Esas clínicas están bajo la responsabilidad de un médico y tienen un equipo que permite practicar las intervenciones quirúrgicas corrientes. En el caso de afecciones particularmente graves, los enfermos son enviados a México donde son tratados en las mejores condiciones.

A pesar de la densidad de la red de consultorios y de clínicas y del número y la calidad del personal que tienen, la acción médica del Centro no ha sido acogida por los tzotzil-tzeltales en la forma que se esperaba. En 1961, la clínica de Chamula sólo logró atraer una docena de pacientes por semana. Por lo general, se trataba de pacientes que habían agotado en vano todos los recursos de la medicina tradicional y cuya enfermedad había llegado al último grado de su evolución. La mayor parte de ellos estaba en un estado desesperado y murió algunos días después de su hospitalización, lo que no contribuyó, desde luego, a elevar el prestigio de la medicina moderna y de los médicos del INI.

Como ha mostrado Holland,[6] el concepto de los tzotzil-tzeltales acerca de la enfermedad y de la curación es parte integrante de una concepción global del universo. La noción de enfermedad está íntimamente asociada bien a la de pecado o falta moral, o bien a la de agresión metafísica. La enfermedad siempre tiene por causa una ruptura de las relaciones entre el cuerpo, el espíritu y el doble animal, provocada por la cólera de los santos y de los dioses, o por los celos de parientes o vecinos. La curación sólo puede obtenerse aplacando a las dividinades irritadas o satisfaciendo las exigencias del grupo de parentesco o de vecindad envidioso. Cualesquiera que hayan sido los esfuerzos desplegados por el Centro para presentar los métodos de tratamiento moderno en términos tradicionales —asociándolo, en especial, con el acto médico de los *'ilol*— no ha podido quebrantar este concepto de la enfermedad.

Así, la sección de salud del Centro coordinador ha llevado su acción más al campo de la medicina preventiva que de la medicina curativa. Desde hace una docena de años, ha

---

6. Holland, William, *Medicina maya en los Altos de Chiapas*, INI, colección de antropología social, no. 2, México, 1963.

emprendido campañas contra el tifo, que era ya una condición endémica, las viruelas, el paludismo y la oncocercosis. La completa desaparición de esas cuatro enfermedades da testimonio del éxito de la lucha emprendida. Además, el Centro se ha dedicado a mejorar las condiciones generales de higiene, protegiendo los manantiales y los pozos contra la contaminación y desarrollando redes de distribución de agua potable. El índice promedio de parasitación, que era más del 50 por ciento en 1955, ha bajado a menos del 35 por ciento en 1961. El saneamiento del medio que prosigue a ritmo muy rápido, contribuye directamente a bajar de manera notable la morbilidad y la mortalidad en los Altos.

4. *Comunicaciones.* Los principios que llevaron al Centro a extender la red de carreteras de los Altos fueron superar los obstáculos naturales que aislaban a las comunidades, enlazar primero esas comunidades entre sí y después con ia ciudad de San Cristóbal, a modo de "desenclavarlas" y lograr su "integración regional y nacional". Desde 1951, se han puesto en servicio varios centenares de kilómetros de caminos vecinales, regionales y de carreteras empedradas, utilizables en cualquier estación para los vehículos de las cooperativas indígenas de transporte. Las comunidades de Pantelhó y de Chalchihuitán, de acceso especialmente difícil, se han enlazado por un camino al antiguo "camino real" que, de San Cristóbal, pasa por Chamula y Chenalhó. El camino de San Cristóbal a Chilil fue prolongado hacia Oxchuc al norte y hacia Chanal al este. A estos dos grandes ejes se unen en la actualidad diversos caminos que llevan a Zinacantán, Larraínzar, Milpoleta, etc.

Los trabajos de construcción caminera han sido realizados en parte por equipos de trabajadores tzotzil-tzeltales. Originalmente, cada comunidad era responsable del trozo de camino que atravesara su territorio. El trabajo se organizaba de manera tradicional, sobre la base de la sección o el paraje. Sin embargo, resultó que los indios habituados a esta forma de trabajo colectivo, no estaban en posibilidad de efectuar un trabajo seguido y regular, que empezara y terminara a horas fijas y se extendiera durante un largo período. Además había un despilfarro de medios técnicos y una subutilización de la maquinaria. El trabajo colectivo sólo se utilizó para realizar las infraestructuras. Para las demás obras hubo que recurrir a trabajadores asalariados. El caso es interesante porque muestra los límites de las formas de organización tradicional del trabajo en las que algunos indigenistas habían puesto tantas esperanzas. Revela también que el INI, lejos de ser víctima de clisés indigenistas, revisa constantemente sus métodos en función de la experiencia obtenida de su aplicación.

5. *Asistencia jurídica.* Hasta hace poco, y a pesar de la legislación que lo protege bajo el mismo título que a la mujer y al niño, aunque sin privarlo de ninguna de sus capacidades, el indio era sistemáticamente víctima de una negación de justicia. Los innumerables licenciados que proliferan en San Cristóbal, vivían muy cómodamente de la multitud de litigios entre los indios, que retardaban a su gusto y que arreglaban con mucha frecuencia por un vago compromiso, después de haber exigido unos honorarios exhorbitantes. En los conflictos entre un indio y un ladino, el licenciado hubiera considerado como una falta a la más elemental caballerosidad si hubiera ganado la causa para su cliente indio. El indio siempre estaba equivocado, aun ante los ojos de la justicia.

El Centro Coordinador ha puesto a la disposición de las comunidades y de sus miembros un servicio de asistencia jurídica. La función de este servicio no es sólo aconsejar a los tzotzil-tzeltales, sino también representarlos y defenderlos ante los tribunales regionales en los litigios que pudieran oponerlos a ladinos. En 1964, los consejeros jurídicos del Centro intervinieron a favor de personas físicas o morales en 89 asuntos, de los cuales 7 eran de orden penal y 82 de orden civil. Sus intervenciones tienden por una parte a sanear el medio judicial de San Cristóbal y a hacer aplicar la ley tanto a los ladinos como a los indios, y por la otra a allanar las variaciones entre la legislación mexicana y el derecho consuetudinario indígena, interpretando la primera en función del segundo.

VALORACIÓN DE LA OBRA DEL INI

La importancia del INI sobrepasa en gran medida el marco de su acción propiamente indigenista. El INI es la primera institución que ha recurrido al saber de los etnólogos, de los antropólogos y de los sociólogos y ha aplicado la aportación teórica de las ciencias sociales a problemas prácticos de desarrollo. Partiendo de la definición de la antropología que Manuel Gamio dio a principios de siglo y según la cual esta ciencia recogería y organizaría "los conocimientos de base necesarios para el ejercicio de un buen gobierno, que facilitaría la promoción económica y social de los hombres y de los pueblos", el INI ha hecho surgir una joven generación de antropólogos comprometidos en la acción, a la vez que ha orientado las ciencias sociales hacia la búsqueda de esta "tecnología social" que los especialistas en el subdesarrollo anhelan. Renovando la herencia del positivismo mexicano, ha contribuido mucho a modelar una antropología al servicio de la ciudad, que pierde en la confrontación permanente de sus hipótesis con la dura realidad de los hechos el carácter gratuito (y fatuo), que con frecuencia sigue siendo suyo en otras partes.

Los dirigentes del INI, el primero de ellos Alfonso Caso, no ignoran los límites de la obra que realizan. Conocen mejor que nadie los fracasos parciales que han sufrido y se esfuerzan por obtener de ellos todas las enseñanzas posibles, analizándolos con lucidez. Sin embargo, tienen conciencia de estar en posesión de un nuevo método de desarrollo socioeconómico integral, cuya aplicación puede ser a veces deficiente y debe ser corregida sin duda, pero cuyas orientaciones fundamentales y principios rectores están bien establecidos. De modo que es en este nivel donde hay que situar cualquier discusión crítica de la acción del INI. Dos principios que subtienden en definitiva el conjunto de la metodología del desarrollo a partir de la cual actúan los Centros Coordinadores, parecen ser particularmente significativos y pueden tener importantes prolongaciones teóricas. Descansan por una parte en las relaciones del Centro con las comunidades y también en la influencia de esas relaciones dentro de las relaciones globales entre indios y no indios por la otra.

En la medida en que el Centro Coordinador quiere ser algo distinto a una institución caritativa, debe establecerse y mantenerse una comunicación permanente con las comunidades a las que aporta una ayuda. Esta ayuda no es impuesta; es constantemente negociada entre quien la proporciona y quien la recibe. Es distribuida en función de las necesidades objetivas y subjetivas del beneficiario. De ahí la necesidad del Centro de encontrar como interlocutor a una *élite* indígena moderna y abierta a la cultura nacional o de hacer surgir, antes de emprender cualquier actividad, tal *élite* en cada una de las comunidades sobre las cuales pretende irradiar su acción. Con este fin, el Centro ha instituido "promotores culturales". Esos promotores son reclutados entre los adolescentes y jóvenes que han terminado el ciclo de instrucción primaria en sus comunidades y que han mostrado, durante sus años de escuela, disposiciones intelectuales adecuadas. Con una beca del INI, se les envía por dos o tres años al Centro a fin de acabar allí su instrucción y recibir una enseñanza especializada en el terreno de la educación, de la medicina y la higiene, de la agricultura y la gestión de cooperativas, etc. Después, vuelven a sus comunidades de origen, donde el Centro los adjudica según la especialidad que hayan adquirido a un puesto de maestro en una escuela, de enfermero en una clínica, de agrónomo en una estación experimental. Estos promotores están llamados a asegurar la relación entre la comunidad y el Centro. Como siguen viviendo en su grupo y no dejan de tener nunca un contacto directo con él, se considera que pueden comprender y traducir sus problemas y hacerle aceptar las soluciones que propone el Centro una vez que ellos mismos las hayan ajustado y adaptado. Desde el momento en que la mediación así establecida se revela como algo fructuoso y resulta indispensable a la comunidad, los promotores deben imponerse como nuevos líderes y convertirse en vectores de los cambios y en agentes de la modernización.

Sin embargo, esta experiencia no ha entregado todos los frutos que el Centro esperaba de ella. En efecto, el cuerpo de promotores ha dado muestras de una gran inestabilidad. En promedio, la duración del servicio de los promotores apenas excede al de su formación. Después de tres o cuatro años de trabajo en la especialidad adquirida en el Centro, los promotores abandonan su empleo. A pesar de las reenseñanzas regulares a las que están sometidos y del control permanente que se ejerce sobre ellos, son rápidamente reabsorbidos por la comunidad indígena de la que han salido o por la sociedad ladina a la que se han asimilado culturalmente. Unos ceden a las presiones, con frecuencia muy fuertes, de que son objeto en su lugar de origen para que se adapten a las costumbres y normas tradicionales. Se reintegran así al orden social que debían haber transformado de acuerdo con su misión. En Chamula, muchos enfermeros del Centro, que tenían una excelente formación y que hasta entonces habían realizado un trabajo muy bueno, rompieron en forma brutal con el INI para establecerse por su cuenta como curanderos. Es curioso señalar que los métodos terapéuticos a los que recurren hoy son los métodos tradicionales combinados con métodos modernos, como las inyecciones de calcio o de agua destilada. En ese caso, el promotor utiliza la formación recibida en el Centro con fines personales, para aumentar su *status* y elevar su posición dentro del grupo tradicional.

Por lo que se refiere a los otros promotores, a los que resisten, no sin penas ni riesgos, por lo demás, las presiones de su medio de origen, también acaban por perderse al final para el Centro. En posesión de la instrucción que se les ha dado, dejan de identificarse con su grupo. Desde que aprenden a hablar español, se visten a la europea y reciben un trato de funcionario por modesto que sea, ya no se consideran indios, y ni los indígenas ni los no indios los consideran tampoco como tales. No tardan en compartir todos los prejuicios que estos últimos tienen a propósito de los tzotziltzeltales. Adoptan una actitud antiindia, tanto más extrema cuanto que sienten la necesidad de destacar la ruptura con sus orígenes étnicos y de asimilarse plenamente a la sociedad nacional. Aun si esos exindios siguen trabajando durante algún tiempo para el Centro, sus actitudes y su comportamiento están en contradicción demasiado flagrante con el papel que el Centro les pide representar.

El Centro quería que los promotores fueran individuos que participaran a la vez de la cultura indígena y de la cultura ladina, pero manteniéndose dentro del grupo indio, y fueran así capaces de establecer una comunicación entre las dos culturas por medio de la cual se pudieran efectuar transferencias de elementos de una a otra. El fracaso de esta tentativa de creación de una *élite* indígena moderna revela la incompatibilidad que existe entre los grupos de la región. El grupo indio y el grupo ladino son tanto más incompatibles cuanto que el orden de sus relaciones sociales se define a partir de una base sociocultural y no racial. Sabemos la parte que han tenido en Perú, Brasil y más recientemente en las colonias europeas del África los negros aculturados en la emancipación de su grupo o de su país. Si bien hablan el idioma y comparten la cultura de sus colonizadores, esos individuos siguen estando no menos radicalmente separados de los últimos por la frontera racial. En Londres o París, el universitario, el médico, el ingeniero originario de Nairobi o de Abidján se da cuenta todos los días, al anudarse la corbata delante del espejo, de que es negro y de que nunca podrá asimilarse plenamente a la sociedad colonial —sea ésta o no "racista" por lo demás. El color de la piel rechazó a las *élites* negras modernas hacia las masas tradicionales, cuyos portavoces se hicieron y en cuyos líderes se convirtieron. En África, el sistema colonial fue destruido por los mestizos culturales que eran los subproductos de los contactos entre colonizadores y colonizados y para los cuales no se había previsto ningún lugar.

En cambio, el sistema colonial mesoamericano siempre ha sabido recuperar y absorber a sus propios subproductos. Desde el momento en que un indio habla español y se viste a la europea, se integra automáticamente a la sociedad nacional (colonial). Pasa del grupo dominado al grupo dominante, de la categoría de los explotados a la de los explotadores, sin que el recuerdo de sus orígenes sea un obstáculo para este paso y lo haga volver de la manera que sea al grupo o la categoría de la que surgió. No puede haber indios aculturados, ya que en la medida en que un individuo es indio no está aculturado, y en la medida en que está aculturado ya no es indio. Así, pues, no puede existir una *élite* indígena moderna. Esta ausencia de una *élite* capaz de despertar una conciencia indígena en la masa colonizada, explica en gran parte la perennidad del sistema colonial que, tras cuatro siglos, sigue funcionando sin encontrar resistencias internas lo bastante fuertes para ponerlo en tela de juicio. Las relaciones entre indios y no indios son de orden acumulativo: el sistema que las contiene impide su dialectización.

La dificultad del Centro para establecer relaciones permanentes de carácter transcultural con la comunidad ha limitado, desde luego, el efecto de su acción en el terreno del desarrollo comunitario. Ya hemos descrito los esfuerzos notables y con frecuencia ingeniosos desplegados por el Centro a fin de dar a los tzotzil-tzeltales los medios técnicos de aumentar su producción, de aumentar sus intercambios y de progresar así por el camino de la paridad con los ladinos. El que esos esfuerzos resulten aún insuficientes, el que no hayan podido dar en una decena de años todos sus frutos, nada tiene de sorprendente. El Centro inscribe su acción dentro de una perspectiva a largo plazo. Parte del principio, por ahora muy discutible, de que los cambios a los que lleva no deben provocar rupturas brutales ni tensiones demasiado fuertes. Pero esos cambios son demasiado importantes para que, en el presente, podamos señalar el sentido en que operan.

Señalemos en primer lugar que los tzotzil-tzeltales adoptaron las técnicas y métodos nuevos que les fueron propuestos desde el momento en que se dieron clara cuenta de su utilidad. Puede decirse que no han dado muestras de ese conservadurismo visceral que se les ha atribuido durante tanto tiempo. Gracias a esas técnicas y a esos métodos han llegado a aumentar su producción y a acrecentar el excedente que llevaban al mercado. Pero ¿se ha desarrollado su ingreso como consecuencia de ello? Y de manera más general, ¿ha mejorado su situación social y económica dentro del conjunto regional? A pesar de la creación de cooperativas de transporte, de consumo y de producción, cuyas dificultades hemos mostrado, hay que reconocer que los circuitos de intercambio han seguido siendo fundamentalmente idénticos. Como en el pasado, son los ladinos los que los controlan, fijando el precio arbitrariamente y obligando al indio tanto a la compra como a la venta. Los comerciantes que practican el intercambio por asalto no sólo han mantenido el campo de su actividad, sino que hasta lo han extendido. Gracias a los caminos abiertos por el Centro con la cooperación de los indios, han logrado dominar en la actualidad toda la economía de algunas comunidades, que antes escapaban en parte a su empresa porque no eran aún accesibles. Si la producción de las comunidades tzotzil-tzeltales ha aumentado, sigue siendo acaparada por los ladinos que se la apropian con medios técnicos reforzados. El acaparamiento de los bienes producidos por los indios no se efectúa sólo en el estrato artesanal, como lo era antes cuando únicamente había "esperadores" y "atajadores". En la actualidad, tiende a organizarse en gran escala con la intervención de sociedades que tienen camiones y que pueden realizar verdaderas correrías de pillaje en toda la extensión de los Altos. Las comunidades indígenas, si bien producen más, siguen siendo igual de pobres, ya que siguen siendo igualmente explotadas. Las relaciones económicas y desiguales que mantienen con la metrópolis regional siguen esterilizándolas, ya que la población de San Cristóbal no tiene más medios de subsistencia que el trato y la explotación de los indios.

Se ha querido que la acción del Centro sea "integral". Sin embargo, nunca se ha aplicado más que al nivel de la comunidad, como si ésta fuera la fuente de todos los bloqueos presentes y todos los dinamismos futuros. Ha considerado la institución comunitaria como una forma arcaica de organización social que convendría sacar de su aislamiento y poner en relación con la sociedad nacional, a fin de que se difundieran los elementos culturales occidentales y se injertaran en ella, logrando su modernización. Ignora el hecho de que este arcaísmo, lejos de ser la consecuencia de una situación geocultural de aislamiento, es el producto directo de un conjunto de relaciones de dependencia en el que ha mantenido hasta ahora la sociedad nacional a las comunidades indígenas. Al multiplicar los contactos que consideró que le permitirían adquirir los instrumentos gracias a los cuales podría ladinizarse, el Centro aumentó el poder que el ladino tenía ya sobre el indio y en esa medida reforzó la dependencia de este último.

Además, esta concepción de la comunidad indígena sacada de una etnología demasiado conformista, llevó al Centro a considerar el problema tzotzil-tzeltal bajo un aspecto cultural más que estructural. Esto lo ha llevado a tratarlo como un problema de promoción de una población atrasada y no como un problema de liberación de una población oprimida, cuya solución no es tanto de orden técnico como de orden político, en la medida en que implica la inversión de un sistema de relaciones sociales. En efecto, la acción del Centro no ha puesto en tela de juicio el conjunto de esas relaciones en las que está inscrito el indio y que lo condicionan. Se ha ejercido dentro del sistema que definen tales relaciones, sistema que el Centro parece haber considerado implícitamente como síntoma o efecto de la inferioridad de los tzotzil-tzeltales, cuando es su causa fundamental, y cuyo cambio progresivo supuso a medida que el indio llegara a emparejarse técnicamente con el ladino. Al hacerlo así, el Centro contribuyó indirecta e involuntariamente a apuntalar y consolidar ese sistema. La reorganización de las comunidades, emprendida a partir de la base del mejoramiento de las técnicas y los métodos de producción indígena, no hizo más que otorgarle una mayor rentabilidad.

Si fuera necesario resumir en unas cuantas palabras la acción del Centro Coordinador, podría decirse que invirtió en las comunidades indígenas, pero que son los ladinos, más que los tzotzil-tzeltales, los que perciben los dividendos de esas inversiones. Así como la ayuda a los países subdesarrollados financia el subdesarrollo en vez de reabsorberlo, la asistencia a las comunidades tzotzil-tzeltales subvenciona los desequilibrios étnicos y sociales de la región. Hasta puede uno preguntarse si, antes de emprender la fundación de un Instituto indigenista, no hubiera sido más juicioso abrir en San Cristóbal un Instituto "ladinista", que hubiera ofrecido a la población ladina de los Altos mejores medios de existencia, que la hubiera orientado hacia actividades económicamente más productivas y que, haciéndola abandonar esta explotación de la masa indígena de la que depende casi exclusivamente para subsistir, hubiera iniciado un proceso de deterioro del sistema colonial. Porque el problema tzotzil-tzeltal es ante todo un problema ladino. La transformación de las comunidades indígenas pasa necesariamente por la transformación del grupo dominante no indio. En la medida en que ese grupo siga siendo como es, las comunidades seguirán siendo lo que son, ya que las relaciones del primero con las segundas no cambiarán. Pero en la medida en que ese grupo se modifique, también se modificarán sus relaciones con las comunidades. Se establecerán nuevas relaciones sociales, dentro de las cuales podrían abolirse las nociones de indio y de no indio. Una nueva modalidad de integración y de estructuración sociales podría sustituir a la antigua, que se funda en una discriminación cultural y que pone en juego una cierta forma de dominio y de explotación que hemos calificado de colonial.

En todo caso, sólo dentro del marco de una acción más general que tienda a invertir el sistema colonial de los Altos chiapanecos y a liberar al indio del peso de la opresión secular que lleva a cuestas, podría justificarse plenamente la obra del INI, pues sólo en el seno de tal acción concertada podría llegar a alcanzar sus fines y a realizar sus objetivos.

CONCLUSIÓN
INDIANIDAD Y COLONIALISMO

Los tzotzil-tzeltales no constituyen un caso excepcional en Mesoamérica. Sólo la parte mexicana del conjunto mesoamericano comprende todavía hoy más de cuarenta grupos indios que, como los tzotzil-tzeltales, se distinguen tanto desde el punto de vista de la organización social como del de el sistema cultural, frente a la sociedad nacional que los incluye. La importancia numérica de esos grupos es muy variable. Por ejemplo, los lacandones sólo se cuentan ya por centenares, y los seris por docenas o quizá por unidades. En cambio, los mixtecas son 200 000, los zapotecas 250 000, los otomíes 300 000, los nahuas 700 000, según las últimas estimaciones oficiales hechas.

Por lo general, los indios ocupan la periferia del territorio nacional, las regiones más escarpadas, las zonas más montañosas y áridas, los lugares donde las condiciones de vida son más rudas, sin que por ello vivan aislados de los no indios y separados del resto del país. En el centro de México, no representan a más del 1 por ciento de la población. Así, en Guanajuato, el porcentaje de la población indígena en relación con la población total del estado se calcula en 0.88; en Durango en 0.81; en Jalisco, en 0.28 y en Nuevo León en 0.02. Pero en el interior de las sierras del este, del oeste y del sur y más todavía más allá del istmo de Tehuantepec, ese porcentaje pasa con frecuencia el 40 por ciento, para llegar a 42.94 en Quintana Roo, 44.15 en Campeche, 59.46 en Oaxaca y hasta 74.47 en Yucatán. En 1960, la población indígena censada se elevaba a 3 658 870, más de la mitad de la cual (55.3 por ciento) vivía en cuatro entidades federativas, y la casi totalidad (90.6 por ciento), en diez estados o territorios federales.

No carece de interés el señalar que en 1900, la población indígena de México representaba el 15.3 por ciento del conjunto de la población del país; en 1921, 15.2 por ciento; en 1940 el 14.8 por ciento, y en 1960 sólo el 10.4 por ciento. Sin embargo, si su importancia relativa ha disminuido poco a poco a partir de principios del siglo --esencialmente por el hecho de una mortalidad muy superior al promedio nacional–, no ha dejado de aumentar en cifras absolutas de 1 a 1.1 por ciento al año durante estas últimas décadas. El número de individuos de cinco años y más que hablan una lengua indígena ha pasado de 1 783 708 en 1900, a 1 892 538 en 1921, y después a 2 490 909 en 1940 y por último a 3 830 254 en 1960.

A pesar de la indudable movilidad social inducida por el despegue real de la economía mexicana, a pesar del desarrollo espectacular y del uso intensivo de técnicas de difusión cultural, a pesar de la puesta en obra de planes de promoción y de programas de acción educativa, sanitaria, económica y demás, hay que convenir en que no se ha producido la aculturación esperada y que la deseada reabsorción de las "manchas indígenas" en un México mestizo no se ha realizado tampoco. En todo caso, la tasa de aculturación ha seguido siendo inferior a la tasa de crecimiento vegetativo de la población indígena. Si cada año, los indios se aculturan en gran número, nacen otros en número aún mayor, cuyas posibilidades son seguir siendo lo que son. El "problema indígena", lejos de haber entrado en una fase de solución, como había previsto Redfield, y como querían Caso y los indigenistas mexicanos, continúa planteándose, agravado, año con año.

La población indígena da a la sociedad mexicana caracteres singulares que han dado ocasión a numerosas elaboraciones. Por lo común, los etnólogos y sociólogos han insistido, en primer lugar, sobre la heterogeneidad de esta sociedad. Han mostrado que en ella coexisten un sector moderno, dinámico, desarrollado y "occidentalizado" y uno o varios sectores tradicionales, conservadores, subdesarrollados e "indígenas", cuyos contrastes evocan, por su violencia, mundos anacrónicos, universos no contemporáneos, que se hubieran yuxtapuesto arbitrariamente en el espacio.

Los etnólogos han intentado trazar la frontera cultural de esos sectores, recurriendo a diversos criterios como la lengua, la etnia o la raza. Por su parte, los sociólogos se han esforzado por medir la distancia social, económica y política que separa al primero del segundo o segundos, estableciendo una serie de índices estadísticos como la urbanización, la alfabetización y la escolaridad, el consumo y el ingreso, la participación electoral, que les han permitido circunscribir y oponer al "grupo motor" del país, la gran masa indígena atrasada y marginal.[1] Tales trabajos no se salen de un marco estrictamente descriptivo y ven el hecho indígena como un dato susceptible de ser delimitado y cuantificado, pero no explicado (o que sólo puede explicarse con referencia a la historia). Han llevado a la mayor parte de los observadores a considerar a México en función de un dualismo o de un pluralismo irreductible que expresaría en definitiva la especificidad de ese país. Según algunos de esos observadores, no habría uno, sino dos o "muchos Méxicos".[2]

Esta noción de dualismo o de pluralismo introducida en el análisis de la sociedad mexicana no carece de ambigüedad. Pues, en última instancia, ¿qué cubre exactamente? Si no pretende otra cosa que subrayar esta comprobación evidente, a saber, que existe en México una heterogeneidad cultural que se traduce en disparidades en el plano social, económico y político, está desprovista de cualquier valor operatorio. Por grandes que puedan ser, la heterogeneidad cultural y las disparidades que le están asociadas en otros planos, no son exclusivas de México. Todas las sociedades modernas se reparten en clases o en estratos jerarquizados y todas, empezando por las más desarrolladas de ellas, comprenden grupos periféricos más o menos numerosos y más o

---

1. Véase González Casanova, Pablo, "Société pluraliste et développement; le cas du Mexique", *Tiers-Monde*, vol. 4, no. 15, 1963. Sin embargo, en su obra *La democracia en México*, México, 1965, González Casanova sugiere la existencia de una relación entre los fenómenos de pluralismo y de marginalismo y el fenómeno del dominio interno; esta sugerencia abre grandes perspectivas a la investigación.
2. Véase Simpson, Lesley B., *Many Mexicos*, Stanford, 1960.

menos importantes de marginados. Esas clases y esos estratos jerarquizados, así como esos grupos periféricos de marginados, presentan rara vez culturas distintas, eso es verdad, pero con frecuencia poseen subculturas y siempre particularidades culturales cuya distancia social acentúa o atenúa la oposición. El pluralismo sería, pues, una cuestión de grado, como lo ha señalado van den Berghe.[3] No estaría del todo ausente más que en las sociedades primitivas, es decir, segmentarias y no estratificadas.

Sin embargo, la noción de pluralismo se ha cargado con una significación más precisa. Furnivall y Smith, en especial, la han empleado para aprehender, más allá de una situación de heterogeneidad cultural empíricamente observable, la pluralidad estructural que supone y que, con frecuencia, disimula.[4] Para Smith, una sociedad pluralista es ante todo una sociedad constituida por grupos autónomos e incompatibles y tanto más débilmente estructurada cuanto más fuertemente lo están los grupos que comprende. Se caracterizaría por una integración limitada del hecho de su débil estructuración y esta ausencia relativa de integración provocaría fenómenos de disfunción y mantendría a la sociedad pluralista en un permanente estado de tensión. Atribuiría a la sociedad pluralista ese aspecto "conflictivo" que permitiría identificarla en cuanto tal. Esta definición del pluralismo se basa en cierto número de postulados funcionalistas discutibles. Implica, en particular, que la incompatibilidad de los grupos excluye la funcionalidad del conjunto que forman. Implica, también, que la integración excluye el conflicto y que donde hay conflicto no puede haber integración. Ahora bien, si volvemos al ejemplo de las sociedades modernas, observaremos que también éstas están formadas por grupos incompatibles (las clases), pero que no por ello son disfuncionales. Se observará que su integración se

---

3. Van den Berghe, Pierre, "Le pluralisme sociel et culturel", *Cahiers Internationaux de Sociologie*, vol. 43, 1967.
4. Furnivall, J. S., *Colonial policy and practice*, Londres, 1948; Smith, M. G., *The plural society in the British West Indies*, Berkeley, 1965.

efectúa justo á través de los conflictos que oponen de modo permanente a esos grupos incompatibles. Pues el conflicto puede ejercer una función integradora. Fuente de toda dinámica social, no podría ser tenido por un simple "accidente".

Si se admite esto, la única característica aceptable, en teoría, de la sociedad pluralista sería su débil estructuración y la autonomía estructural de que disponen los grupos que la forman. Pero, de acuerdo con esto, la sociedad mexicana no podría considerarse como pluralista. En efecto, los grupos indígenas no son autónomos. Están inscritos dentro de una red de relaciones que los unen a los no indios. Están insertados en un sistema de ligas por medio de las cuales participan en la sociedad global. Sin embargo, esas relaciones están desequilibradas y esas ligas son desiguales, por lo que su unión con los no indios y su participación en la sociedad global se realiza dentro de la dependencia. Dentro de esta situación de dependencia se definen en cuanto indios. El pluralismo cultural de la sociedad mexicana no es pues el reflejo de un pluralismo estructural; es la consecuencia del juego de una sola y única estructura que fracciona, aísla y margina a ciertos grupos para hacerlos servir mejor a otros, y asegurar el dominio de estos últimos sobre ellos. Más que de la integración incompleta de la sociedad, ese pluralismo es revelador de una modalidad particular de organización y estructuración sociales.

Si como hemos sostenido, el indio es el producto de un sistema de relaciones sociales, su abolición supone la inversión de ese sistema y la transformación de esas relaciones. Ilustraremos esta proposición por medio de dos ejemplos que muestran hasta qué grado la indianidad se determina por las modalidades de organización de la sociedad global, y que revelan de qué manera está en relación directa con una situación de dependencia, de explotación y de opresión, provocada y mantenida por la sociedad global.

El primer ejemplo es el de Tepoztlán, ese pueblo de Morelos, en el centro de México, estudiado sucesivamente por Robert Redfield y Oscar Lewis.[5] Al llegar Redfield a Tepoztlán, en 1926, descubrió allí una comunidad nahua relativamente homogénea y muy integrada, que vivía replegada sobre sí misma. Sus habitantes, que se definían como indios, se distinguían por su lengua y su cultura de la sociedad nacional mexicana. Pero estaban íntimamente unidos entre sí por lazos de parentesco y de alianza, y por redes de solidaridad que se expresaban con ocasión de las fiestas del calendario ritual y de los trabajos del ciclo agrario. Tenían la misma mentalidad, participaban de la misma visión sobre los hombres, las cosas y el mundo y compartían la misma tradición. En breve, Redfield descubrió en Tepoztlán el arquetipo de lo que debió ser la *folk community*.

Diecisiete años más tarde, en 1943, un Tepoztlán muy distinto apareció ante Lewis; un Tepoztlán profundamente individualista, en el que la cooperación se ha debilitado y las solidaridades internas se han desgastado, donde las relaciones interpersonales están llenas de temor, de celos o de desconfianza, donde las numerosas tensiones se expresan por "cismas" políticos que, con frecuencia, desembocan en violentos conflictos. En la medida en que el Tepoztlán de Redfield era homogéneo, en esa medida estaba diferenciado el de Lewis en estratos sociales antagonistas, en grupos de intereses opuestos, en facciones rivales. Redfield describe una comunidad campesina cerrada y profundamente indígena. Lewis describe una colectividad rural abierta y muy mexicanizada, en la que la lengua indígena ya no se habla prácticamente y los elementos de la cultura tradicional ya no son más que supervivencias de carácter algo folklórico.

A primera vista, las diferencias que pueden observarse entre las conclusiones de Redfield y de Lewis, en la medida en que connotan cambios,[6] confirman la hipótesis red-

---

5. Redfield, Robert, *Tepoztlán, a Mexican village*, Chicago, 1930; Oscar Lewis, *Life in a Mexican village; Tepoztlan restudied*, Urbana, 1951.

6. Es decir, en la medida en que son imputables a una variación del objeto de la investigación más que a la de los métodos por medio de los cuales se aprehende el objeto. Observemos que Lewis atribuye

fieldiana del *folk-urban continuum*. La evolución sufrida por Tepoztlán entre 1926 y 1943, da al parecer validez al postulado de acuerdo con el cual las comunidades *folk* están necesariamente llamadas a disolver sus especificidades culturales en el seno de una cultura "urbana". Pero todavía queda por explicar por qué Tepoztlán, que no se había aculturado durante los cuatro siglos en el curso de los cuales el pueblo estuvo en contacto con la cultura "urbana", se aculturó de pronto en diecisiete años, a partir de 1926. Ya que la influencia "urbana" empezó a ejercerse sobre Tepoztlán no en 1926, sino cuatro siglos antes. Ahora bien, Tepoztlán sólo se aculturó en 1926. Hasta entonces, el pueblo había seguido siendo indio. Para explicar este fenómeno y, sobre todo, el momento preciso en que se produjo, es necesario admitir la presencia de un obstáculo a la aculturación antes de 1926; obstáculo cuya desaparición posterior a esta fecha permitió que Tepoztlán evolucionara en el sentido señalado por Lewis. Así, pues, la modificación de Tepoztlán reflejaría una modificación que se hubiera presentado en el ambiente social de este pueblo, en el nivel de la sociedad global que lo contiene.

En efecto, en 1926, la Revolución acaba de triunfar en México. Pero los cambios de estructura de los que es portadora aún están por realizar. Las relaciones sociales siguen siendo idénticas a las de las épocas anteriores. Aunque condenado, el sistema colonial no había sido desmantelado

la mayoría de esas divergencias al factor metodológico. En efecto, Redfield recurre principalmente al método de la observación participante, en tanto que Lewis emplea métodos cuantitativos siempre que le permitan obtener resultados. El primero da un lugar privilegiado al ceremonial y al ritual; el segundo, por el contrario, a la economía y a la política. Al igual que el factor metodológico, el factor personal es también capaz de explicar las conclusiones divergentes de los dos autores. La sensibilidad, la orientación espiritual, la forma de inteligencia del investigador, intervienen en el proceso etnológico y orientan sus resultados. Introducen en todas las ciencias sociales un elemento de subjetividad que no puede ser eliminado. Dieron al estudio de Redfield una coloración algo "rousseauniana", radicalmente contraria a la tendencia "populista" y "miserabilista" de Lewis.

aún. La reforma agraria aún no se había hecho. En cambio, en 1942, México había institucionalizado su Revolución. Se habían operado cambios estructurales. Cuando menos en el centro del país, las relaciones sociales se habían modificado profundamente. El sistema colonial había sido totalmente destruido. Se había llevado a cabo la reforma agraria. En suma, los diecisiete años que separan los estudios de Redfield y Lewis se destacan por una transformación radical del México central, por la transformación más radical que el México central hubiera sufrido desde la Conquista. La evolución de Tepoztlán que estos estudios señalan es la consecuencia de esa transformación. Sólo fue posible dentro de una sociedad fundamentalmente recompuesta. Redfield estudió Tepoztlán antes de que se produjera esa recomposición. Lo aprehendió dentro del marco del sistema colonial prerrevolucionario, cuando las comunidades seguían sometidas a una agresión permanente y, como consecuencia, ejercían sobre sus miembros constricciones homogeneizantes que tendían a reforzar su coherencia interna y a aumentar su capacidad de resistencia a la amenaza externa. Lewis estudió Tepoztlán después de haberse efectuado el reacomodo de la sociedad global. Lo apresó dentro del marco del nuevo sistema surgido de la Revolución, cuando las comunidades se liberaron de la opresión que pesaba sobre ellas tradicionalmente; cuando los dinamismos sociales que hasta entonces habían inhibido para mejor asegurar su protección, empezaban a romper su cohesión; cuando las diferenciaciones sociales cuyo surgimiento habían impedido hasta entonces a fin de consolidar su defensa, empezaban a disolver su homogeneidad.

La aculturación no podía producirse en una comunidad bloqueada estructuralmente por las presiones de que era objeto dentro de la sociedad global. Pero desde el momento en que cesaron esas presiones y, con ellas, desapareció el bloqueo del que eran causa esencial, los dinamismos comunitarios restaurados desencadenaron un proceso de reorganización a partir de la base de una diferenciación, a través de la cual se insinuó la cultura moderna. Ya que, en contra de lo que se haya podido afirmar, la aculturación engendra menos dinamismos de los que supone. Provoca menos estados de desorganización y de reorganización de los que implica. En Tepoztlán la aculturación se realizó a partir del momento en que se formaron grupos diferenciados. El pueblo se aculturó porque esos grupos diferenciados percibieron en la cultura moderna el medio de fundamentar su superioridad o de poner en tela de juicio su inferioridad dentro de la nueva jerarquía que constituían. El cambio cultural está ligado al cambio estructural que lo hace posible.

El segundo ejemplo que pondremos para ilustrar la relación de orden genético que existe entre el indio y un cierto sistema de relaciones sociales es el de los yaquis. Los yaquis de la región montañosa del estado de Sonora son conocidos por las guerras que libraron en contra de los misioneros españoles primero, después en contra de las autoridades mexicanas y de los colonos que fueron a establecerse posteriormente en su territorio. La última sublevación yaqui se remonta a fines del siglo pasado. Tras algunos éxitos iniciales que tuvieron una gran repercusión, los insurrectos tuvieron que replegarse al interior de sus montañas, donde los últimos de ellos resistieron hasta 1908. A fin de acabar con la insurrección, el ejército federal practicó sistemáticamente la política de la tierra arrasada, destruyendo los pueblos, acabando con las cosechas y deportando a la población en masa a Veracruz y Yucatán. Los yaquis que escaparon a la deportación se vieron obligados a huir a los grandes conglomerados urbanos de México y aun de Arizona, Nuevo México y California en territorio norteamericano. Sólo pudieron volver a sus tierras al terminar la Revolución durante los años 1920 y tantos.

El etnólogo norteamericano Spicer ha estudiado dos pueblos yaquis: Potam, situado en el corazón del territorio indígena tradicional, y Pascua, situado en Arizona, en las cercanías de la ciudad de Tucson.[7] El contraste observado por Spicer entre estos dos pueblos hace pensar en el que

---

7. Spicer, Edward, *Pascua, a Yaqui village in Arizona*, Chicago, 1940; *Potam, a Yaqui village in Sonora*, American Anthropological Association, memoria no. 77, 1954.

presentan el Tepoztlán de Redfield y el Tepoztlán de Lewis. Potam aparece como una comunidad indígena campesina, cerrada y homogénea, en tanto que Pascua aparece como una colectividad rural americanizada, abierta y diferenciada. Ese ejemplo no tendría mayor interés si Potam fuera —como podría creer un observador desprevenido— un pueblo antiguo fundado por los españoles sobre las ruinas de un conglomerado prehispánico. Ahora bien, no es así. Potam fue fundado poco más o menos por la misma época que Pascua, a principios de los años 1920 y tantos, cuando el gobierno mexicano incitó a los yaquis de la diáspora a volver a su territorio, del que habían sido expulsados unos treinta años antes. La población de Potam, como la de Pascua, tiene un origen muy mezclado. La forman individuos nacidos en su mayoría en Veracruz, Mérida, Hermosillo, Ciudad Obregón, México, Tucson, Phoenix, en las regiones más alejadas de México y de los Estados Unidos. Spicer estima en un 18 por ciento a los habitantes de Potam cuyos padres o abuelos vivieron antes de la gran insurrección yaqui en la zona en el centro de la cual se edificó Potam. En su mayoría, no tienen ninguna liga, ni siquiera ningún recuerdo que los una al lugar en que se establecieron.

Además, los habitantes de Potam, como los de Pascua, tuvieron múltiples experiencias de vida urbana antes de instalarse en el pueblo. Algunos habían sido obreros agrícolas, otros obreros industriales, comerciantes, empleados domésticos, pequeños funcionarios y hasta suboficiales del ejército federal. Es decir, los de Potam y los de Pascua tienen el mismo *background* de aculturados. Todos sufrieron la misma influencia de la cultura moderna, sea en su versión mexicana, sea en su versión norteamericana, sea en las dos versiones a la vez. Ahora bien, en tanto que los de Pascua han seguido asimilando esta cultura, los de Potam rompieron con ella y han vuelto a ser indios. Desde su fundación, nos dice Spicer, todo el pueblo se ha esforzado por revivir lo que creían ser las viejas costumbres, por renovar lo que les parecía ser la tradición y por transformarse en una comunidad yaqui "tradicional". Spicer no explica este fenómeno de "revivalismo" tanto más extraño cuanto que es producido por una mayoría de individuos nacidos y criados en un medio urbano. Sin embargo, señala que las relaciones entre los de Pascua y los anglosajones son más "fáciles" que las relaciones entre los de Potam y los mexicanos, que siempre están cargadas de tensiones. Señala que el ambiente social de Pascua es más "amistoso" que el de Potam, calificado de "hostil" y "depredador". Estas observaciones, ingenuamente expresadas, sugieren diferencias cualitativas, que en gran parte han escapado al autor, entre el sistema social en el que está inscrito Pascua y el sistema social en el que se inserta Potam. Al instalarse en esta parte de Sonora, los descendientes de los yaquis encontraron la misma situación que había condicionado durante tanto tiempo la indianidad de sus antepasados. Entraron en las mismas condiciones de dependencia, de explotación y de opresión que estos últimos. Y, colocados en esta situación, puestos en el interior de esas relaciones que en nada habían cambiado en las montañas de Sonora, como tampoco han cambiado en los Altos de Chiapas y en muchas otras regiones periféricas del México que la Revolución no llegó a tocar, los ex yaquis aculturados volvieron a ser neoindios con toda naturalidad.

Sin embargo, nada prueba que la cultura actual de Potam sea idéntica a aquella de que eran portadores los yaquis antes de su insurrección y su dispersión. La voluntad, inducida por su ambiente social, en los de Potam, de volver a definirse como indios y de volver a insertarse en la corriente de una tradición, no debe ilusionarnos aquí. Podría conducir al etnólogo a creer que ese pasado que Potam trata de evocar dramáticamente es vivido en la actualidad en el pueblo. Potam ha construido una cultura india, pero no ha reconstruido ciertamente la cultura yaqui. Y esta cultura, la han construido, como los tzotzil-tzeltales y como otros grupos indios de México y de Mesoamérica, a partir de los elementos de que disponían y en función de la situación en la que se encuentran.

En su obra, Spicer insiste en la importancia que tiene en Potam la función integradora de la "sociedad militar". Toda la vida de Potam gravita en torno a esta institución de voluntarios dispuestos a la defensa del pueblo, cuyas diferentes actividades marcan el ritmo de los trabajos y los días. En algunos aspectos, la sociedad militar parece una asociación cívica. Apuntala la posición de quienes tienen el poder y hace respetar sus órdenes y ejecutar sus decisiones. Ejerce un control sobre las actitudes y comportamientos individuales en la comunidad, control que se basa en un recurso intenso a la magia. Logra también la socialización de las nuevas generaciones a las que transmite, con los rudimentos del arte de la guerra, las normas y valores colectivos a través de la historia mitificada de la gran insurrección yaqui. En otros aspectos, empero, la sociedad militar aparece como una especie de fraternidad religiosa. Sus miembros se adhieren a ella por lo común tras de haber formulado un voto durante alguna enfermedad grave, con la esperanza de recobrar la salud. Reconocen como patrona a la Virgen de Guadalupe, que es una de las representaciones de *itom ae*, la madre original y la divinidad tutelar de todo Potam. Presiden todas las ceremonias que se llevan a cabo en honor de los santos durante el año ritual, a fin de mantener el bienestar material y espiritual del pueblo y de sus habitantes. De este modo, la sociedad militar asegura la integración horizontal de Potam, cuya cohesión mantiene; asegura también la integración vertical de ese pueblo al que une al mundo sobrenatural.[8]

Lo que conviene señalar aquí no es sólo el hecho de que los individuos y las familias que fundaron Potam hacia 1920 y tantos sintieran la necesidad de protegerse instituyendo una sociedad militar. Es, también y sobre todo, el hecho de que esa sociedad es extraña a la tradición yaqui. Se deriva de la organización que los yaquis se dieron a fines del siglo pasado para combatir a las tropas mexicanas. Así, pues, representa una innovación institucional reciente, provocada en circunstancias precisas por un acontecimiento histórico determinado. Ahora bien, todo lo que hace que los de Potam sean hoy "diferentes", lo que les confiere un carácter

---

8. Spicer, Edward, *Potam, a Yaqui village in Sonora*, American Anthropological Association, memoria no. 77, 1954, pp. 67-72.

"indio", lo que les da un aspecto "tradicional", procede en su mayor parte de esta innovación. Esa paradoja nos incita a revisar de manera más crítica la naturaleza que por lo común se atribuye a la cultura indígena. La etnología clásica ha considerado a los indios como herederos directos de la cultura prehispánica y de las grandes civilizaciones en las que floreció. Se dedicó a discernir las permanencias bajo el barniz más o menos grueso de la aculturación. Se dedicó a mostrar supervivencias y continuidades, sin estar siempre en guardia frente a lo que podían tener de engañosas.[9] Así, contribuyó a revestir a la cultura indígena con la eminente dignidad del pasado y a darle un prestigio histórico que ciertamente no tiene. Pues la cultura indígena no es la cultura prehispánica, ni una cultura formada de elementos prehispánicos y de elementos hispánicos. Es verdad que numerosos elementos culturales de origen prehispánico pueden discernirse en la cultura indígena. Pero para identificarlos en cuanto tales, es necesario aún sacarlos del contexto en el que están integrados y que es el único que les da una significación. Aparecen entonces no tanto como supervivencias, sino como residuos. No dan testimonio de una permanencia, sino sólo de un arcaísmo. No aportan la prueba de una continuidad, sino más bien de una ausencia de evolución y, con frecuencia, de una evolución regresiva.

De hecho, la cultura indígena es una nueva síntesis, radicalmente distinta, de las diversas fuentes en que se ha inspirado y de la que el proceso histórico es incapaz de dar cuenta por sí solo. Esta síntesis cultural se operó y se opera aún en nuestros días en el crisol de la dependencia, de la explotación y de la opresión. Representa un conjunto de automatismos originales que adaptan al individuo a la situación colonial. Pero al adaptarlo a esta situación, también lo

---

9. Un ejemplo, entre mil, de esas seudosupervivencias: en su estudio sobre Tepoztlán, *op. cit.*, Redfield identifica a los *chinelos*, esos danzantes enmascarados de ciertas fiestas, con los *huehuenches* prehispánicos. Ahora bien, según todas las pruebas, esos *chinelos* proceden de los *pulchinelos* (polichinelas) del teatro italiano que los religiosos importaron a América con fines didácticos.

enlaza a ella. Lo encierra en un universo artificial cada vez más desconectado de la realidad, en un mundo casi patológico por ser la caricatura cada vez más burda del mundo real. Lo hace así más dependiente y por ello más explotable. Lo enajena al grado de hacerlo participar de su propia opresión.

Más que reflejo de una gloriosa tradición del pasado de la que sería heredera, la cultura indígena es la expresión de las ignominiosas condiciones de existencia que define la sociedad nacional. Su arcaísmo no es una garantía de autenticidad histórica. Corresponde al carácter primitivo de esas condiciones a las que el individuo, despojado de sus bienes, de su trabajo y casi de su persona, debe ajustarse para sobrevivir. Y tales condiciones no se presentan sólo en ciertos individuos o grupos biológicamente determinados. Se imponen a todos aquellos a quienes las vicisitudes de la historia vencieron o quebrantaron: por ejemplo, los españoles almagristas rechazados por los pizarristas victoriosos, en el momento de la Conquista, hacia las estepas desoladas de los altos Andes; los criollos realistas a los que las armas republicanas triunfantes dispersaron por las regiones más apartadas de México y de Perú, al triunfar la Independencia, y cuyos descendientes son actualmente indios —indios blancos y barbados, indios rubios de ojos azules, pero indios de todos modos.[10] Si, culturalmente, los indios pueden europeizarse, también los europeos pueden indianizarse. Pues la indianidad no es nunca más que el estado final en el que desemboca el proceso de regresión social, cultural y psíquica, que sufren ciertos grupos por el solo hecho de su posición en las relaciones de fuerza que existen en el interior de la socie-

---

10. Los morochucos, esos feroces ganaderos indios que viven en la puna de Cangallo, en el departamento peruano de Ayacucho, son descendientes directos de los almagristas vencidos en el siglo xvi. En una obra en preparación, estudiamos una comunidad andina muy antigua del Perú, cuyos habitantes indios fueron expulsados por los españoles y los criollos en el siglo xviii, que se indianizaron a su vez. Ese fenómeno de indianización es mucho más frecuente de lo que suele creerse.

dad. Es la forma que toma la enajenación absoluta en los países latinoamericanos.

Terminaremos con esta anécdota que relata Tumin, apresando sólo su aspecto pintoresco y humorístico. Tiene como marco el pueblo guatemalteco de San Luis Jilotepeque, en el que una minoría de ladinos domina a una mayoría de indios pokomam. Un día, el intendente ladino del pueblo recibió un telegrama oficial en el que se le pedía enviar a la capital a una delegación de indios vestidos con sus "trajes típicos" a fin de celebrar el "Día del indio". El intendente se ve en un apuro, ya que, desde hace cincuenta años, los indios de San Luis se visten de harapos y desechos y han perdido toda característica indígena sin adquirir, sin embargo, ningún rasgo folklórico. Por último, hace encarcelar a una docena de individuos a los que ordena quitarse el pantalón e ir así, en camisa y calzoncillos, a la ciudad de Guatemala donde su "traje típico", mucho mejor que el verdadero, fue muy aplaudido, según se dice, por el populacho urbano, reunido para rendir un solemne homenaje al indio.[11]

Esta anécdota saca a la luz, mucho mejor que cualquier sabio análisis, la presión social que se ejerce en forma permanente para mantener al indio en su indianidad, haciendo surgir artificialmente, si fuera necesario, una "cultura indígena". La etnología clásica no tuvo nunca la audacia de descubrir esta presión, y los etnólogos han considerado al indio como "otro", pero siempre se han negado a explicar el origen de esta alteridad. Han presentado la cultura indígena como "diferente", pero siempre han retrocedido ante el estudio de la naturaleza real de esta diferencia que se les hace patente. Invocando los principios del relativismo cultural para no tener que profundizar esta inquietante noción de indianidad, han afirmado que el indio, en su cultura, era tan "aceptable", en el plano de los valores, como cualquier otro individuo en la suya. Pero aceptar al indio, es justificar implícitamente el dominio que lo hace tal. Admitirlo en su

---

11. Tumin, Melvin, M., *Caste in a peasant society; a case study in the dynamics of caste*, Princeton, 1952, p. 90.

especificidad es legitimar implícitamente el fenómeno colonial del que es efecto. La actitud relativista no es más que hipocresía: en las ciencias sociales, la neutralidad implica también una toma de posición.

¿Seguirán los etnólogos sancionando el colonialismo al ver al indio sólo en sus aspectos exótico folklóricos? El porvenir de su ciencia dependerá en gran parte de la actitud que se atrevan a adoptar.

VOCABULARIO

ahwaltikil, tz., tl. = maestro de ceremonias y consejero particular de los miembros de la jerarquía política y religiosa.
ak'čamel, tz., tl. = "el que envía la enfermedad"; el hechicero agresivo.
alam, tl., *olom,* tz. = abajo o el sur.
alamtik, tl., *olomtik,* tz. = el mundo infraterrestre de los demonios y de los muertos; la sección de abajo en la comunidad.
alapus o *pus,* tz., tl. = baño de vapor.
alcalde, esp. = cargo político de la jerarquía comunitaria.
atajador, esp. = negociante ladino que practica el intercambio por asalto con los indios.

bajnabanka, tz. = institución por la que una persona se pone al servicio de un miembro de la jerarquía comunitaria para no tener que sucederlo en el cargo.
baldío, esp. = arrendatario precario de las grandes fincas.
baldiaje, esp. = sistema de arrendamiento precario.
bankil, tz., tl. = hermano mayor de un hombre.
barrio, esp. = sección de una ciudad; subdivisión territorial y social de una comunidad (véase *kalpul*).

cabildo, esp. = edificio en el que se reúnen los miembros de la jerarquía comunitaria.
cachuco, hisp. am. = unidad monetaria de la república centroamericana.
castillo, esp. = estructura de madera o caña que tiene la forma de un castillo y sobre la cual se dispone un conjunto de cohetes o petardos.
cuadra, esp. = conjunto de habitaciones definido por el corte perpendicular de cuatro calles.
chamarro, hisp. am. = prenda de vestir sin mangas que se pone por la cabeza y cubre hasta las rodillas, semejante al sarape.
čamel, tz., tl. = la enfermedad.
čanul, tz. = doble animal de la persona en Zinacantán.

čauk, tz., tl. = dios del trueno y de la lluvia que vive en las cuevas.
č'apombal, tl. = miembros de una misma sección de la comunidad.
č'ič, tz., tl. = la sangre.
č'iebal, tz. = montaña clánica en cuyo interior residen los antepasados divinizados y los dobles animales de los miembros vivos del grupo de ascendencia común, en Larraínzar.
č'in, tz., tl. = pequeño.
č'ul, tz., tl. = santo, sagrado.
č'ulel, tz., tl. = fracción individual de esencia vital o k'al.
č'ul metik, tz., tl. = "nuestra santa madre"; la diosa luna.
c'ul totik, tz., tl. = "nuestro santo padre"; el dios sol.
č'ul te, tz., tl. = "el árbol santo"; cruz que señala el ombligo de la comunidad y el centro del mundo en la explanada ceremonial.

enganchador, esp. = reclutador de trabajadores indios para las plantaciones de café o las monterías.
enganche, esp. = sistema de reclutamiento forzado de trabajadores indios.
esperador, esp. = véase *atajador*.

fiscal, esp. = indio encargado por el cura de una parroquia de enseñar el catecismo, de leer las oraciones y de mantener el culto en su ausencia.

gobernador, esp. = cargo político de la jerarquía comunitaria.

its'in, tz., tl. = hermano menor de un hombre o de una mujer.

jamal, tz., tl. = grande, amplio, extenso.
jel'ol, tl. = individuo que posee el mismo doble animal que un miembro mayor de su patrilinaje.
jol, tz., tl. = la cabeza.
jol slum, tz., tl. = "la cabeza del pueblo"; la jerarquía comunitaria.

kahwal who, tz., tl. = "el señor del agua"; el dios de los manantiales y estanques.

VOCABULARIO

kalpul, tz., tl. = subdivisión territorial y social de la comunidad.
kalpulal, tz., tl. = miembros de un mismo *kalpul* (véase *č'apombal*).
kašlan, tl., derivado del esp. *castellano* = el ladino, el no indio.
kešol, tz. = véase *jel'ol.*
koltawalik, tl. = intercambio de trabajo; prestación y contraprestación de servicios.
komel, tz., tl. = enfermedad provocada por el robo del *č'ulel*
koš, tz. = el menor de una familia, el benjamín.
k'al, tz., tl. = la esencia vital.
k'atinab, tl. = el más anciano de los jefes de grupos de ascendencia común, que ejercía en Oxchuc una función oficial antes de 1920.
k'elem, tz., tl. = adolescente; hombre joven aún soltero; el soltero en general.
k'op, tz., tl. = la lengua; *kastiya k'op* = la lengua española; *batsil k'op* = "la lengua verdadera", la que se habla en la comunidad de Ego.

lab, tl. = el doble animal de la persona en Cancuc.
ladino, hisp. am. = véase *kašlan.*
lol, tz., tl. = compañero, camarada.

maš, tz., tl. = mono araña de la selva del Usumacinta; nombre que dan los tzotzil-tzeltales a los lacandones.
mayor, esp. = cargo político de la jerarquía comunitaria.
mayordomo, esp. = cargo religioso de la jerarquía comunitaria.
me', tz., tl. = madre.
mol, tz. = viejo y, más precisamente, el viejo investido de poderes metafísicos.
montería, hisp. am. = explotación de madera en la cuenca del Usumacinta.
mukta, tz., *muk'ul,* tl. = grande, fuerte, poderoso.
mukta klum, tz., *muk'ul klum,* tl. = "el gran pueblo" en "la gran tierra"; la comunidad de Ego.

nakubal krus, tz., tl. = "la sombra de la cruz" que fecunda a las mujeres.

ničon, tz., *nič'an*, tl. = hijo de un hombre.
nuhk'ul, tz., tl. = la piel, el cuero.

pasaro, tz., tl., derivado del esp. *pasado* = hombre que ha ejercido todos los cargos políticos y religiosos de la comunidad; equivalente de *mol*.
pa'ak k'ak'al, tz. = véase *koltawalik*.
postlom, tz., tl. = enfermedad provocada por la introducción de un objeto patógeno dentro del cuerpo; la estrella fugaz.
poš, tz., tl. = el aguardiente; el medicamento.
pukuj, tz., tl. = demonio.

regidor, esp. = cargo político de la jerarquía comunitaria.

síndico, esp. = cargo político de la jerarquía comunitaria.
šalik, tz., tl. = el salvador, identificado con San Manuel, San Mateo, San Salvador y Santo Cristo en Chamula.
šawašti, tz., tl. = bastón negro que llevan los *mayores*.
šilel, tl., *šimel*, tz. = hermano mayor de una mujer.
špakinte, tz., tl. = aparición femenina que convierte a los hombres en siervos tras de haberlos seducido durante la noche.
šut, tl. = véase *kos*.

teklum, tz., tl. = centro ceremonial de la comunidad.
ti'bal, tz., tl. = véase *ak'čamel*.
tot, tz., *tat*, tl. = padre.
totilme'iletik, tz., tl. = antepasados divinizados del grupo de ascendencia común, que viven en la montaña clánica o *č'iebal*.
tuč'bil ora, tz. = "el corte de la hora"; enfermedad enviada por un brujo, que provoca una muerte lenta pero segura.

wayjel, tl. de Oxchuc, *wayojel*, tz. de Chamula = el doble animal de una persona.
winajel, tz., tl. = el mundo supraterrestre de los dioses; la etapa superior de la creación.
winik, tz., tl. = hombre; *batsil winik* = "hombre verdadero", miembro de la comunidad de Ego.
wiš, tz., tl. = hermana mayor de un hombre o una mujer.

yahčipum, tz., tl. = niña que sirve de nana a uno de sus hermanos menores.
'*al*, tl., '*ol*, tz. = hijo de una mujer.
'*alal*, tl., '*olol*, tz. = niño pequeño; lactante.
'*ilel*, tz., tl. = ver.
'*ilol*, tz., tl. = curandero.

BIBLIOGRAFÍA

Esta bibliografía no comprende más que los textos impresos citados en la obra y que se refieren a la región estudiada. A fin de aligerar las referencias, se adoptaron las abreviaturas siguientes:
CIW: Carnegie Institution of Washington
INI: Instituto Nacional Indigenista
MACAS: Middle American Cultural Anthropology Series, colección de microfilms, Universidad de Chicago, Chicago
MARI: Middle American Research Institute, Universidad de Tulane, Nueva Orleans
RMNP: Report on Man in Nature Project, Departamento de Antropología, Universidad de Chicago, Chicago

Adams, Robert, "Changing patterns of territorial organization in the Central Highlands of Chiapas, Mexico", *American Antiquity*, vol. 26, no. 3, 1961.
Blom, Frans, y Oliver LaFarge, *Tribes and temples,* Universidad de Tulane, Nueva Orleans, 1927, 2 vols.
Cancian, Frank, *Economics and prestige in a Maya community,* Stanford, 1965.
Casahonda Castillo, José, *Cincuenta años de revolución en Chiapas,* Tuxtla Gutiérrez, 1963.
Colby, Nicolas, y Pierre van den Berghe, "Ethnic relations in Southeastern Mexico", *American Anthropologist,* vol. 53, no. 4, 1961.
Chamberlain, Robert, "The governorship of Adelantado Montejo in Chiapas", CIW, publ. no. 46, Washington, 1948.
Charnay, Désiré, *Le Mexique; souvenirs et impressions de voyages,* París, 1863.
De la Peña, Moisés, *Chiapas económico,* Tuxtla Gutiérrez, 1951.
Díaz del Castillo, Bernal, *Historia verdadera de la conquista de la Nueva España,* México, 1960.
Espinosa, Luis, *Rastros de sangre; historia de la revolución en Chiapas,* México, 1944.

Favre, Henri, "L'intégration socio-économique des communautés indiennes au Mexique", *Tiers-Monde*, vol. 4, no. 15, 1963.
— "Quelques obstacles sociaux au développement de l'économie traditionnelle", *Cahiers de Sociologie Économique*, no. 9, 1963.
— "Notas sobre el homicidio entre los chamulas", *Estudios de Cultura Maya*, no. 4, 1964.
— "Le travail saisonnier des Chamula", *Cahiers de l'Institut des Hautes Études de l'Amérique Latine*, no. 7, 1965.
Flores Ruiz, Timoteo, *La guerra de castas en el año de 1869*, San Cristóbal, 1939.
Gage, Thomas, *Nouvelle relation contenant les voyages de Thomas Gage dans la Nouvelle Espagne*..., Amsterdam, 1720, 3 vols. [Hay trad. esp., incompleta, *Nueva relación que contiene los viajes de Tomás Gage a la Nueva España*..., México, 1947.]
Godoy, Diego de, *Carta a Cortés*, Toledo, 1525.
Guiteras Holmes, Calixta, "Clanes y sistema de parentesco en Cancuc", *Acta Americana*, vol. 5, no. 1, 1947.
— "El calpulli de San Pablo Chalchihuitán", *Homenaje al Dr. Alfonso Caso*, México, 1951.
— *Perils of the soul*, Nueva York, 1961. [Hay trad. esp., *Los peligros del alma*, México, 1965.]
Holland, William, *Medicina maya en los Altos de Chiapas*, INI, Colección de Antropología Social, no. 2, México, 1963.
Leche, Stella, "Dermatoglyphic and functional lateral dominance in Mexican Indians; anthropometry of the Chamulas", MARI, no. 7, Nueva Orleans, 1936.
Molina, Cristóbal, "War of the castes; Indian uprising in Chiapas, 1867-1870, as told by an eye-witness", MARI, no. 8, Nueva Orleans, 1934.
Montesinos, José María, *Memorias del sargento José María Montesinos*, Tuxtla Gutiérrez, 1935.
Moscoso Pastrana, Prudencio, *El pinedismo en Chiapas*, México, 1960.
Núñez de la Vega, Francisco, *Constituciones diocesanas*, Roma, 1702.
Paniagua, Antonio Flavio, *Catecismo elemental de historia y estadística de Chiapas*, San Cristóbal, 1876.
Paz, Eduardo, *La cuestión económica y política local en Chiapas*, México, 1912.

Pineda, Manuel, *Estudio sobre ejidos*, San Cristóbal, 1910.
Pineda, Vicente, *Historia de las sublevaciones de indígenas habidas en el Estado de Chiapas*, San Cristóbal, 1888.
Pozas, Ricardo, "El fraccionamiento de la tierra por el mecanismo de la herencia en Chamula", *Revista Mexicana de Antropología*, vol. 7, no. 1, 1945.
— *Juan Pérez Jolote; biografía de un tzotzil*, México, 1952.
— *Chamula, un pueblo indio de Chiapas*, INI, México, 1959.
Remesal, Antonio de, *Historia general de las Indias occidentales y particular de la gobernación de Chiapa y Guatemala*, Madrid, 1620.
Romero, Moisés, "Algunas observaciones sobre la dialectología tzeltal", *Anales del Instituto Nacional de Antropología e Historia*, vol. 13, 1960.
Serrano, Santiago, *Chiapas revolucionario*, México, 1923.
Siverts, Henning, "Social and cultural change in a Tzeltal (Mayan) municipio, Chiapas, México", *Proceedings of the 32nd International Congress of Americanists*, Copenhaguen, 1958.
— "Political organization in a Tzeltal community in Chiapas, México", *Alpha-Kappa-Deltan*, vol. 30, no. 1, 1960.
— "On politics and leadership in Highland Chiapas", *El desarrollo cultural de los mayas*, México, 1964.
Sousberghe, L. de, y C. Robles Uribe, "Nomenclature et structure de parenté des Indiens Tzeltal", *L'Homme*, vol. 2, no. 3, 1962.
Starr, Frederick, *Notes upon the ethnography of Southern Mexico*, Davenport, 1902, 2 vols.
Stavenhagen, Rodolfo, "Clases, colonialismo y aculturación", *América Latina*, no. 4, 1963.
Trens, Manuel, *Historia de Chiapas*, México, 1942.
Vázquez de Espinoza, Antonio, *Compendio y descripción de las Indias occidentales*, Smithsonian Institution, Colección miscelánea, vol. 108, Washington, 1948.
Villa Rojas, Alfonso, "Kinship and nahualism in a Tzeltal community, Southeastern Mexico", *American Anthropologist*, vol. 49, no. 4, 1947.
— "Barrios y calpules en las comunidades tzeltales y tzotziles del México actual", *Actas y Memorias del XXXV Congreso Internacional de Americanistas*, Madrid, vol. 1.
Vogt, Evon Z., "Some aspects of Zinacantan settlement patterns and ceremonial organization", *Estudios de Cultura Maya*, vol. 1, 1961.

— "Ancient Maya concepts in contemporary Zinacantán religion", *VIe Congrès International des Sciences Ethnologiques et Anthropologiques*, París, 1964, vol. 2.

Ximénez, Francisco, *Historia de la provincia de San Vicente de Chiapa y Guatemala*, Guatemala, 1929-1931, 3 vols.

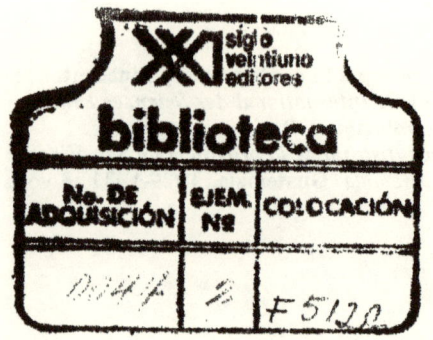

compuesto en composición técnica, s. a.
margaritas 233 – fracc. la florida,
naucalpan de juárez, méx.
impreso en offset cemont, s. a.
ajusco 96 – méxico 13, d. f.
tres mil ejemplares
28 de noviembre de 1973

www.ingramcontent.com/pod-product-compliance
Lightning Source LLC
Chambersburg PA
CBHW031939080426
42735CB00007B/188